절대 강자의 초반 열전

새판을 짜라

김일환 감수 | 이하림 편저

BM 성안당

머리말

바둑에도 유행이 있다는 것은 재미있는 일입니다. 바둑 고수들의 생각이 변하고 가치 판단이 달라지는 것입니다. 요즘은 바둑도 스포츠라고 합니다. 그런데 다른 스포츠에는 유행이라는 것이 없습니다. 선수들의 복장 같은 것은 패션도 있고 유행도 있겠지만, 수법이나 기술 자체는 유행이란 건 없습니다. 전략-전술의 호-불호는 있겠지만, 홈런을 치거나 골을 넣거나 그런 게 시대에 따라 방식이 달라질 리 만무입니다. 그런 점에서 바둑과 스포츠는 궤를 달리합니다. 바둑은 오히려 시대에 따라, 지역에 따라 유행의 물결이 달랐던 문학이나 철학, 음악이나 미술, 그런 쪽과 가깝다고 할 수 있습니다. 물론 여기서 바둑이 어느 쪽과 가까운가 하는 것을 얘기하려는 것은 아닙니다.

바둑은 20세기가 저물고 21세기 시작되는 시점에서 크게 한 번 이른바 '패러다임 쉬프트(paradigm shift)'를 경험했습니다. 요컨대 '두터움의 발견'이었습니다. 그에 따라 포석의 개념에도 변화가 생겼고 정석도 새로운 것들이 양산되었습니다.

포석의 개념을 변화시킨 것은, 구체적으로는 '중국식 포석'이었습니다. 귀를 굳히지 않고 곧장 변으로 벌려가는 그 발상의 전환으로 포석과 정석에서 무수한 신상품이 쏟아져 나왔고, 그것들은 잠깐씩 유행하다가 사라지거나 변형되거나 그래도 더러는 살아남거나 했습니다.

또한 바둑의 세계화와 맞물려 새로운 정보나 상품들은 나오기가 무섭게 공유되고 있습니다. 그런데 바로 그런 이유로 경쟁에서 이기기 위한 프로 고수들, 특히 한국과 중국 두 나라 고수들의 연구는 더욱 치열해지고 있는 것입니다.

요즘 프로 고수들이 두는 바둑을 보면 도무지 뭐가 뭔지 모르겠다고 고개를 흔드는 분들이 많습니다. 처음부터 난타전을 벌이고, 여기 두다가 손을 빼고 저기를 두고, 저기를 두다가 손을 빼고 다시 이리로 오고 정신이 없습니다. 어디까지가 포석이고 어디서부터 중반이고 끝내기인지, 그런 것조차 구분이 안 된다고들 합니다. 옛날에는 고수들의 명국을 한 판 놓아보면서 감상하고 나면 머리가 개운해지곤 했는데, 요즘 바둑을 놓아보면 머리가 개운해지기는커녕 눈앞에 안개만 자욱해지고 골치만 아프다는 겁니다. 그렇습니다. 세상이 변하듯 바둑도 변하는 것이고, 세상이 발전하듯 바둑도 발전하고 있기 때문입니다. 점점 나아지는 것인지 단순히 달라지는 것인지, 그건 잘라 말하기 어렵지만, 아무튼 변하는 것은 확실합니다. 그리고 사실은 변하는 것이 정상이고, 변하지 않는 것이 비정상이겠지요. 어디까지 변할지 어떻게 변할지, 그게 궁금하기도 합니다. 한 가지 분명한 것은 창조 경제가 대유행이듯, 바둑도 창조적 발상이 필요하다는 점입니다.

이 책은 말하자면 실전을 통한 '뉴 트렌드 수법의 중간보고서' 같은 것입니다. 21세기에 진입하여 지금까지 빠르고 엄청난 변화를 겪어보았는데, 이제 정신을 좀 가다듬고 그 무엇이 어떻게 변했는지 살펴보고 가자는 것입니다. 특히 절대 고수들의 실전은 발상에 자유롭습니다. 창조적 발상이 주로 그들에게서 나옵니다.

현대 미술이나 현대 음악, 어렵습니다. 고전주의 낭만주의 사실주의, 그 시절의 작품은 그래도 느낌으로는 이해가 되기도 했는데, 현대 미술은 지나치게 난삽하든지 아니면 무슨 장난 같든지 그렇고, 현대 음악은 소음 같이 들리기도 합니다. 바둑도 그렇지 않나 그런 생각도 듭니다. 바둑도 옛날 바둑, 고전 명국, 그런 기보들은 설명을 보면 이해가 되었다고들 하시니 말입니다. 음악이나 미술처럼 현대 바둑도 난삽한 것일까요. 그렇다면 이런 점에서도 바둑은 스포츠보다는 예술에, 음악과 미술에 가깝다고 할 수 있을 것 같습니다. 옛날 야구는 이해하기 쉬웠는데 요즘 야구는 난삽하다, 옛날 축구는 보면 알겠는데 요즘 축구는 그냥 보아서는 모르겠더라, 이런 말을 하지는 않으니까요.

이 책의 구성상 특징은 포석과 초반의 여러 모습들을 편의상 유형에 따라 '수비형' '공격형' '삭감형' '속도형' '정석활용형' 등 5개 부문으로 분류─정리하고, 실전 기보와 참고 그림을 같은 크기로 배치하여 내용의 연결고리가 이어지도록 하였습니다. 그리고 관심이 가는 몇 가지 관련 수법을 부록에 실어 공부 자료로 삼았습니다.

내용상 특징은 장면에 따라 차이는 있지만, 한눈에 전달되도록 수수를 짧게 끊어 보여주었습니다. 여기에 사고 과정과 설명을 비교적 자세하게 달아 아마추어 고수가 아니더라도 감상하는 데 도움을 주고자 노력하였습니다. 또한 초반에서 중반으로 넘어가는 과정을 매끄럽게 연결하여 사고의 단절이 없이 매듭이 지어지도록 배려하였습니다.

소재로 삼은 바둑은 모두 30국으로 비교적 많은 대국을 실었습니다. 몇 판을 제외하고는, 한─중─일의 정상급 프로기사들이 타이틀을 놓고 겨룬 바둑들입니다. 2012~13년, 치열한 대결의 장에서 마지막까지 살아남은 강자들의 실전 초반을 추렸습니다. 이 책은 이른바 기선 제압을 위해, 주도권

장악을 위해 처음부터 불꽃을 튀겼던 바둑, '초반 열전(熱戰)'의 '명국 열전(列傳)'이라 말하고 싶습니다. 이를 통해 절대 강자의 숨결을 느끼고 생각을 공유해 보기 바랍니다. 나아가 당면 과제를 어떻게 풀어 가는지 감상해 보고, 여러분의 과제를 풀어가는 데도 힌트가 되었으면 좋겠습니다. 그런 게 살아있는 공부가 아닐까요.

기력 향상의 지름길은 프로 기보의 감상에 있다고 합니다. 특히 온갖 기예(技藝)가 담긴 진검 명승부라면 더 말할 나위가 있겠습니까. 아무튼 이 책이 독자 여러분의 현대 바둑 이해에 친절한 안내자가 되고, 기력 향상에도 일조하길 바랍니다.

차례

1장 ☞ 모양을 중시하는 수비형 초반

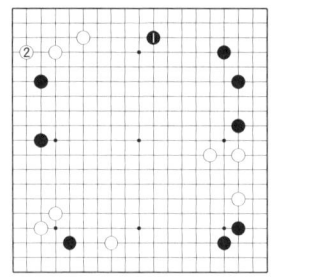
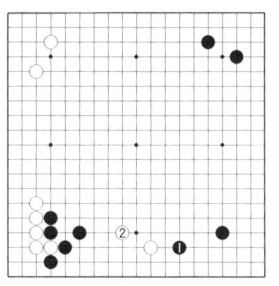
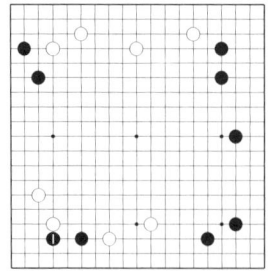
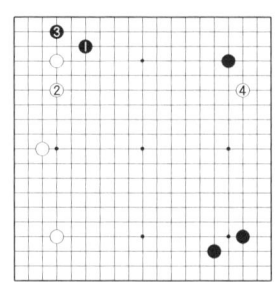

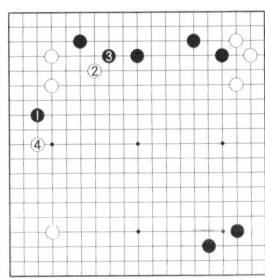
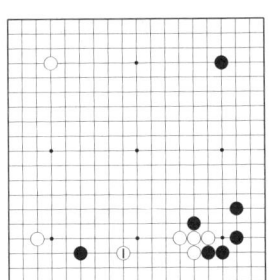

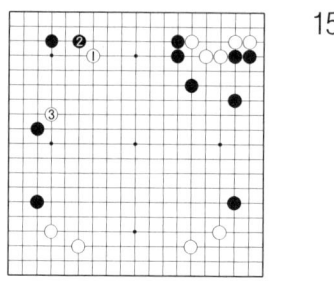
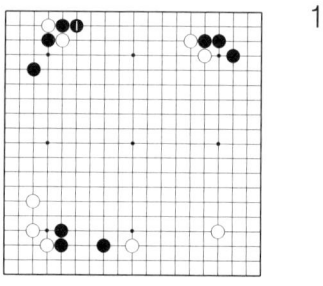
3장 ☞ 활용을 중시하는 삭감형 초반

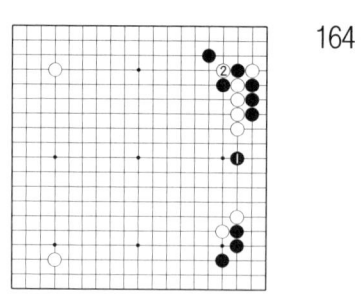
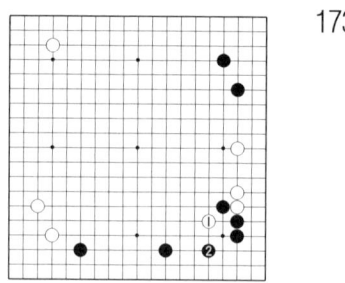

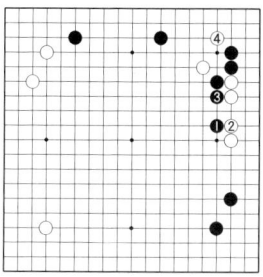
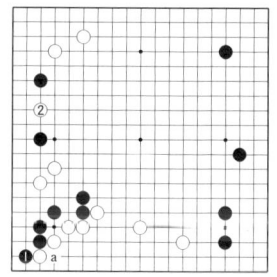
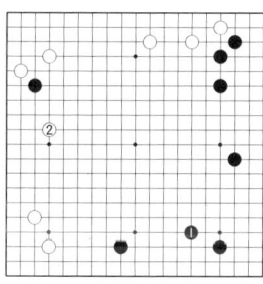
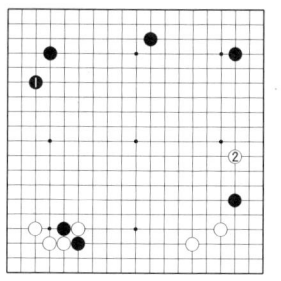
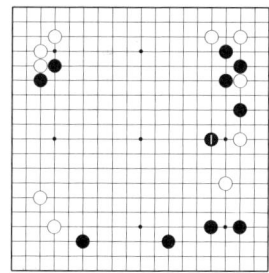

5장 ☞ 정석 활용형 초반

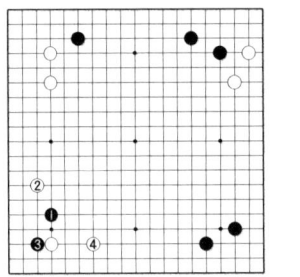
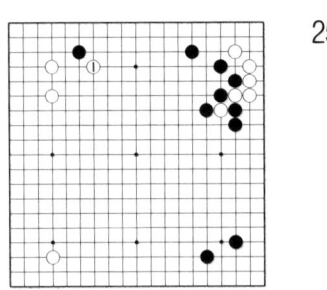
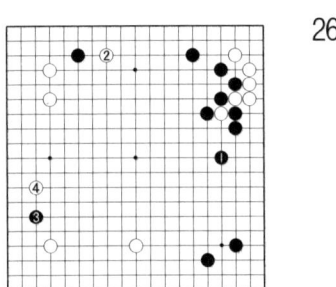

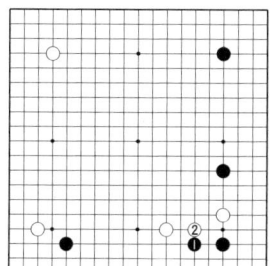
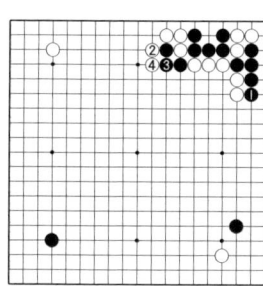
부록 ☞ 실전에 연관된 현대판 창의적 수법

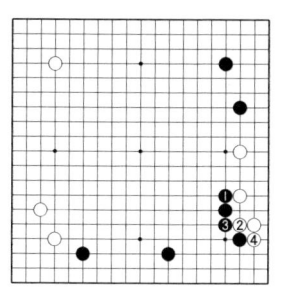

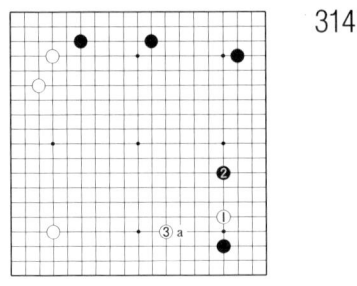
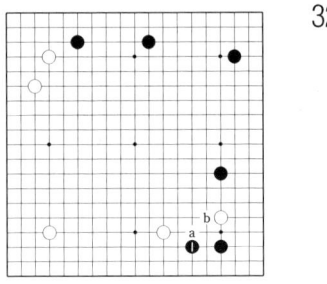
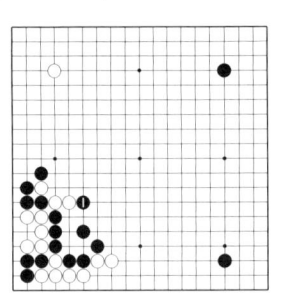
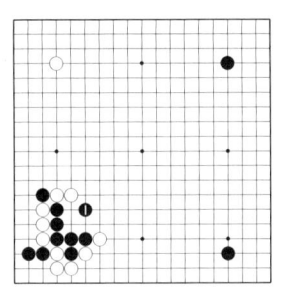
일러두기

여기에 실린 총 30국의 내용을 편의상 다음과 같이 분류하여 이해하
는 데 도움을 주었다.

모양을 중시하는 수비형 초반
우선 가급적 자체 모양부터 정비하며 천천히 두어가는 방법이다. 귀
의 굳힘을 중시하고, 걸침에선 때론 유연한 눈목자 걸침을 선호한다.
상대의 모양이 커지면 삼삼 침입으로 대응해 극단적인 싸움을 피해
가기도 한다.

모양을 파괴하는 공격형 초반
주로 굳힘보다는 걸침, 그냥 받기보다는 협공하는 걸 좋아한다. 빈 귀

를 놔둔 채 먼저 걸쳐가는 적극적인 흐름도 여기에 포함된다.

활용을 중시하는 삭감형 초반

가급적 먼저 실리를 차지한 후 타개를 통해 풀어가는 방법이다. 그 과정에 상대의 대모양을 삭감하며 타개하는 흐름이 나오기도 한다. 여기에는 양소목 한쪽 굳힘에 응수타진 활용을 통한 변의 운영 방법과, 변형 미니중국식에서 최근 유행하는 삭감성 응수타진이 포함된다.

효율을 중시하는 속도형 초반

비교적 발빠르게 두며 상대의 대모양을 방해하는 흐름이 전개된다. 그 과정에 귀의 정석에 구애받지 않고 변을 중시하는 흐름도 나온다. 귀에 걸쳐 몇 수 활용만 해둔 후 중국식 등 모양을 펼치는 흐름도 여기에 해당한다. 귀에서 바로 벌리는 소위 반쪽 변형 미니중국식도 성격상 속도를 중시하므로 여기에 묶었다.

정석 활용형 초반

비교적 가벼운 정석보다 수순이 긴 특정 정석을 통해 풀어가는 방법이다. 여기서는 소목 한칸 걸침에 한칸 낮은 협공과 두칸 높은 협공, 화점에 날일자 걸치고 달릴 때 뒤협공, 그리고 눈사태 정석의 변화를 다룬다. 최근 유행하는 정석과 특정 포석에서 사용하는 정석도 여기에 포함되어 있다.

여기에 실린 총 30국의 장면도와 기보, 참고도의 형태를 다음과 같은 기준으로 구분하였다.

장면도 : 어느 정도 초반 흐름을 이해하도록 약간의 진행 결과를 수순 표시없이 나타냈다. 물론 실전 기보에서는 첫수부터 대국이 전개된다. 그리고 장면도 밑에는 대국 정보가 표시되어 있는데, 모두 앞사람이 흑번이다.(모든 대국 정보는 색인에서 확인 바람)

기보 : 실전에서 둔 내용을 모든 대국마다 연번으로 표시하였다. 참고도와 구분하기 위해 엷은 색을 입히고 설명란에 ★표를 달았다.

참고도 : 모든 참고도의 수순은 첫수부터 표시하여 보는 데 지장이 없도록 하였다.

1 장

모양을 중시하는
수비형 초반

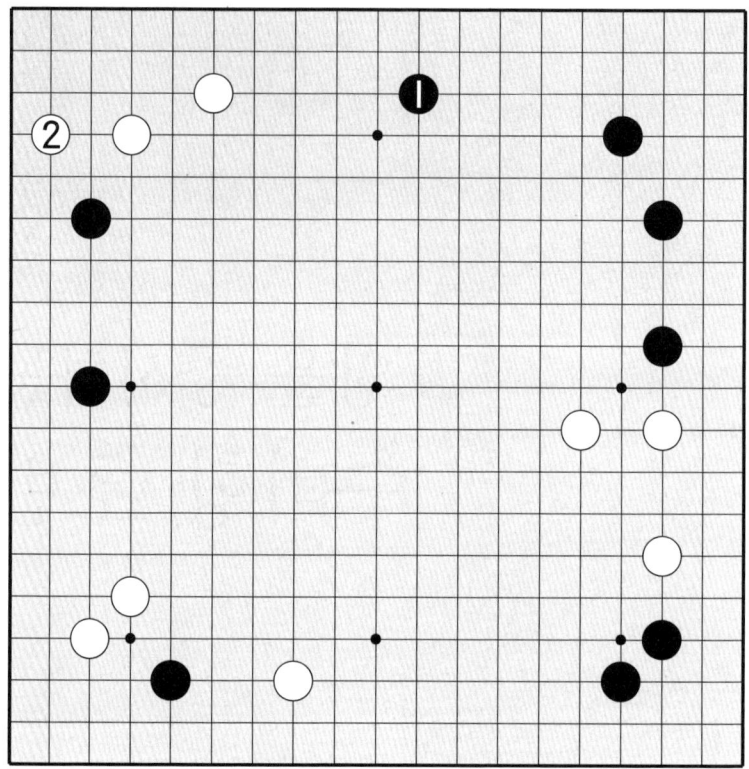

4회 BC카드배 결승1국(백홍석 : 당이페이) 2012. 5. 12

흑은 평행형 화점·소목, 백은 개방형 화점·소목 포석이
다. 좌하귀 흑의 걸침에 백은 우하귀 눈목자 걸침으로 유
연하게 시작하여 우변 모양이 형성된다. 좌하귀 백의 견실
한 마늘모. 흑이 좌변에 터를 잡자 다시 좌하변에서 협공
이다. 흑1의 상변 벌림에 백2로 견실한 수비. 백은 유연한
자세로 일단 싸움보다 견실한 전략이다. 그럼 이를 배경으
로 한 초반이 어떻게 진행되는지 살펴보기로 한다.

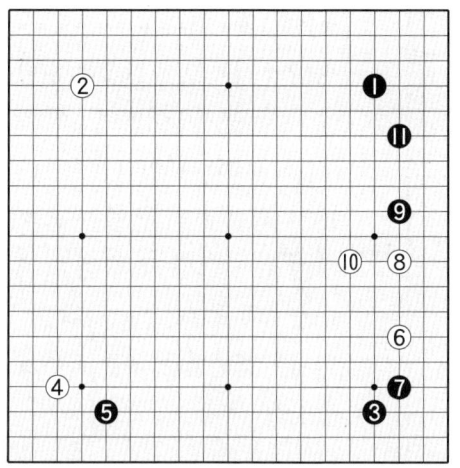

★1보(1~11)

흑1, 3의 화점과 소목. 백도 비슷한 포진이지만 4의 개방형 소목은 흑5의 걸침을 유도한 측면이 있다. 그래놓고 우변 6, 8의 두칸 벌림으로 유연하게 두려는 작전이다. 흑9의 다가섬에 백10쪽으로 지키면 흑11의 수비는 보통이다.

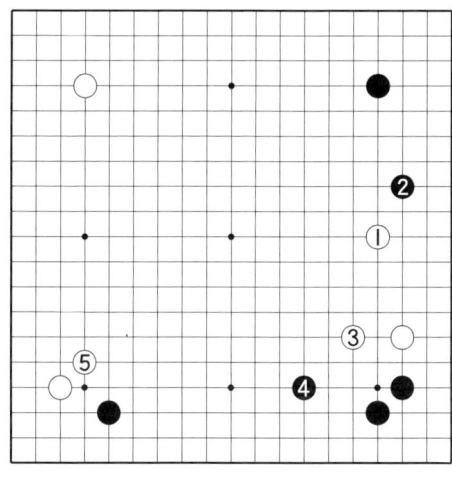

1도(백, 높은 벌림)

실전 백8로는 1의 높은 벌림도 일책이다. 흑2로 다가서면 백3으로 하나 보강해 둔 후 흑4로 받을 때 백5의 마늘모로 지키며 하변을 견제하면 무난한 흐름이다.

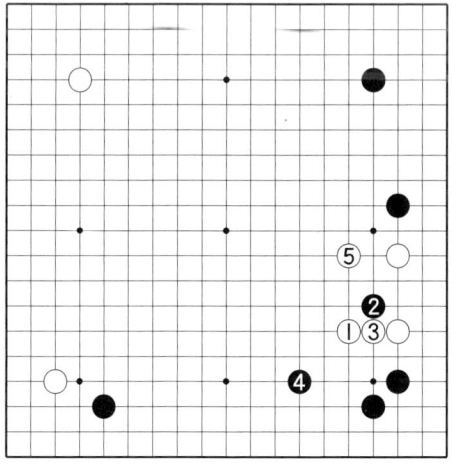

2도(지키는 방향)

실전 흑9로 다가설 때 백1쪽에서 지키는 경우도 많다. 그러면 흑2를 활용한 후 4로 벌리는 것이 하나의 수순이다. 이럴 경우 백5로 두텁게 지켜두는 것이 보통이다. 백이 실전보다 두텁지만 후수라는 점이 다르다.

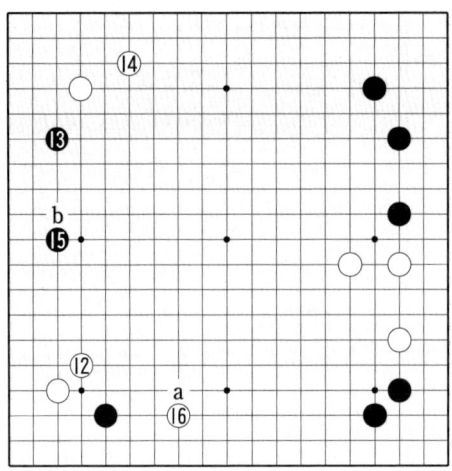

★2보(12~16)

백12의 마늘모는 견실한 수단. 이 수로 공격적이라면 a의 협공도 생각할 수 있다. 흑은 13, 15로 좌변에 터를 잡는다. 이 과정에서 백14는 b쪽 협공, 흑15는 b의 두칸 벌림도 취향이다. 여기서 백은 하변 16으로 협공해 간다.

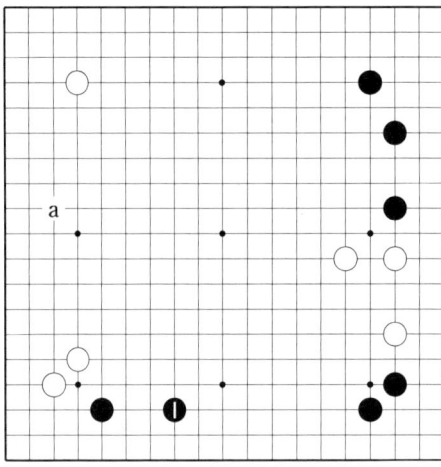

3도(흑의 선택)

실전 흑13으로 하변을 중시한다면 1의 벌림도 생각할 수 있다. 또는 좌변을 중시한다면 a의 갈라침도 일책이다.

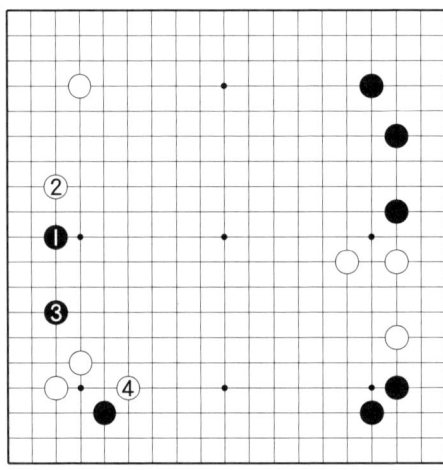

4도(흑, 답답)

좌변을 갈라친다고 해도 흑1로 너무 정중앙이면 아래 마늘모 형태에서는 약간 재미없다. 백2로 화점 쪽에서 압박하고 흑3으로 벌릴 때 백4로 씌우기만 해도 흑이 약간 답답한 모양이다.

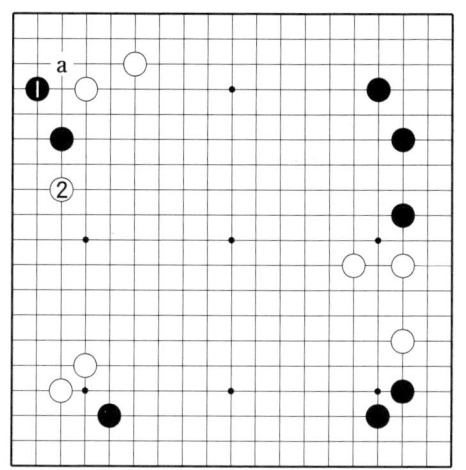

5도(백, 신중)

실전 백14로 받을 때 흑1로 귀에 파고드는 것은 신중히 생각해야 한다. 백이 a로 받아주면 좋겠지만, 역으로 2의 협공을 당하면 별로 재미없을지도 모른다.

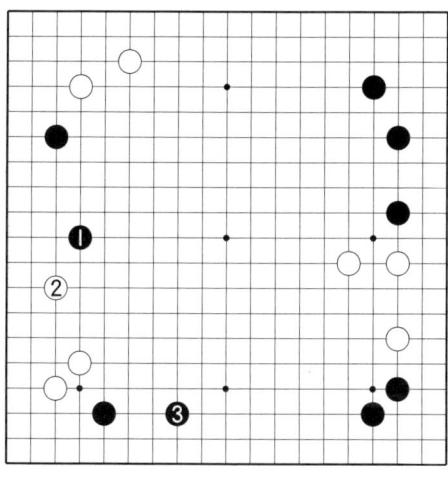

6도(흑, 하변까지 고려)

흑이 하변까지 고려한다면, 1로 높게 벌려두고 백2로 다가오면 3의 벌림도 하나의 작전이다.

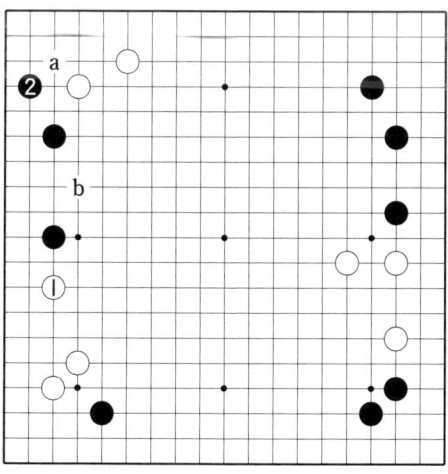

7도(흑, 좋은 달림)

실전 흑15로 벌릴 때 백1로 다가서는 것은 흑2로 귀에 파고드는 흐름이 나쁘지 않다. 다음 백a로 받아주면 흑b로 모양 구축하는 자세가 일단 기분 좋다.

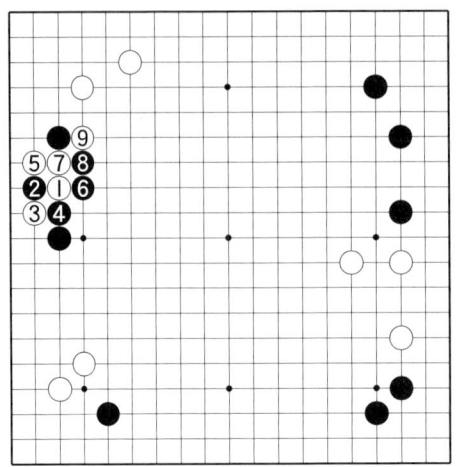

8도(백, 싸움 유도)

싸움을 즐긴다면, 백1로 침입
한 후 흑2에 백3 이하 9로 끊
어가는 적극적인 작전도 생각
할 수 있다. 서두르는 느낌도
들지만, 서로 어려운 싸움인
것만은 틀림없다.

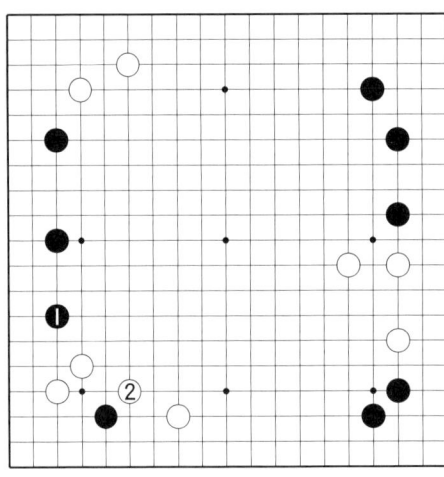

9도(백, 씌움)

실전 다음 흑1로 벌리는 것은
백2로 씌우기만 해도 일단 기
분 좋다.

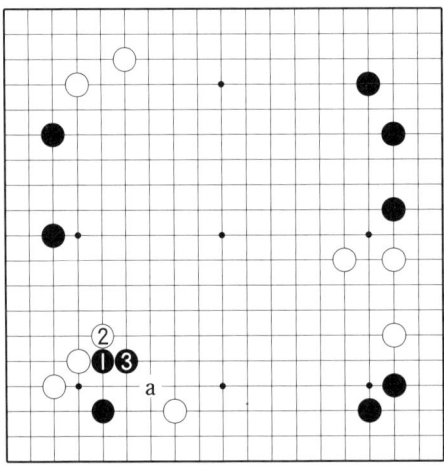

10도(흑, 좌하귀 처리법)

여기를 둔다면 흑1, 3으로 직
접 부딪쳐 싸우는 것이 나을
지도 모른다. 또는 흑1로 a쪽
으로 기대어 나가는 것도 한
방법이다.

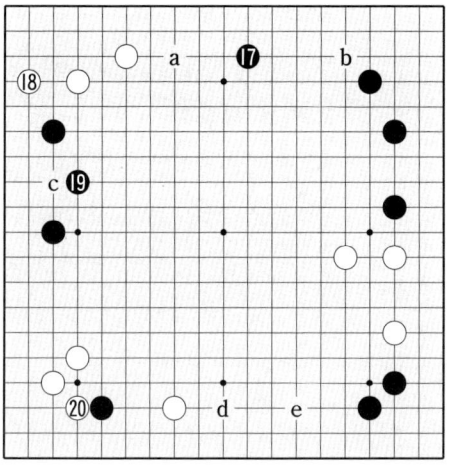

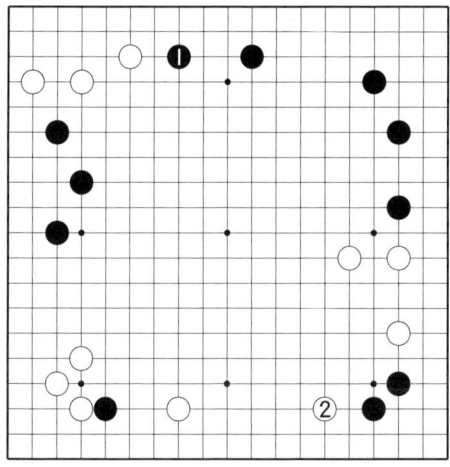

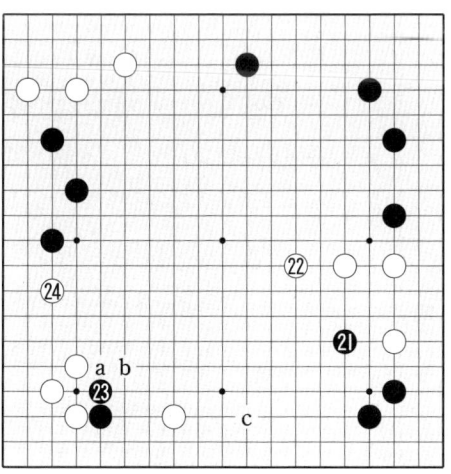

★3보(17~20)

실전은 상변 흑17의 벌림. 일단 큰 곳이다. 그래놓고 상변은 a의 벌림이나 b의 굳힘을 노린다. 백18의 지킴은 견실한 수단이다. 이 수는 먼저 c의 침입도 고려할 수 있다. 흑19의 지킴. 견실에는 견실로 대응한다. 백20의 지킴 다음 흑이 하변을 둔다면 d의 벌림이 보통이다. e의 두칸은 안전하지만 느슨하다.

11도(벌림의 가치)

같은 벌림이라도 상변 흑1보다 하변 백2가 규모도 크고 대세를 장악할 공산이 다분하다.

★4보(21~24)

실전은 흑21의 공격 행마. 하지만 노림은 하변 운영에 있을지도 모른다. 백22는 견실한 보강. 다만 발이 늦다. 흑23으로 살려내는 것은 싸움을 유도하는 수단으로 백a면 흑b로 젖히겠다는 뜻이다. 백24의 벌림은 약간 의외. 좌변보다 하변이 넓어 c로 두칸 벌리는 것이 낫지 않았나 싶다.

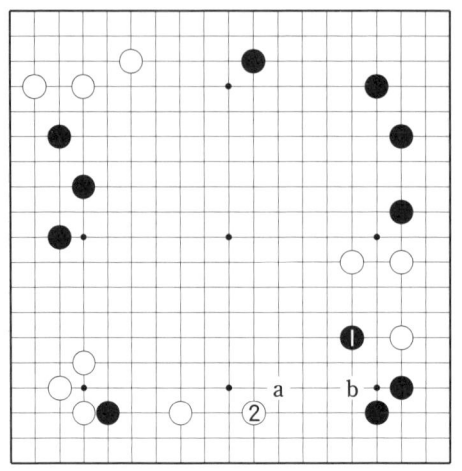

12도(백, 하변 선점)

흑1의 공격에 백은 발빠르게 하변을 선점하는 방법도 생각할 수 있다. 백2의 벌림이 그것. 흑은 a로 높게 벌려 중앙에 무게를 두거나, 아예 b로 바짝 비집고 들어가 반응을 물어볼 수도 있다.

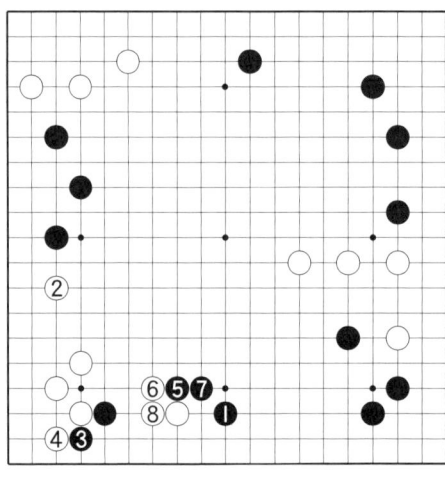

13도(흑, 유연책)

실전 흑23으로 유연하게 두자면 1의 다가섬일 것이다. 만일 백2로 벌리면 흑3을 하나 활용한 후 5, 7의 사석 작전도 일책이다. 백8의 이음은 필연.

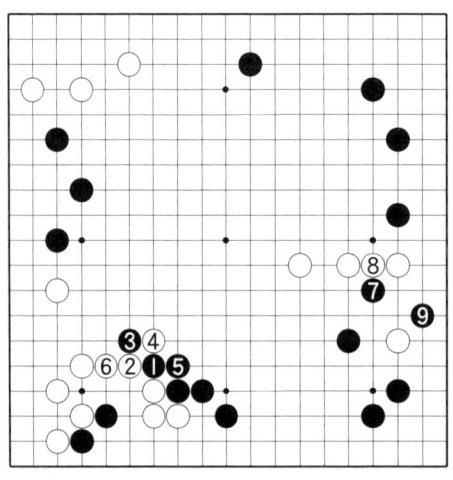

14도(흑, 활발한 작전)

계속해서 흑1, 3의 이단젖힘이 중앙 모양을 정리하는 수순이다. 백4, 6으로 방어할 때 하변 두터움을 배경으로 7, 9로 우변을 공격한다. 그 결과 좌하귀 실리는 내주지만 흑도 활발한 움직임을 보여 충분한 국면이다.

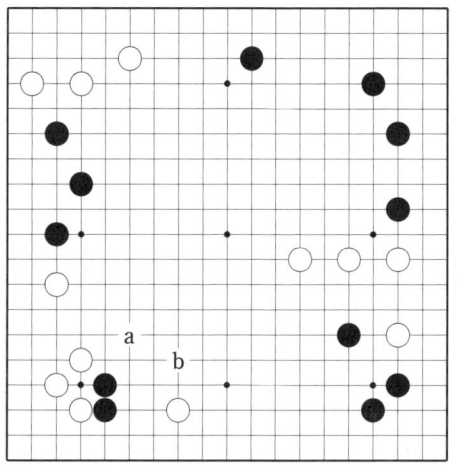

15도(흑, 직접 움직이는 경우)
실전 다음 흑이 두점을 직접 움직인다면 a의 날일자 행마나 b의 눈목자 씌움을 생각할 수 있다. 다만 a는 좀 느슨한 편이고, b가 더 강력한 의미가 있다.

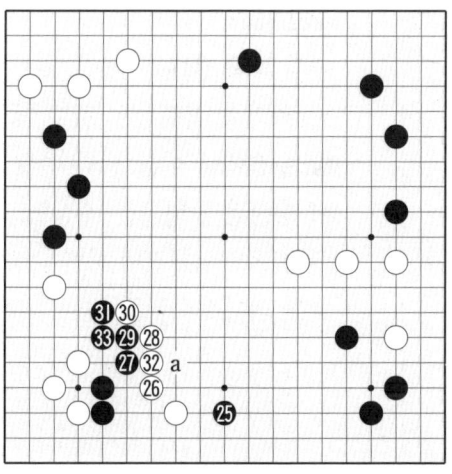

★5보(25~33)
실전은 흑25의 다가섬. 하변을 먼저 주도하며 응수를 묻는다. 백a로 뛰면 29로 가볍게 나가겠다는 뜻. 백26의 강한 압박에는 흑27로 탈출한다. 백28의 씌움 이하 32는 흑을 두텁게 몰아가는 수법이다. 흑은 33으로 이어 버틴다. 탈출에는 지장 없다는 뜻이다.

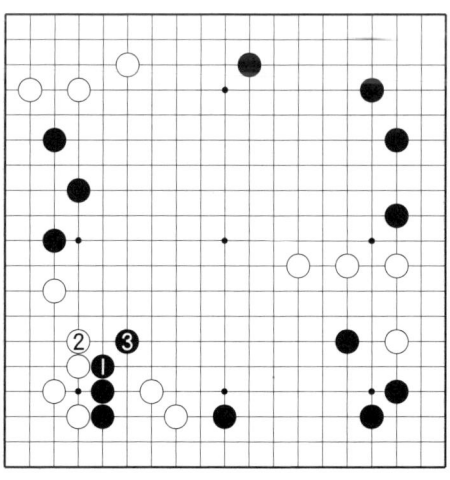

16도(흑, 다른 탈출법)
실전 흑27로는 1, 3으로 밀고 탈출하는 방법도 있다. 백2로 좌변을 굳혀주는 의미가 있어 실전을 택한 듯하다.

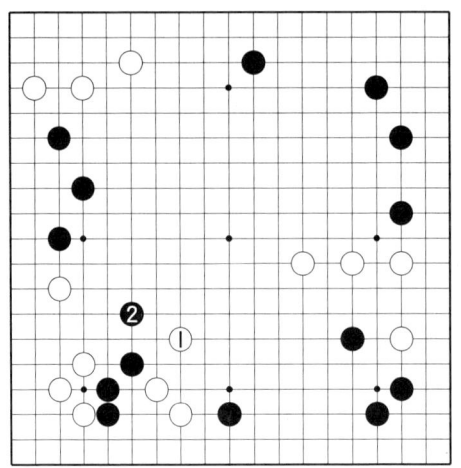

17도(백, 엷은 공격)

실전 백28은 두터운 수법. 이 수로 백1의 날일자 공격은 흑 2로 가볍게 뛰어나가 별로 재 미없다. 하변 백의 자세도 이 제는 엷다.

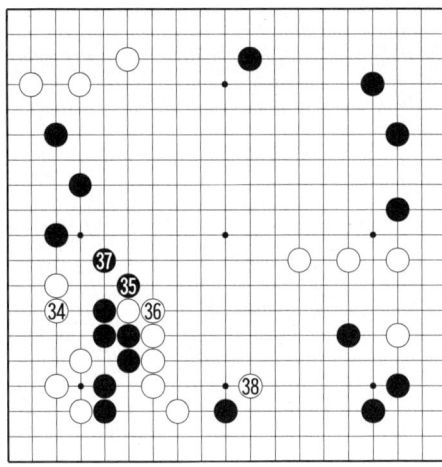

★6보(34~38)

이제 백은 34로 좌변을 튼튼 히 지키고 흑도 35, 37로 중 앙 수습에는 이상 없다. 여기 서 형성된 두터움을 배경으로 백은 38로 어깨짚어 하변을 압 박해 간다.

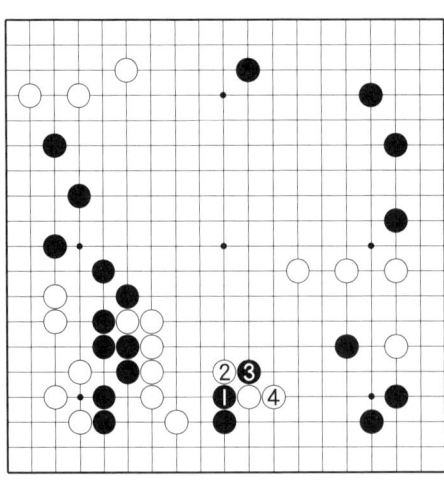

18도(흑, 피곤한 싸움)

실전 다음 흑1, 3으로 나와끊 는 것은 백4로 늘어 흑이 어 려운 싸움이다.

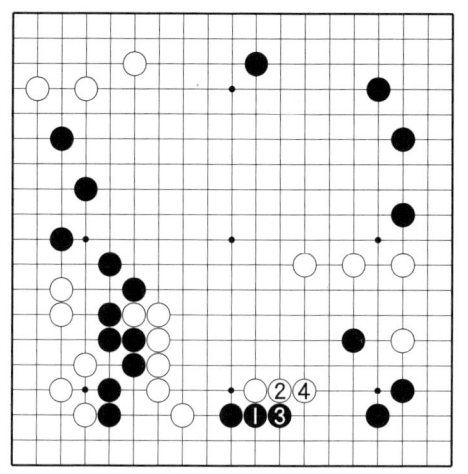

19도(백, 두터움)

그렇다고 흑1, 3으로 하변 실리만을 생각하면 곤란하다. 4까지 형성된 백의 두터움이 앞선다. 둔다면 차라리 흑1은 3의 뜀이 더 나을 것이다.

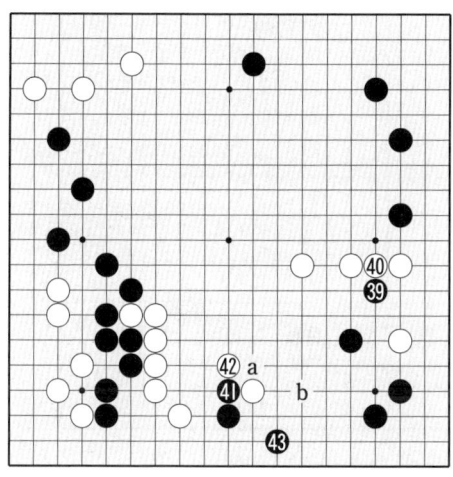

★7보(39~43)

실전은 흑39를 하나 활용한 후 41, 43으로 가볍게 벗어나려 한다. '밀고나서 날일자'는 행마법에 나오는 수법이다. 다음 백a로 이어주면 흑b로 지키는 자세가 좋다.

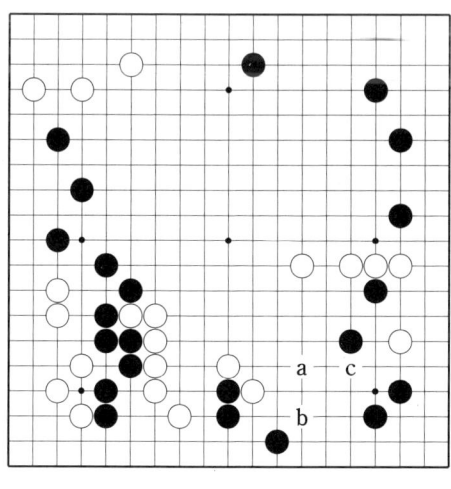

20도(중반 예고)

앞으로 백은 효율적인 행마가 필요하다. 가령 a로 가볍게 둔 후 b와 c를 맞보기로 삼는 작전도 고려할 수 있다. 중반 실전은 아예 백b로 씌워 하변 흑을 압박하는 강수로부터 시작된다.

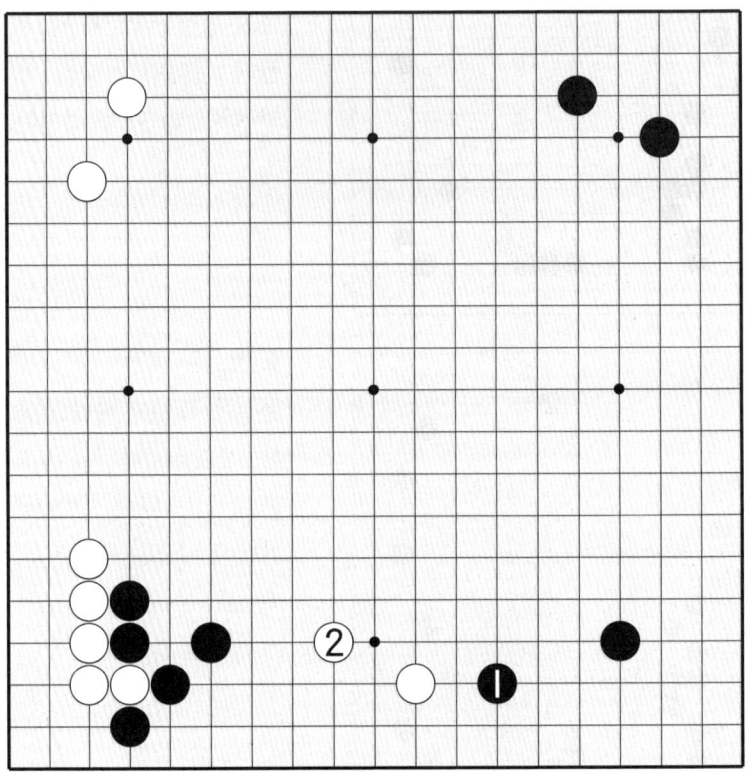

2012 올레배 결승2국(이세돌 : 최철한) 2012. 11. 2

흑은 개방형 화점·소목, 백은 향소목 포석이다. 상변 방면은 서로 날일자 굳힘으로 모양 대결이다. 좌하귀는 밀어붙이기 정석에서의 간명한 형태. 하변에서 백은 갈라치고 흑1로 다가올 때 2의 날일자로 좁지만 두텁게 벌린 장면이다. 그럼 이를 배경으로 한 초반이 어떻게 진행되는지 살펴보기로 한다.

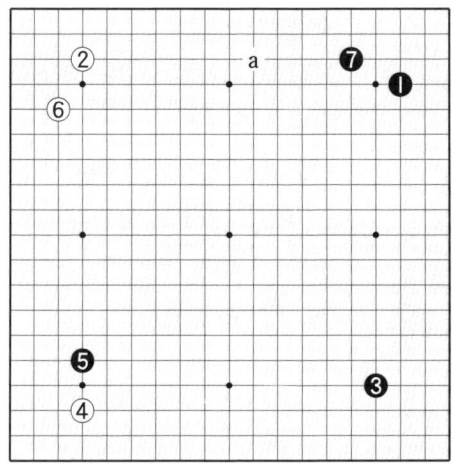

★**1보(1~7)**

흑1, 3의 개방형 소목과 화점. 백은 2, 4의 향소목이다. 흑5로 걸칠 때 백6과 흑7로 서로 굳힌다. 소목이 주가 되므로 걸침과 굳힘이 많은 진행이다. 흑7은 a 정도 상변으로의 발빠른 벌림도 일책이다.

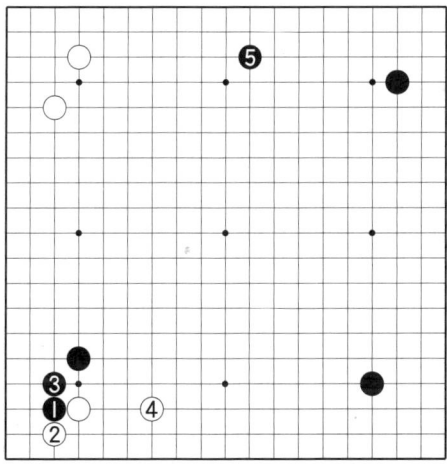

1도(흑, 발빠른 전략)

또는 흑1, 3으로 좌하 귀를 먼저 손댄 후 백4로 응수하면 흑5의 벌림도 발빠른 전략으로 고려할 수 있다.

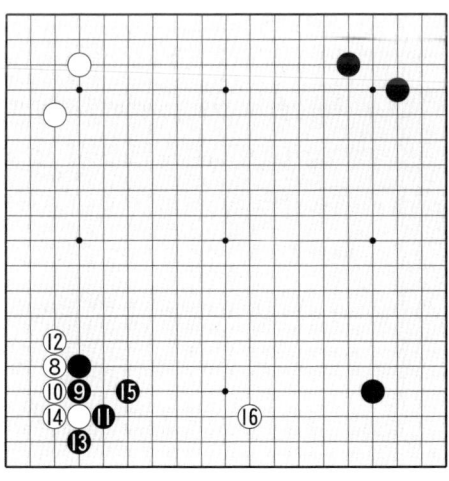

★**2보(8~16)**

백8의 붙임. 이때 흑9, 11은 주변 배치를 고려한 수단으로 소위 밀어붙이기 정석이다. 이 형태는 갈래에 따라 복잡한 변화가 나오는데 백12에 흑은 13, 15로 간명하게 처리한다. 하변 백16은 여러 요처 중 하나이지만 무난한 갈라침이다.

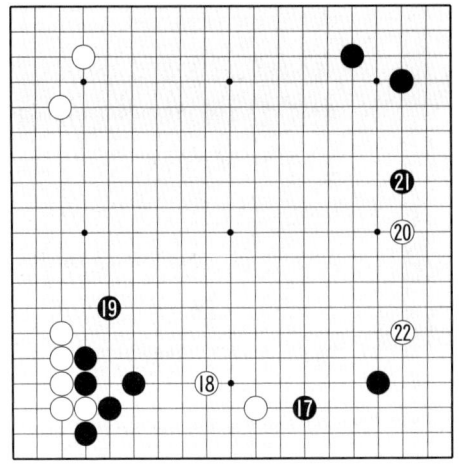

★3보(17~22)

흑17의 다가섬. 이때 백18의 벌림은 좁지만 중앙 중시의 두텁고 탄력적인 수단이다. 흑19는 요소. 그러면 백20의 갈라침도 요처다. 흑21로 다가서고 백22로 걸친다.

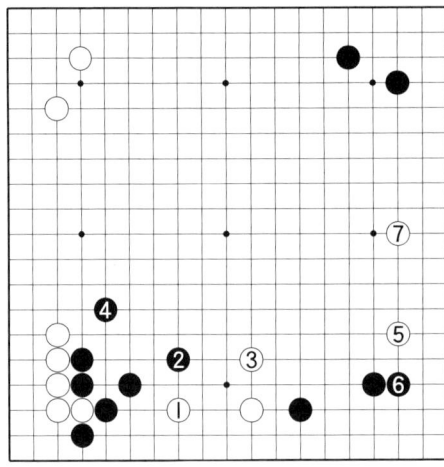

2도(흑, 중앙 두터움)

실전 백18은 1의 두칸 벌림이면 보통이다. 그러면 흑2, 4의 중앙 처리가 두텁다. 우변은 백5, 7 정도가 예상 흐름이다. 백은 하변에서 3으로 지켜도 약간 엷다고 봤는지도 모른다.

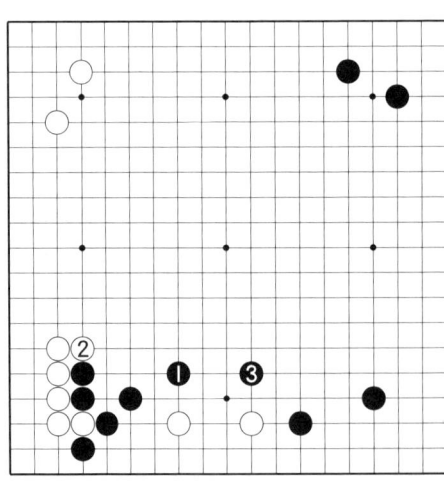

3도(백, 답답)

흑1로 씌울 때 백2의 꼬부림이 좌변 세력의 맥점이지만, 흑3으로 재차 씌우기만 해도 우선 하변 백이 답답한 모양이다.

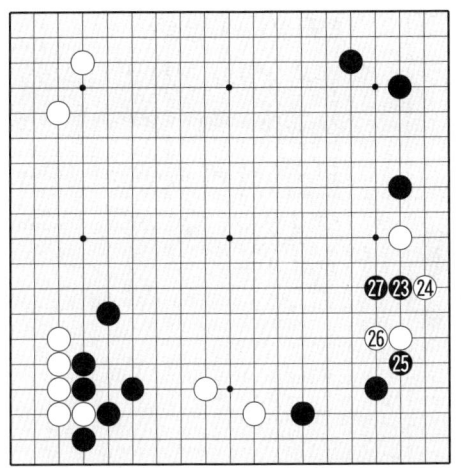

★4보(23~27)

흑23의 침입에 백24의 붙임은 상용 수단. 이때 흑25, 27은 백을 무겁게 하여 공격하는 실전적이고 치열한 수법이다.

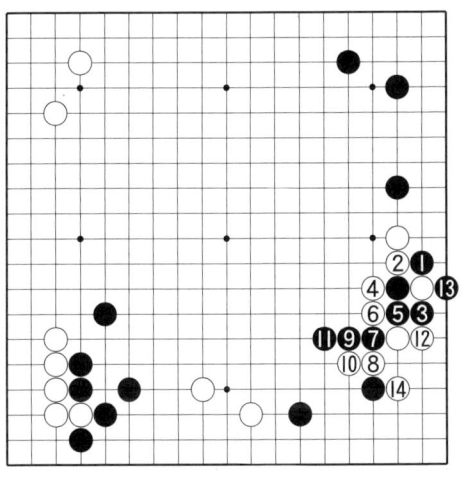

4도(흑, 불만)

실전 백24에 흑1의 젖힘은 백 2~6 때 흑7로 끊겠다는 뜻. 그러나 백8, 10으로 치고나온 후 12, 14면 귀가 다 깨져 흑이 재미없다.

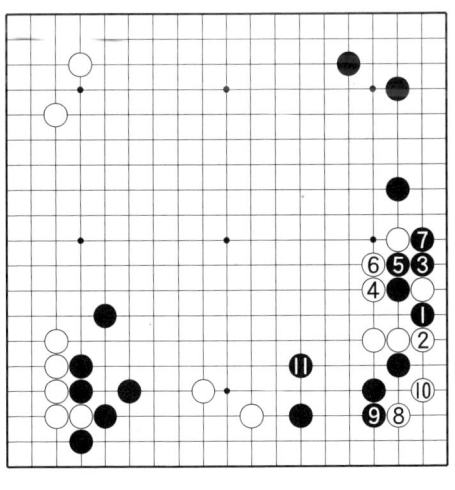

5도(타협)

실전 백26에 흑1로 젖히면 백은 2로 빠져 흑3에 4, 6까지 활용한 후 8, 10으로 귀에 파고든다. 흑11의 지킴까지 그럭저럭 타협된 결과이다.

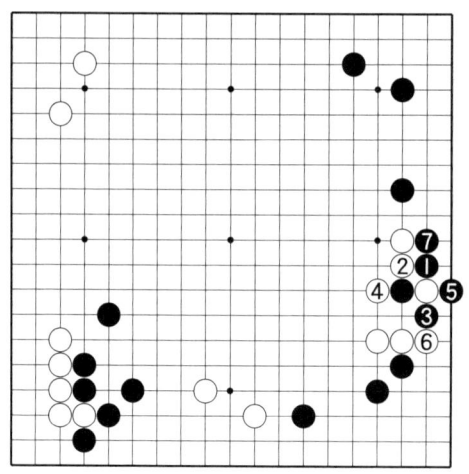

6도(젖힘의 방향)

흑은 1쪽의 젖힘이 나을지도 모르겠다. 백2, 4면 흑5로 따낸 후 백6에 흑7로 연결한다. 여기까지는 앞 그림과 비슷해 보이지만….

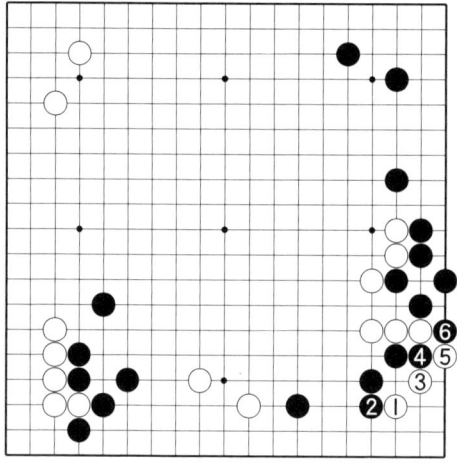

7도(패맛)

계속해서 백1, 3의 삼삼 침입은 흑4, 6으로 패맛이 남아 백이 불리하다.

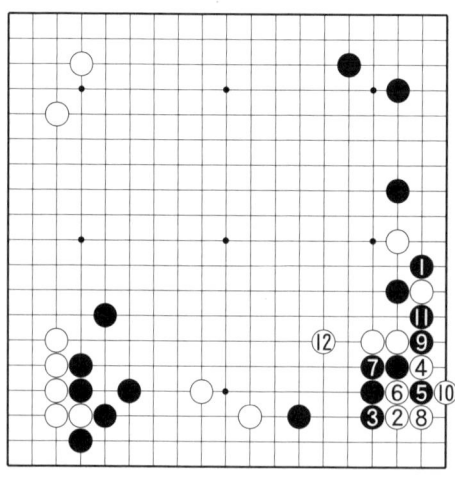

8도(백, 삼삼 침입)

흑1에는 백2의 삼삼 침입부터 두는 것이 생각할 수 있는 묘미있는 변화이다. 흑3이면 백4~8로 한점을 잡는다. 흑9, 11에 백12의 뜀. 백이 귀를 점거한 후 중앙은 견디겠다는 뜻이다.

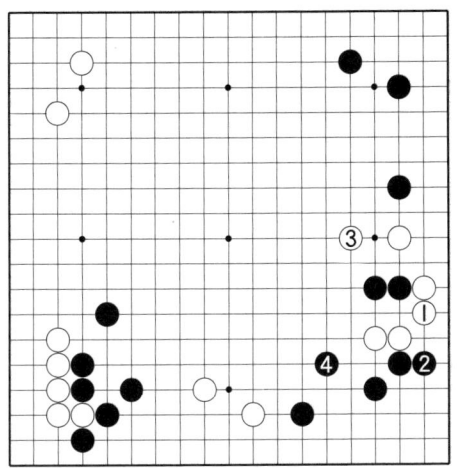

9도(흑, 충분)

실전 다음에 백1이면 무난한 수단이다. 다만 흑2로 두고 백3에 흑4로 재차 귀를 크게 지키면 흑이 기분 좋은 흐름이다. 이때 우변 흑 두점은 미끼로 쓰인 셈이다.

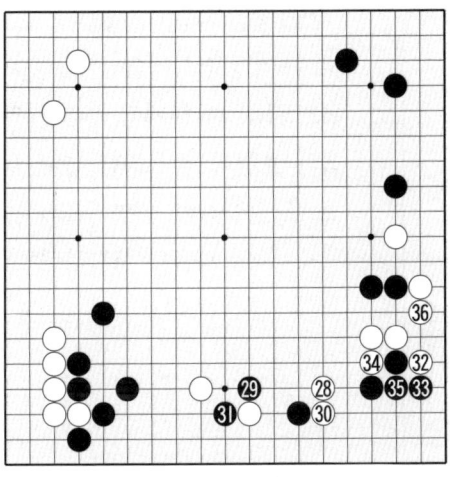

★5보(28~36)

백28은 응수타진. 흑29의 붙임은 이유 있는 반발이다. 백30과 흑31은 기세. 백32~36은 귀를 살려주고 모양을 안전하게 정리하려는 작전이다.

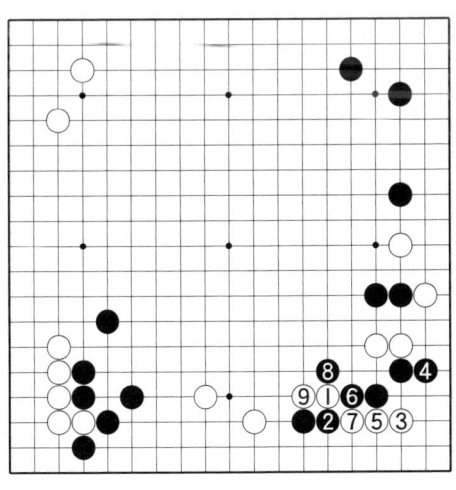

10도(흑, 곤란)

백1에 흑2로 쉽게 받으면 백3의 삼삼 침입이 날카롭다. 흑4로 차단하면 백5, 7로 오히려 하변 흑이 끊긴다. 흑8에 백9. 축이 불리한 흑이 곤란하다. 응수타진한 백의 의도가 통한 셈.

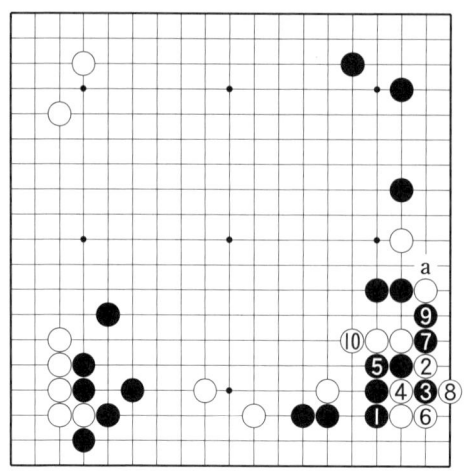

11도(백, 편한 싸움)

따라서 앞 그림 백3에 흑1로 막아야 한다. 그러면 백2로 젖힌 후 10까지는 거의 필연이다. 이 결과는 백이 귀에서 실리를 벌며 싸운다는 점. 그리고 a로 움직이는 맛도 있어 약간이라도 편하다.

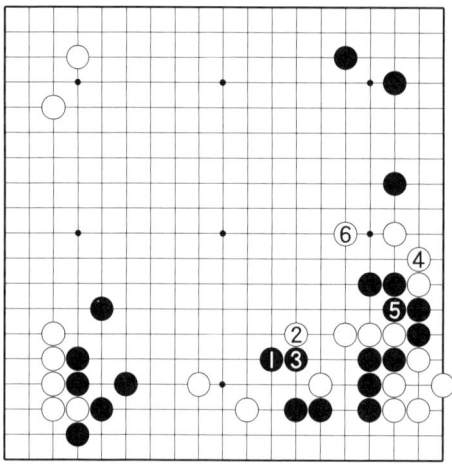

12도(중앙 싸움이 관건)

다음 진행을 상정해 본다면 우선 흑1의 하변 지킴. 백2에 흑3의 보강이 필요하다. 백4, 6으로 진출하며 우변 공격. 아무튼 중앙 싸움만 생각하면 서로 어렵긴 하다.

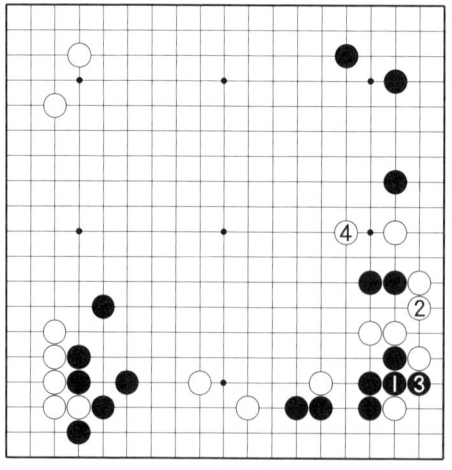

13도(백, 우세)

11도 백2로 젖힐 때 흑1로 물러서면 백2로 흑3을 유도한 후 백4로 뛴다. 백이 귀에서 안팎으로 활용한 모양이라 우세한 흐름이다. 9도와 비교해 볼 것.

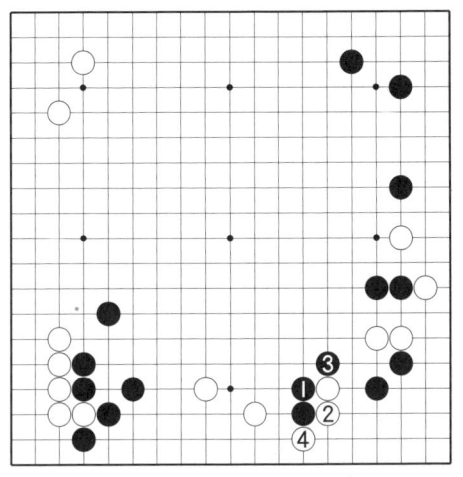

14도(흑, 불리)

실전 흑29는 이유 있는 반발이라 했다. 이 수로 1, 3의 자체 반발은 백2, 4로 맞받아쳐 흑이 불리한 싸움이다.

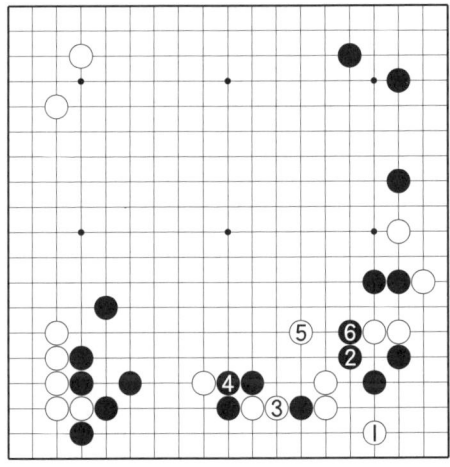

15도(흑, 충분)

실전 흑31 다음 백1로 귀에 파고들면 흑2로 나온다. 백3, 5로 하변을 돌보며 공격해 오지만 흑6으로 나오면 도중에 하변 백 한점을 제압한 흑이 좋은 흐름이다. 백은 우변 수습도 과제이다.

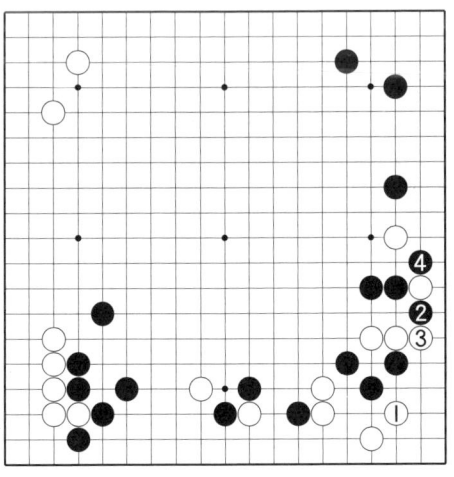

16도(흑 활발)

앞 그림 백3으로 내친김에 1로 귀를 완전히 잠식해 오면 흑은 2, 4로 우변을 제압하며 변신할지도 모른다. 그러면 귀는 내주지만 아직 활용하는 맛이 있고, 우변과 하변에 세력권을 형성한 흑이 활발한 국면이다.

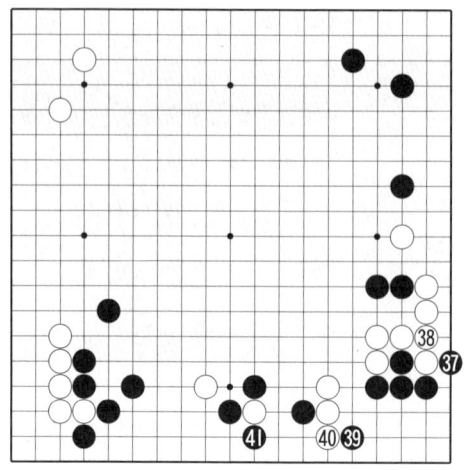

★6보(37~41)

흑37에 백38의 이음. 흑39는 속수 모양이지만 41로 하변을 지키기 위한 임시방편이다. 귀는 그냥 죽지 않는다는 뜻. 패만 나도 나쁘지 않다는 판단이다.

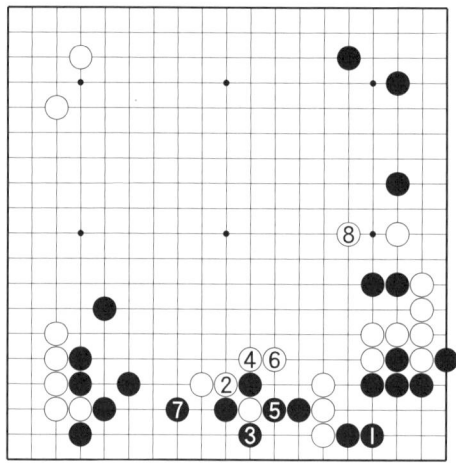

17도(흑, 느슨)

실전 백40에 흑1로 귀를 완전히 살리는 것은 이제와선 느슨하다. 백은 2~6으로 하변을 정리한 후 우변 8로 뛰어 중앙 세력이 좋아진다.

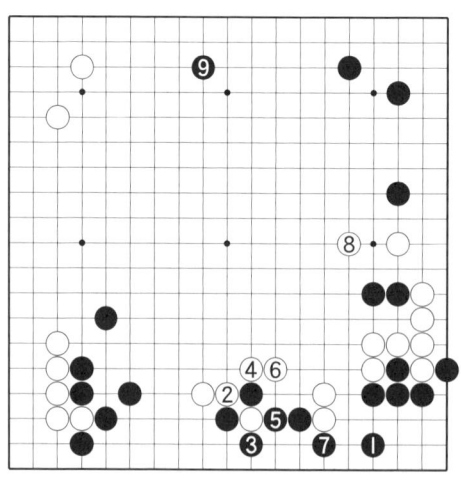

18도(팽팽한 국면)

그럴 바에 흑은 실전 흑39로 1에 뛰고 백2~6이면 7로 넘어가는 게 낫다. 백8에 흑9의 벌림이 예상되지만, 흑 실리와 백 세력의 대결로 팽팽하다.

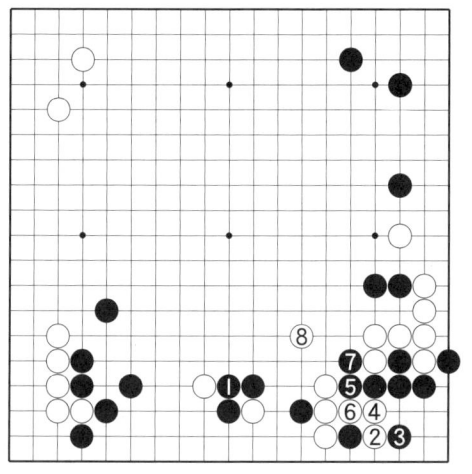

19도(흑, 위험)

실전 흑41의 지킴은 정수. 만일 1의 이음으로 두텁게 지키면 백2, 4의 공격으로 귀가 위험하다. 흑5, 7로 머리를 내밀수는 있지만 백8로 씌우면 귀가 잡힌다.

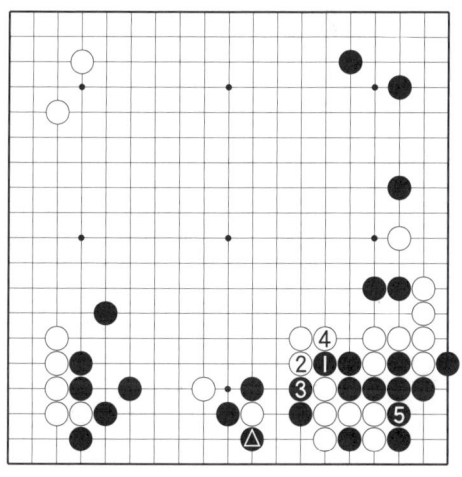

20도(백, 곤란)

실전처럼 흑△의 지킴이라면 앞 그림의 수순대로 백이 씌워도 흑1, 3으로 끊을 수 있다. 이때 백4로 막아야 싸움이 되는데 흑5면 이번에는 아래쪽 백이 곤란하다.

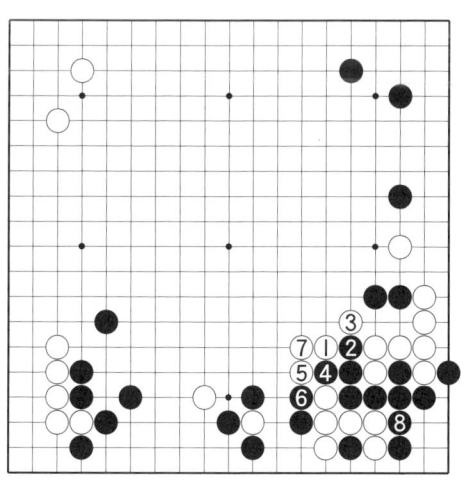

21도(백, 타이트한 씌움)

백1로 타이트하게 씌우는 방법도 있긴 하다. 그러면 7까지 백은 흑의 외곽을 일단 완전히 메울 수는 있다. 여기서 흑8로 막은 다음이 문제다.

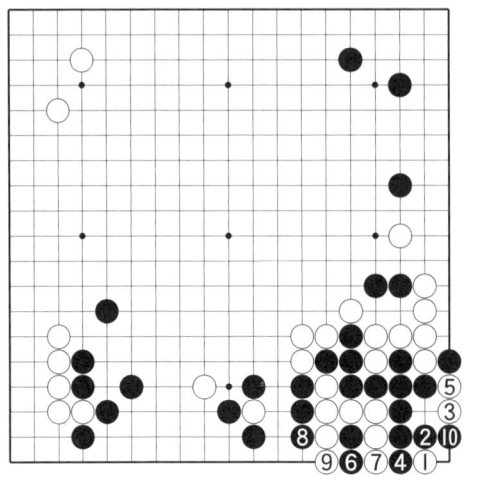

22도(흑승)

계속해서 백1, 3으로 사활의 맥점을 짚어 가지만 흑10에 이르러 수상전은 백의 1수 부족이다. 어떻게 해서 패가 나더라도 백의 실패임이 자명하다.

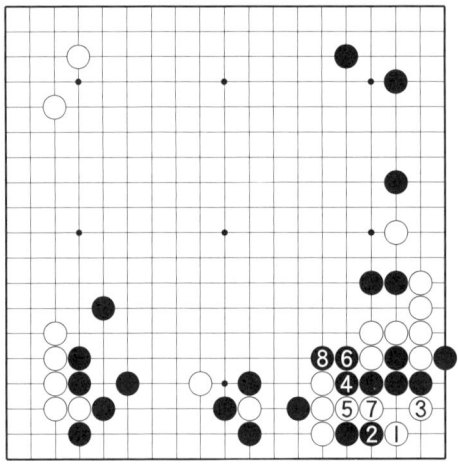

23도(흑, 유리)

실전 다음 부분적으로 귀는 백1의 치중이 급소이다. 흑2에 백3의 마늘모는 흑4에 백5로 안형을 공격하겠다는 뜻. 이때 흑7로 이으면 백6으로 막아 귀가 자충 형태로 좋지 않다. 흑은 백5, 7에 6, 8로 나가 귀는 내줘도 전체 국면은 좋다.

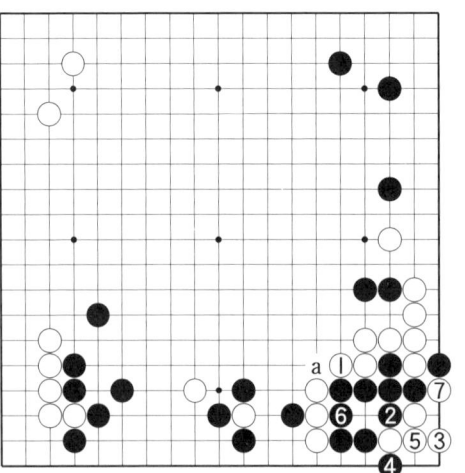

24도(백, 불리)

앞 그림 흑4 때 바로 백1에 막으면 흑은 알기 쉽게 2로 공격한다. 백3은 버틴 수. 흑은 4로 치고 백5에 이으면 6으로 일단 안형을 장만한다. 결국 백7이면 패. 백은 패의 대가를 얻어도 a의 약점이 있어 별로 재미없는 국면이다.

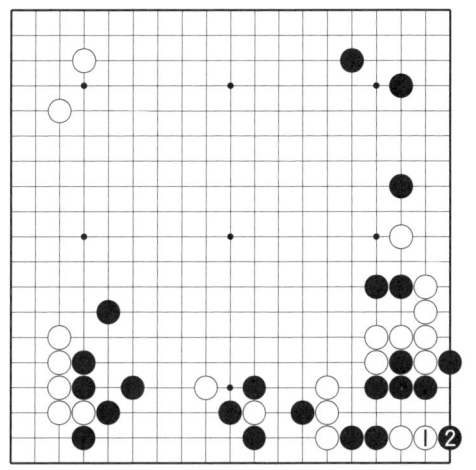

25도(붙임의 맥점)

23도 흑2에 백1이면 흑2의 붙임이 맥점. 역시 귀는 패가 정해다.

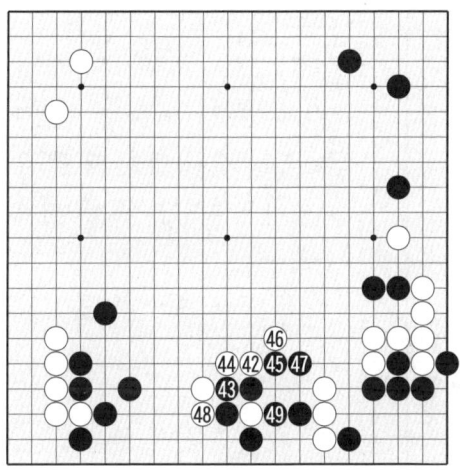

★7보(42~49)

그런 이유로 귀는 노림으로 둔 채 백은 42로 붙여 먼저 하중앙 정리를 시도한다. 흑은 43~47로 두텁게 잇고 젖혀나간다. 백48에는 흑49의 따냄.

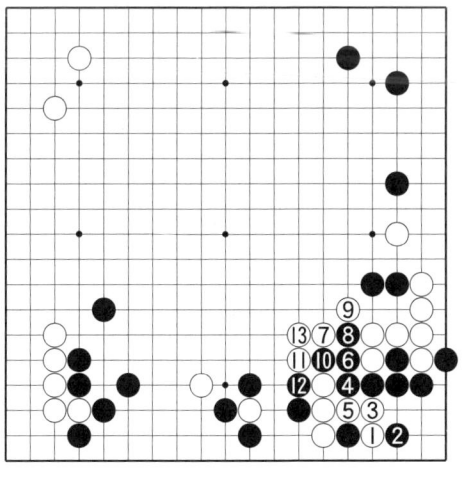

26도(귀의 검토)

실전 백42를 두기 진에 다시 한번 귀를 검토해 보자. 백1, 3에는 흑2~6으로 나오고 백7의 씌움. 흑은 일단 8~12를 선수해 둔다. 그럼 백13의 이음까지. 흑8을 먼저 두는 것은 백의 외곽에 약점을 남기려는 의도이다.

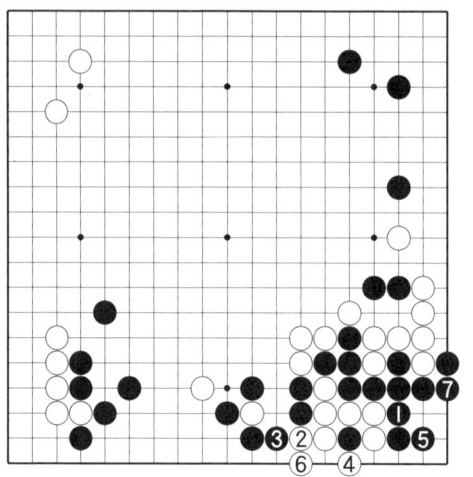

27도(백, 불리)

계속해서 흑1에 백2~6이면 흑 5, 7로 우하귀 방면은 각생의 형태이다. 그러면 우중앙 외곽에 약점이 남아 있는 백이 불리한 흐름이다.

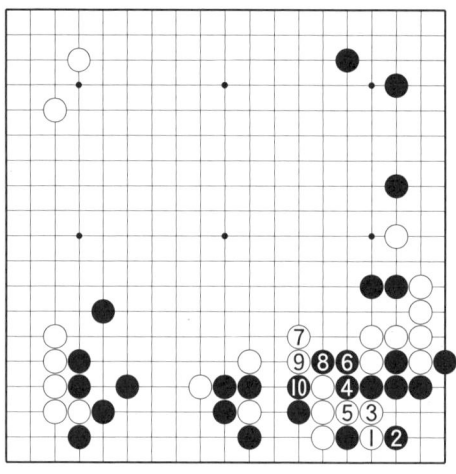

28도(백, 씌움)

그럼 실전 흑43의 시점에서, 백1에 흑2는 어떨까. 이번에는 흑4, 6으로 나올 때 백7의 씌움이 맥점이다. 흑8, 10의 끊음은 필연.

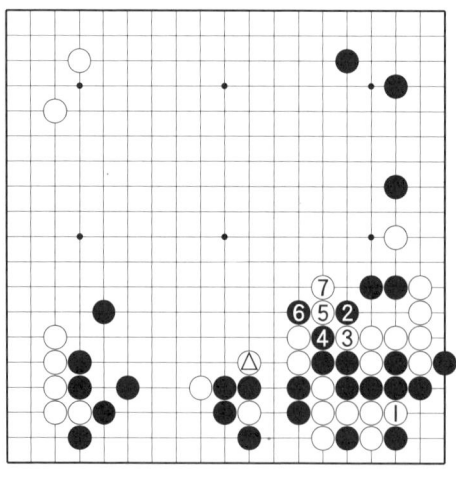

29도(흑, 곤란)

계속해서 이번에는 백1로 곧장 귀를 잡으러 갈 수 있다. 흑2~6으로 단점을 끊고 나와도 백7에 다음이 없다. △로 붙인 덕분이다.

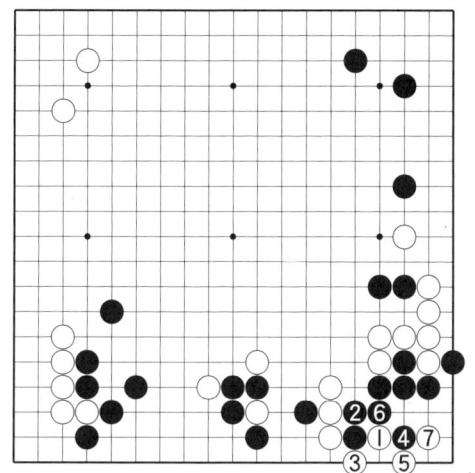

30도(패)

백1의 붙임에 여기서는 흑2, 4의 방어책이 있다. 그러면 7까지 패. 어쨌든 패만 나도 흑이 좋은 흐름이다.

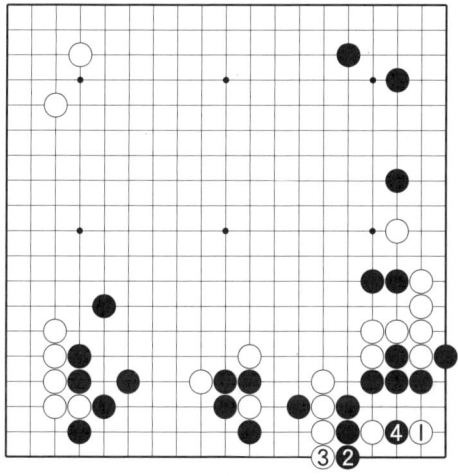

31도(자체 삶)

앞 그림 흑2에 백1로 잡으러 가면 흑2가 선수. 백3에 흑4로 끼워 자체 삶이다.

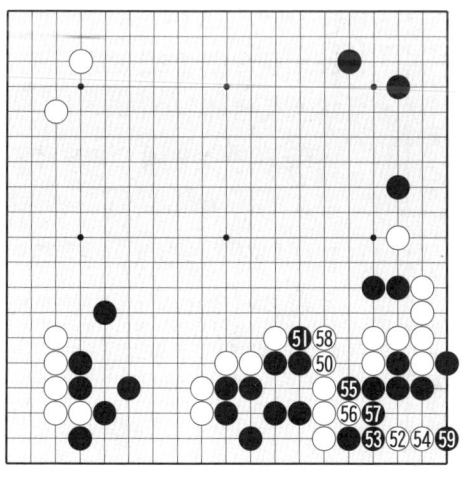

★8보(50~59)

백은 50을 선수한 후 52, 54로 일단 귀를 공격한다. 흑55는 모양의 급소. 선수이기도 하다. 백56, 58로 귀를 압박하며 보강할 때 흑59의 붙임은 사활의 맥점. 이제 귀는 완전한 삶이다.

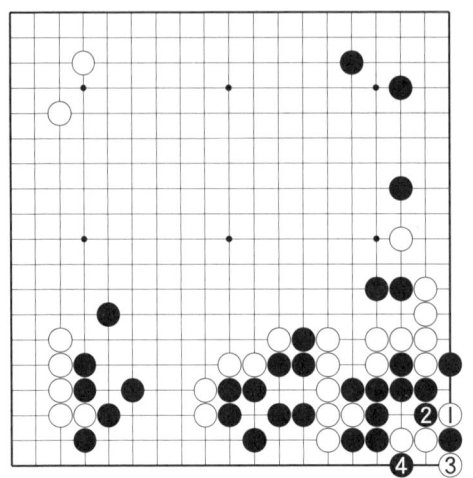

32도(흑, 삶)

실전 다음 백1로 귀를 잡으러 가도 흑2, 4면 삶. 백이 최선을 다해도 양패 모양이 나오면서 산다.

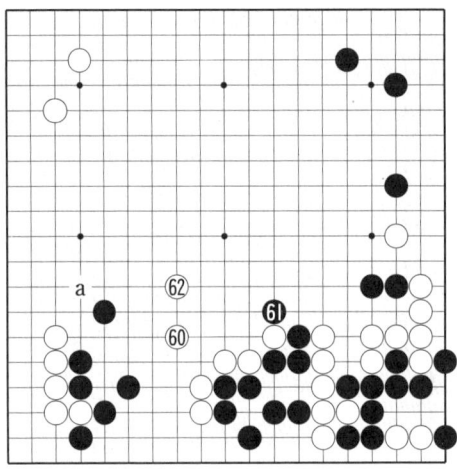

★9보(60∼62)

하변 백60으로 보강할 때 흑61의 단수 한방은 기분 좋다. 백62로 진출한 장면이다. 현재 실리는 서로 엇비슷하지만, 아무래도 하중앙을 관통한 흑이 두터운 국면이다. 앞으로의 관건은 좌중앙의 처리와 상변 운영에 있다. 중반은 흑a부터 실전이 시작된다.

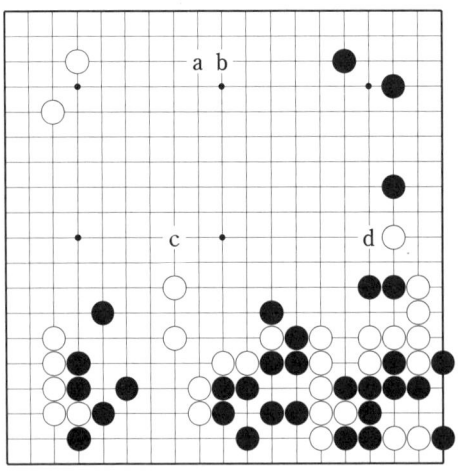

33도(앞으로의 포인트)

이 바둑에서 앞으로의 핵심 포인트. 누가 상변에 벌리느냐도 중요하다. 흑이라면 a, 백이라면 b 자리가 보통이다. 흑으로서 하중앙 c의 공격도 기분 좋고, 우변 d의 봉쇄도 두텁다.

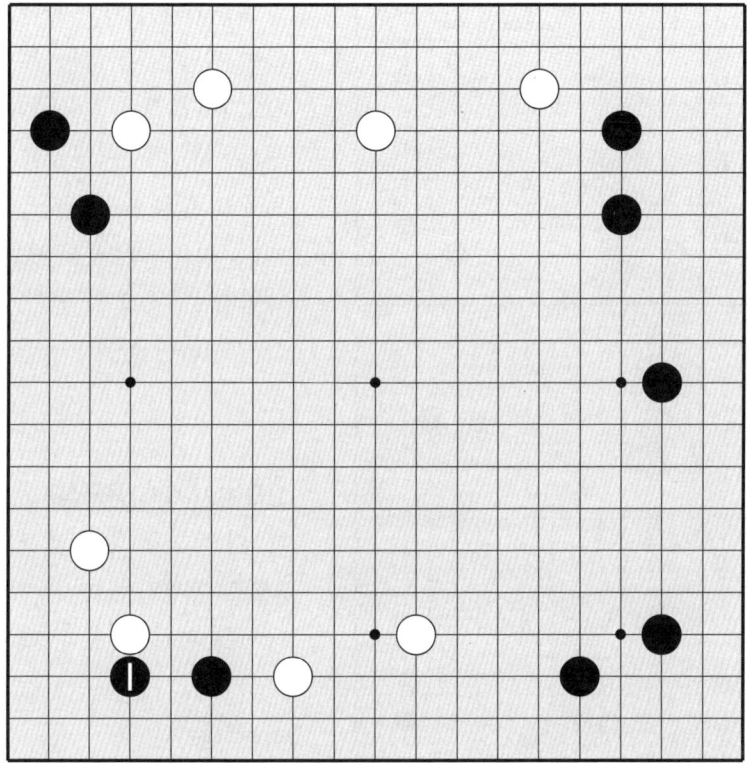

9회 춘란배 준결승(이세돌 : 쿵제) 2012. 12. 6

흑은 화점·소목에서 좌하귀 걸침. 백의 협공에 이를 무시하고 우하귀 굳힘 포석이다. 그리고 우변에 모양을 건설한다. 이에 백은 귀를 지키면서 하변 벌림으로 대응한다. 흑은 좌상 귀를 엿보고 백은 상변 건설. 서로 모양 대결 양상이다. 여기서 흑1로 붙인 장면이다. 그럼 이를 배경으로 한 초반이 어떻게 진행되는지 살펴보기로 한다.

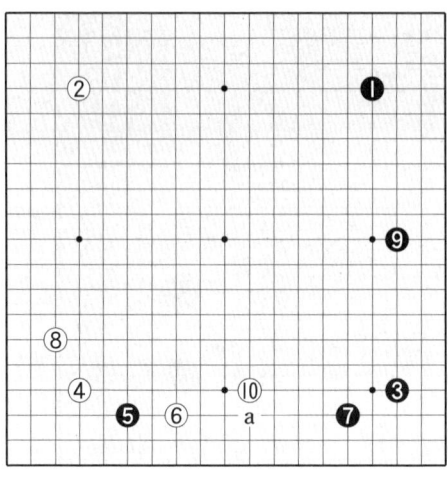

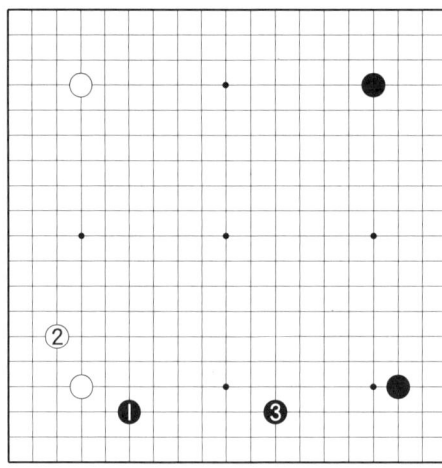

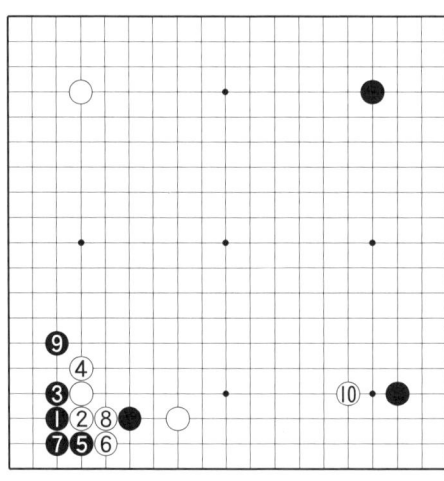

★1보(1~10)

흑1, 3의 화점·소목 개방형에서 5의 걸침이다. 백은 2, 4의 양화점. 6의 한칸 협공은 흑의 하변 전략을 방해하는 수단이기도 하다. 흑은 7의 굳힘으로 선회한다. 백8은 협공한 귀를 키우는 상용 수단이다. 흑9에 백10. 서로 모양을 키우고 견제한다. 백10으로 변의 실리를 중시하면 물론 a의 벌림일 것.

1도(변형 미니중국식)

흑1의 걸침에 백2로 받으면 흑3으로 유행하는 변형 미니중국식을 펼칠 수 있다. 백이 이 포석이 싫다면 실전처럼 협공하는 셈이다.

2도(백, 하변 주도)

실전 흑7의 굳힘. 이 수로 1의 삼삼 침입이면 9까지 일단락된 후 백이 10으로 걸쳐 하변을 주도하게 된다. 실전에서 흑은 이 그림을 피한 것.

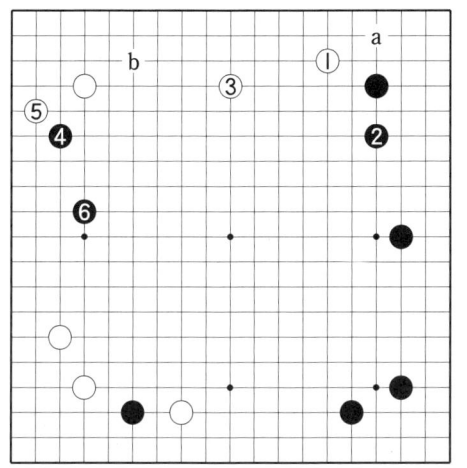

3도(백, 상변 건설)

실전 백10. 이 수로는 1, 3에 벌려 상변을 건설할 수 있다. 이하 6까지 나올 수 있는 흐름이다. 그 과정에서 백3은 a, 백5는 b도 무난하다.

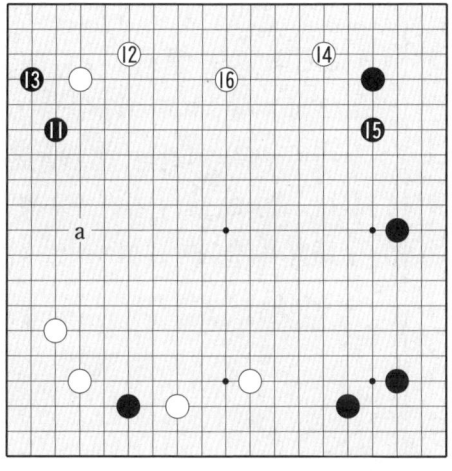

★2보(11~16)

흑이 좌상귀 11, 13으로 걸치고 달릴 때 백은 14, 16으로 상변 모양을 보기 좋게 구축한다. 흑13, 귀의 달림으로는 a의 벌림도 많이 둔다.

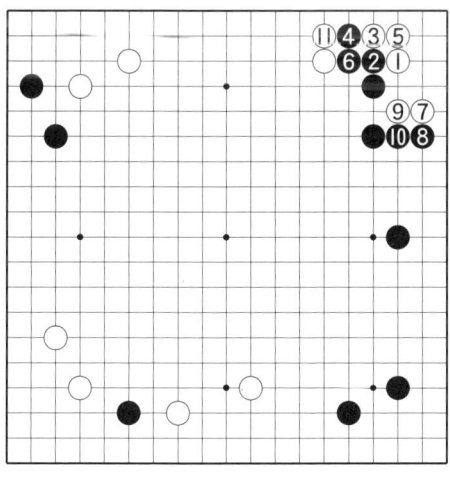

4도(백, 삼삼 침입)

실선 백16으로는 직접 1의 삼삼 침입도 발빠른 수단이다. 지금처럼 상변이 비어 있을 경우 흑2, 4의 차단이 보통이다. 그러면 백5~9를 선수한 후 11로 막아 응수를 묻는 것이 요령이다. 다음은 어려운 싸움.

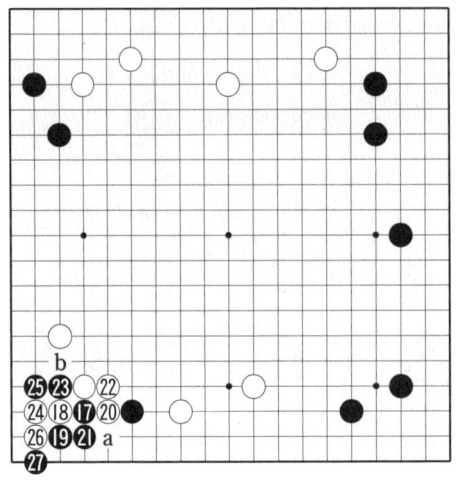

★3보(17~27)

흑17, 19는 좌하귀 흑의 처리법. 백20, 22는 이 경우 흑의 형태를 추궁하는 수순이다. 여기서 흑은 주변 백이 강하므로 23~27로 석점을 잡아두는 것이 알기 쉽다. 만일 흑23으로 a의 연결은 백24로 공격당해 재미없다. 흑27 다음 백은 a와 b의 선택권이 있다.

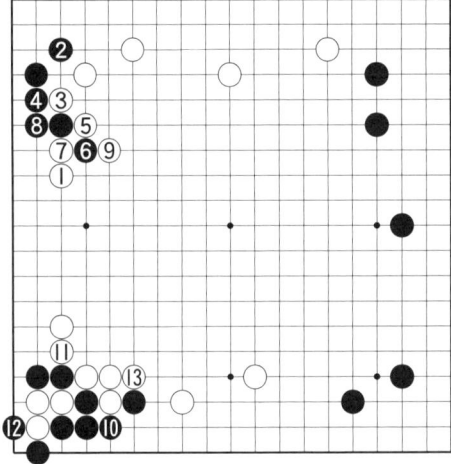

5도(백, 좌변 중시)

실전 다음 백1로 협공한 후 9까지 세력 작전을 가정해 본다. 흑10으로 연결은 주지만 백11의 선수로 좌변에서는 이득이다.

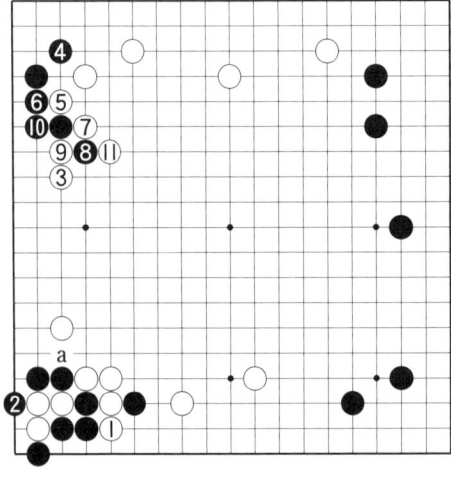

6도(백, 하변 중시)

백은 하변 1을 먼저 결정한 후 3~11까지 세력 작전을 펼칠 수 있다. 앞 그림과 비교하여 하변에서는 이득. a가 없는 만큼 좌변에서는 맛이 나쁘다.

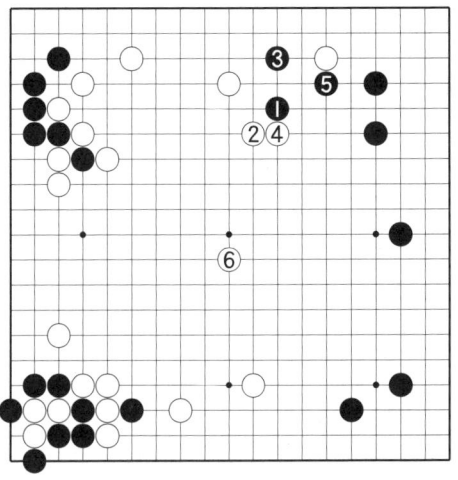

7도(모험)

계속해서 흑1로 백모양을 삭감할 때 백2로 중앙 모양을 키우면 흑도 기세상 3으로 상변 침입이다. 그러면 4, 6정도로 영토를 크게 넓혀 실리와 세력 대결인데, 서로 모험이다. 나올 수도 있는 하나의 예상도이다.

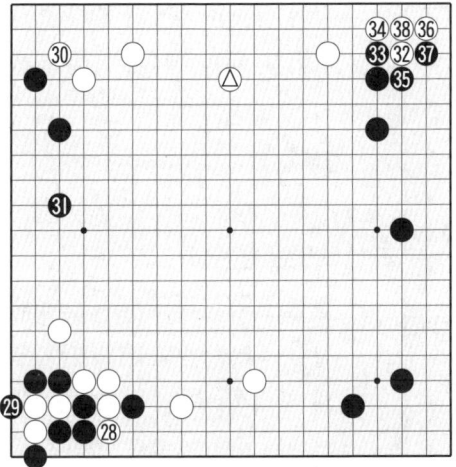

★4보(28~38)

실전은 백28로 하변을 결정해 둔 후 30으로 귀를 지켜 실리 작전이다. 흑31에 백32로 우상귀 삼삼 침입. 백△의 기착점이 있으므로, 흑은 33~37로 연결시켜 주는 것이 보통이다.

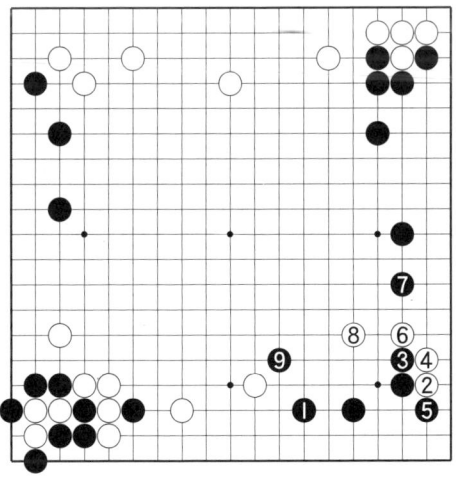

8도(흑, 다가섬)

실전 다음 큰 곳은 일단 흑1의 다가섬을 생각할 수 있다. 백2~6이 귀와 변을 연계한 삭감책이지만 흑3, 5로 귀에서 몰고 7, 9로 변과 중앙을 연계하여 공격하는 흐름이 좋아 보인다.

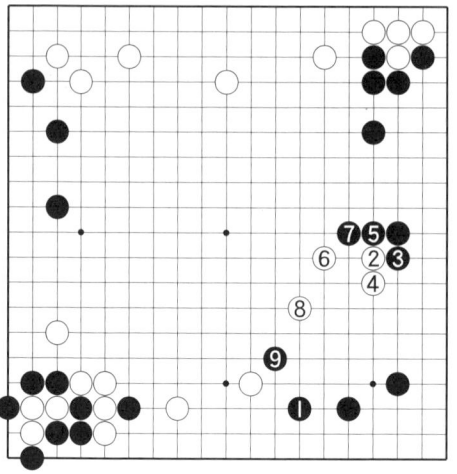

9도(백의 일책)

흑1에 백2의 삭감이 일책이다. 이하 8까지 상용 수단. 다음 흑9로 백 진영을 가르는 공격 흐름이 예상된다.

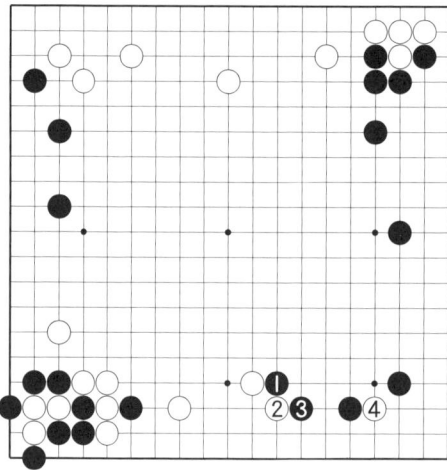

10도(흑, 치열)

흑1로 붙이는 치열한 방법도 있다. 백2로 젖히면 흑3으로 같이 젖히는 자세가 좋다는 생각이다. 다만 백4로 붙여 괴롭히면 국면이 복잡해질 염려가 있다.

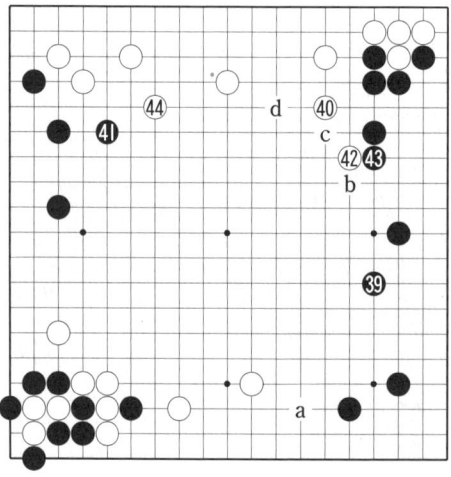

★5보(39~44)

실전은 흑39의 노골적인 우변 지킴. 약간 변이 중복이라 쉽게 생각할 수 없는 수단이다. 이제는 a의 가치가 작아졌다. 백40과 흑41은 모양의 대세점. 다음 백은 42를 하나 활용하여 흑모양을 제한한 후 44로 상변 모양을 키운 장면이다. 앞으로 흑은 백b로 늘어 골이 깊어지기 전에 상변 모양을 삭감할 타이밍이다. 그 시작은 c의 맛도 노리는 d 정도가 적당할 듯하다. 중반 실전도 역시 그렇게 전개된다.

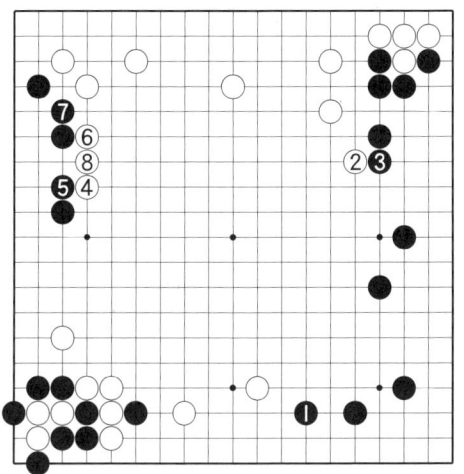

11도(백, 모양 확대)

실전 흑41로 이제 와서 1의
다가섬은 작다. 백은 2를 활용
한 후 4~8까지 좌변을 압박하
여 모양을 넓힌다. 백이 대세
에 앞서는 흐름이다.

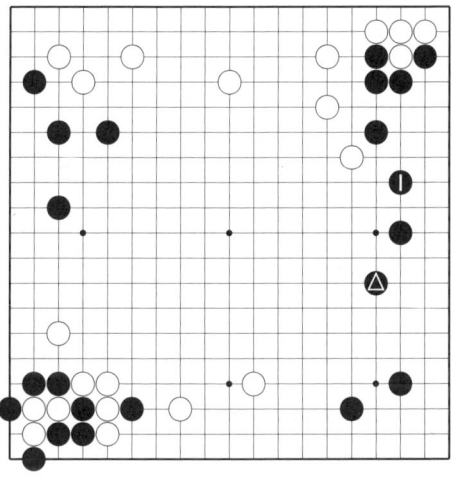

12도(흑, 중복성)

실전 백42에 흑1로 받는 것이
부분적으로는 정수이지만, 흑
△를 포함한 우변 전체로 보
자면 중복성이다.

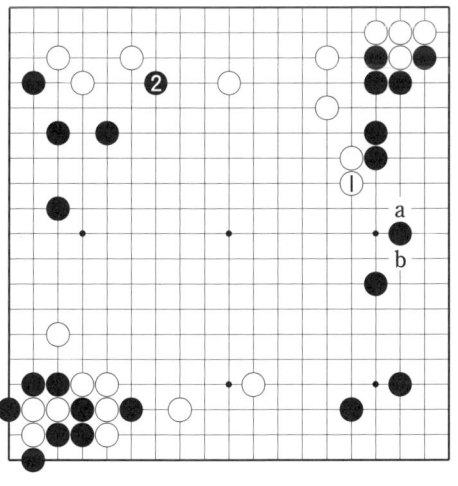

13도(흑, 삭감 타이밍)

실전 흑43에 백1로 늘고 싶지
만 흑2로 삭감해 올지도 모른
다. 실전은 이를 염려한 것. 물
론 a, b 등의 맛은 나쁘지만
그건 그 다음의 문제.

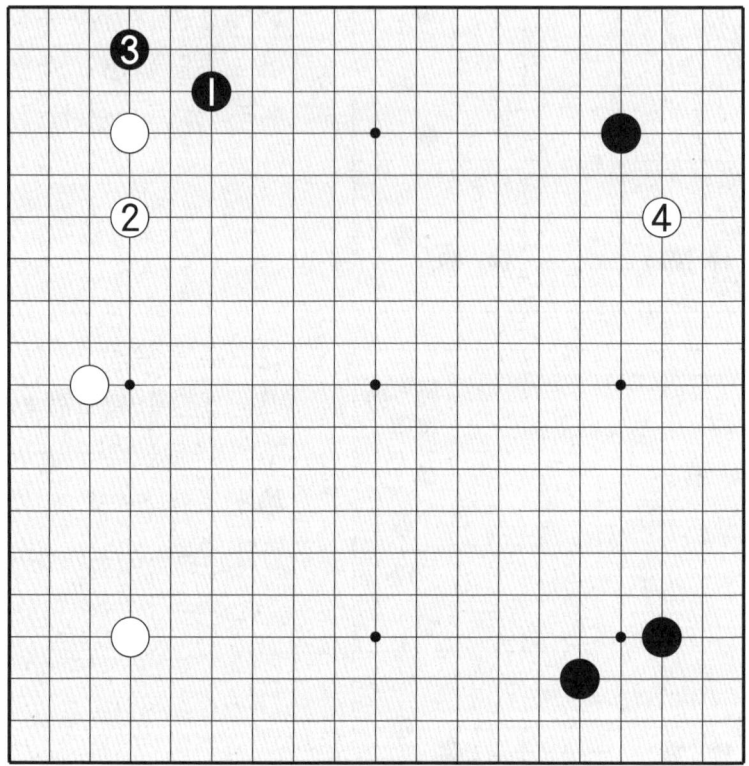

17회 삼성화재배 결승2국(이세돌 : 구리) 2012. 12. 12

흑은 화점·소목에서 굳힘 포석이다. 이에 백은 양화점에서 변의 화점 아래 3선에 벌린 특이한 모양으로 대항한다. 이를 편의상 실리형 혹은 낮은 삼연성이라 불러보기로 한다. 흑이 1, 3으로 걸치며 귀에 들어오자 백도 드디어 4로 걸친 장면이다. 그럼 이를 배경으로 한 초반이 어떻게 진행되는지 살펴보기로 한다.

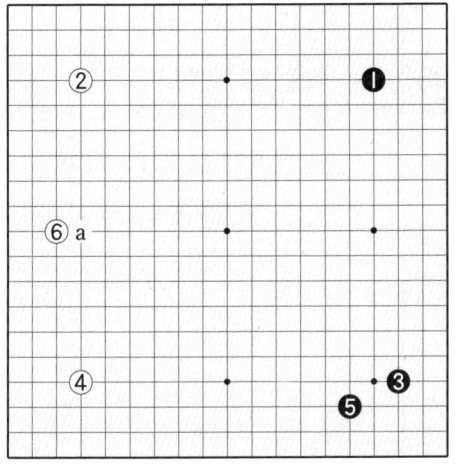

★1보(1~6)

흑1, 3의 화점·소목에서 5의 견실한 굳힘. 실리와 세력의 균형을 맞춘 포석이다. 이에 백2, 4의 양화점에서 6의 3선 벌림. 보통은 a의 삼연성이지만, 6은 실리를 중시한 현대적 수법이다. 백은 일단 좌변에 모양을 구축한 후 흑의 태도를 본다.

1도(모양 대결)

실전 다음 흑이 좌변과 같은 모양 바둑을 생각한다면 1이나 a로 우변에 벌린다. 백2, 4면 흑5, 7로 하변까지 모양을 구축할 수 있다.

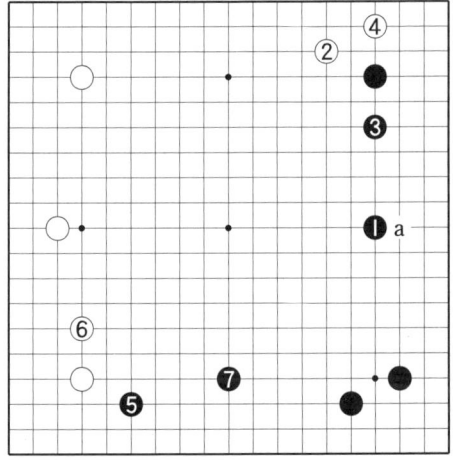

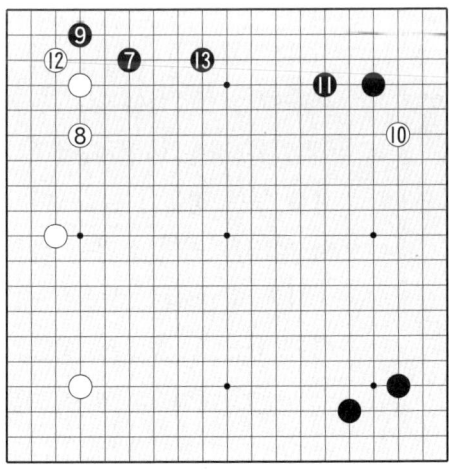

★2보(7~13)

실전은 흑7로 먼저 설쳐간다. 백8에 흑9의 달림. 여기서 백은 손을 돌려 10으로 걸치고 흑11로 한칸 받을 때 12로 돌아온다. 흑13의 두칸 벌림까지 알기 쉬운 흐름이다.

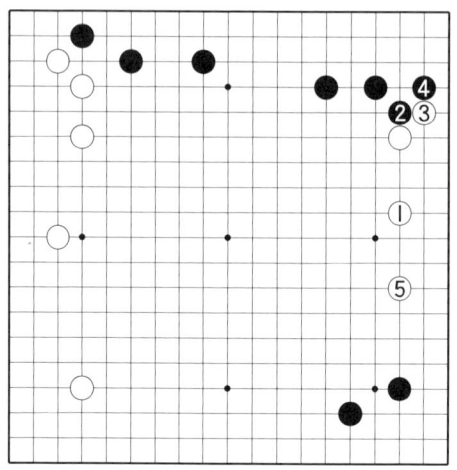

2도(백, 우변 중시)

실전 다음 백이 귀보다 우변을 중시한다면 1의 두칸 벌림을 생각할 수 있다. 흑2면 백 3의 젖힘 하나를 활용한 뒤 5로 계속 벌려둔다. 다만 집에는 약해 많이 두지는 않는다.

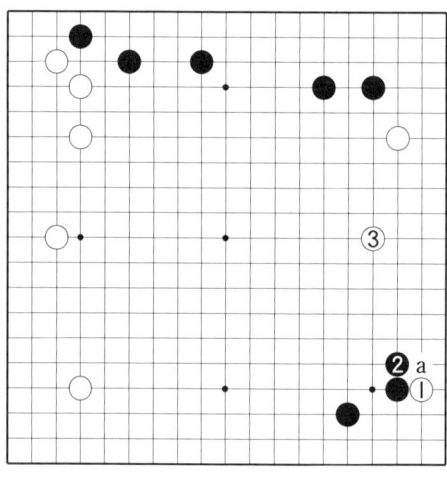

3도(고급 전략)

또 우변에 두는 수법으로 백1로 우하귀에 붙여 흑2면 백3으로 높게 벌리는 고급 전략도 있다. 차후 백은 a로 나가는 수를 노린다.

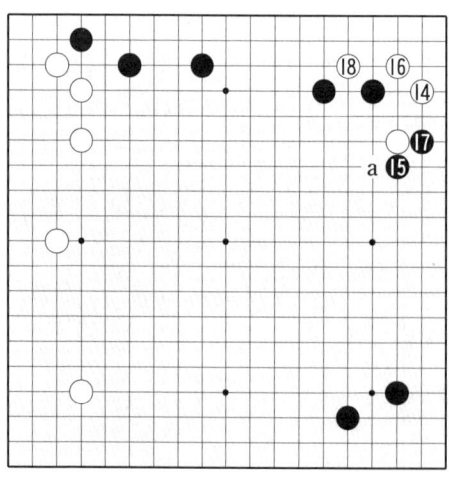

★3보(14~18)

실전은 백14로 달려 귀를 중시하는 것이 보통이다. 이에 흑15의 붙임. 아래쪽에 우군이 있을 경우 이렇게 적극적으로 두는 경우가 많다. 여기서 백16은 귀의 실리를 더욱 중시한 수단으로 보통은 a로 젖혀 싸운다. 흑17의 젖힘은 기세. 다음 백18은 새로운 시도다.

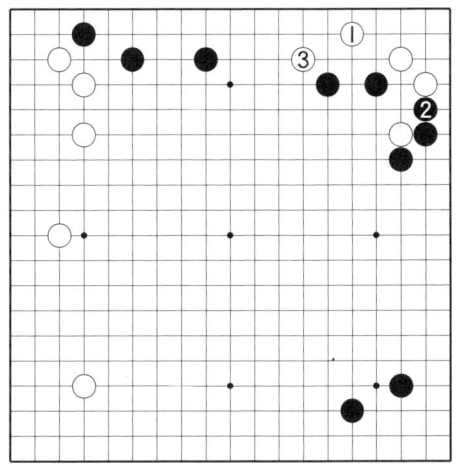

4도(백, 날일자 달림)

실전 흑17에는 백1의 날일자 달림이 보통이다. 흑2로 여기를 단속하면 백3으로 상변에 진출할 예정이다.

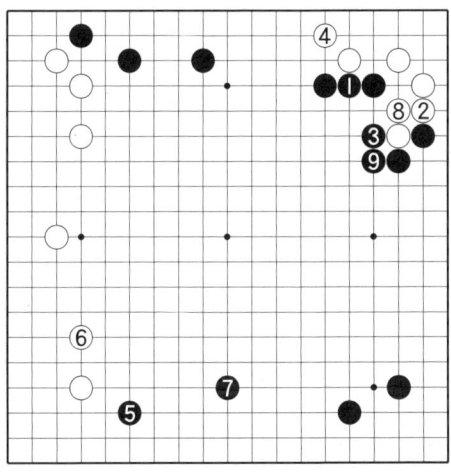

5도(흑, 간명)

실전 다음 흑1로 이으면 간명하다. 그러면 백4의 지킴. 그전에 백2와 흑3의 교환으로 여기를 정리해 둘 수 있다. 흑5, 7의 하변 건설. 백8에 흑9의 이음까지 백 실리와 흑 세력의 대결 양상이다.

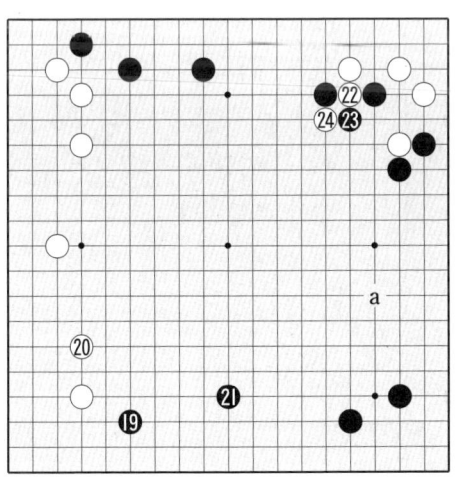

★4보(19~24)

실전은 우상 방변의 처리를 미룬 채 흑19, 21로 먼저 하변을 건설한다. 백은 22, 24로 나와끊어 싸움이다. 백이 이 싸움을 피한다면 우변 a의 삭감책도 생각할 수 있다.

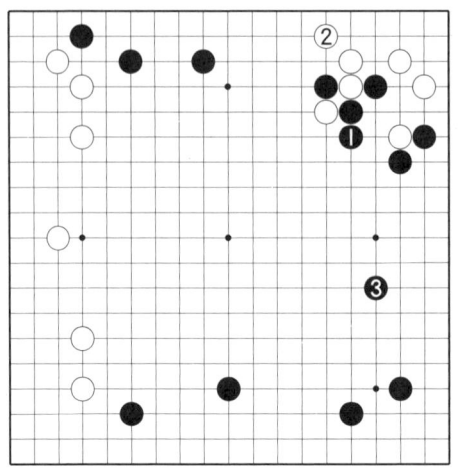

6도(흑, 우변 지킴)

실전 다음 흑1로 늘면 백2로 지킬 때 흑3으로 우변 모양을 크게 지킬 수 있다. 보기에도 흑이 활발한 모습이다.

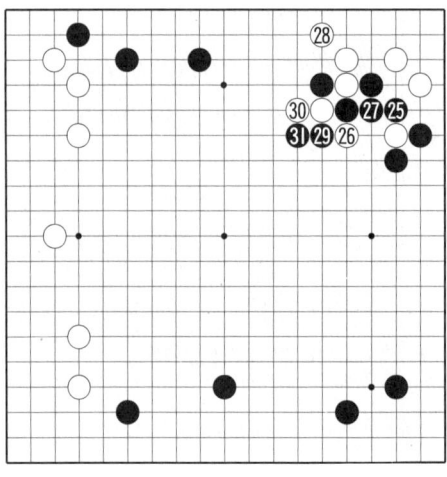

★5보(25~31)

실전은 흑25의 단수. 여기를 두텁게 정리하려는 뜻이지만, 우변까지 생각한다면 발은 느리다. 일단 백26의 단수 한방이 아프다. 그리고 백28의 지킴. 흑29, 31로 밀어가는 것은 당연한 기세다.

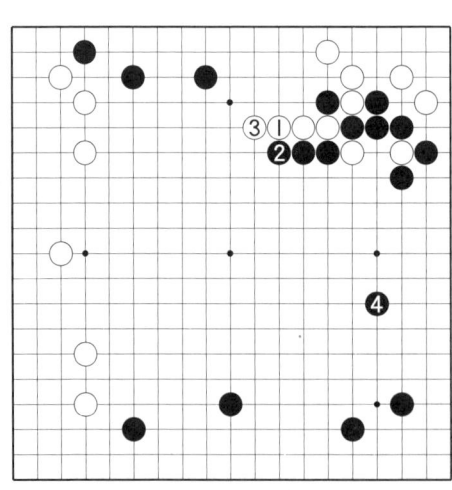

7도(백, 우변 부담)

실전 다음 백1, 3으로 늘어가면 부분적으로 무난하지만, 흑4로 지키면 우변 모양이 커져 백의 부담이다.

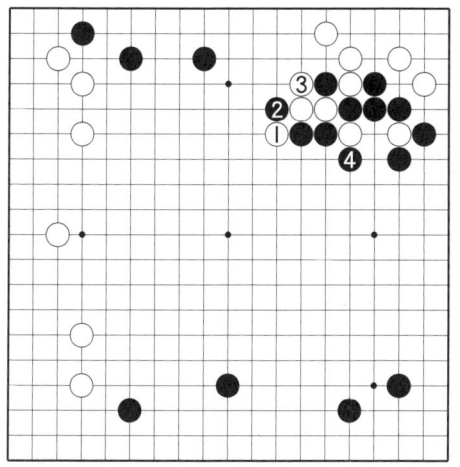

8도(백, 중앙 부담)

그렇다고 백1로 젖히면 기세로는 좋지만 흑2, 4로 매듭을 만들면서 지키면 중앙 싸움도 백의 부담이다.

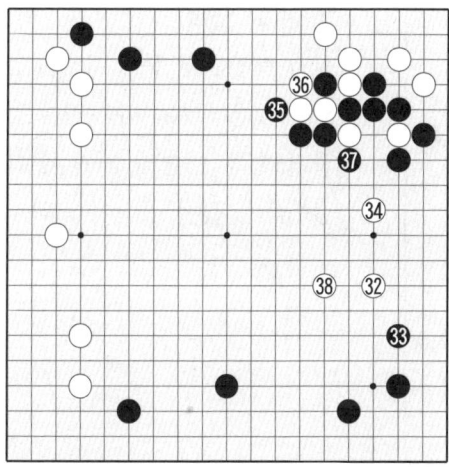

★6보(32~38)

그래서 백은 32로 먼저 우변에 침투한다. 흑이 지키면 좋은 그 자리다. 흑33은 좁지만 백을 공격하는 요소다. 백34의 벌림. 그러면 흑35의 단수하나 해둔 다음 37로 지켜야한다. 백38의 중앙 지킴은 요소. 흑이 그 자리를 씌워 공격한다고 생각해 보라. 여기까지우변에 터를 잡은 백이 좋은흐름이다.

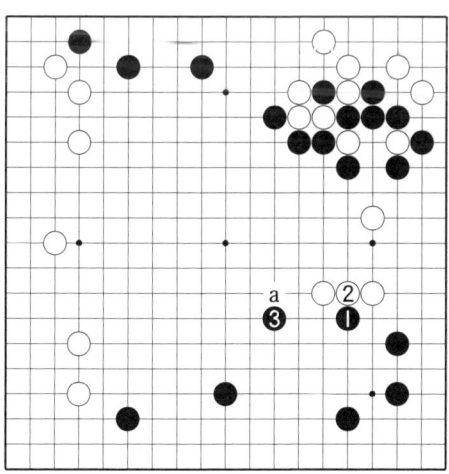

9도(흑, 우변 공격)

실전 다음 흑이 우변의 백을직접 공격한다면 1, 3의 씌움을 생각할 수 있다. 아주 강렬하지는 않지만 하변 흑모양의확대도 꾀하려는 뜻이다. 강렬한 공격이라면 1 다음 a의 모자 씌움이다.

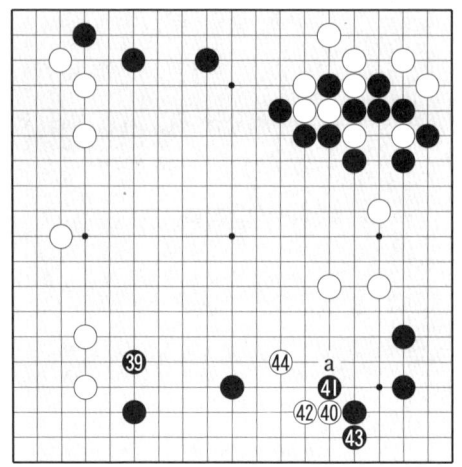

★7보(39~44)

흑은 39로 모양을 키우며 은 근히 우변 백을 노린다. 일종 의 고급 전략. 백40의 붙임. 하 변 침투용 특공대다. 흑41, 43 의 공격에 백44의 날일자 진 출은 행마법으로 a의 활용이 남는다.

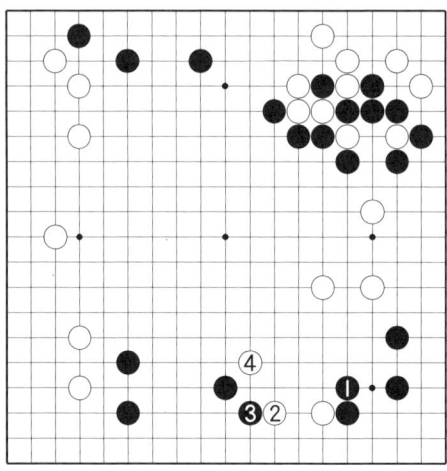

10도(흑, 굴복)

실전 백40으로 붙일 때 흑1로 느는 것은 굴복이다. 백2, 4로 알기 쉽게 수습해 가면 흑이 집부족에 걸릴 공산이 크다.

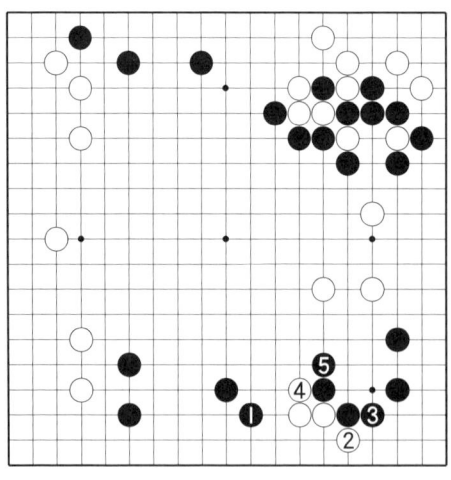

11도(흑, 압박)

실전 백42에 흑1로 압박하면 어떨까. 백2, 4면 흑5까지 압 박이 통한 모습이다. 백이 호 되게 공격받을 모양새다.

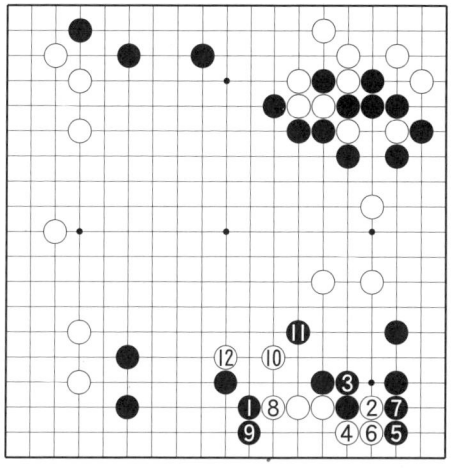

12도(백, 껴붙임)

그러나 흑1에는 백2의 껴붙임이 맥점이다. 흑3의 이음에 백4. 흑이 전체를 공격하자면 5, 7인데 백은 8, 10이 요령으로 흑11의 공격에 12로 붙여 수습의 형태를 갖춘다. 그러면 귀가 더 다친 모양새다.

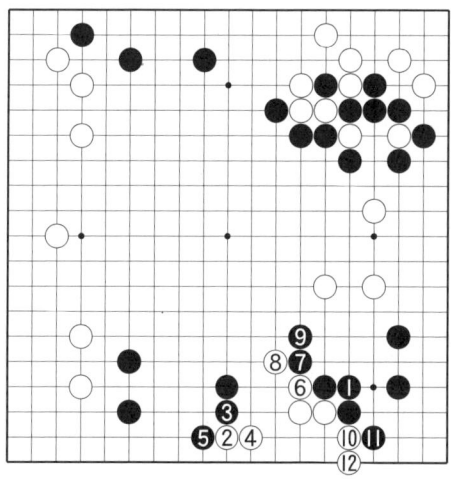

13도(흑, 안일)

실전 백42에 이제 와서 흑1의 이음은 너무 안일하다. 백2가 날렵한 행마. 흑3, 5로 지킬 때 백6, 8로 중앙에 머리를 내민 후 10, 12로 하변에 집모양을 갖춰 만족이다.

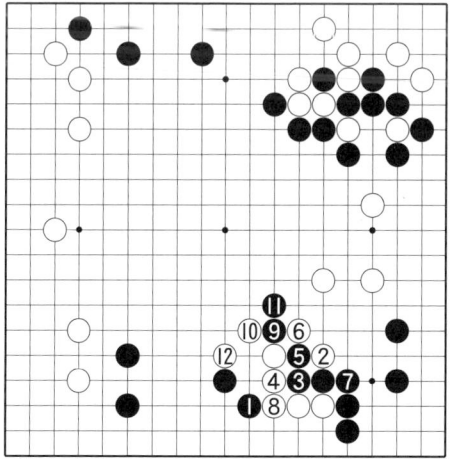

14도(백, 타개)

실선 다음 흑1로 하변에서 공격하는 것은 방향 착오다. 백2로 붙여 활용하면 흑3~7을 선수한 후 9의 끊음이 공격을 이어가는 강수이지만 백10, 12로 알기 쉽게 타개하는 자세가 좋다.

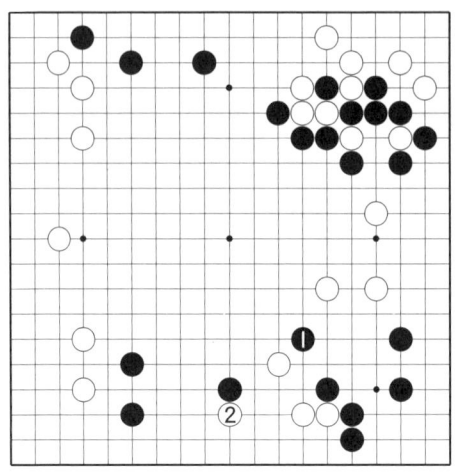

15도(흑, 느슨한 공격)

역시 공격하자면 중앙 쪽이다. 다만 흑1은 위쪽 백에 강렬한 맛이 없다. 하변 백은 2로 붙여 타개하는 자세가 나온다.

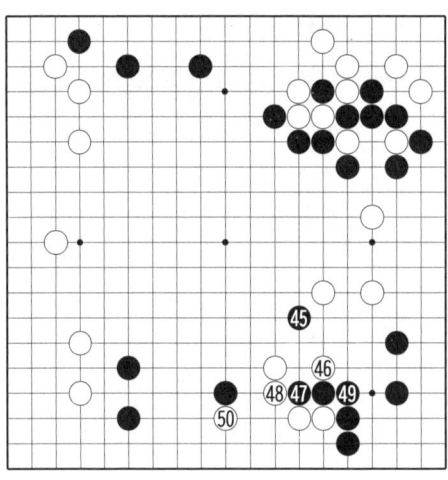

★8보(45~50)

실전은 흑45로 좀 더 깊게 갈라 공격한다. 백46의 붙임은 일단 맥점. 흑47, 49의 계속되는 추궁에 백50의 연이은 붙임. 여기는 노림이 있다.

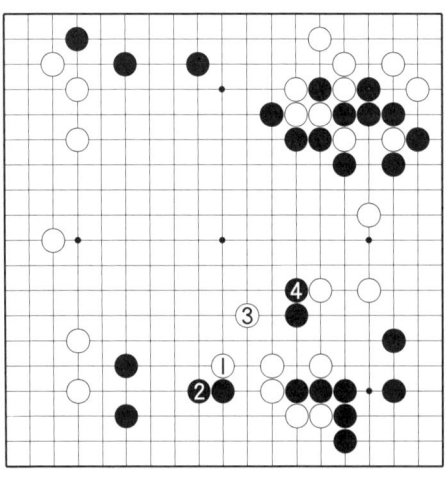

16도(백, 불만)

실전 흑49의 이음 때 백1, 3으로 중앙에서 수습해 가는 방법도 있다. 다만 흑이 2, 4로 하변을 지키며 양쪽을 공격하면 안형이 불분명한 백이 그다지 재미없다.

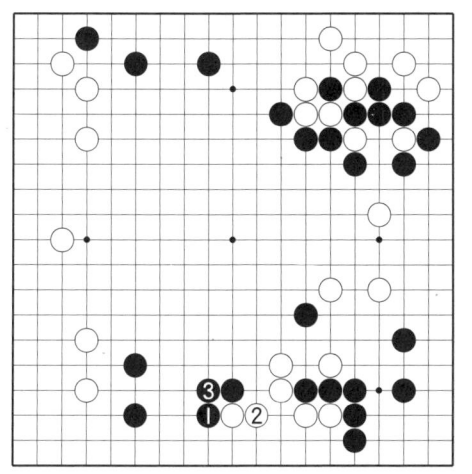

17도(흑, 두터움)

실전 백50의 붙임에 마음 같아서는 흑1로 젖히고 싶다. 백2면 흑3에 이어 백은 한 집뿐. 더구나 공격하는 흑의 자세가 두텁다.

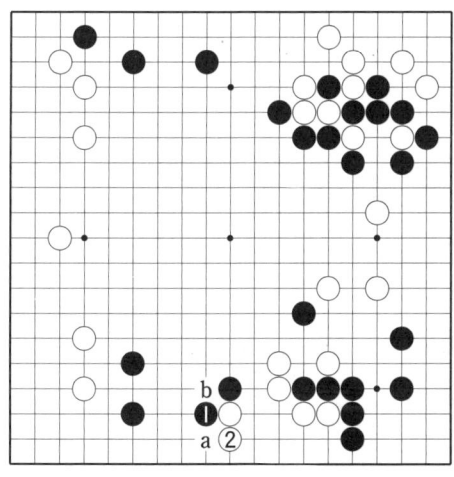

18도(뒷맛)

흑1의 젖힘에 백이 간명하게 두더라도 최소한 2로 느는 수를 생각해야 한다. 그래야 흑a로 막으면 백b의 끊음이나 위로 붙여 활용하는 맛이 남는다. 백2에 흑b로 잇는다면 백a로 꼬부리는 수가 선수.

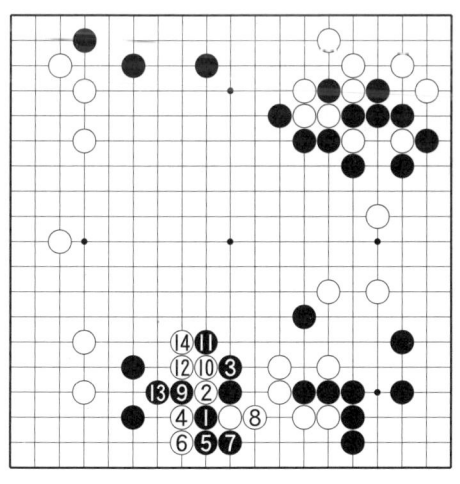

19도(백, 끊음)

흑1에는 백2의 끊음이 맥점이다. 계속 공격하자면 흑3인데 백4, 6이 좋은 수단이다. 다음 흑7 이하 백14까지는 거의 필연이다.

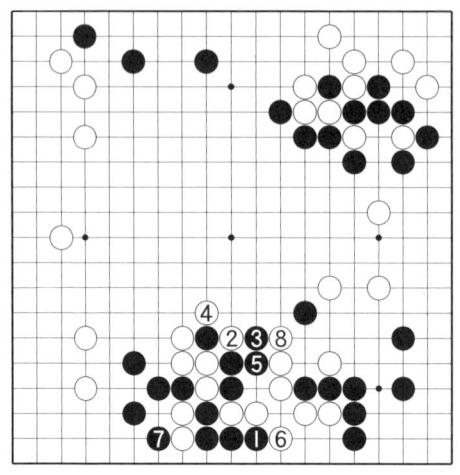

20도(백, 타개)

계속해서 흑이 1~7로 하변을 돌보는 사이 백은 2, 4로 한점을 잡은 후 8로 넉점을 추궁하며 유유히 타개해 간다.

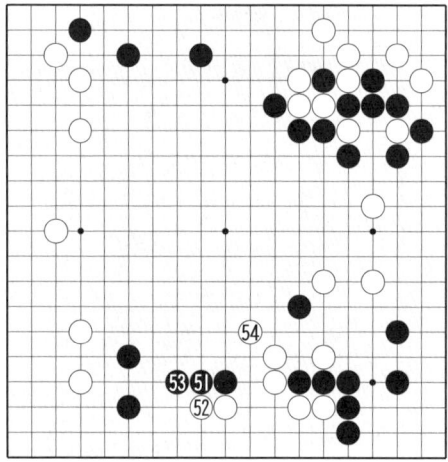

★9보(51~54)

실전은 어쩔 수 없이 흑51, 53으로 후퇴하며 힘을 비축한다. 아직은 하변 백이 미생이다. 백은 54로 중앙 탈출한 장면이다. 어쨌든 하변을 깨며 백이 움직이므로 흑은 앞으로 대마를 노려야 할 국면이다.

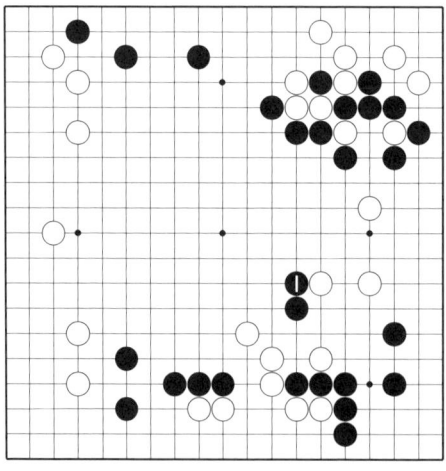

21도(중반 예고)

실전을 다시 제시한다. 아무튼 하변을 깨며 백이 발빠르게 움직이므로, 집이 부족한 흑은 앞으로 우변과 하변 대마를 노려야 할 국면이다. 그런 배경 하에 중반은 1로 밀어가는 데서부터 실전이 시작된다.

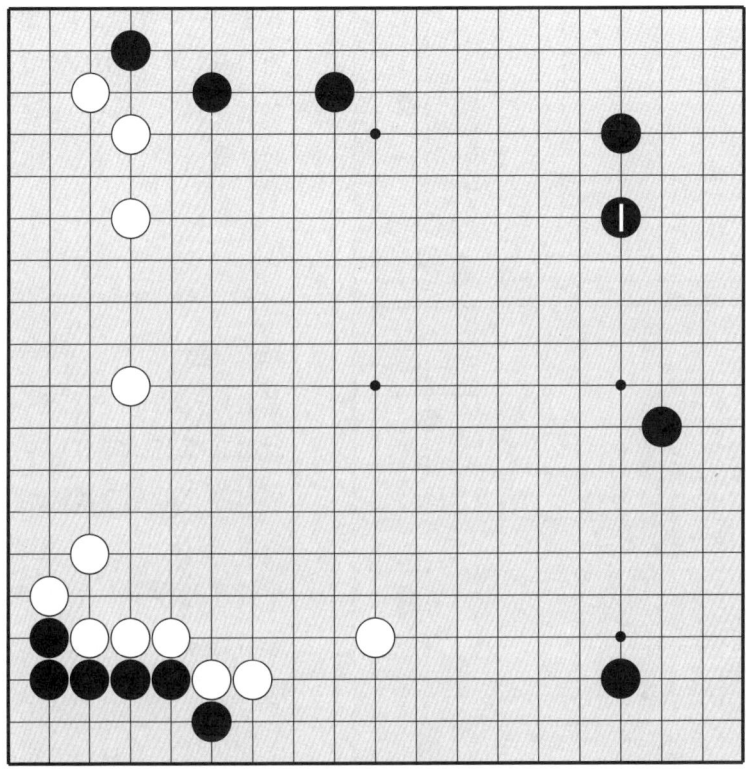

40회 하이원리조트배 명인전 결승1국(백홍석 : 이세돌) 2012. 12. 17

흑은 우변 중국식 포석에서 상변을 개척하고, 백은 하변의 벌림에서 좌변에 이어지는 4연성 포석으로 대항한다. 이른 바 모양 대결. 흑은 백이 좌하 모양을 지키기 전에 삼삼에 침입하여 실리부터 차지한 후 1에 지킨다. 이제 백은 우상 흑모양을 삭감하고 싶은 장면이다. 그럼 이를 배경으로 한 초반이 어떻게 진행되는지 살펴보기로 한다.

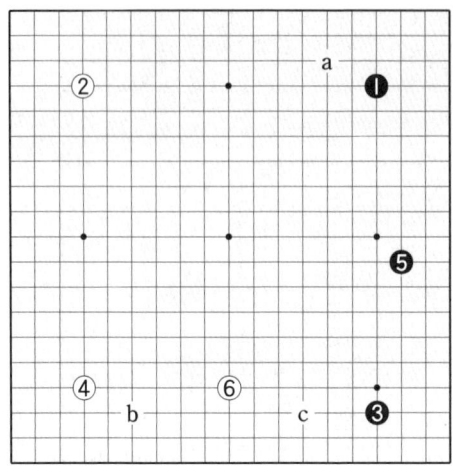

★1보(1~6)

흑1~5로 중국식 포석. 백은 2, 4의 양화점에서 6으로 벌리면 보통이다. 백6은 a로 먼저 걸치거나 b의 지킴도 많이 둔다. 더욱 적극적이라면 c쪽 다가섬부터 두는 경우도 있다.

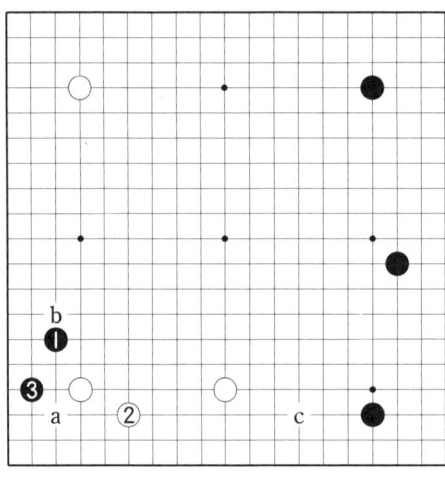

1도(보통)

실전 다음 보통이라면 흑1로 걸치고 백2로 받으면 흑3의 달림이다. 그러면 백은 a로 무난하게 받거나, 좀 더 활발하게 두자면 b쪽에서 두어 좌변을 중시할 수 있다. 또는 c로 먼저 벌려 동태를 살피는 경우도 많다.

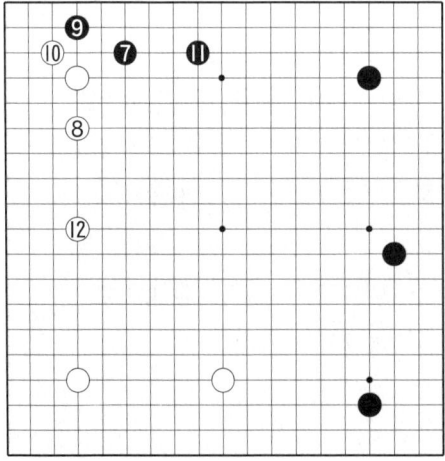

★2보(7~12)

흑은 7로 좌상귀를 먼저 걸쳐 11까지 상변을 건설한다. 백은 8로 높게 받은 후 12의 벌림. 좌변에서 하변에 걸쳐 4연성 모양이다. 서로 진영을 나눠 갖는 모양 대결이다.

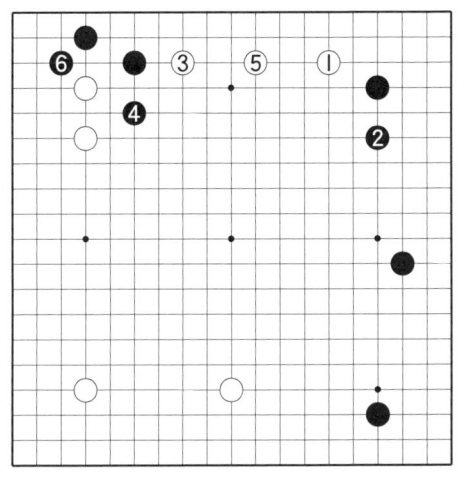

2도(백, 상변 중시)

실전 흑9 때 백이 상변을 중시하면 1로 먼저 걸쳐 볼 수 있다. 흑2로 받으면 백3의 협공. 흑4로 나오면 백5의 벌림도 하나의 방법이다.

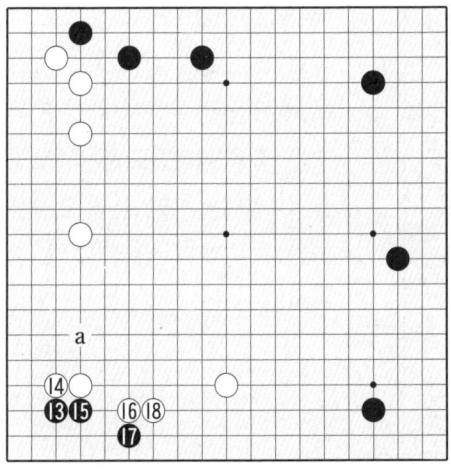

★3보(13~18)

흑13의 삼삼 침입. 화점에서 양날개 모양일 때 보통 쓰는 수단이다. 백이 a 등 여기를 지키기 전에 지금이 타이밍이다. 흑이 여기서 화점에 걸치는 것은 호되게 공격받으므로 좋지 않다. 백14~18까지는 상용 수단이다.

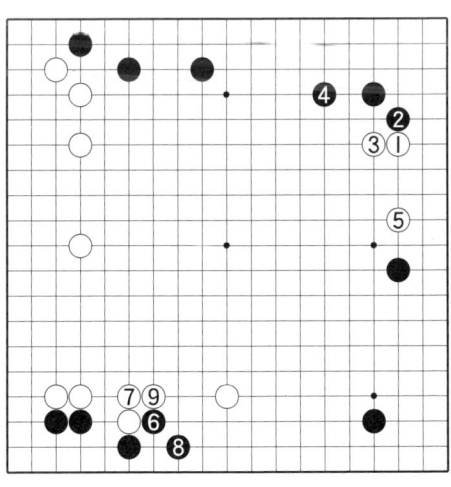

3도(백, 우변 중시)

실전 백18로 빌빠르게 두자면 우변에 1~5도 생각할 수 있다. 흑6, 8로 하변은 뚫리지만 백9로 막아갈 수 있다.

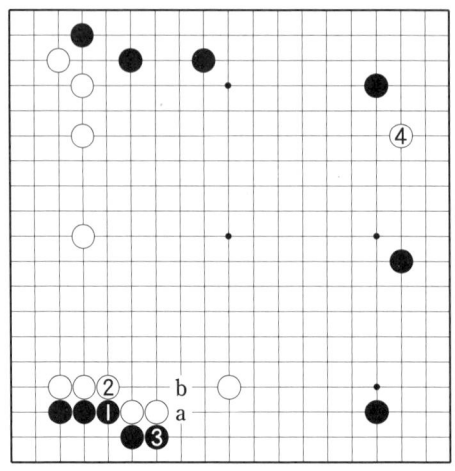

4도(백, 만족)

실전 다음 흑이 1, 3으로 밀어
가는 것은 백이 a로 받는 것
이 아니라 우상귀 백4로 걸치
며 발빠르게 두어 만족이다.
흑a에는 백b로 견딜 수 있다.

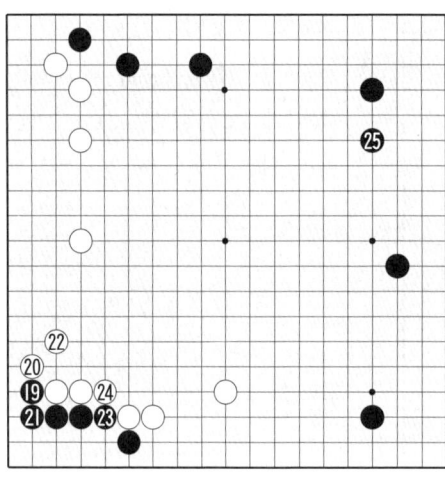

★4보(19~25)

흑은 19, 21로 젖혀잇고 백22
에 흑23을 결정하여 확실히 선
수를 잡은 후 25로 우상 모양
을 지킨다. 그러면 흑모양을
삭감하는 백의 다음 수가 관
건이다.

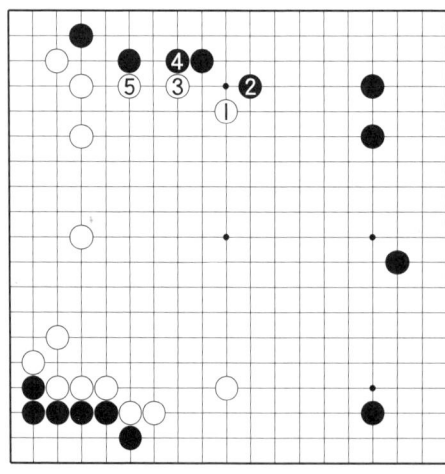

5도(백, 중앙 삭감)

가령 백1의 중앙 삭감도 많이
쓰는 수단이다. 흑2로 상변을
받으면 백3, 5로 울타리를 두
르는 자세가 너무 좋다.

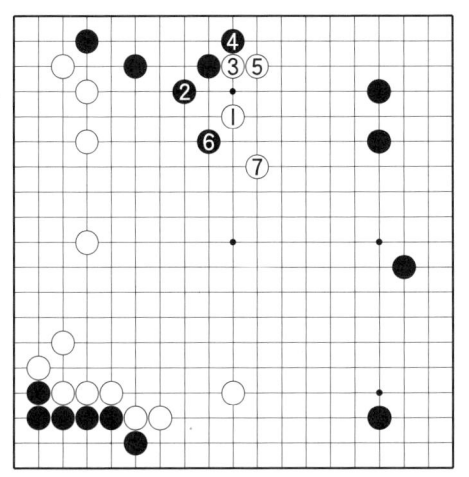

6도(흑, 수비법)

백1에는 흑2가 수비법. 백이 울타리를 치던 바로 그 자리다. 그러면 백3~7까지의 공방이 예상된다.

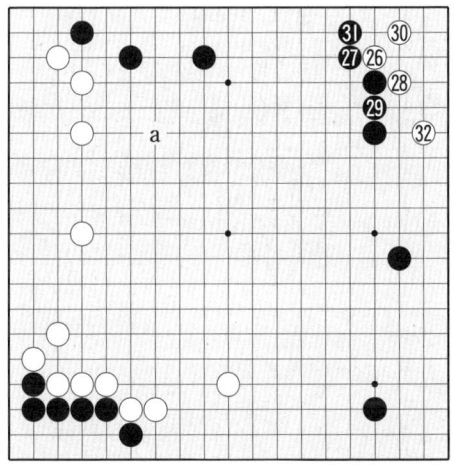

★5보(26~32)

백은 26으로 아예 귀에 붙여 깊숙이 침투한다. 좌하귀 흑의 삼삼 침입과 같은 맥락이다. 흑27의 바깥 젖힘. 귀에 살려 주고 모양을 살리겠다는 뜻이다. 백28에 흑29로 이으면 백 30, 32는 안형을 갖추는 수단이다. 이 시점에서 상중앙만 놓고 보면 흑a가 대세점.

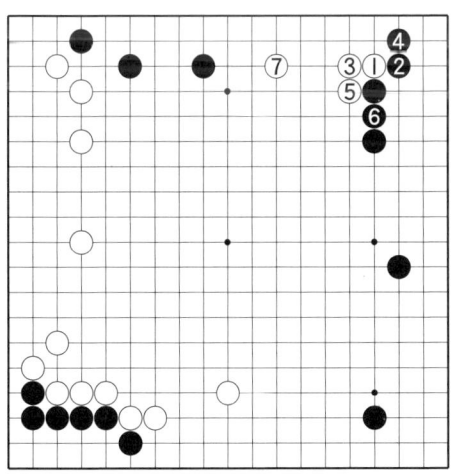

7도(흑, 불만)

백1의 붙임에 흑2로 안쪽 젖힘이면 백3~7까지 상변에 알기 쉽게 모양을 잡을 수 있다. 흑의 불만.

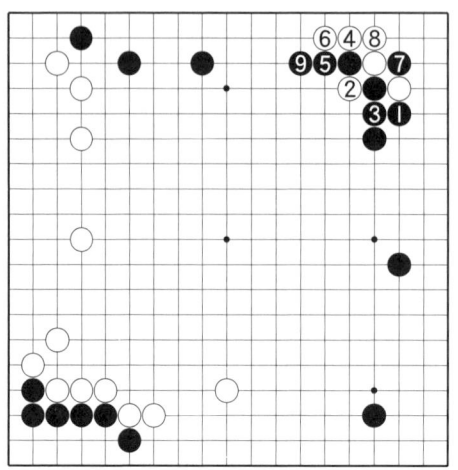

8도(흑, 막을 경우)

실전 백28에 흑1로 막으면 백 2의 단수 후 4, 6으로 밀어간 다. 흑은 7의 단수 후 9로 나 갈 것이다.

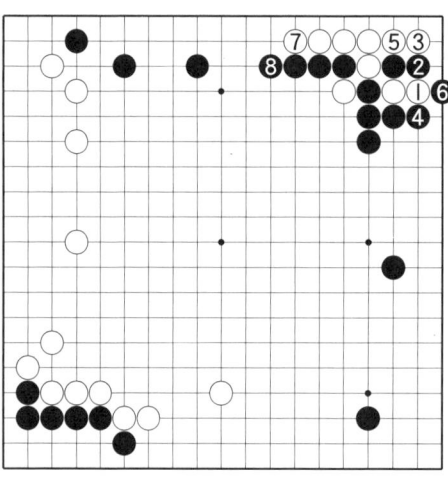

9도(백, 만족)

계속해서 백1로 키운다. 흑2 로 잡을 때 백3, 5로 선수한 후 7로 밀면 자체로 사는 궁 도이다. 선수 삶이므로 백의 만족이다.

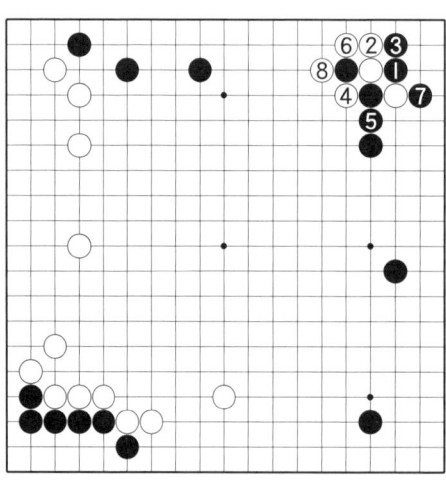

10도(흑, 미흡)

실전 백28 때 흑1, 3으로 귀 쪽에서 몰면 백은 알기 쉽게 4, 6이다. 흑7에 백8의 따냄. 아무래도 상변에 백이 둥지를 틀어 흑이 원하는 변화가 아 닐 것이다.

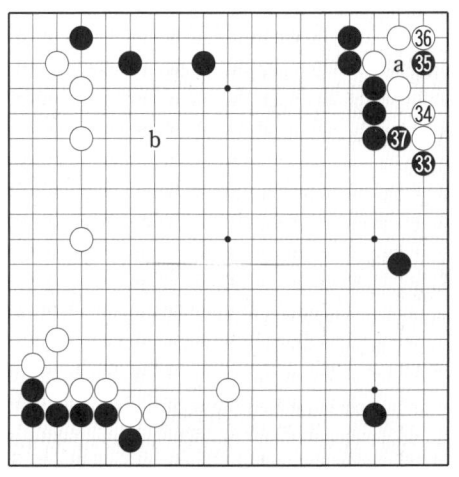

★6보(33~37)

일단 흑은 33에 붙여 귀를 추구한다. 백34에 흑35의 치중. 백36에 흑37로 계속 외곽을 조여 가는데…. 다음 백a로 이으면 흑b의 대세점으로 갈 예정이다.

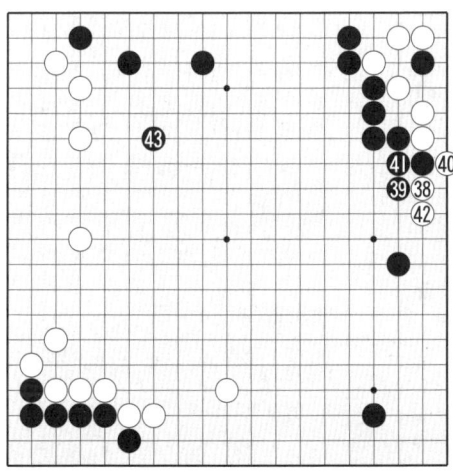

★7보(38~43)

백38의 껴붙임. 귀를 살기 전에 흑의 약점을 활용해 두겠다는 뜻이다. 흑39에 백40, 42. 어차피 여기는 흑이 두터운 곳이므로 백은 이렇게 밑으로 기어도 괜찮다는 생각이다. 이쯤해서 흑은 43의 대세점을 차지한다.

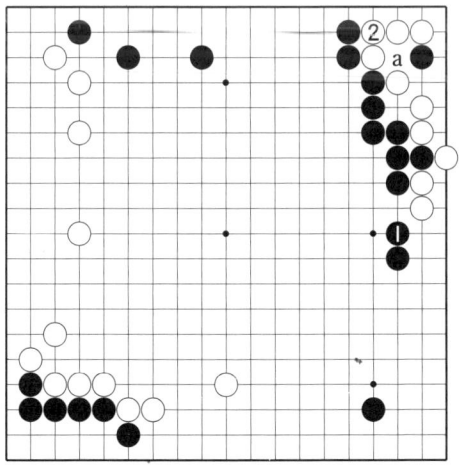

11도(활용 이후)

실전 다음 흑1로 차단하면 우변 활용 덕분에 백2로 최대한 지킬 수 있다. 활용이 없다면 a의 이음.

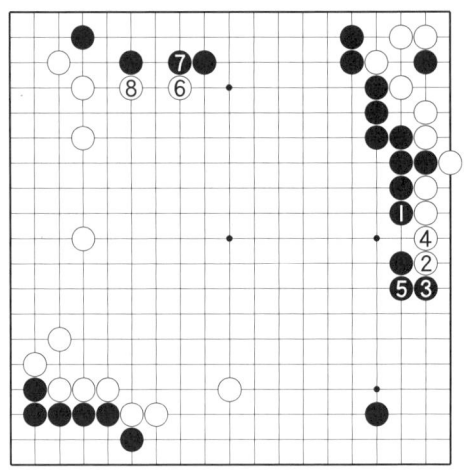

12도(백, 만족)

흑1은 두텁지만 백2, 4로 선수를 잡을 수 있다. 그래놓고 백이 먼저 상중앙 6, 8로 가면 만족이다.

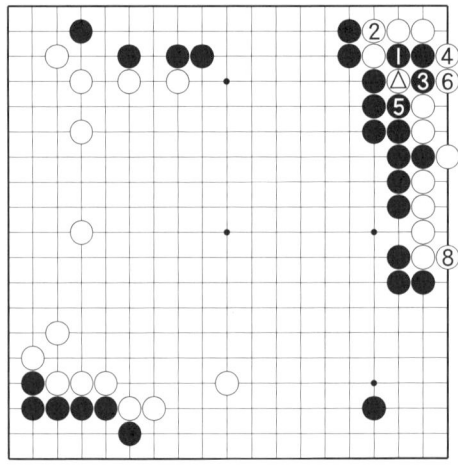

13도(백, 사는 과정)

계속해서 귀는 흑1, 3으로 몰아도 백4, 6으로 돌려치며 넘는 수가 있다. 흑7에 이을 때 백8이면 귀와 변이 각각 옥집이 아닌 완전한 집으로 산다. (❼‥◬)

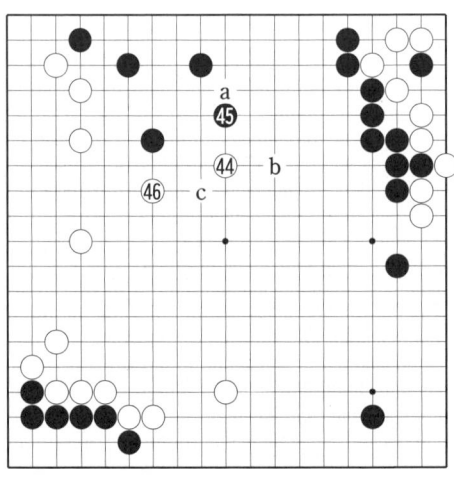

★8보(44~46)

여기서 백은 중앙 흑모양을 삭감할 타이밍이다. 삭감은 깊지도 얕지도 않은 곳이 적당한데, 백44는 그런 셈으로 둔 것. 흑45로 받아둔 것은 a의 어깨짚음을 꺼린 것으로 보인다. 다음 백b의 삭감은 깊은 느낌. 흑의 반격을 받을 염려가 있다. 그런 점에서 백46의 눈목자 행마. 그럴 듯한데 c쪽의 약점이 문제다. 앞으로 중반 실전은 그 틈을 타고 싸움이 벌어진다.

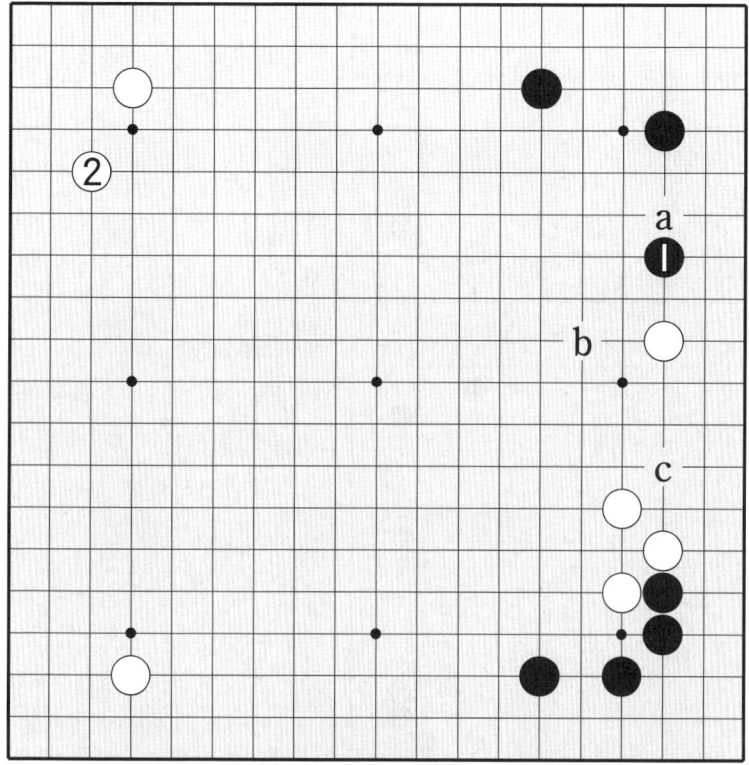

3회 초상부동산배 2라운드(천야오예 : 박정환) 2013. 3. 21

흑의 양소목과 백의 향소목의 포진이다. 흑의 눈목자 굳힘
에서 우하귀와 변은 정석 형태이다. 흑1의 다가섬은 큰 곳
이다. 백이 a로 다가설 때를 가정해 보면 그 크기를 짐작
할 수 있다. 이때 백이 변을 지키기로 한다면 b의 뜀이 한
눈에 잡힌다. c의 침입을 방어하는 의미도 있다. 다만 발
이 늦다. 백은 2의 굳힘부터 시작한다. 변보다 귀를 중시
하는 수법이다. 그럼 이를 배경으로 한 초반이 어떻게 진
행되는지 살펴보기로 한다.

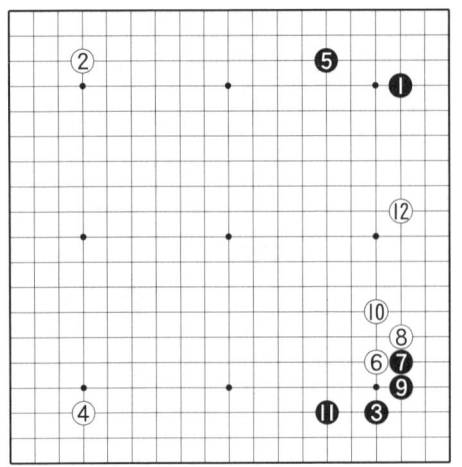

★1보(1~12)

흑1, 3의 양소목에서 5의 눈목자 굳힘이다. 이에 대해 백 2, 4의 향소목. 아무튼 서로 실리 포석이다. 백6~12까지는 기본 정석이다.

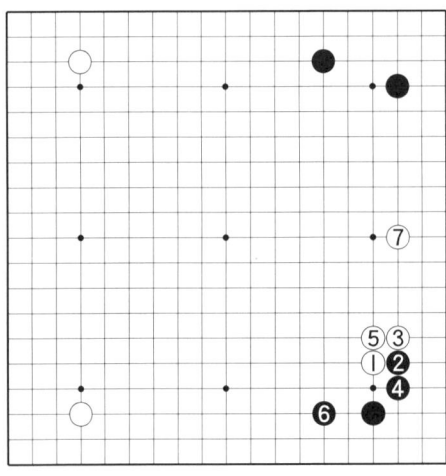

1도(취향)

백1, 3으로 둔 후 5로 꽉 잇고 7로 벌리는 수도 가능하다. 일단은 취향으로 보면 된다.

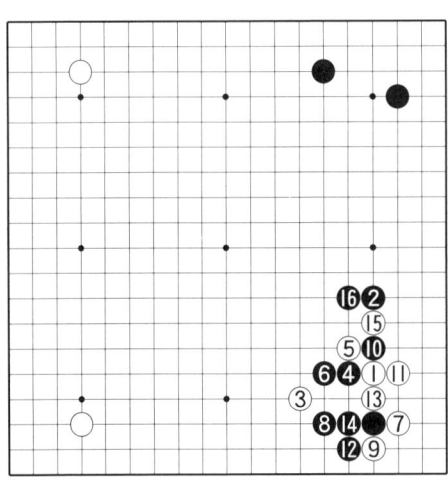

2도(흑, 두칸 높은 협공)

백1에 흑2의 두칸 높은 협공도 많이 둔다. 백3의 눈목자 씌움은 상용 수단이다. 흑4~16까지 많이 나오는 최신 정석이다.

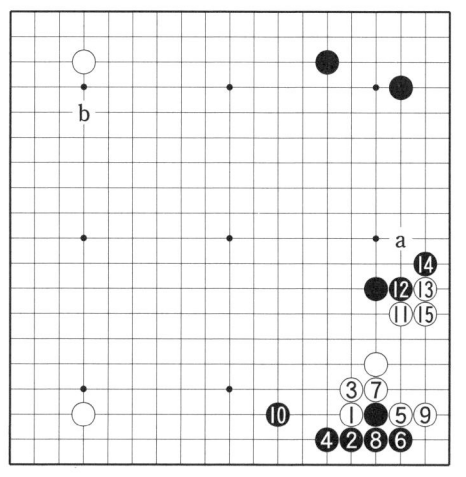

3도(백, 바깥붙임)

흑의 협공에 백1로 붙이는 수
단도 있다. 흑2, 4가 보통이고
백5~15까지 간명한 정석이다.
흑은 작전에 따라 a의 지킴이
나 b의 걸침을 선택하게 된다.

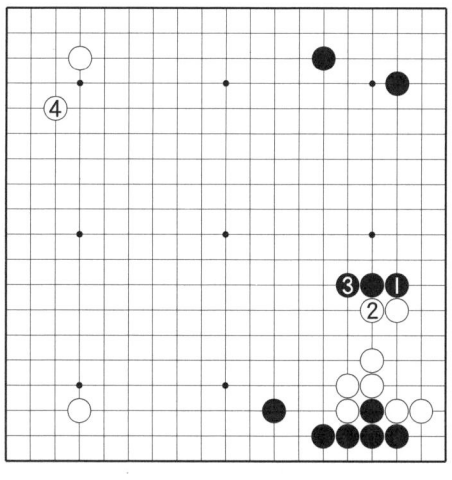

4도(백, 선수를 잡는 방법)

백이 선수를 잡으려면 흑1로
막을 때 2로 밀어올리는 방법
도 있다. 두점머리를 피해 흑
3일 때 백4의 굳힘을 먼저 둘
수 있다. 다만 우변 흑의 모양
새가 두텁다.

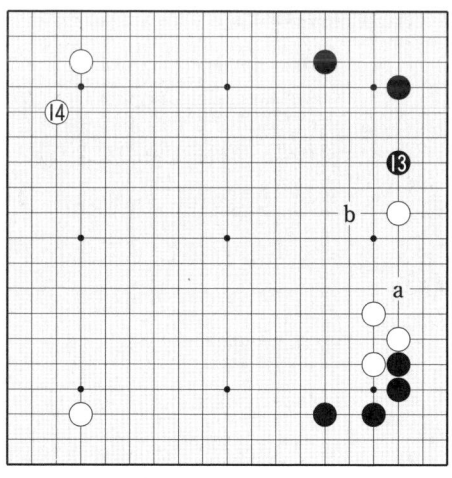

★2보(13~14)

흑13의 다가섬은 놓칠 수 없
는 큰 곳이다. a의 침입도 노
리고 있다. 그런 점에서 백b의
지킴도 한수의 가치가 충분하
다. 다만 처음부터 우변에 편
중된다고 보고 실전은 14의 굳
힘부터 둔다.

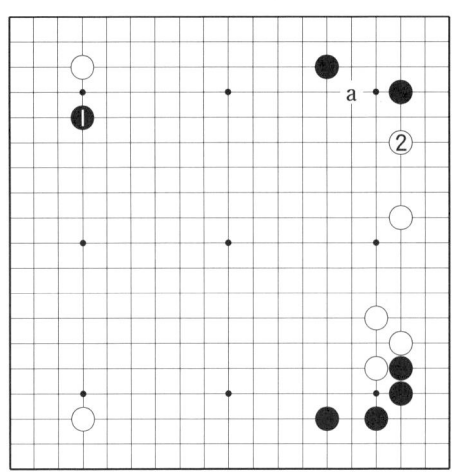

5도(변의 대세점)

흑1의 걸침을 서두르면 백2가 변의 대세점이다. 또 귀가 허술하여 흑a 등의 지킴이 필요하다. 백의 활발한 포석임에는 틀림없다.

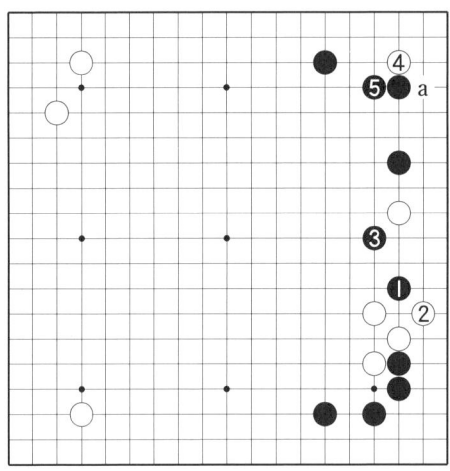

6도(흑, 침입할 경우)

실전 다음 흑1의 침입을 생각해 볼 수 있다. 백2면 흑3이 두터운 수단이다. 여기서 백은 4의 응수타진을 해두는 것도 하나의 요령이다. 흑5면 백이 a까지 결정하느냐에 따라 국면이 달라질 수 있다.

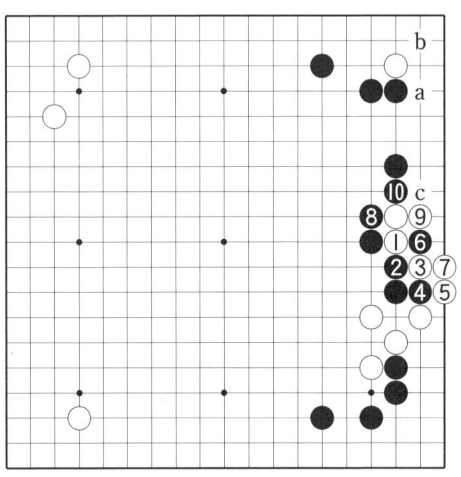

7도(경우 1)

백a를 결정하지 않을 경우의 진행. 백1~9까지는 이렇게 될 곳이다. 다음 흑10으로 막는 것이 보통이다. 이제와서 백a는 흑b의 급소 공격으로 위험하다. 흑c가 언제든지 선수임을 감안할 것.

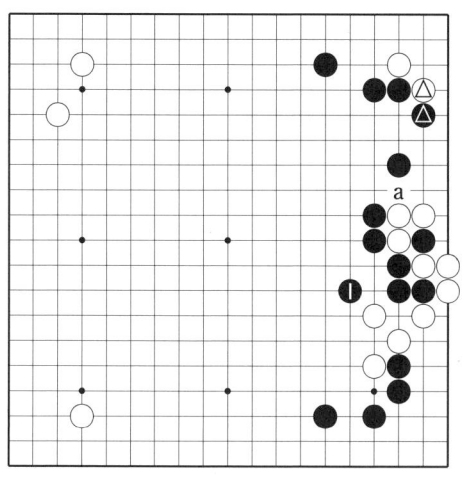

8도(경우 2)

백△와 흑▲를 결정한 모양이라면, 앞 그림 백9까지 되고나서 이번에는 흑1의 곳이 두터운 수단이다. 귀가 교환되어 있는 만큼 a 주변은 가치가 작기 때문이다.

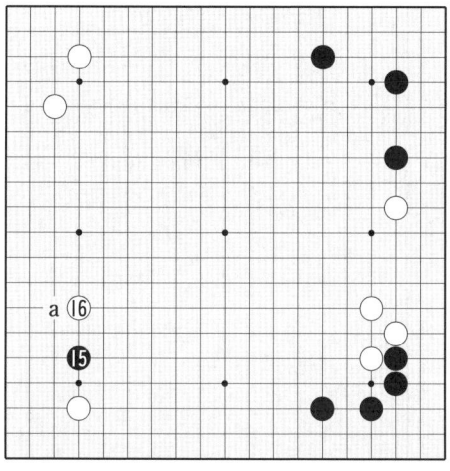

★3보(15~16)

실전은 흑이 우변을 보류해 두고 15의 걸침을 서두른다. 백은 16의 한칸 협공으로 적극 공세를 취한다. 어쩌면 우변의 약점을 의식하여 역으로 강하게 대응하는지도 모른다. 한편 백16은 a의 낮은 협공도 많이 둔다.

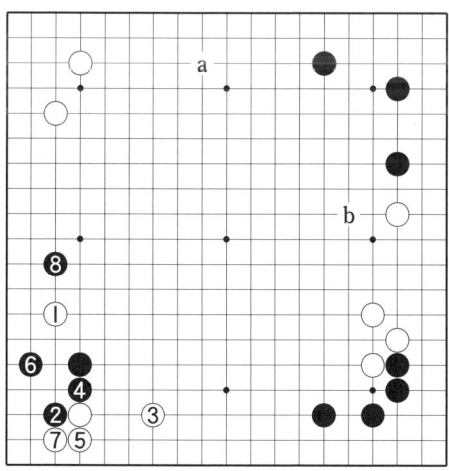

9도(백, 한칸 낮은 협공)

백1의 낮은 협공이면 흑2~8까지, 생각할 수 있는 하나의 정석이다. 다음 큰 곳을 찾는다면 a와 b 등이 있을 것이다.

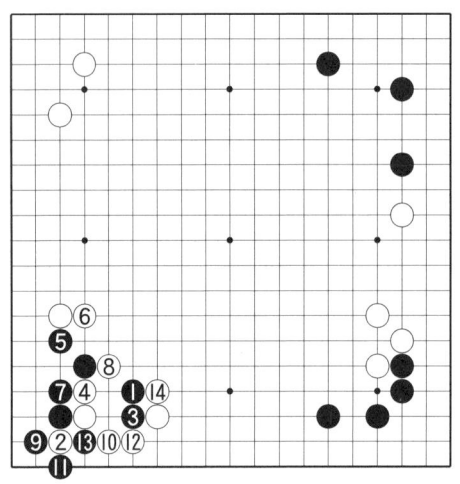

10도(신종 정석)

앞 그림 흑4로 먼저 1에 어깨 짚는 수도 있다. 그럴 경우 백 2~14까지 최근 많이 나오는 신종 정석이므로 하나 알아두 기 바란다. 흑은 귀의 실리, 백 은 두터움이다.

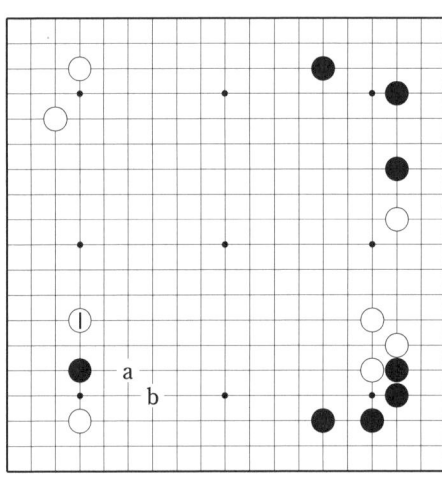

11도(흑의 응수법)

실전 백1의 한칸 협공에 흑이 직접 움직인다면 a의 한칸 뜀 이나 b의 눈목자 씌움이 대표 적이다.

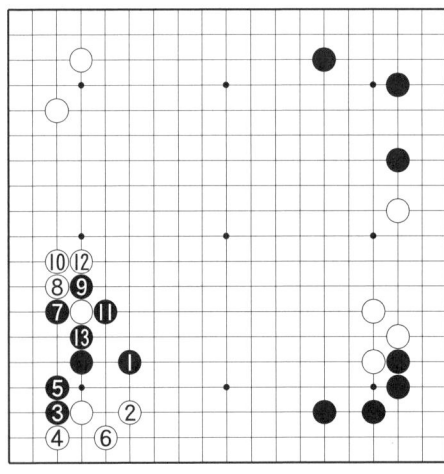

12도(흑, 한칸 뜀일 경우)

흑1의 한칸 뜀이면 일단 6까 지 간명한 과정이다. 다음 흑 7, 9의 맞끊음이 상용 처리법 으로 13까지 대표적인 정석.

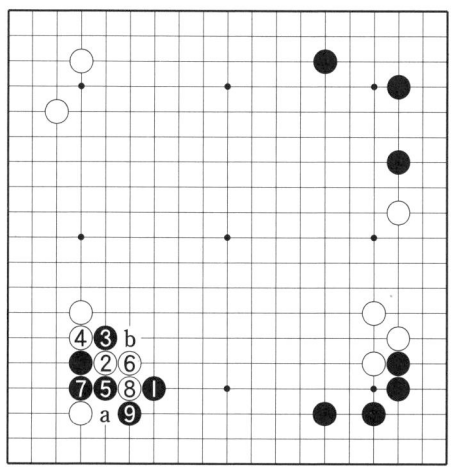

13도(흑, 눈목자 씌움일 경우)

최근에는 흑1의 눈목자 씌움을 많이 둔다. 이때 백2로 차단하려는 것은 9까지 되고나서 백a의 끊음이 성립해야 하지만, 지금은 흑b의 축으로 백이 망한다.

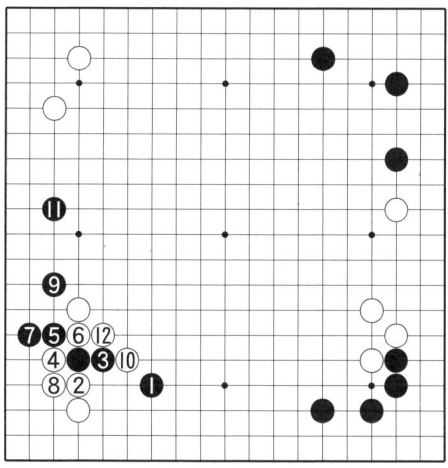

14도(무난한 방법)

흑1에는 백2, 4가 무난한 방법이다. 흑이 여기를 계속 두면 5 이하 9. 여기서 백10이 맥점이며 12까지 일단락이다. 흑은 좌변에 발빠르게 터를 잡고, 백은 중앙을 두텁게 제압한다.

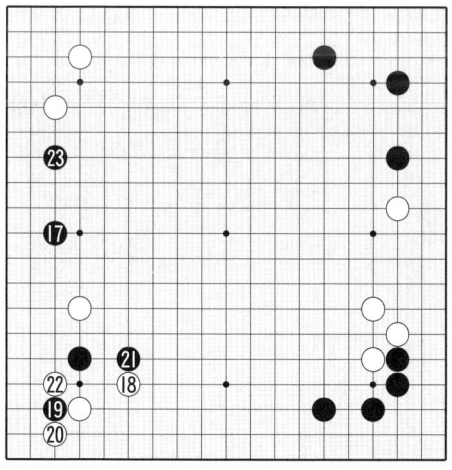

★4보(17~23)

실전은 흑17로 좌변에 두며 좌하귀에서 직접적 싸움을 피해 간다. 백18의 공격에는 흑19, 21로 가볍게 활용만 하고나서 백22로 잡을 때 흑23의 벌림이다. 흑은 좌변 개척에 뜻을 둔 모양새다.

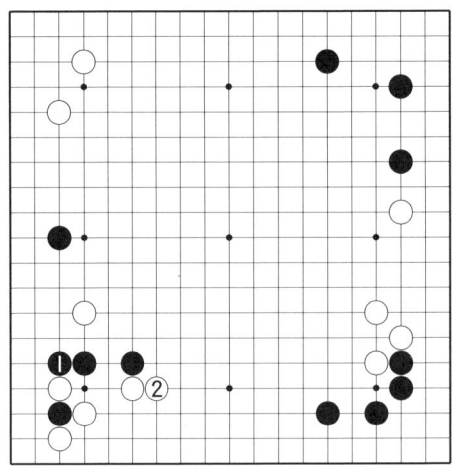

15도(백, 편한 싸움)

실전 백22 때 흑1로 막는 것은 백이 2로 늘어 편한 싸움으로 보인다.

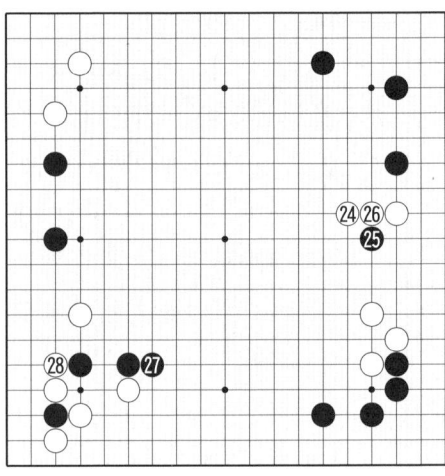

★5보(24～28)

이쯤 해서 백은 24로 뛰어 우변을 돌본다. 흑25, 27은 거리는 멀지만 연관된 작전이다. 보통이라면 흑27로 28에 막는 것이 나을 것이다. 27로 두텁게 한 이유가 다음 진행에 드러난다.

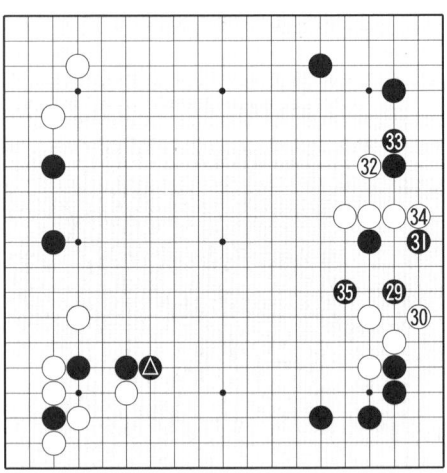

★6보(29～35)

흑29~35까지 우변 백을 양쪽으로 가르고 있다. 이때 흑▲가 우변 공격에 은연중 도움을 준다는 생각이다. 수순 중 백32는 지나가는 길의 활용.

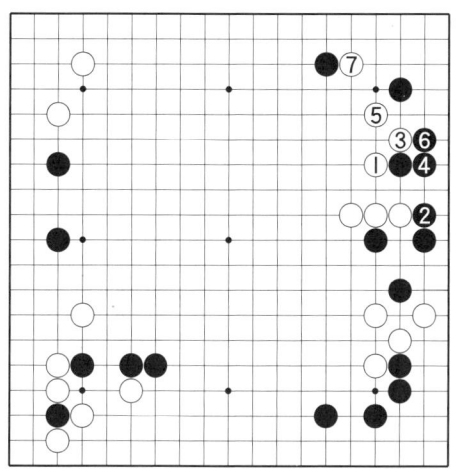

16도(백, 활발)

백1의 활용에 흑2로 반발하면 백3~7까지 타개가 멋지다. 흑이 2선으로 넘어갔을 뿐 백이 활발한 국면이다.

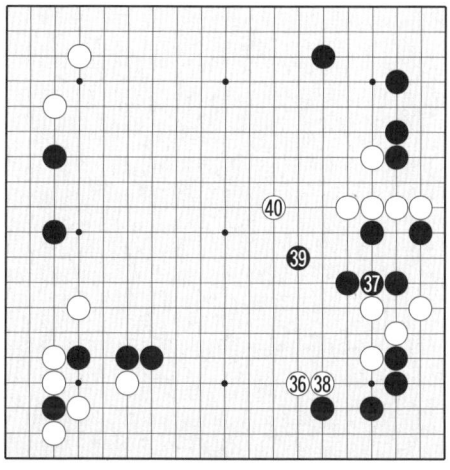

★7보(36~40)

백36으로 가볍게 두는 것은 배워둘 행마법. 흑37과 백38로 각기 자체 정비해 둔다. 흑39에 백40으로 흑을 은근히 노리며 중원 진출한 장면이다. 지금까지 백은 귀의 실리와 더불어 크게 약한 돌도 없으므로 약간이라도 편한 국면이다.

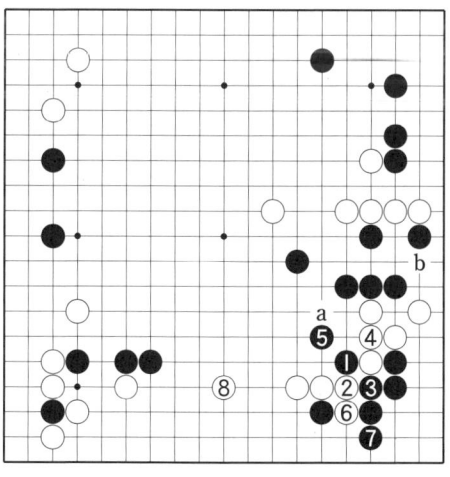

17도(흑, 차단할 경우)

차후 우하귀는 흑1~5로 차단할 수 있지만 백이 하변에 6, 8로 지키고 나서 a와 b의 고약한 맛이 남는다. 따라서 백이 충분히 견딜 수 있다. 그럼에도 중반 실전은 흑이 중앙을 강화한 후 1의 역습으로부터 본격적인 싸움이 시작된다.

2 장

모양을 파괴하는
공격형 초반

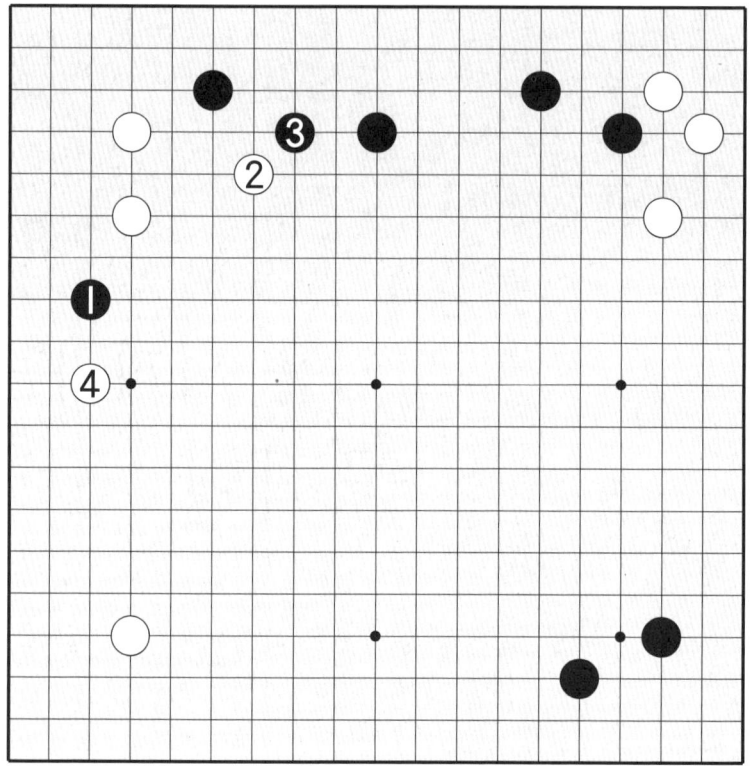

4회 BC카드배 결승4국(당이페이 : 백홍석) 2012. 5. 16

흑은 화점·소목 굳힘 포석. 백은 양화점에서 우상귀 걸침. 흑은 하나 받은 후 백이 귀에 들어올 때 상변부터 건설한다. 여기가 작전의 기로인데, 백은 좌상귀에서 한칸으로 받은 후 우상귀 실리를 먼저 챙긴다. 좌변 흑1의 걸침은 모양상 두고 싶은 곳. 백은 중앙에 2를 하나 활용한 후 4로 협공한 장면이다. 어쩌면 이런 공격을 유도한 느낌도 든다. 그럼 이를 배경으로 한 초반이 어떻게 진행되는지 살펴보기로 한다.

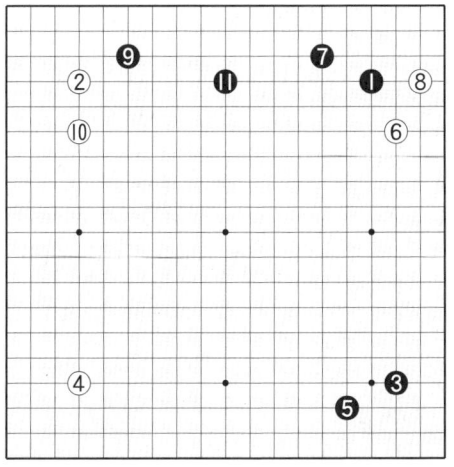

★1보(1~11)

흑1~5의 화점·소목 굳힘. 백은 2, 4의 양화점 포석이다. 이어지는 6, 8은 최근의 상용 수단이다. 흑은 7로 하나 받은 후 9, 11로 상변에 모양을 건설한다. 수순 중 백10의 한칸 받음은 좌변 벌림이나 상변 견제에 도움을 주려는 선택이다.

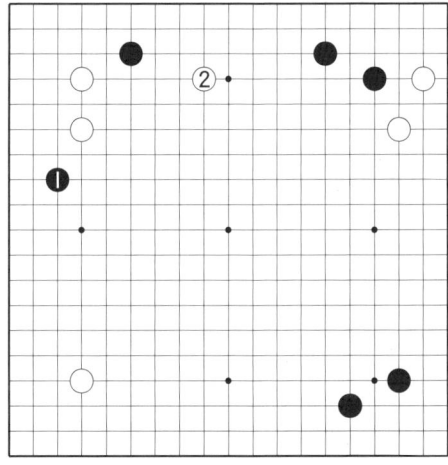

1도(백, 협공)

실전 백10 때 좌변 벌림을 방해하는 흑1의 걸침은 의욕은 좋으나, 백2의 협공으로 흑이 갈라지면 어느 한쪽이 몰릴 공산이 크다.

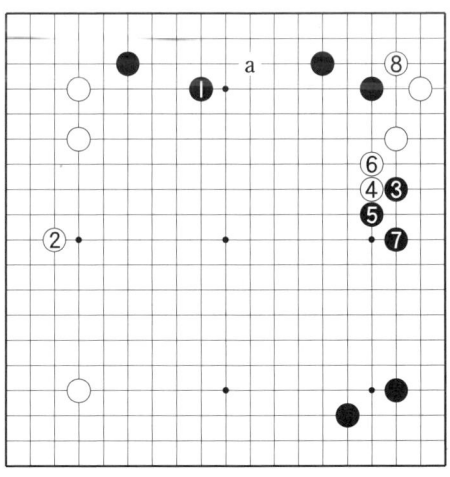

2도(흑, 상변 보강이 필요)

실전 흑11은 나름 생각한 구축 방법이다. 균형상 1을 보통 많이 두지만, 백2로 벌리고 나서 흑3의 협공 때가 문제다. 백이 4, 6으로 중앙에 머리를 둔 후 흑7의 지킴을 기다려 8로 삼삼을 차지하면 상변에 흑은 또 보강이 필요하다. 안 그러면 a쪽 백의 침공으로 흑이 시달릴 것이다.

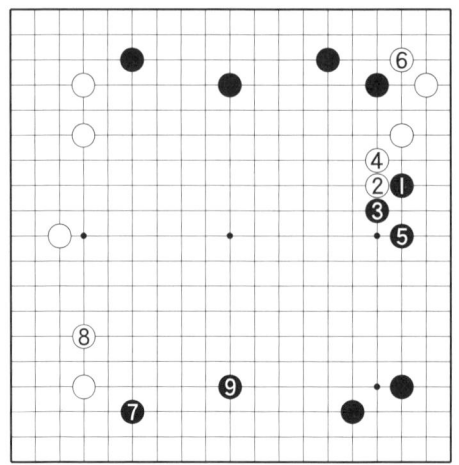

3도(흑, 만족)

실전 흑11에도 같은 진행으로 흑1의 협공 때 백2~6이면, 이번에는 흑이 안심하고 7, 9로 하변 큰 곳에 방향을 틀 수 있다. 그러면 흑의 우변, 하변이 입체적으로 호응하여 만족할 수 있다.

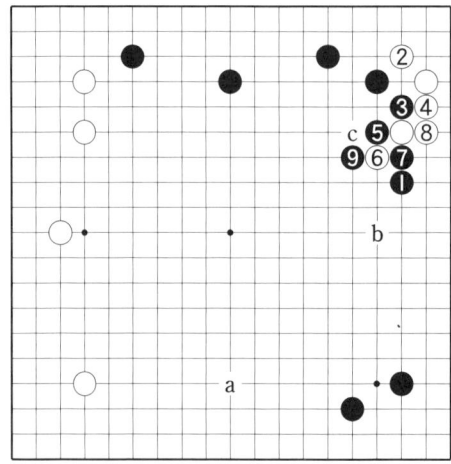

4도(백, 삼삼 침입의 배경)

그러므로 이런 배치에서 흑1에는 백2로 그냥 삼삼에 들어가게 된다. 그러면 흑3~9까지 상용 정석이다. 다음 백a로 벌리든가 하면 흑b로 지키는 것이 보통이다. 이런 후수 지킴이 싫으면 흑9로 느슨하지만 c에 늘 수도 있다.

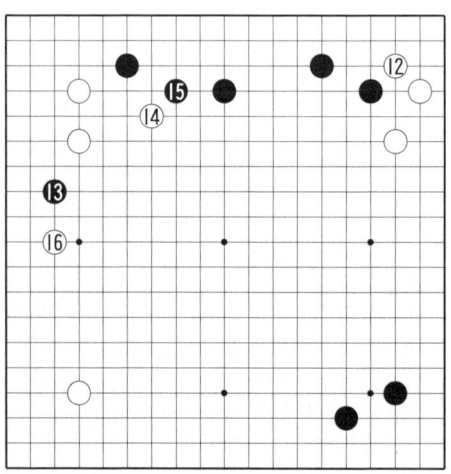

★2보(12~16)

실전은 백이 좌변 벌림을 생략하고 12로 먼저 삼삼에 들어간다. 좌변 흑13의 걸침은 기세. 보통 백으로서 아픈 곳이다. 백은 14로 중앙에 하나 선수해 둔 후 흑15로 받자 16으로 협공한다. 어쩌면 이런 싸움을 유도했는지도 모른다.

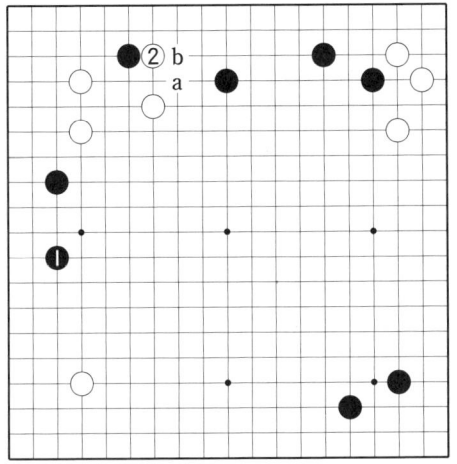

5도(흑, 미흡)

실전 백14에 흑은 a나 b로 받을 곳. 여기를 안 받고 1로 벌려 좌변을 보강하면 백2로 붙여 흑이 재미없다.

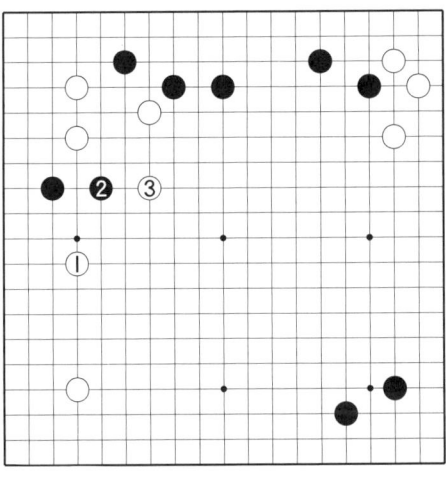

6도(백, 두칸 높은 협공)

실전은 백16의 한칸 협공. 이 수는 1로 두칸 높게 협공한 후 흑2에 백3으로 중앙에서 모자 씌워 공격하는 수단도 생각할 수 있다.

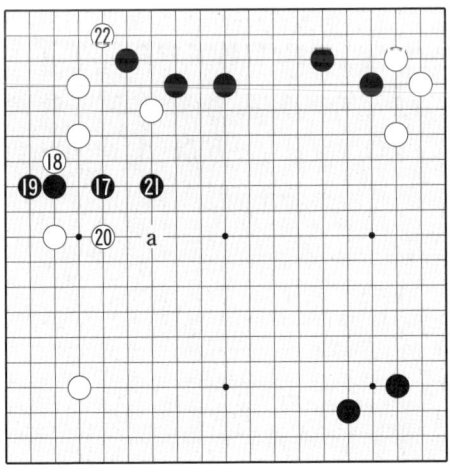

★3보(17~22)

흑17로 달이날 때 백18로 하나 활용한 후 20으로 쫓는다. 흑21로 계속 달아나자 백22로 귀를 일단 지킨다. 이 수로 a에 계속 공격하는 방법도 있지만 때론 참을 줄도 알아야 한다.

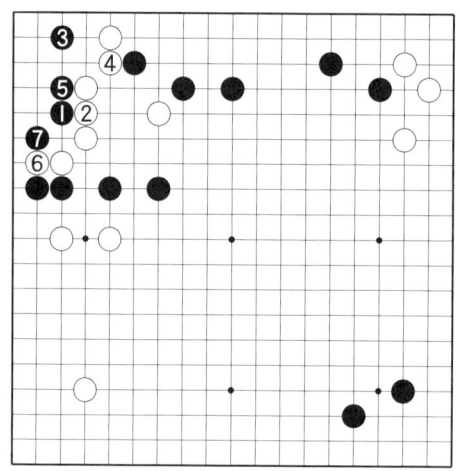

7도(귀에서 사는 맛)

실전 백22로 지켰지만 좌상귀
에는 흑1, 3을 활용한 후 7까
지 사는 맛이 있다. 다만 백도
두터워지므로 당장 결행하는
것은 이르다.

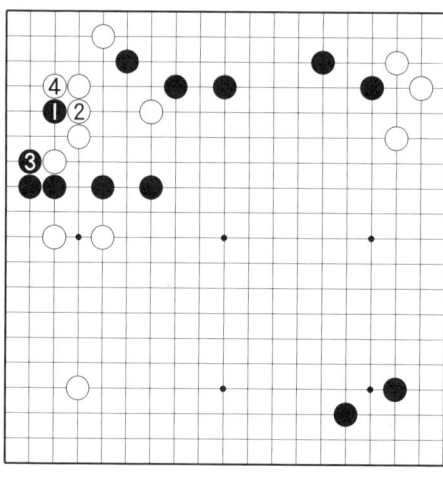

8도(흑, 활용 수단)

흑1, 3 정도는 활용할 수 있지
만 당장은 별게 없다.

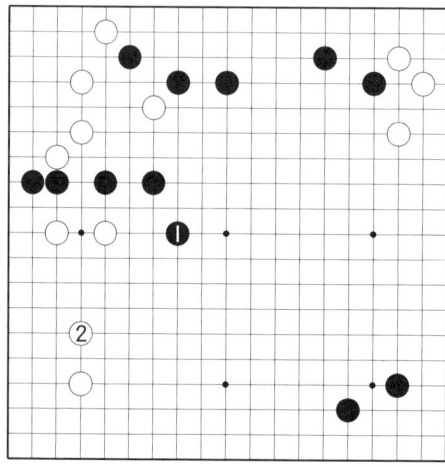

9도(백, 만족)

실전 다음 초점은 좌변 운영
에 있다. 가령 흑1로 중앙 쪽
으로 움직이면 백2로 지켜 만
족이다.

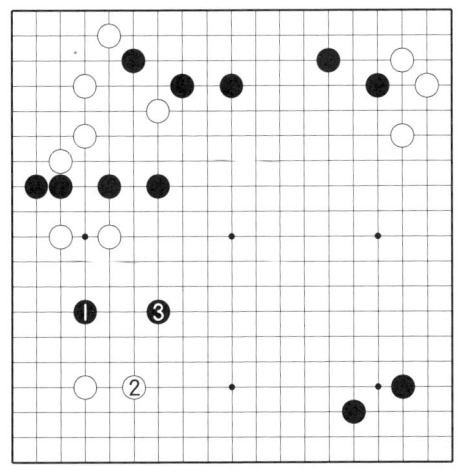

10도(흑, 가벼운 침투)

흑은 좌변으로 방향을 잡아야 할 것. 다만 어떻게 침투하느냐이다. 가령 흑1로 넓게 갈라쳐서 백2면 흑3으로 가볍게 뛰어 두점을 크게 공격하는 것도 한 방법이다.

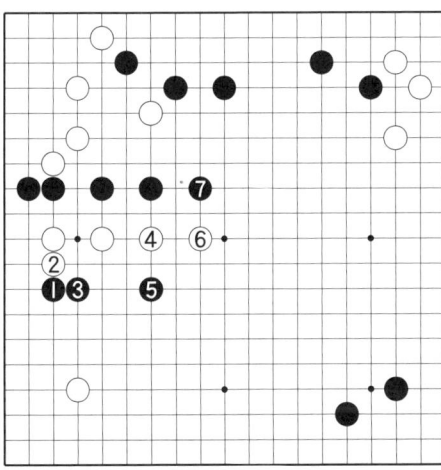

11도(타이트한 침투)

흑1로 바짝 다가서는 방법도 있다. 백2, 4로 차단하여 진출하면 흑5에 백6, 흑7로 서로 쫓고 쫓는 흐름이 예상된다.

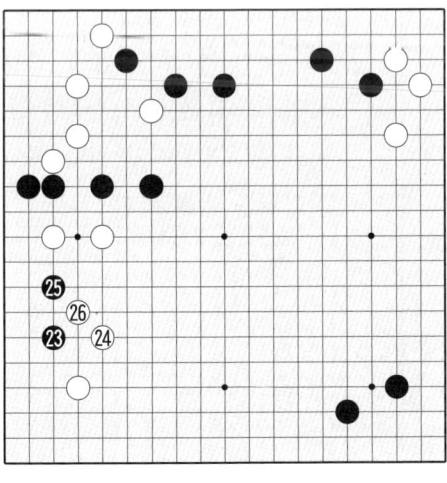

★4보(23～26)

실진은 흑23의 걸침. 경우에 따라 귀의 침투도 엿보겠다는 뜻이다. 백24의 씌움은 좌변 두점의 배석을 고려한 과감한 작전이다. 흑25의 벌림에는 백26으로 들여다본다.

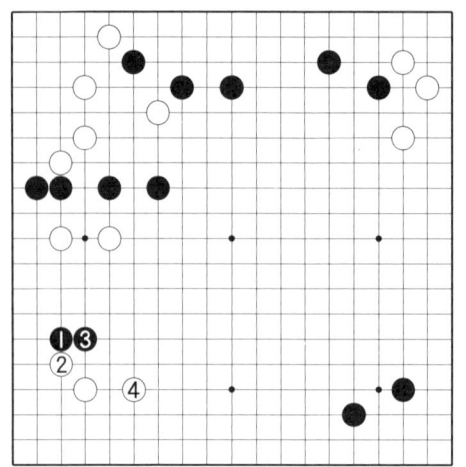

12도(백, 강한 공격)

흑1의 걸침에 기세로는 백2, 4
로 강하게 공격하고 싶지만 좌
변 백 두점도 엷으므로 참은
듯하다.

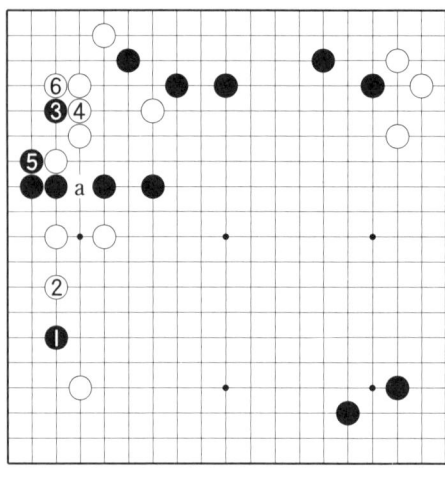

13도(백, 협공의 경우)

흑1에 백2로 느슨하지만 두터
운 협공도 생각할 수 있다. 이
때 흑3, 5의 활용은 백a의 끼
움을 완화하는 의미 있는 결
정이다.

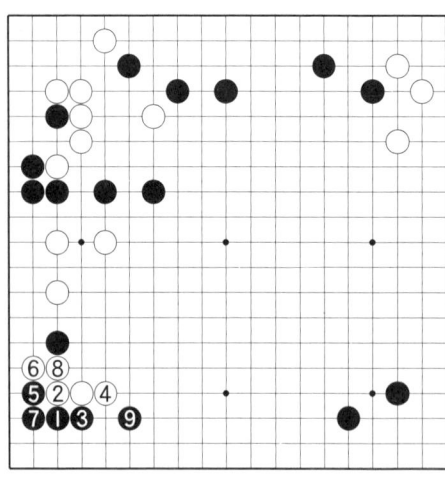

14도(흑, 실리 작전)

계속해서 흑1로 삼삼에 침입
하여 9까지 실리로 선회한다.
서로 둘 수 있지만 일단 흑이
실리로는 발빠르다.

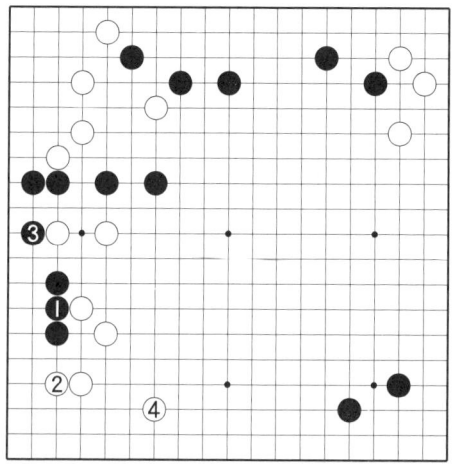

15도(흑, 잇는 경우)

실전 다음 흑1로 이으면 백2
로 귀를 보호하는 것이 공수
를 겸하는 요소다. 흑3으로 넘
어가면 백4 정도로 지키는 흐
름이 예상된다.

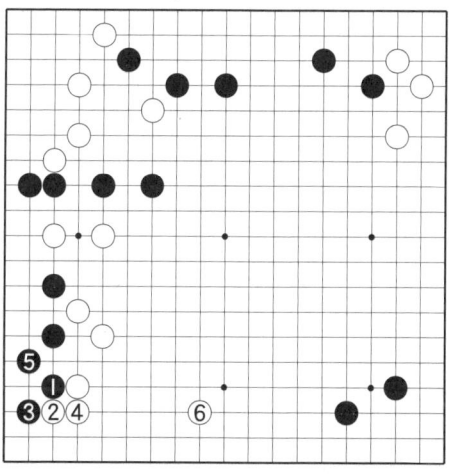

16도(흑, 귀에 붙임)

흑은 앞 그림 좌변에 잇는 대
신 1로 붙이고 백2면 3, 5로
가볍게 지키는 방법도 있다.
그러면 백6의 벌림까지 예상
된다. 흑은 어쩌면 이 그림이
실리로 이득일지 모른다.

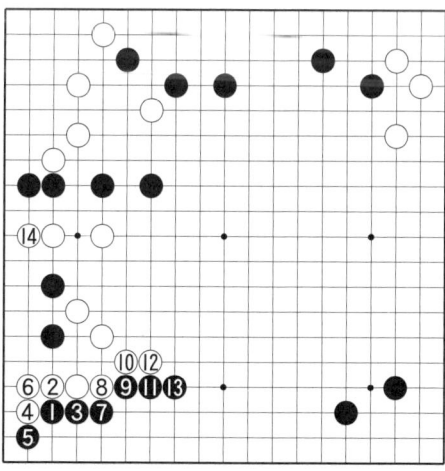

17도(백, 만족)

참고로 이 상황에서 흑1의 삼
삼 침입은 작전 미스다. 그러
면 백은 2~6으로 귀를 두텁게
잇고 흑7에 8~12로 중앙을 시
원하게 민 후 14로 좌변 모양
을 완성한다. 흑이 귀에서 하
변으로 이어지는 실리는 얻지
만 그보다 좌변 백의 실리가
돋보인다.

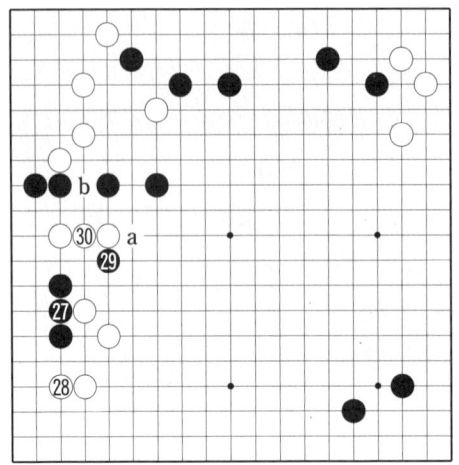

★5보(27~30)

실전은 흑27에 잇고 백28로 귀를 지킬 때 흑29로 붙여 반격을 가한다. 백30의 꽉 이음은 두터운 수단. 보통은 a로 느는 수일 것이다. 백30은 어쨌든 위와 아래의 흑을 차단하며 b의 끼움도 노린다.

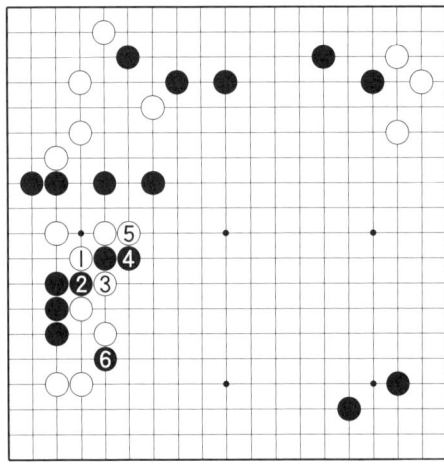

18도(백, 곤란)

실전 흑29에 백이 1, 3으로 차단하며 강하게 두는 것은 흑이 4로 하나 나간 후 백5에 6으로 반대편에서 붙여 나오면 백이 대처하기가 어렵다.

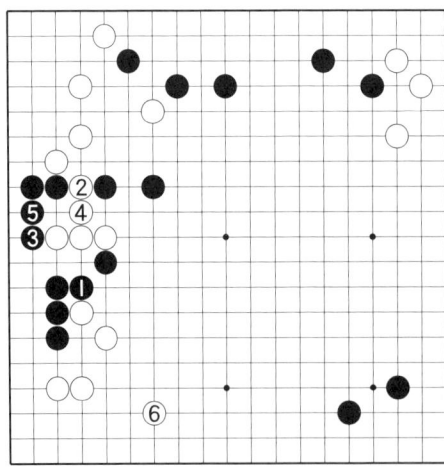

19도(백, 깔끔)

실전 다음 흑이 중앙으로 나오자면 1의 꼬부림이 보통이다. 이때 백이 부분적으로 타협하자면 2의 끼움이 타이밍이다. 대신 흑3, 5로 좌변은 연결된다. 백6의 지킴까지 예상되지만 백의 흐름이 깔끔한 면이 있다.

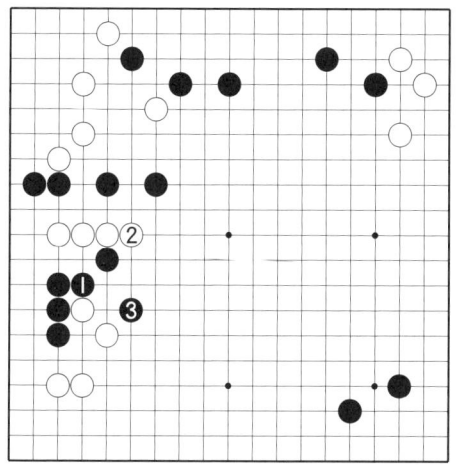

20도(난전)

흑1에 백이 전체를 차단하자
면 2로 나오는 것이지만 흑도
3으로 진출하면서 서로 어려
운 싸움이다.

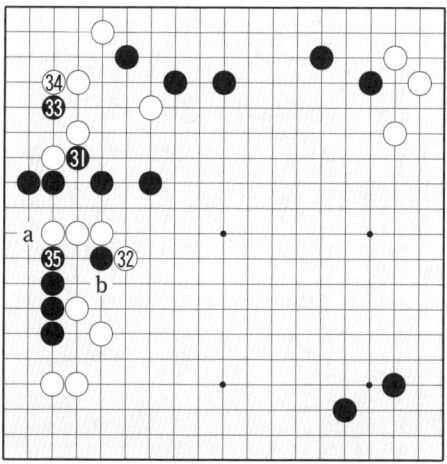

★6보(31~35)

흑31은 19도 백2의 끼움을 방
비한 것. 그러면 백32의 젖힘
이 두텁다. 흑33과 백34의 교
환은 활용이다. 흑35는 a의 연
결과 b로 나오는 수를 맞보는
행마법이다.

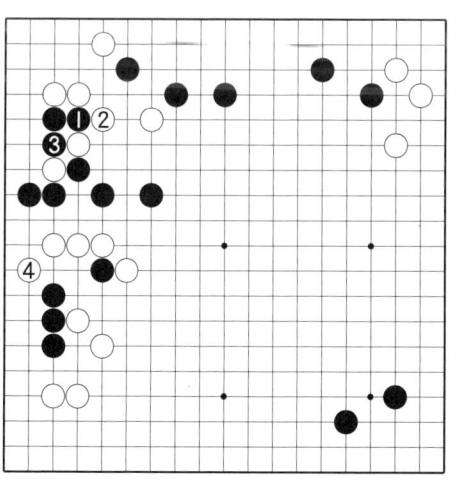

21도(백, 좌변 제압)

실전 백34에 흑1, 3으로 바로
여기를 처리하려는 것은 백4
를 당해 좌변이 다 죽는다.

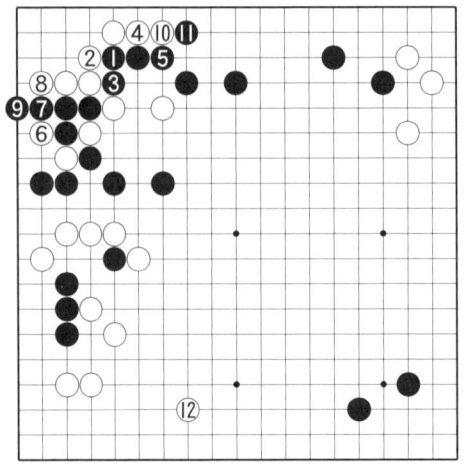

22도(백, 유리)

물론 흑1, 3의 끊음으로 상중앙을 제압하여 바꿔치기 성격은 있지만, 백은 4~10으로 좌상귀를 정리한 후 12 정도로 하변을 지켜 유리한 흐름이다. 수순 중 백6, 8은 모양을 깔끔히 정리하는 교묘한 수단이다.

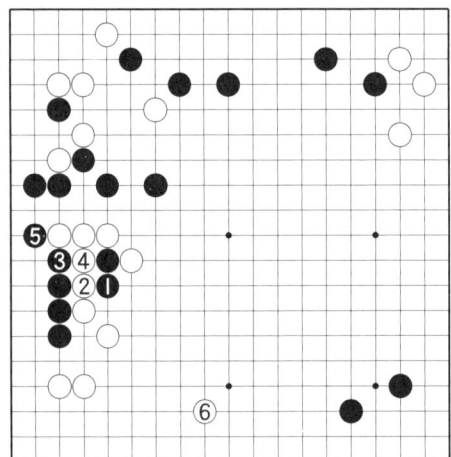

23도(백, 웅장)

실전 백32로 젖힐 때 그냥 흑1로 나가는 것은 백2, 4로 중앙이 차단되므로 조심할 일이다. 물론 흑3, 5로 좌변은 넘어가지만 백6으로 하변을 벌리면 두점을 품에 안은 좌측 하중앙 세력이 웅장하다.

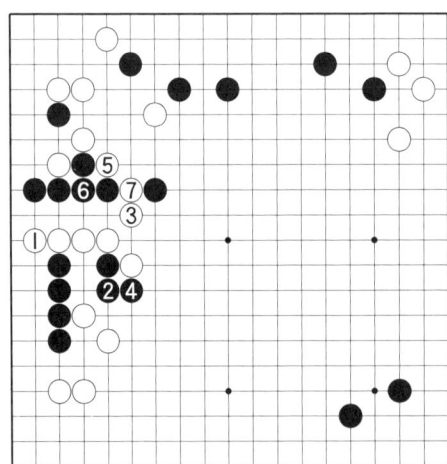

24도(백, 차단)

실전 다음 백은 기세상 1로 차단하고 싶은 곳이다. 흑2, 4로 나오는 사이 백은 3으로 약점을 지킨 후 5, 7로 이쪽 흑을 추궁해 간다.

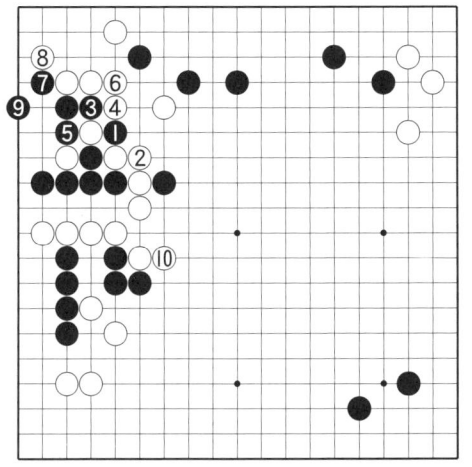

25도(백, 편함)

계속해서 흑1, 3에 백4, 6으로 두텁게 봉쇄한다. 흑7, 9로 살 때 백10의 뻗음. 백은 좌하변 흑을 쫓으면서 두므로 일단 편한 흐름이다.

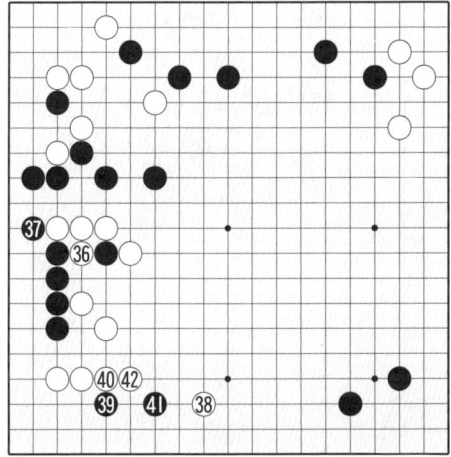

★7보(36~42)

실전은 백36으로 중앙을 봉쇄하여 두텁게 둔다. 흑37로 넘어가 약간 아쉽지만 38로 하변에 모양을 갖춘 것으로 아쉬움을 달랜다. 흑39의 침투는 일종의 응수타진. 백은 40, 42로 두텁게 눌러 공격에 나선 장면이다.

26도(흑, 수습)

실전 흑39의 침입에 백1로 막으면 흑2~6으로 수습해 나갈 요량이다.

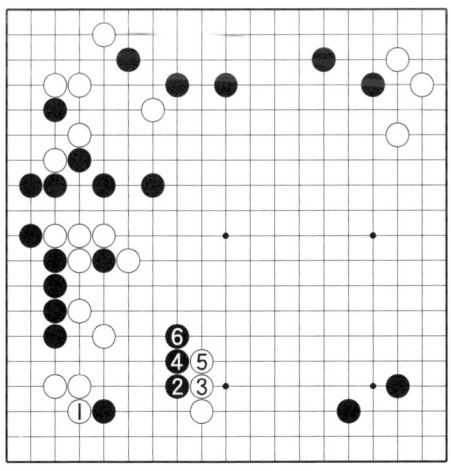

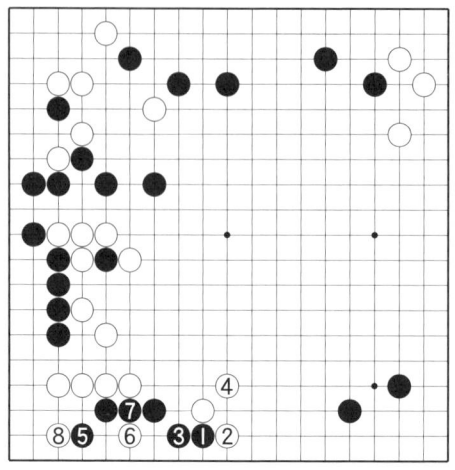

27도(흑, 위험)

실전 다음 흑1, 3으로 붙여뻗어 안에서 살자는 것은 뜻대로 안 된다. 백4에 흑5로 안형을 최대한 넓혀도 백6의 치중후 8로 막으면 살기 어렵다.

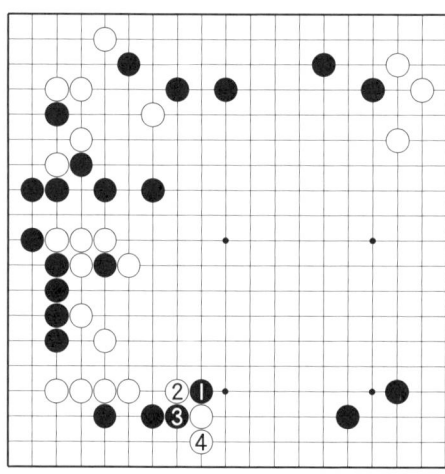

28도(백, 반발)

보통은 흑1의 붙임도 수습의 맥이지만 여기서는 백2, 4의 반발이 기다린다. 흑의 운신이 어려운 장면이다.

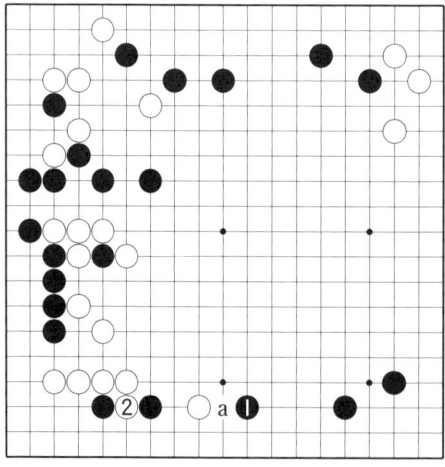

29도(중반 예고)

다시 실전 장면을 제시하지만, 차라리 흑은 안에서 살려 하기보다 바깥쪽에서의 활용이 유용하다. 가령 흑1의 다가섬. 백은 2의 손질이 필요하다. 중반 실전은 이것도 흑이 다소 느슨하다 보고 a의 타이트한 붙임으로부터 시작된다.

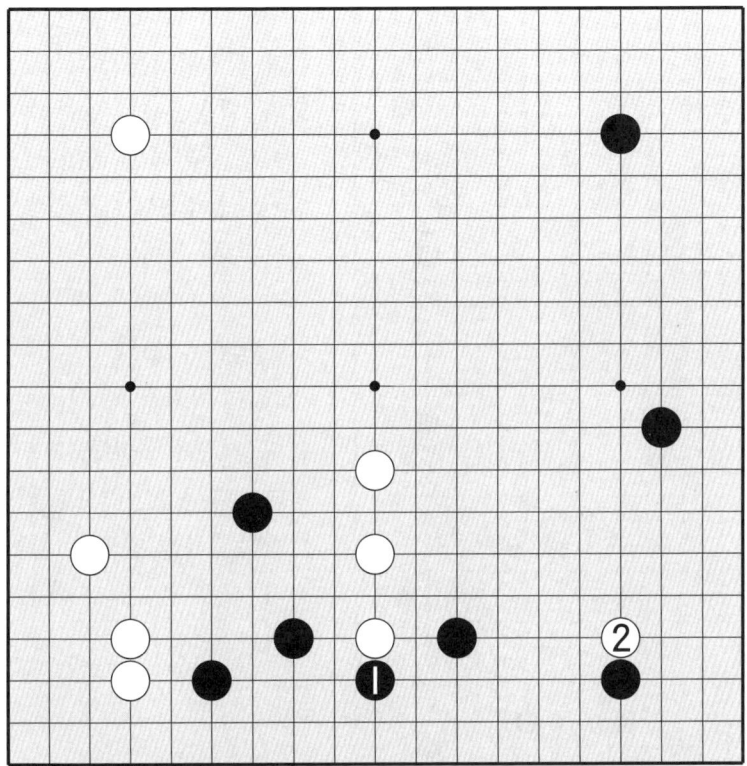

8회 한국물가정보배 결승2국(김지석 : 안성준) 2012. 8. 29

백은 양화점 포석. 흑은 좌하귀 하나 걸친 후 우변 중국식이다. 일명 공격적 중국식, 또는 변칙 중국식이라 불러 보자. 하변은 백이 협공한 이후 나온 변화이다. 흑은 변에서 활발하고, 백은 귀를 지킨 후 중앙으로 진출하여 사정권에서 벗어나고 본다. 흑1과 백2의 붙임. 서로 상대에 기대어 모양을 정비하려는 수단이다. 그럼 이를 배경으로 한 초반이 어떻게 진행되는지 살펴보기로 한다.

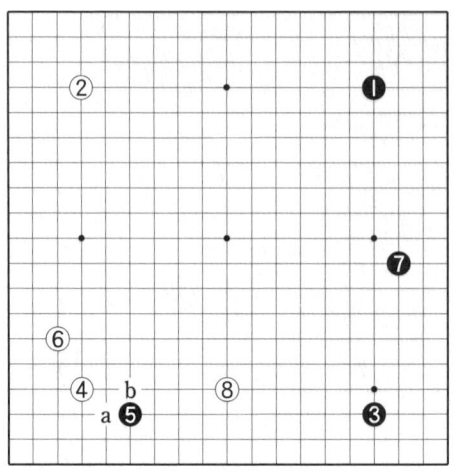

★1보(1~8)

흑은 1, 3 다음 5로 하나 걸친 후 7의 중국식으로 돌아온다. 우변과 더불어 하변까지 폭넓게 활용하려는 적극적 작전이다. 백은 2, 4의 양화점에서 6으로 받은 후 8의 협공. 백8은 a로 붙여 흑b로 무겁게 한 후 둘 수도 있다.

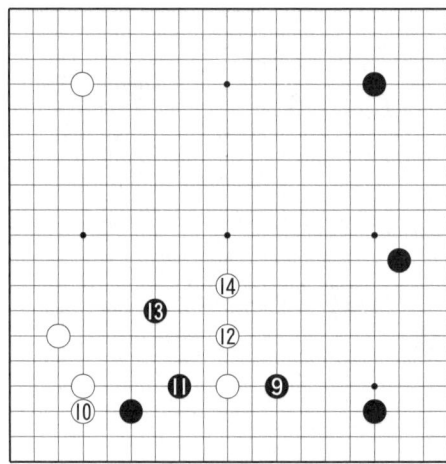

★2보(9~14)

흑9로 다가설 때 백10으로 귀의 지킴은 두터운 수단이다. 다음 흑은 11, 13으로 백을 압박하며 중앙 진출에 리듬을 탄다. 백도 12, 14로 계속 뛰며 안전 행마다.

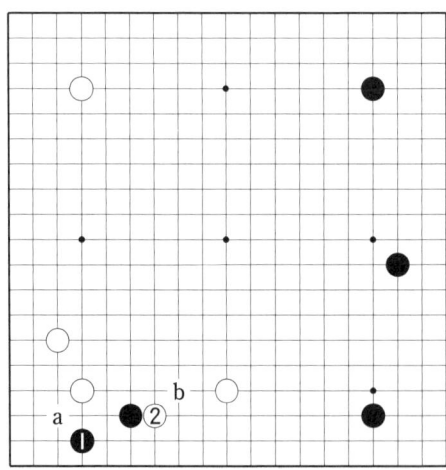

1도(흑, 귀의 달림)

실전 흑9는 1로 귀에 달리는 수도 있다. 이때 백a로 받으면 흑b쪽에 벌려 좋은 자세다. 따라서 흑1에 백2로 옆구리에 붙여 대응하는 경우가 많다.

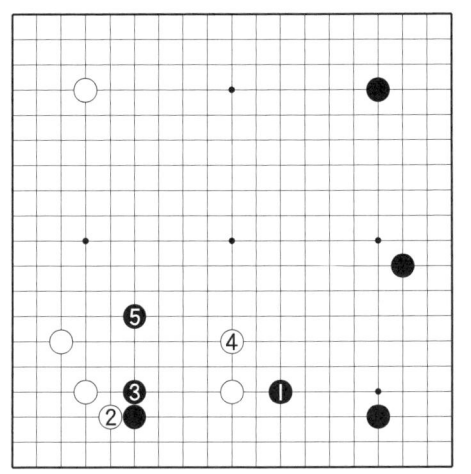

2도(백, 발빠른 작전)

흑1의 다가섬에 백2에 붙여 두 점으로 키운 후 4로 뛰는 수 단도 있다. 그러면 흑5의 진출 이 예상된다. 실전에 비해 귀 는 엷지만 발빠른 면이 있다.

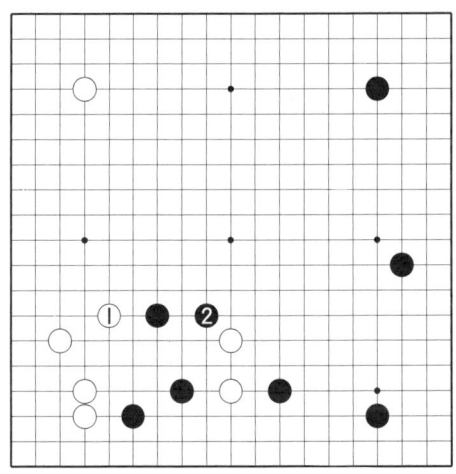

3도(백, 대세에 밀릴 염려)

실전 흑13에 백1로 좌변에서 압박하면 흑2가 제격이다. 하 변 백 두점이 몰리면 대세에 밀릴 염려가 있다.

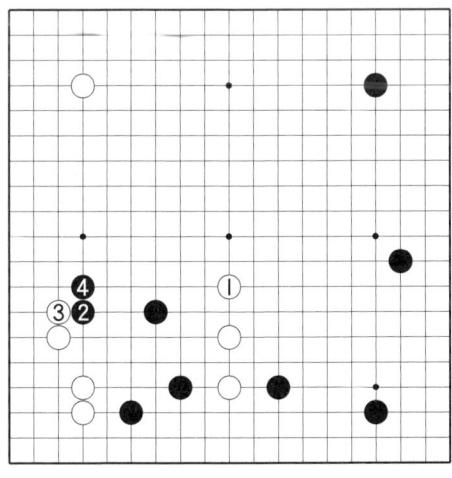

4도(흑, 좌변 진출)

그런 점에서 실전처럼 백1로 중앙 뜀이면 흑2, 4로 좌변 진 출이 일단 고려할 수 있는 보 통의 감각이다.

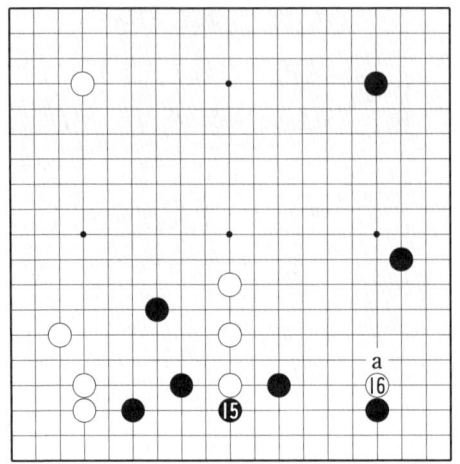

★3보(15～16)

흑15의 붙임. 보통은 속수이
지만 여기서는 흩어져 있는 모
양을 두텁게 정리하려는 적극
적인 발상이다. 백16의 붙임
은 이에 상응하는 임기응변의
수단. 하변과 연관된다. 보통
이라면 a의 걸침일 것이다.

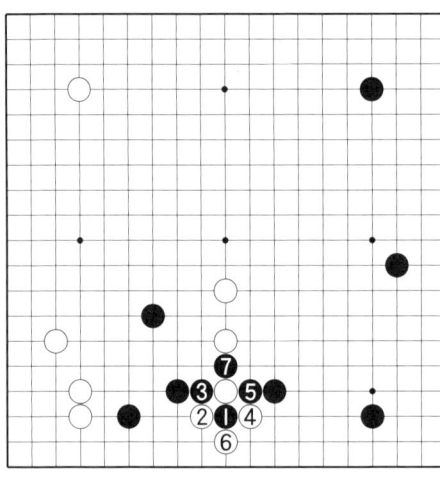

5도(중앙 차단)

흑1의 붙임에 백2, 4로 하변
을 추궁해 오면 흑5, 7로 중앙
과 차단하려는 뜻이다. 그러면
흑이 두터워 두기 편해진다는
생각이다.

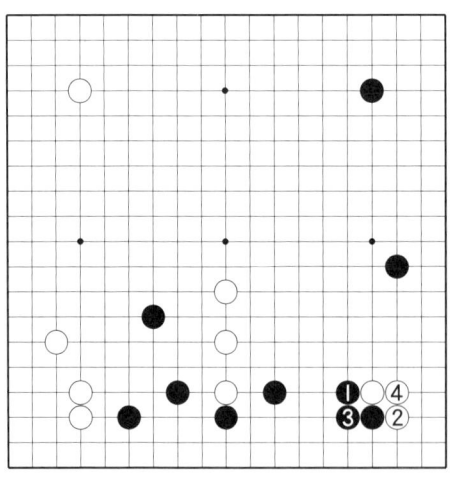

6도(백, 만족)

실전 다음 흑1로 하변 쪽에서
젖히면 백이 2, 4로 귀의 실리
를 차지하여 만족이다.

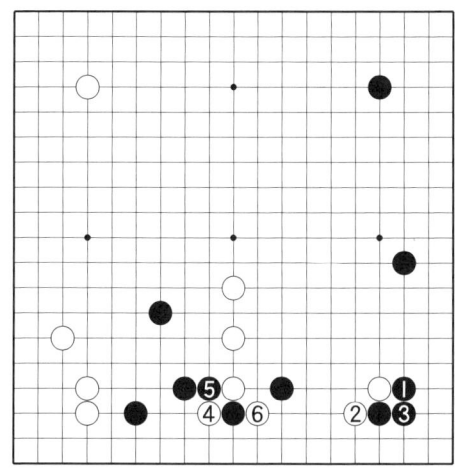

7도(백, 귀의 활용)

그렇다면 귀쪽 흑1의 젖힘인
데 백2는 타개 수단. 이때 흑
3의 이음으로 실리를 중시하
는 것은 백4, 6으로 하변을 공
략할 때 귀에서 활용한 백 두
점이 도움이 된다는 생각이다.

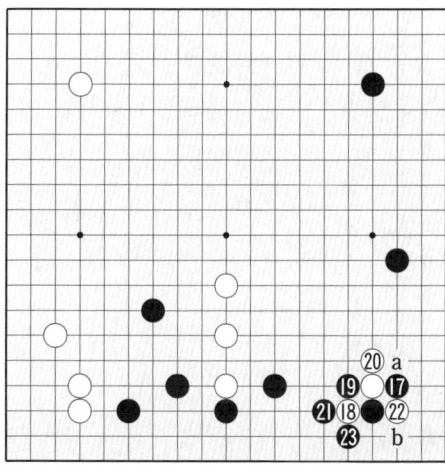

★4보(17~23)

실전은 흑17, 백18 다음 흑19,
21로 끊어 변신한다. 백22에
흑23의 따냄. 흑17로 침착하
게 18에 늘어 하변을 방어하
는 수단도 있지만 소극적이다.
흑23 다음 백a로 그냥 잡는
것은 흑b로 탄력을 준다.

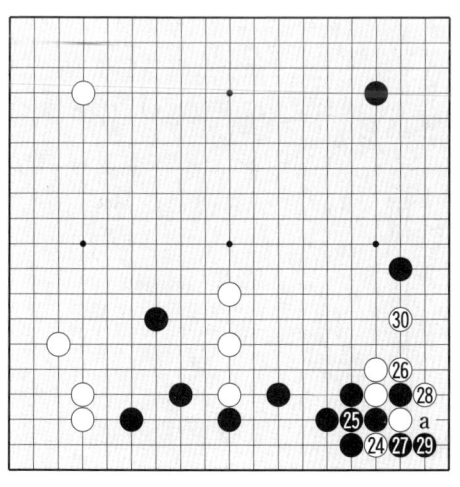

★5보(24~30)

실전은 백24의 단수 후 26의
잡음. 그러면 흑27, 29로 한점
을 잡고 백30으로 벌려 일단
락이다. 수순 중 백24에 흑a의
패도 있지만 흑도 지면 모양
이 사나우므로 참아둔다.

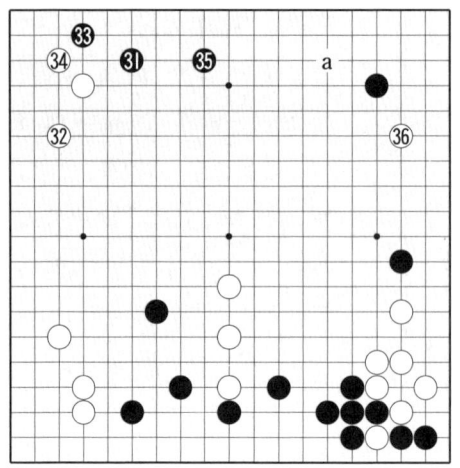

★6보(31~36)

흑31로 적극적으로 걸쳐 35까
지는 무난한 정석이다. 흑31
은 달리 a의 지킴도 가능하다.
이번에는 백36의 걸침. 이제
흑의 대응이 관건이다.

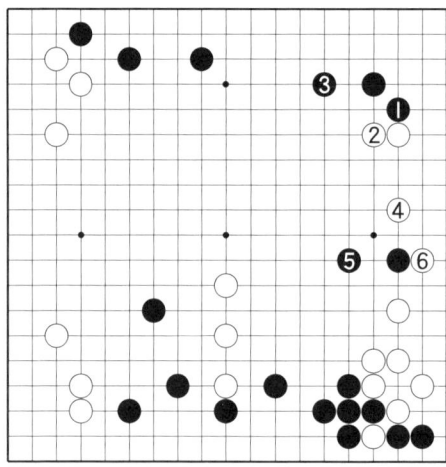

8도(흑, 귀의 중시)

실전 다음 귀를 중시하면 흑
1, 3의 공격이 보통이다. 백4
에 흑5로 뛰면 백6의 붙임이
상용 수단으로 우변 연결이 가
능하다. 보편적인 흐름이다.

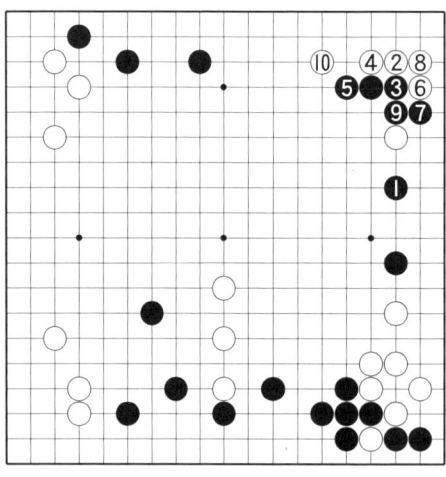

9도(흑, 변의 중시)

변을 중시하면 흑1의 협공이
다. 그러면 백2의 삼삼 침입
후 10까지. 귀의 실리를 빼앗
겨 흑이 좋은지는 의문이다.

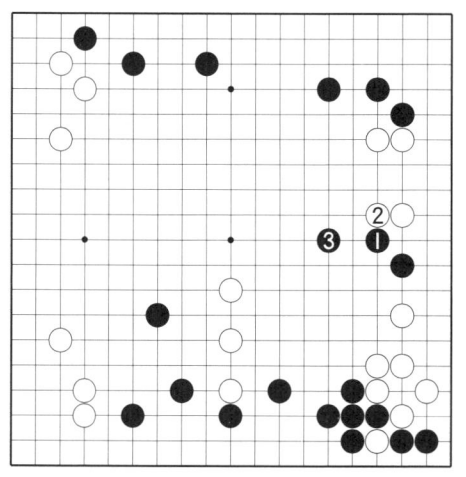

10도(흑, 우변 연결 방해)

8도 백4로 벌릴 때 우변 연결을 방해하자면 흑1, 3으로 마늘모에 이은 뜀으로 움직일 수도 있다.

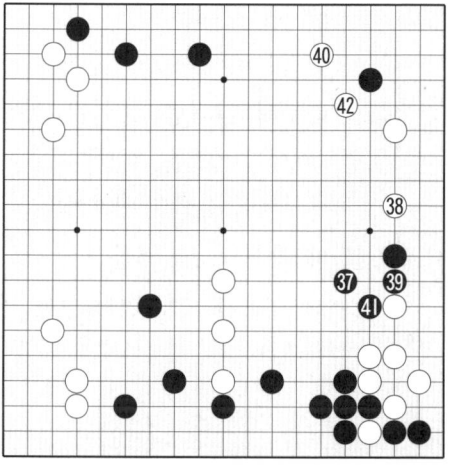

★7보(37~42)

흑은 37로 씌워 공격부터 감행한다. 백은 역으로 38에 벌려 연결고리를 만들며 효율적으로 대응한다. 우하 백은 보기보다 탄력이 풍부하다. 그 탄력을 잠식하는 흑39, 41의 공격에는 백40, 42로 우상귀 공략. 서로 기세의 대결이다.

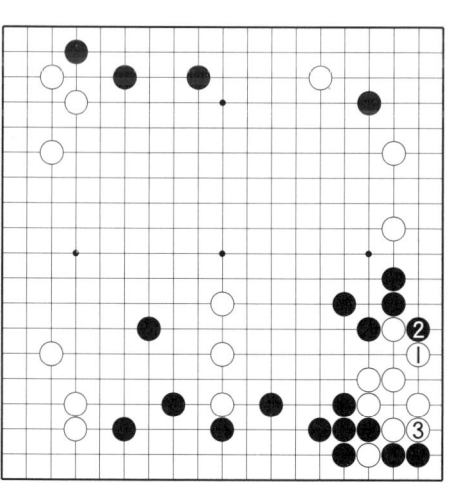

11도(백, 사는 모양)

실진 흑41의 공격에도 우하 백은 1의 탄력 방어로 사는 모양을 갖출 수 있다. 흑2면 백3.

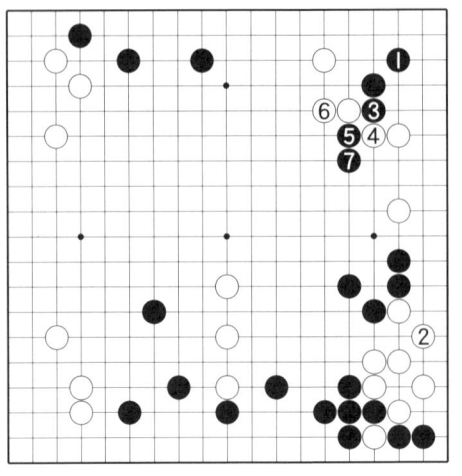

12도(우상귀 중시)

실전 다음 흑은 우하 백의 숨통을 끊을 것인지, 우상귀를 살릴 것인지 고민이다. 만일 흑1로 우상귀를 선택하면 백2로 우하 곤마를 살린다. 그러면 흑3, 5로 나와끊어 싸움이 예상된다. 백6이면 흑7의 뻗음.

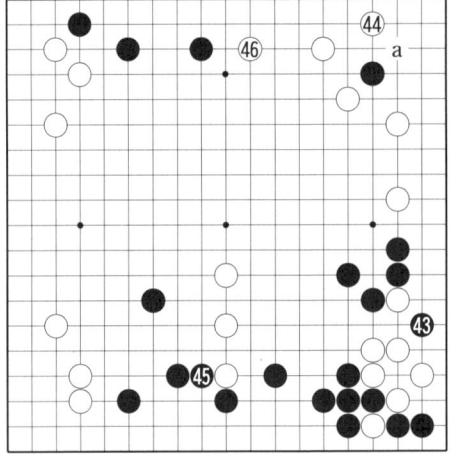

★8보(43~46)

실전은 흑43으로 우하 백의 급소부터 가격한다. 이에 백은 44로 우상귀를 제압한다. 이 수는 a의 삼삼도 제격이다. 이제 흑은 45로 하변을 보강하고, 백은 46으로 벌려 상변 폭을 넓힌다.

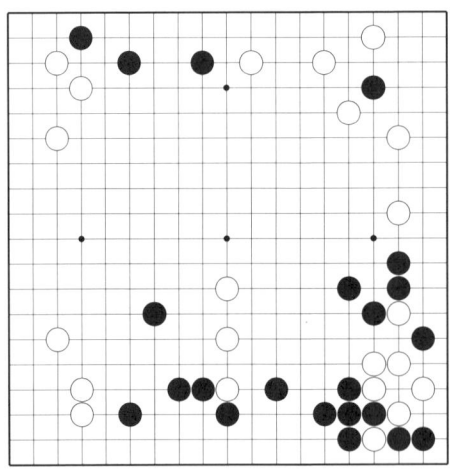

13도(형세 분석)

지금 형세를 살펴보면 좌상귀는 서로 비슷하다 보고, 백을 제압한 우하변과 하변에 이르는 흑집이 크지만, 우상귀에서 펼쳐진 모양과 더불어 좌하귀 백집도 크다. 집만으로 보면 백이 오히려 좋은 흐름이다.

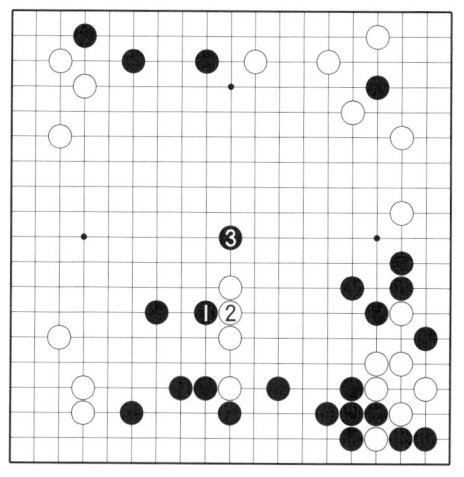

14도(흑, 중앙 공격)

따라서 흑은 중앙에 떠 있는 백 일단을 공격하여 이득을 얻으려는 연구가 필요하다. 가령 흑1에 백2로 이어 무거워지면 흑3의 모자 공격이 일례이다. 다만 백2로 이어줄지가 의문이다.

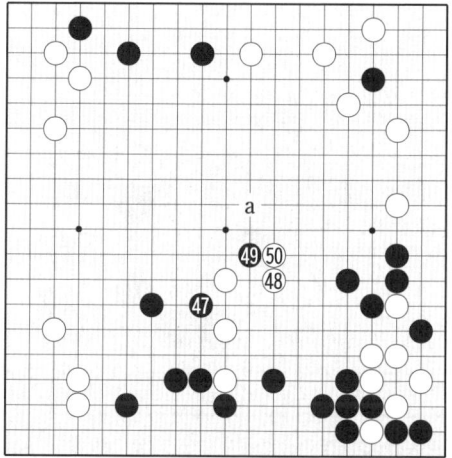

★9보(47~50)

실전은 흑47로 들여다볼 때 백48로 뛴다. 흑의 공격을 비껴가는 효율적 행마다. 흑49의 공격에도 잇지 않고 백50으로 밀어가지만 같은 맥락이다. 앞으로 흑도 가벼운 공격 행마가 필요한 시점인데, 중반은 a의 뜀부터 실전이 시작된다.

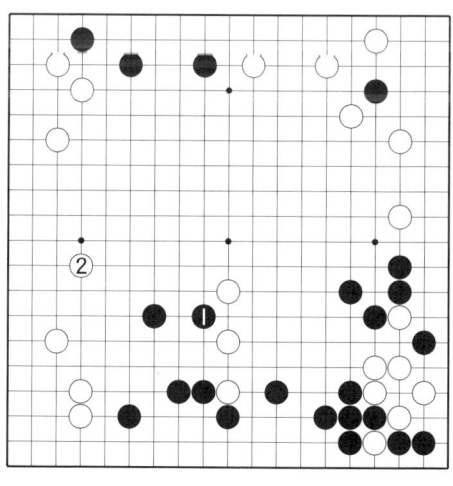

15도(백의 일책)

흑1의 공격에 백은 아예 손을 빼서 좌변 2의 지킴도 일책이다. 상대의 기세를 역으로 이용하려는 수법이다. 중앙은 어쨌든 가볍게 처리하자는 생각이다.

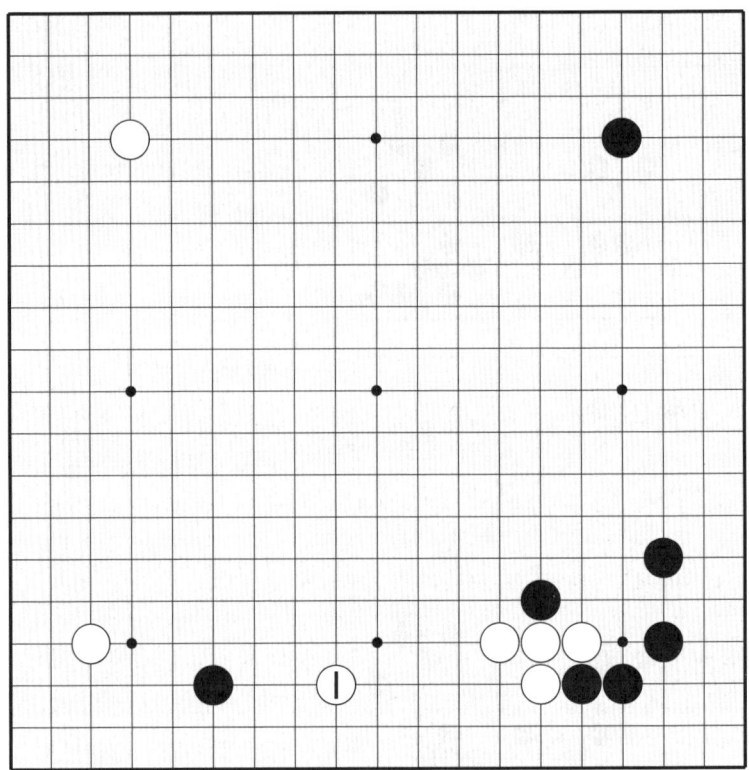

16회 박카스배 한중천원전 2국(천야오예 : 최철한) 2012. 9. 12

흑의 화점·소목 포석. 백은 화점을 둔 후 빈 귀를 놔둔 채 소목 걸침. 일종의 허허실실 작전이다. 흑은 우하귀 정석을 채 두기 전 좌하귀 대외목에 착수한다. 소위 빈 귀 작전에 대항하여 귀보다는 변을 중시하는 전략이다. 백이 소목에 두자 흑은 다시 우하귀 정석을 일단락시킨다. 이에 백이 1로 벌려 협공한 장면이다. 그럼 이를 배경으로 한 초반이 어떻게 진행되는지 살펴보기로 한다.

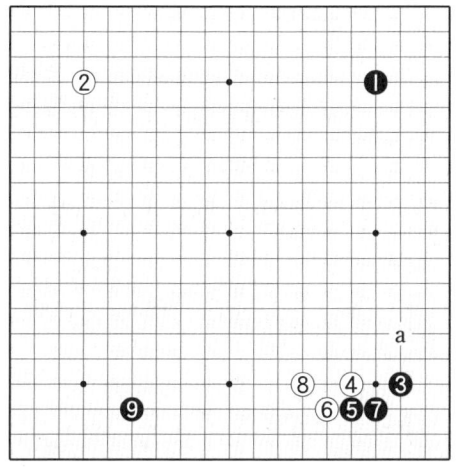

★1보(1~9)

흑1, 3의 화점·소목에 백은 한 귀를 비워둔 채 4로 걸친다. 흑의 굳힘을 방해하며 싸우려는 주도적인 전략이다. 흑 5, 7은 일단 실리 작전. 백8에 a로 받지 않고 흑9의 대외목은 변을 중시한 발빠른 작전이다.

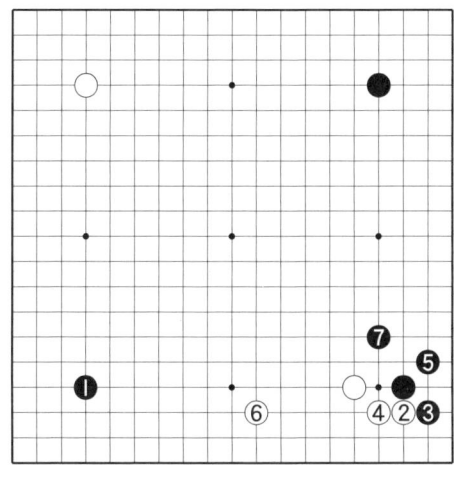

1도(백의 의도)

실전 백4의 걸침에 흑은 1로 우선 빈 귀를 차지할 수 있다. 백2로 붙여올 때가 작전의 기로이다. 흑3~7의 평범한 정석이면 백이 6으로 변에 모양을 구축하며 다시 선수다. 이는 작전을 주도하려는 백의 의도인지도 모른다.

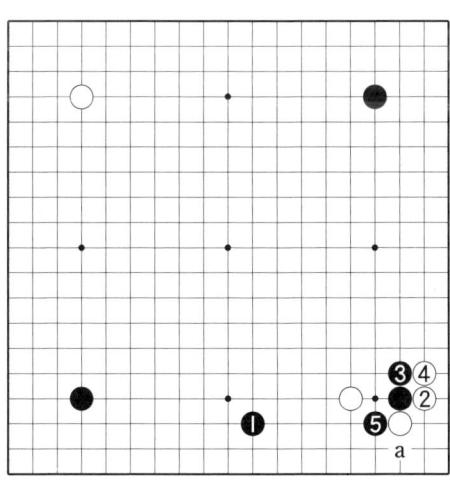

2도(흑, 발빠른 작전)

앞 그림 백2 때 흑의 발빠른 작전 하나를 소개하자면 흑1로 일단 먼저 벌린다. 백이 벌렸던 그 자리다. 우하귀 백2의 젖힘에는 흑3, 5로 임시 조치. 백a면 또 손을 뺀다. 귀는 귀대로 큰 모양을 허용하지 않는 방법이다.

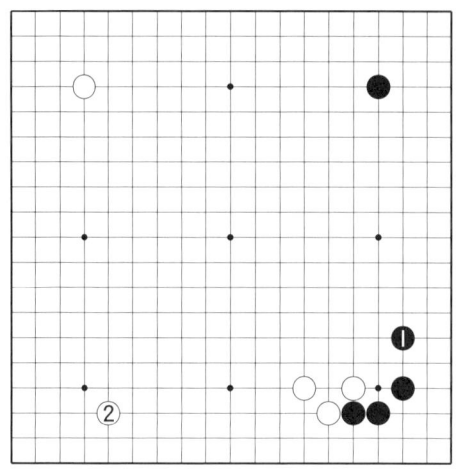

3도(백, 귀의 선점)

실전 백8에 흑1로 받는 것이 보통이지만, 백2의 외목 정도 귀를 선점하면 일단 백이 의도한 대로 활발한 흐름이다.

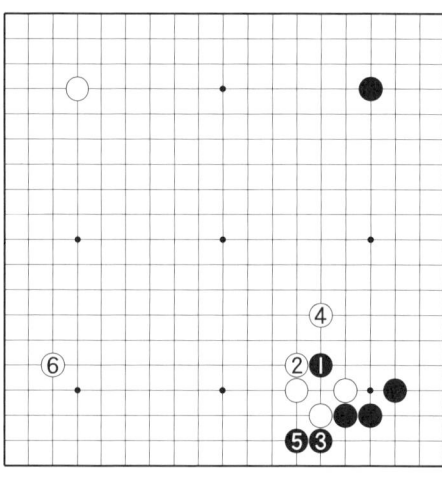

4도(백, 변신)

흑1로 활용하는 수단도 있지만 백은 2, 4로 변신할 수 있다. 흑5에 이번에는 좌변에 가까운 백6의 외목으로 세력과 호응하여 역시 활발한 흐름으로 간다.

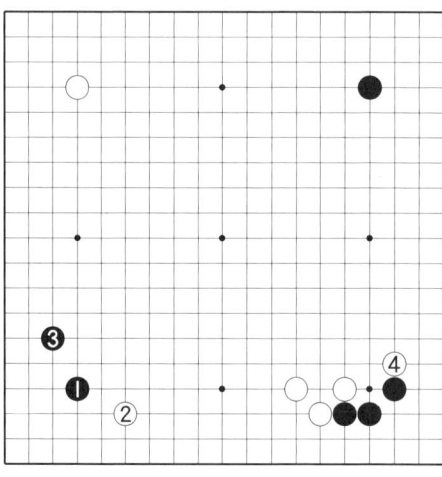

5도(백, 활발)

실전 백8 다음 흑이 빈 귀를 차지하는 데도 여러 수단이 있다. 가장 평범한 수단은 흑1의 화점. 백은 2의 걸침을 하나 활용한 뒤 4의 붙임을 생각할 수 있다. 두터움을 살린 활발한 작전이다.

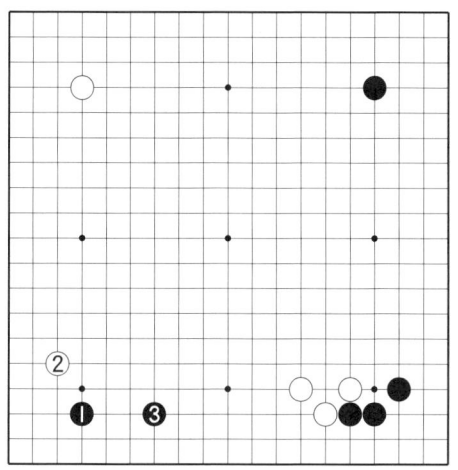

6도(흑, 실리 중시)

흑1의 소목. 백2로 걸치면 흑3으로 두칸 벌린다. 실리를 중시하는 수단이지만 약간 미지근한 느낌이 든다.

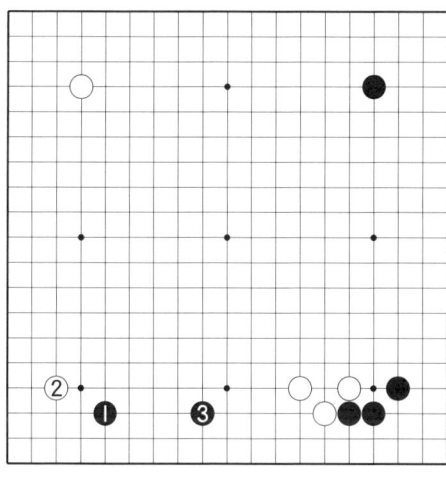

7도(흑, 하변 견제)

흑1의 외목은 약간 생각한 수단이다. 백2로 걸치면 흑3으로 벌려둔다. 귀의 실리보다는 하변 견제에 목적을 둔다.

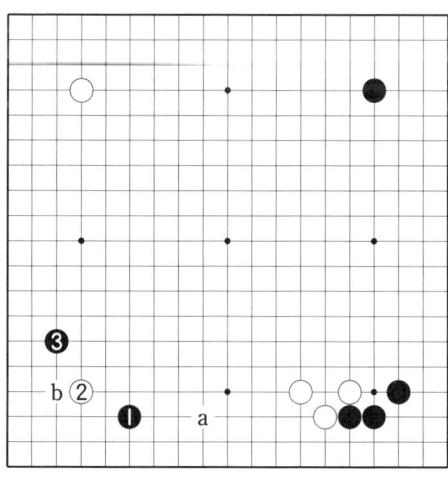

8도(대외목의 의도)

실전처럼 흑1의 대외목은 하변에 더욱 치중하는 수단이다. 이때 백이 a쪽으로 벌리는 것은 흑b의 굳힘이 기분 좋다. 백이 귀쪽에 두더라도 2의 화점은 흑3의 양걸침이 안성맞춤. 화점 양걸침을 당하면 보통 기분 나쁘다.

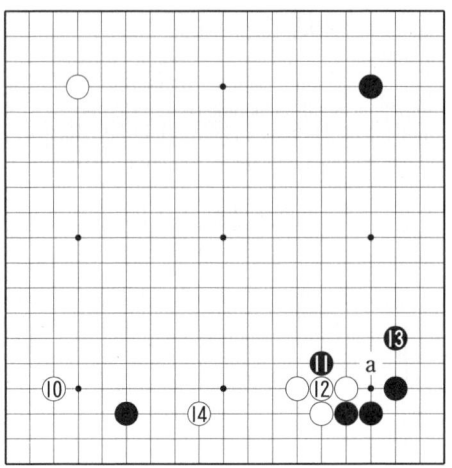

★2보(10~14)

그런 이유로 실전은 백10의 소목. 이제 14의 두칸 벌림은 재미없다 보고 흑은 11로 활용한 뒤 13에 착실히 받아둔다. 그러면 백14의 협공은 당연한 공격이다. 흑13은 균형상 a의 마늘모로 받는 것도 고려할 수 있다.

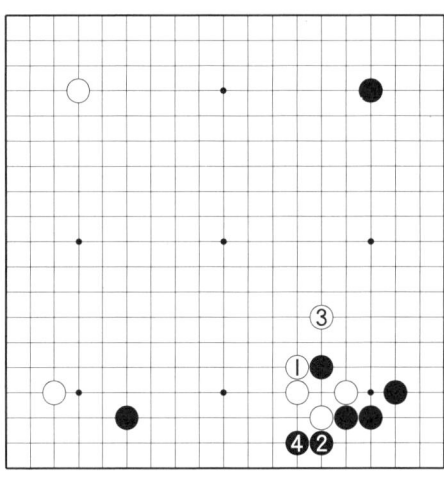

9도(세력 견제에 도움)

실전 흑11에 백1의 반발이면 흑2, 4가 예상된다. 이때 좌하귀의 교환이 백 세력의 견제에 도움이 된다는 뜻도 있다.

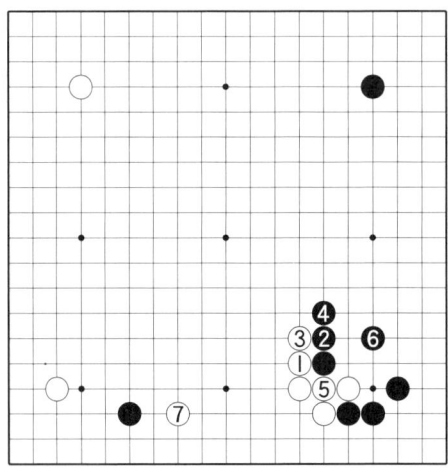

10도(흑, 우변 중시)

백1에 많이 두지는 않지만 흑2~6으로 우변을 강화하는 수단도 생각할 수 있다. 그러면 하변 세력을 바탕으로 백7의 협공이 예상된다.

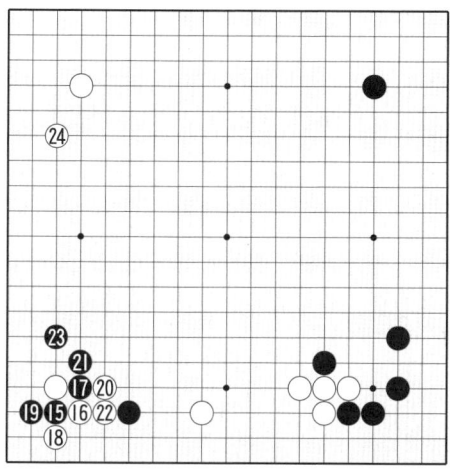

★3보(15~24)

흑15로 붙이면 백16~22까지는 상용 수순. 흑23의 마늘모는 두터운 수단이다. 여기서 백은 고민한 후 좌변 24로 지킨다. 그 고민의 내용에는 하변에서 밀어갈지 우상귀에서 걸칠지가 포함되어 있을 것이다.

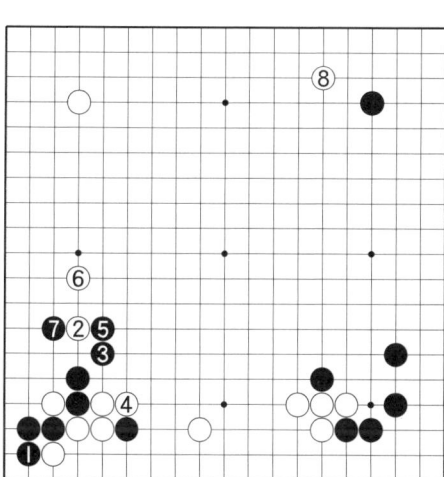

11도(흑, 꼬부림의 경우)

실전 백22에 실리로만 보면 흑1의 꼬부림이 보통이다. 그러면 백2로 다가서고 흑3에 백4가 수순이다. 그리고 흑5, 7로 지킬 때 백8의 걸침이 예상된다. 백은 귀의 실리는 약하지만 하변도 지키고 발빠르다는 장점이 있다.

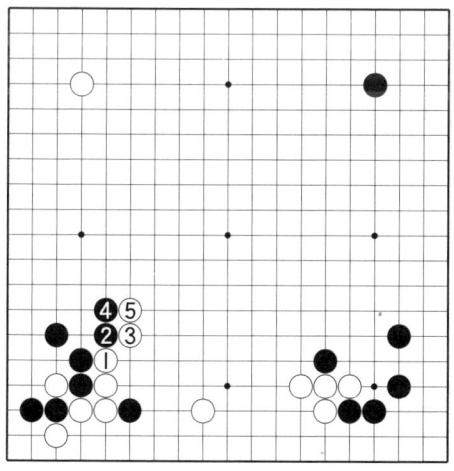

12도(백, 일방가의 우려)

실진 흑23 때 백1~5로 밀이붙여 하중앙을 키우는 작전도 생각할 수 있다. 다만 일방가의 우려가 있다.

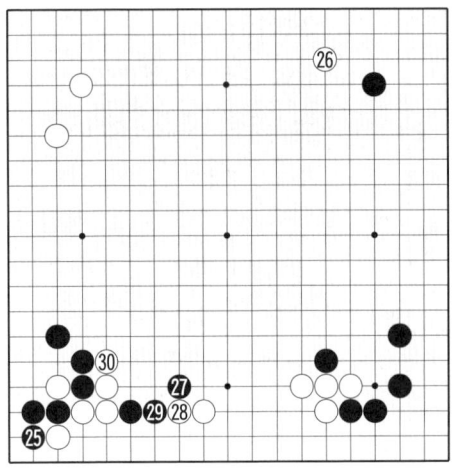

★4보(25~30)

흑25의 꼬부림은 발은 늦지만 하변 공격을 노린다. 달리 26의 지킴도 클 것이다. 반대로 백26은 발빠른 걸침. 하변은 흑의 공격에 맞춰 대응하겠다는 뜻이다. 흑은 받지 않고 27로 공격부터 나선다. 백은 28로 민 후 30으로 역시 밀어간다. 타개 수순.

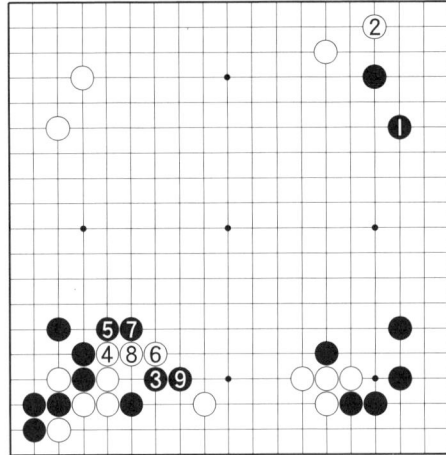

13도(흑, 마늘모 공격)

실전 백26의 걸침에 흑1로 하나 받고 나서 백2 때 하변 공격도 생각할 수 있다. 흑3의 마늘모 공격이면 이하 9까지 어려운 싸움이다.

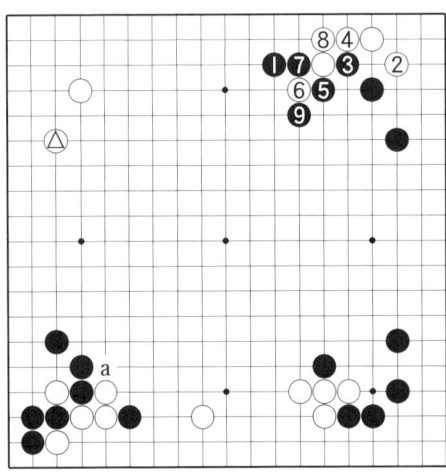

14도(흑, 받은 후 뒤협공)

앞 그림 백2에 흑1의 협공도 생각할 수 있다. 백2면 흑3~9까지 정석이다. 다만 백이 a를 먼저 밀어갈 수 있다는 점. 그로 인해 좌변에 흑의 두터움이 생겨도 백△의 지킴이 견제한다는 점 등은 작전상 고려할 필요가 있다.

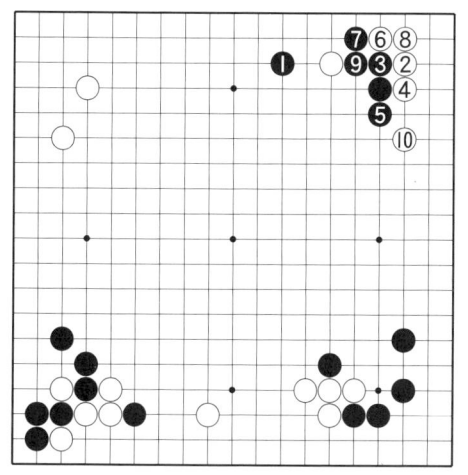

15도(처음부터 협공의 경우)

백이 걸칠 때 그냥 흑1의 협공도 있다. 그러면 백2~10까지가 간명한 갈림이다. 흑은 먼저 진영을 나눠 정리한 후 다시 하변을 노리는 작전이다.

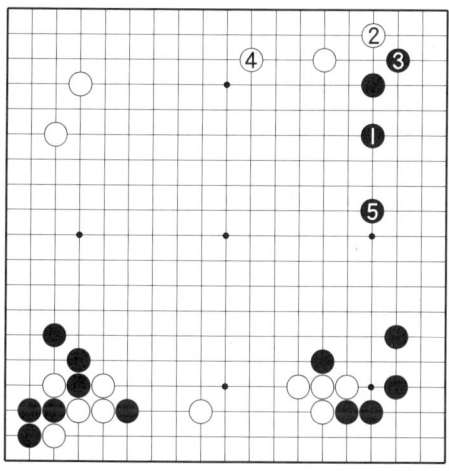

16도(백, 충분)

흑1의 한칸으로 받고 백2, 4때 흑5의 벌림은 우변만 놓고 보면 이상적이지만 대세에는 뒤질 수 있다. 백이 하변으로 손을 돌리면 상변과 더불어 충분히 대적할 수 있다.

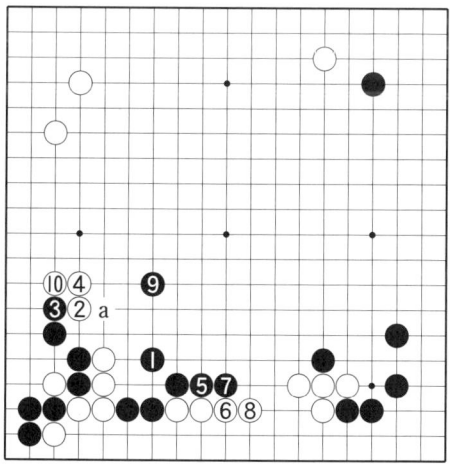

17도(보통)

실전 다음의 예상도. 흑1로 지킬 때 백a로 뛰거나 2의 날일자 행마가 보통 생각할 수 있는 수단이다. 백2면 흑3으로 밀고 하변 5, 7을 선수한 후 9는 중앙의 요처. 백도 좌변 10으로 두텁게 꼬부리면 불만 없는 흐름이다.

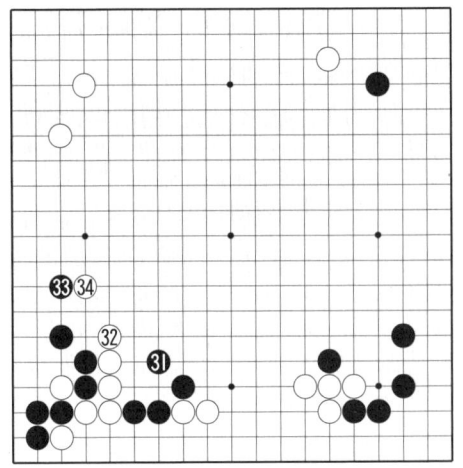

★5보(31~34)

역시 흑31로 지킬 때 실전은 백32의 늘어두는 수. 힘을 비축한 두터운 수단이다. 흑33으로 좌변을 지킬 때 백34의 붙임은 기대기 수법. 노림은 하변 흑의 공격에 있다.

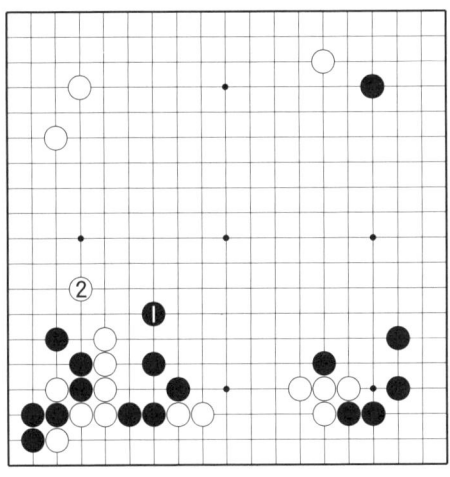

18도(백, 날일자 좋은 자세)

실전 백32에 흑1로 중앙을 강화하면 백2로 지키는 자세가 좋다. 흑은 단점 때문에 좌변 진출이 쉽지 않다.

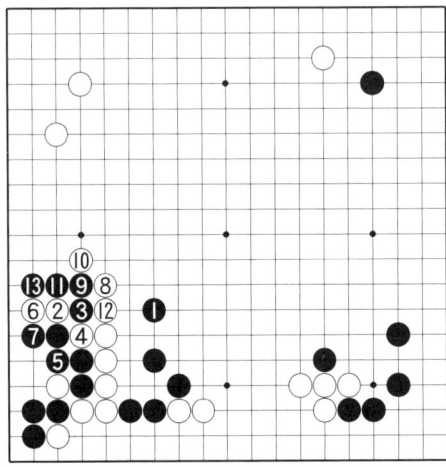

19도(흑의 반격)

흑1에 백2로 붙여 강하게 두면 흑3의 반격이 기다린다. 귀를 노리는 백4, 6의 맥으로 흑7에 백8의 씌움이 있지만 흑9~13까지 좌변이 제법 침식된다. 백에게 권하고 싶지 않다.

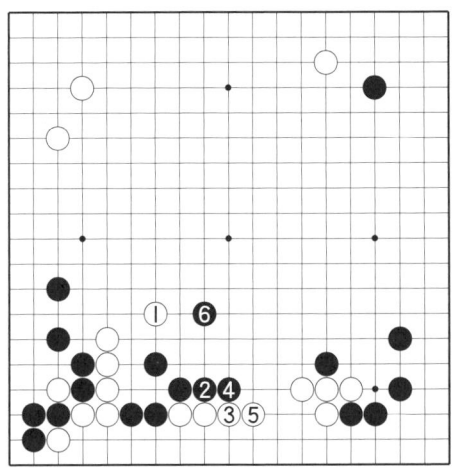

20도(흑, 알기 쉬운 진출)

실전은 흑33의 좌변 중시. 백
1로 씌워 하변을 공격하면 흑
2, 4로 민 후 6의 진출이 예상
되는 흐름이다.

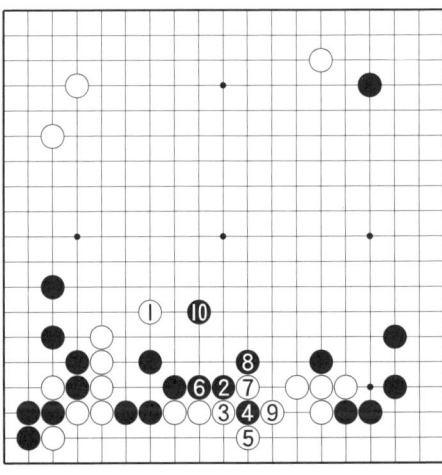

21도(흑, 탄력)

백1에 흑2의 씌움도 일책이다.
백3에 흑4의 젖힘. 백5면 흑6
으로 두텁게 막는다. 백7, 9로
한점을 잡으면 역시 흑10의 진
출. 앞 그림과 비교해 약간 탄
력적인 수단이다.

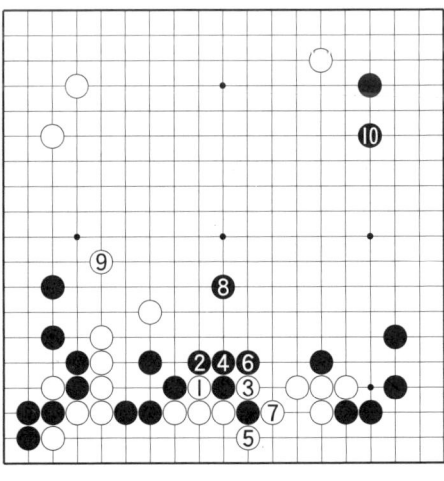

22도(한발 더 진출)

앞 그림 흑4에 젖힐 때 백1~
5로 흑의 외곽에 단점을 만들
어 두는 수단도 있다. 대신 흑
6, 8로 한발 더 진출한다. 다
음 백9 정도로 지키면 우상귀
흑10으로 손을 돌리는 흐름이
예상된다.

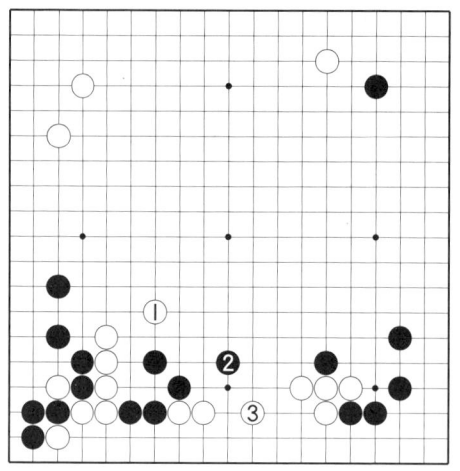

23도(흑, 엷음)

백1에 흑2의 날일자 행마는 경쾌해 보이지만, 이런 곳에서는 엷어 바람직하지 않다.

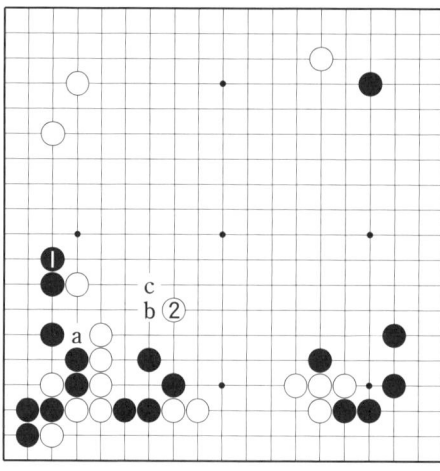

24도(백, 강한 씌움)

실전 백34의 기대기 수법. 만일 흑1로 늘면 백2로 한발 더 씌우겠다는 의도로 보인다. a 등이 선수이므로 흑b는 백c로 젖혀 막힌다.

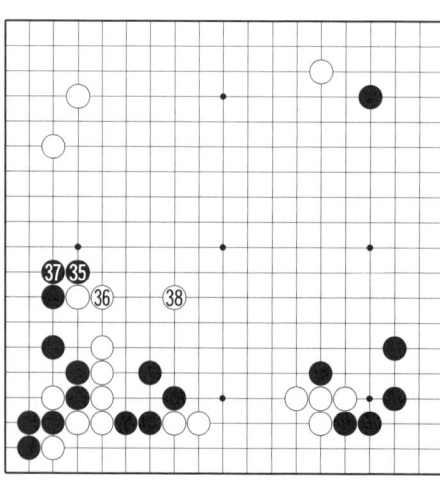

★6보(35~38)

실전은 흑35의 젖힘으로 강하게 둔다. 이에 백36은 온건한 수단. 대신 흑37의 이음을 기다려 중앙 백38의 폭넓은 씌움에 의미를 둔다.

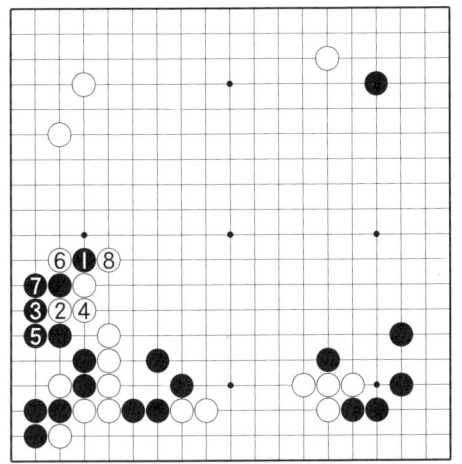

25도(백, 활용)

흑1의 젖힘에 백2의 끼움을 생각할 수 있다. 부분적으로는 일단 맥점. 흑3으로 2선에서 받으면 백4~8로 중앙을 두텁게 활용하여 기분 좋다.

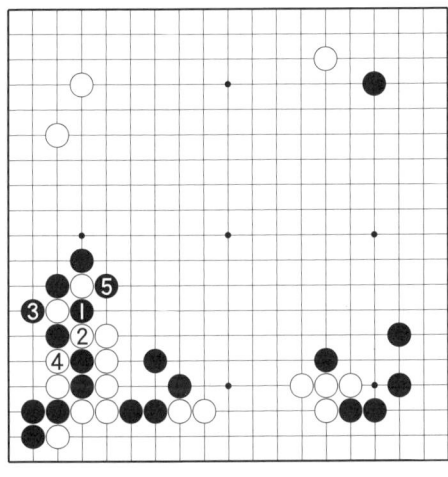

26도(흑의 반발)

앞 그림 백2의 끼움에 흑1의 반발을 예상할 수 있다. 그러면 백2, 4로 두점을 잡고 흑도 3, 5로 한 점씩 두점을 잡게 된다.

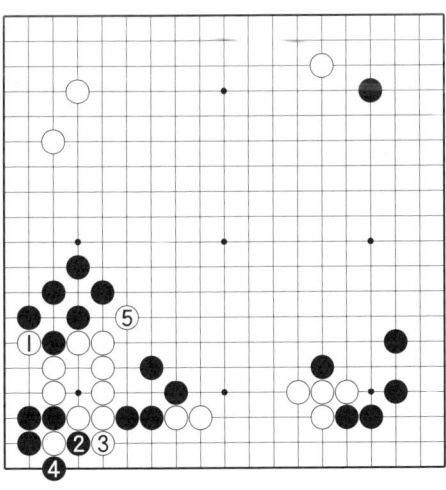

27도(난전)

계속해서 백1의 딘수. 흑2, 4로 귀를 살면 백5로 머리를 내밀어 서로 어려운 싸움이다.

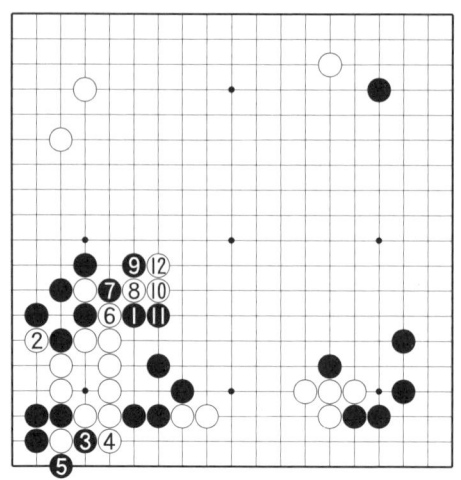

28도(봉쇄 후 싸움)

26도 흑5로는 1의 씌움이 강수로 일단 봉쇄가 가능하다. 백2면 흑3, 5의 삶. 다만 백6, 8로 끊으면 이하 12까지 역시 어려운 싸움이다.

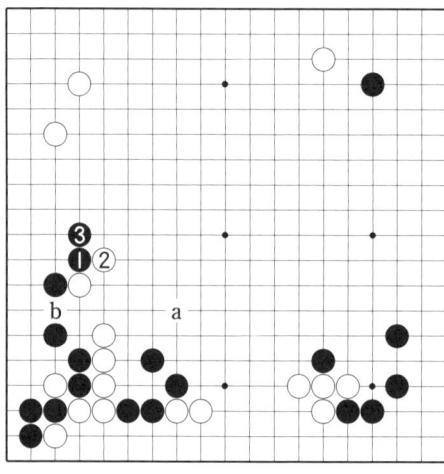

29도(백, 젖힘)

처음으로 돌아가 흑1의 젖힘에 같이 백2로 젖혀 기세로 나가면 어떨까. 만일 흑3에 늘면 a로 씌우든가 b의 끼움을 생각할 수 있다.

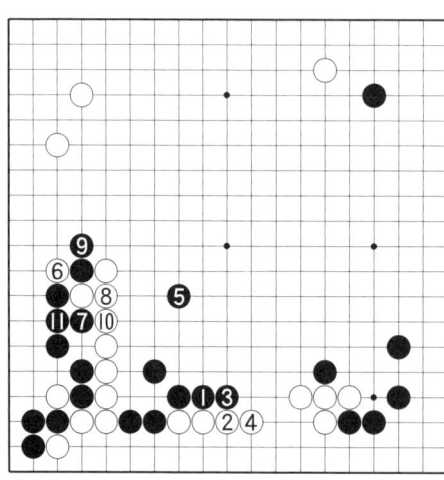

30도(백, 불만)

앞 그림 백2에는 흑이 일단 손을 빼고 1, 3을 선수한 후 5로 먼저 중앙에 진출해버린다. 백6의 추궁에는 흑7, 9. 백10에 흑11로 약점을 교묘히 정리하면 백의 장대말이 별로 달갑지 않다. 다음 행마도 어렵다.

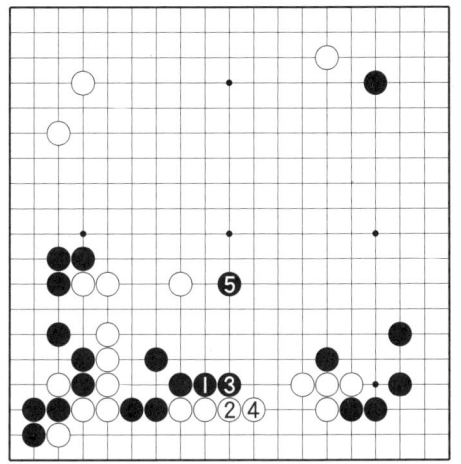

31도(평범)

이제 실전 다음 흑의 행마를 생각해 보자. 가장 평범한 수단이라면 하변 1, 3을 선수한 후 5의 씌움이다. 여기서 중요한 건 우상귀를 누가 먼저 가느냐도 생각해야 한다.

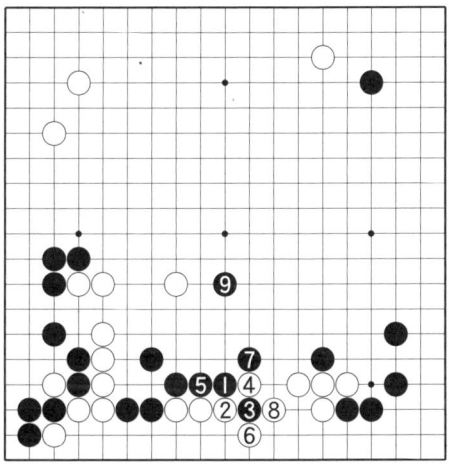

32도(흑, 씌움의 의도)

그런 점에서 흑1, 3에 씌워서 두는 것은 백4면 흑5~9로 좀 더 탄력적 모양을 만들겠다는 의도이다. 그러면 좌측 백에 약간이라도 더 압박이 된다는 뜻.

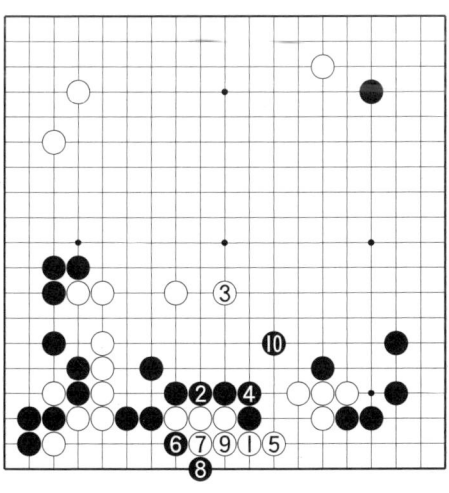

33도(백, 중앙 가일수)

앞 그림 흑3에 백1로 2선에서 받고 흑2면 백3으로 중앙에 가일수하는 방법도 있다. 그러면 흑은 4~8로 압박한 후 10으로 두텁게 수습할 수 있다.

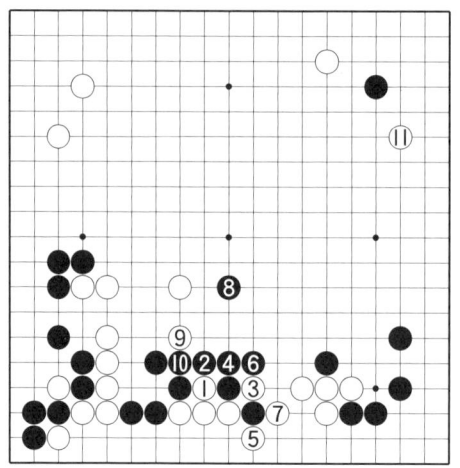

34도(백, 유력)

이 형태에서는 백1~5로 흠집을 내며 둘 수도 있다. 그러면 흑6, 8에 백9로 하나 활용한 후 손을 돌려 11로 우상귀 양걸침. 중앙은 활용을 바탕으로 견디겠다는 뜻이다. 유력한 작전이다.

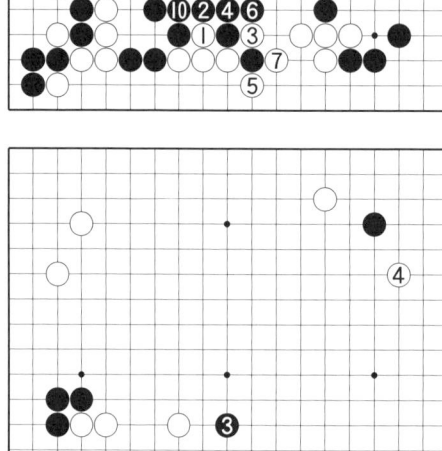

35도(흑, 간명하지만 엷음)

실전 다음 흑1, 3으로 두는 것은 간명하지만 두터움이 약해 백이 가볍게 손을 뺄지도 모른다. 역시 백4의 양걸침. 흑이 대세에 밀릴지도 모른다.

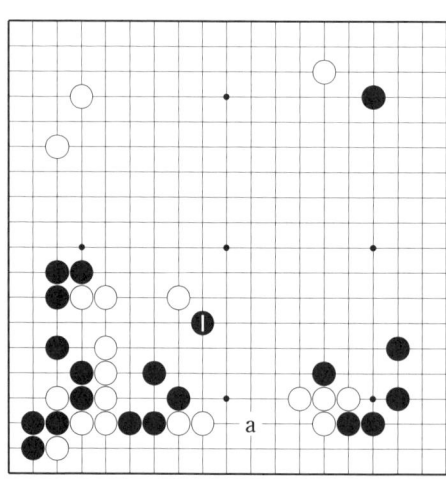

36도(중반 예고)

다시 한번 실전 모양이다. 앞으로 흑은 하변 곤마를 어떻게 수습하느냐가 관건이다. 물론 우상귀도 초점이다. 하변은 급한 곳, 우상귀는 큰 곳이라 보면 된다. 이런 점을 감안하여 실전은 a의 침입을 은근히 노려가며 흑1로 조금이라도 더 백을 압박하면서 중반이 시작된다.

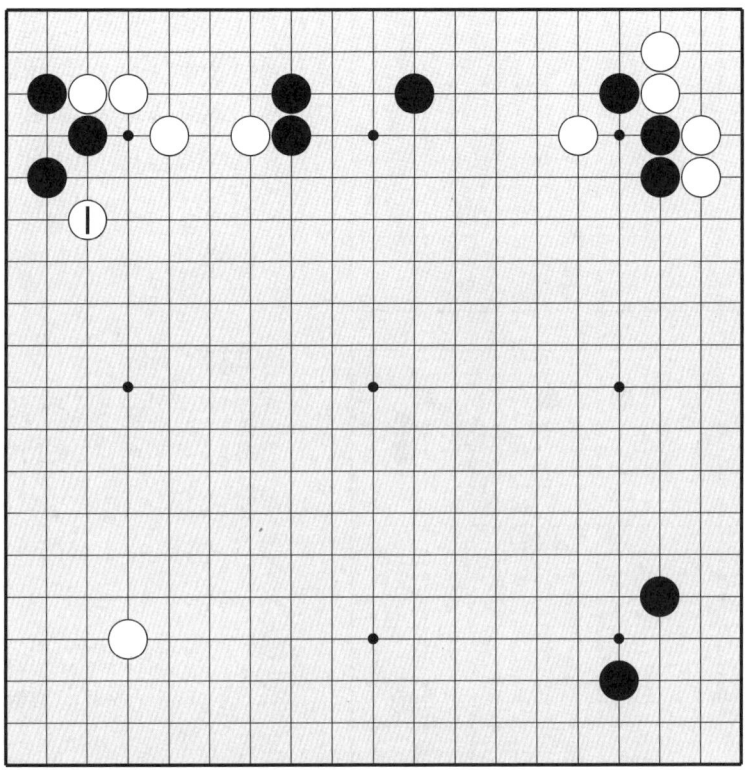

6회 지지옥션배 최종국(조훈현 : 최정) 2012. 9. 18

흑의 양소목에 백이 한 귀를 놔둔 채 걸친 포석이다. 좌상 귀도 흑의 소목. 우상귀는 백이 붙일 때 흑이 상변에 벌려 나온 변화이다. 좌상귀는 백이 걸치고 흑이 상변에서 다가 오면서 나온 변화. 그 과정에서 흑이 밀어올릴 때 백1은 공격의 맥점. 좌상변 곤마의 미비도 간접 보강하려는 일종 의 강공책이다. 그럼 이를 배경으로 한 초반이 어떻게 진 행되는지 살펴보기로 한다.

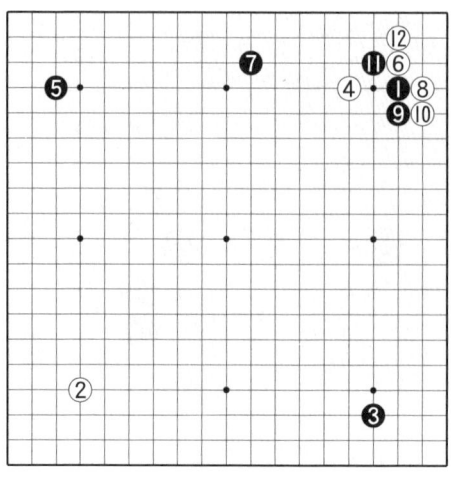

★1보(1~12)

흑1, 3의 양소목. 백은 2의 화점 다음 우상귀 4로 곧장 걸친다. 흑의 굳힘을 방해하는 적극적 구상이다. 또 흑5의 소목. 백6의 붙임에 흑7의 벌림은 변을 중시한 수단이다. 백8로 젖힌 후 12까지는 상용 수단이다.

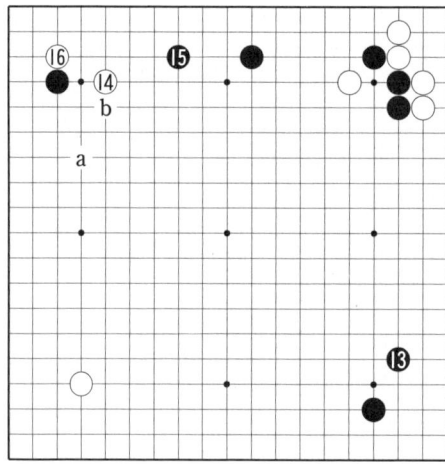

★2보(13~16)

흑13의 굳힘은 실리에 민감한 발빠른 수단이다. 백14의 걸침에 흑15의 두칸 벌림은 실전적 수단. 이에 백16의 붙임은 고심의 한 수다. 이 수로 a의 눈목자 씌움은 가볍기는 하지만 b의 반격이 있을지도 모른다.

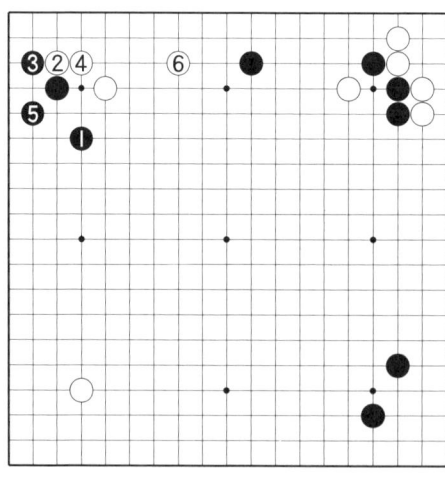

1도(백, 안정)

실전 백14의 걸침에 흑1의 날일자로 쉽게 받는 것은 백이 2~6으로 상변에 안정하여 흑이 불만이다. 상변은 백의 모양이 형성될 조짐도 보인다.

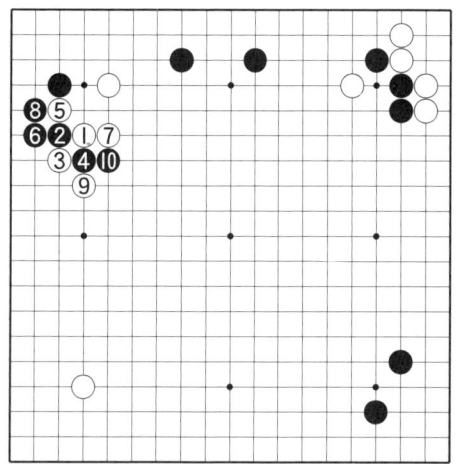

2도(백의 고민)

실전 흑15에 백1의 날일자 씌움은 흑2로 붙일 때 고민이다. 기세는 백3의 젖힘이지만 흑4의 끊음에 고민은 깊어진다. 백5~9의 축이 불리하기 때문. 그렇다고 흑2에 백4로 물러서자니 상변에 흑이 와 있어 실속이 없다.

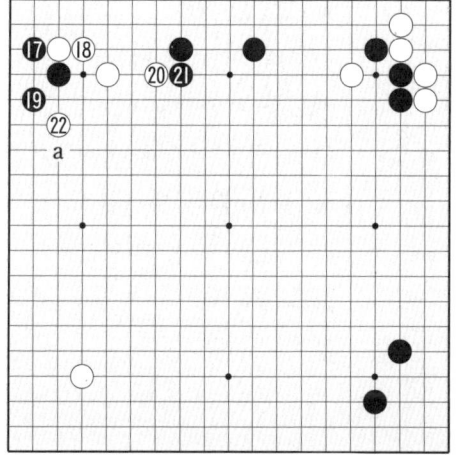

★3보(17~22)

흑17, 19의 호구는 두터운 수단이다. 흑19로 a의 두칸이 발빠른 수단이지만 귀가 엷어 백도 안정이 어렵지 않다. 백20의 어깨짚음은 수습의 상용 수단. 흑21로 밀 때 백22의 급소 공격은 상변은 엷지만 강공책이다.

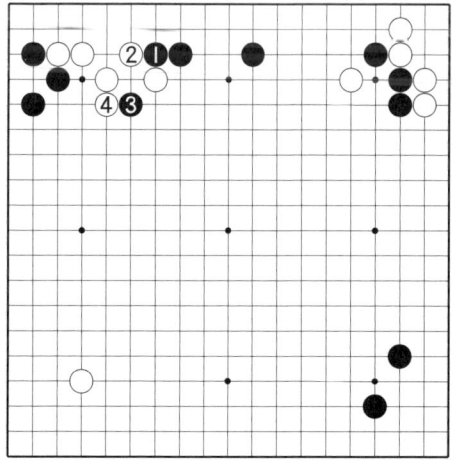

3도(백, 반발)

실선 백20에 흑1쪽으로 밀고 백2에 막을 때 흑3으로 들어다보는 방법도 있지만, 백4의 반발로 귀의 흑이 약해질지 모른다.

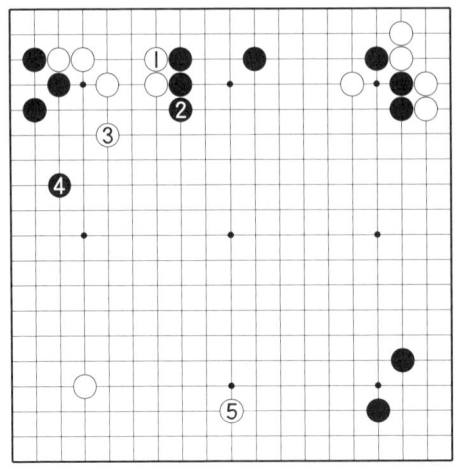

4도(백, 온건책)

실전 흑21에 백이 온건하게 두
자면 1로 막고 3으로 뛰어 곤
마를 선수로 안정시킨 후 5로
하변 큰 곳에 벌린다. 물론 상
변과 좌변 흑모양도 좋게 형
성된다.

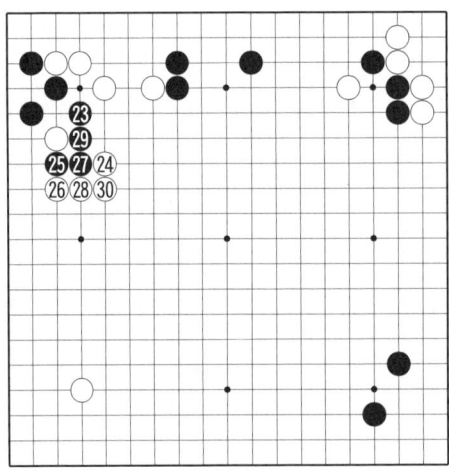

★4보(23~30)

흑23의 마늘모 나옴은 당연.
백24로 씌울 때 흑25의 붙임
은 간명한 수단이다. 백26으
로 붙여 30의 이음까지 여기
는 일단락이다. 백이 상변은
엷으면서 좌변은 두텁게 처리
한 결과이다.

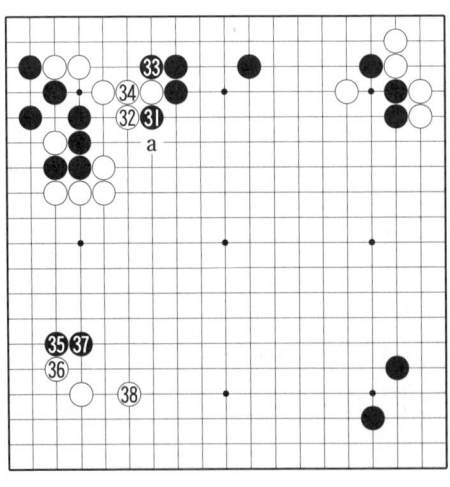

★5보(31~38)

상변 엷음을 흑31, 33으로 추
궁해 간다. 이때 백34의 이음
은 굴복. a의 되단수 반발을
생각해 볼 자리다. 흑은 손을
돌려 35의 걸침. 백36, 38의
공격은 좌변이 두터우므로 가
능한 수단이다.

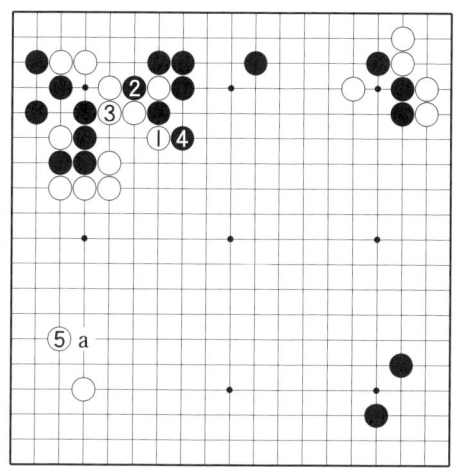

5도(백, 되단수)

실전 흑33의 단수에 보통 백1의 되단수가 수습에 도움이 되는 경우가 많다. 흑2, 4면 백5나 a로 좌변을 먼저 지켜 대항할 수 있다.

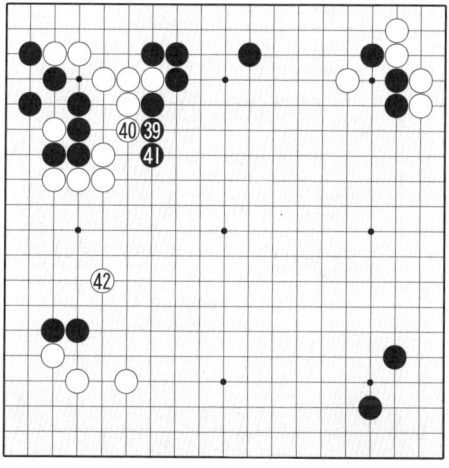

★6보(39~42)

흑은 39, 41로 백의 엷음을 이용하여 중앙 방면을 키운다. 두터운 수단이지만 보통은 좌변 벌림이 우선일 것이다. 이제 좌변은 백의 공격권인데 42의 5선 공격은 독창적이다.

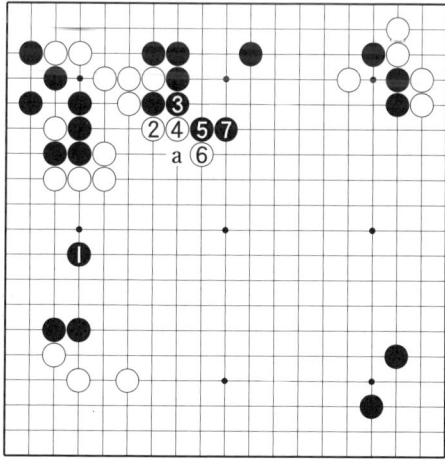

6도(흑, 좌변 벌림)

실선 흑39는 좌변 1의 벌림이 보통이다. 중앙을 백이 2~6으로 밀어가도 흑7 다음 a의 끊음이 남아 발이 느리다.

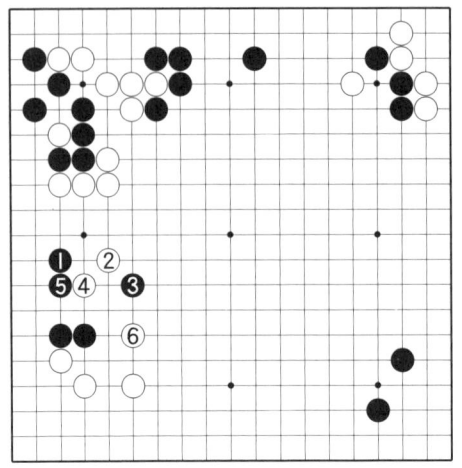

7도(흑, 엷음)

흑이 좌변에 벌리더라도 1로 낮게 두는 것은 엷다. 백2의 모자 씌움이 안성맞춤. 흑3으로 요령껏 진출해 보지만 백 4, 6의 공격이 또 아프다.

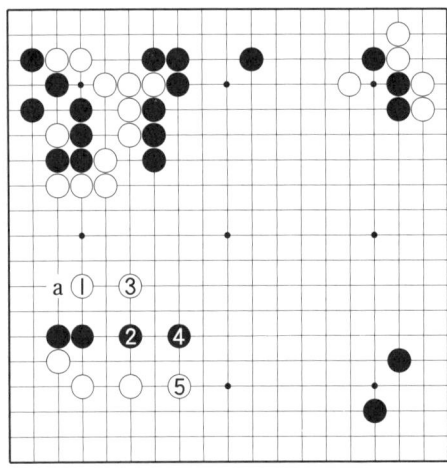

8도(좌변의 뒷맛)

실전 백42로는 1이 보통의 공격. 흑2에 백3, 5로 추격한다. 깔끔한 공격이지만, 좌변은 흑 a로 붙이는 맛이 남아 있다. 실전은 이런 뒷맛을 꺼렸을지도 모른다.

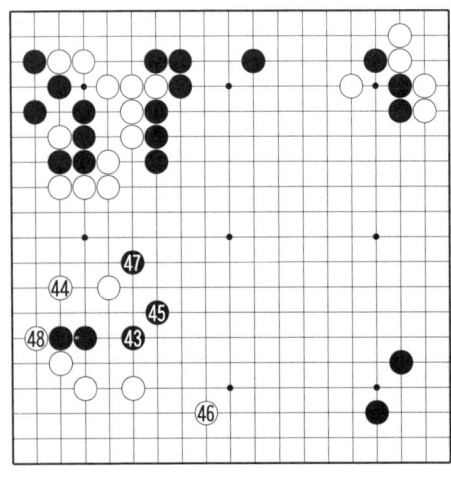

★7보(43~48)

흑43으로 나갈 때 백44로 뿌리를 내려 공격한다. 흑45, 47로 중앙을 두텁게 보강하자 백은 46으로 하변에 벌린 후 48로 좌변도 알뜰하게 정리해 간다. 이쪽은 백이 기분 좋은 흐름이다.

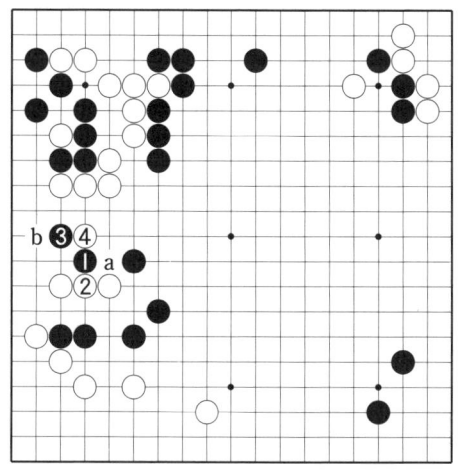

9도(좌변 차단은 불가)

실전 다음 흑1, 3으로 좌변을 차단하려는 것은 백4의 맥점으로 잘 되지 않는다. 흑a는 백b의 붙임이 있다.

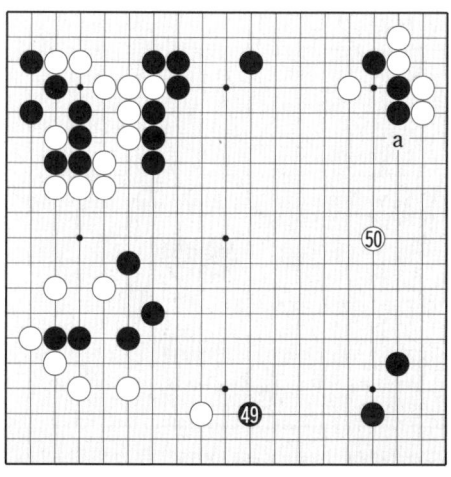

★8보(49~50)

흑49의 벌림은 큰 곳. 그러면 우변 양날개 자리인 백50도 역시 큰 곳이다. 이 수로는 a의 젖힘도 부분적으로 크다.

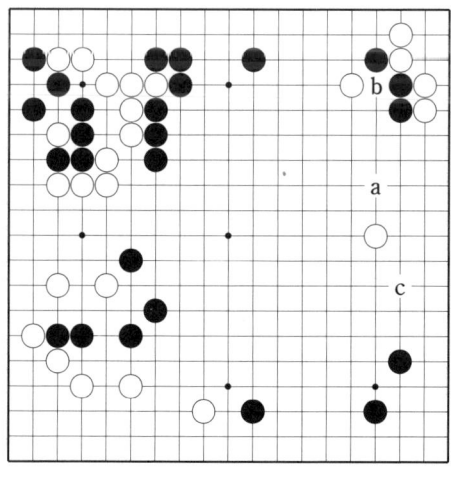

10도(중반 예고)

앞으로 중반은 우상귀와 우변에 이르는 지역을 어떻게 처리하느냐가 초점이다. 실전은 흑a로 다가선 후 b의 이음과 c의 협공을 맞본다.

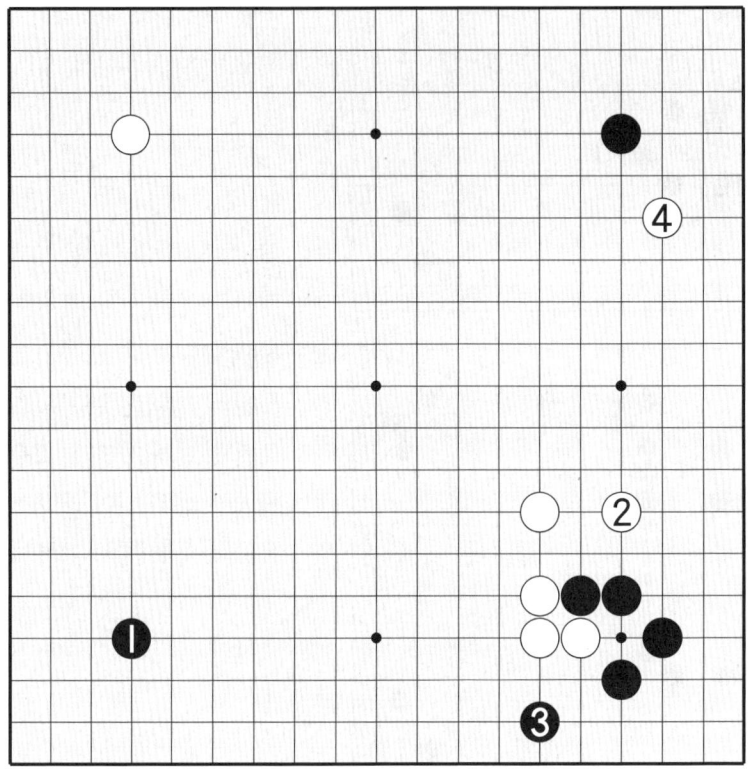

17회 박카스배 천원전 결승3국(최철한 : 박영훈) 2013. 1. 17

우하귀는 흑의 개방형 화점·소목 포석에서 백이 빈 귀를
무시하고 먼저 소목에 걸쳐 나온 정석 모양이다. 이 과정
에서 흑은 1로 빈 귀를 차지하고, 백은 2를 선수한 후 4로
걸쳐 우변에 신천지를 개척할 태세다. 어쨌든 백이 주도하
여 형성된 흐름이다. 그럼 이를 배경으로 한 초반이 어떻
게 진행되는지 살펴보기로 한다.

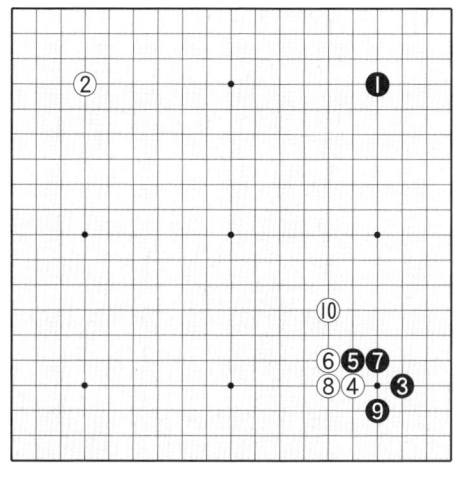

★1보(1~10)

흑1, 3의 화점·소목 포석. 한 귀를 비워둔 채 백4로 걸친다. 흑의 굳힘을 방해하며 싸우려는 주도적인 전략이다. 흑5, 7은 나름 생각한 수단이다. 백 8, 10은 두터운 세력 지향의 정석이다.

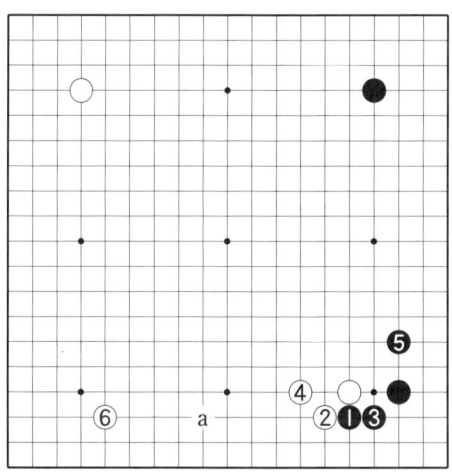

1도(백, 공간 활용)

실전 백4의 걸침에 흑1~5면 가장 무난하다. 다만 백이 a로 받으면 정석이지만, 가령 6의 외목으로 받아 빈 귀를 차지하며 전체 공간을 효율적으로 운영할 공산이 크다. 흑은 이런 백의 활발한 모습이 싫었는지 모른다.

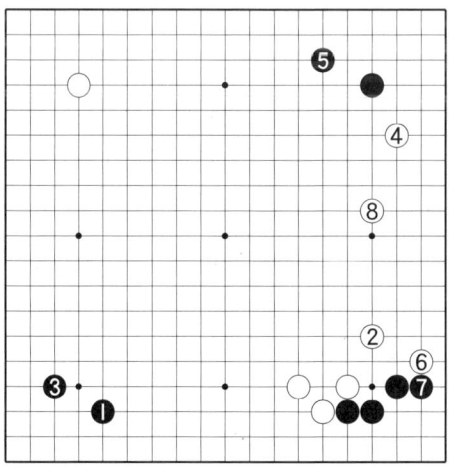

2도(흑, 귀의 선점)

우하귀 정석 과정에서도 흑은 1로 먼저 귀를 차지할 수 있다. 1의 외목은 하변 백세를 의식한 것. 그러면 백2의 씌움도 하나의 방법이다. 흑3으로 굳히면 백4~8까지 우변을 건설하는 흐름이 예상된다.

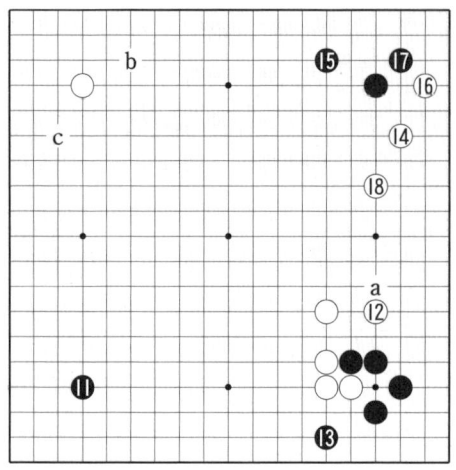

★2보(11~18)

이제 흑은 11로 빈 귀에 둘 타이밍이다. 이 수로 변쪽 a의 진출도 있지만, 백이 11을 차지하면 우하 세력과 호응하는 토대가 된다. 백12면 흑13의 달림이 보통이다. 백은 14~18로 우변을 개척한다. 다음 흑은 b나 c의 걸침이 예상된다.

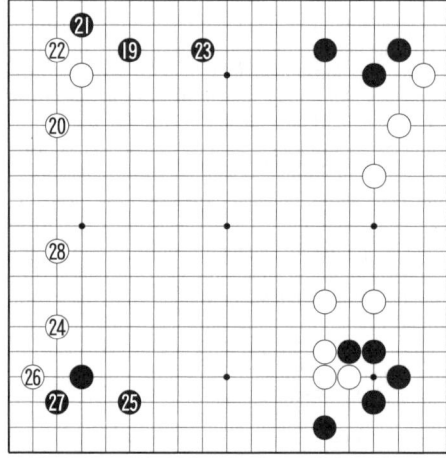

★3보(19~28)

흑19~23, 백24~28 모두 같은 모양의 무난한 정석이다. 이렇게 되면 집바둑으로 흑를 공산이 크다.

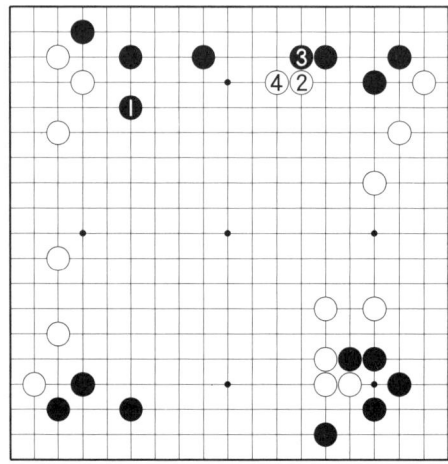

3도(흑, 좌변 견제)

실전 다음이 어려운데, 좌변을 견제한다면 흑1의 뜀이다. 그러면 백2, 4의 삭감 흐름이 예상된다.

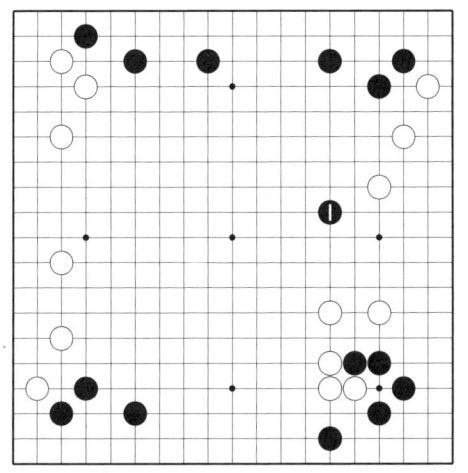

4도(흑, 우변 견제)

또 흑이 우변을 견제한다면 1
의 우중앙 삭감을 생각할 수
있다.

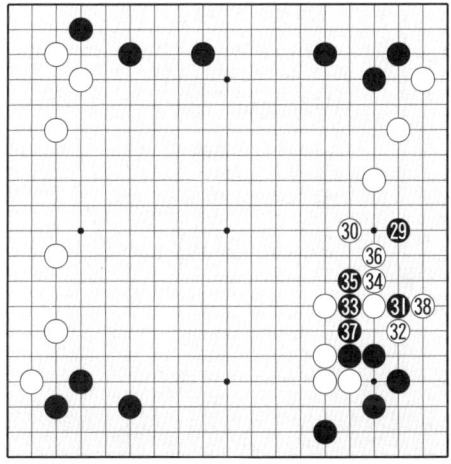

★4보(29～38)

실전은 흑29의 침입이다. 백
30으로 중앙에서 차단할 때 흑
31의 붙임으로 응수를 묻는다.
백32의 젖힘은 알기 쉽게 처
리하려는 수단. 흑33의 끼움
으로 쉽지만은 않다. 백34, 36
은 필연. 흑은 37까지 중앙을
관통하고, 백은 38로 우변 실
리를 얻는다. 일종의 타협.

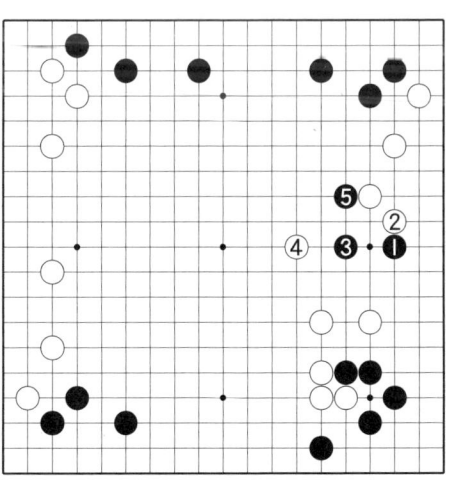

5도(백, 우변에서 차단)

흑1에 실전 백30은 중앙 싸움
을 피하려는 의미도 있다. 만
일 백2, 4로 공격하면 흑은 3,
5로 타개하는 자세가 나쁘지
않다.

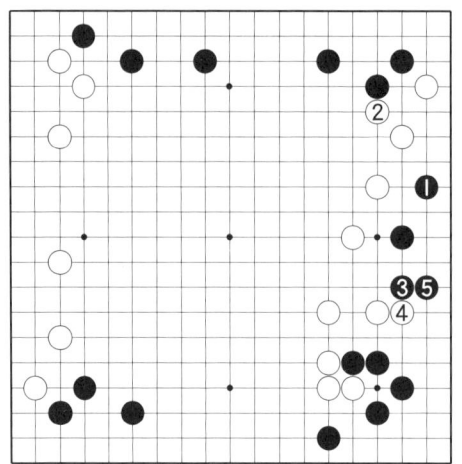

6도(흑, 미흡)

실전 백30 때 흑이 1~5로 자체 도생하는 것은 그리 어렵지 않지만 백2, 4로 기존 흑모양도 약화되므로 좋은 선택은 아니다.

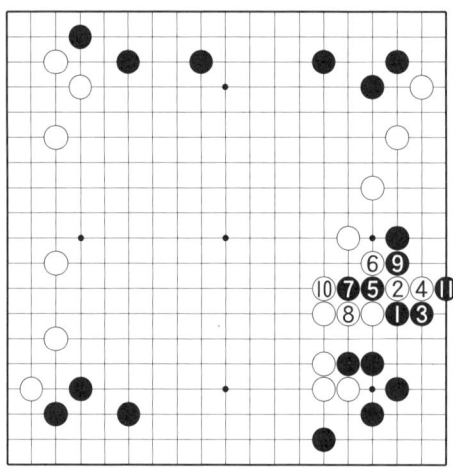

7도(흑, 만족)

따라서 흑1의 붙임. 이때 백2, 4로 젖혀 차단하면 흑5~11로 넘어간다. 백도 외세가 있지만, 앞 그림과 비교해 흑이 깔끔하여 만족일 터이다.

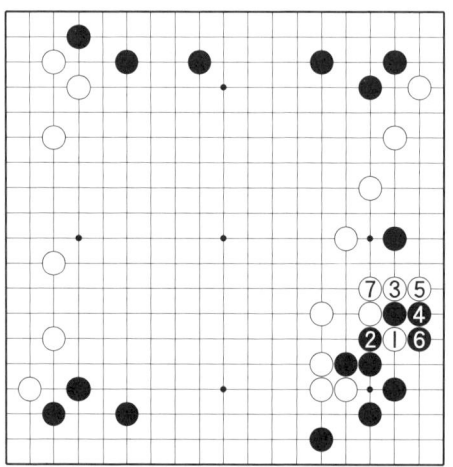

8도(백, 두터움)

그런 이유로 실전은 백1의 젖힘이다. 흑2로 끊으면 백3, 5. 흑6으로 잡으면 백7로 이어 깔끔하다. 외곽의 두터움도 살아 있다.

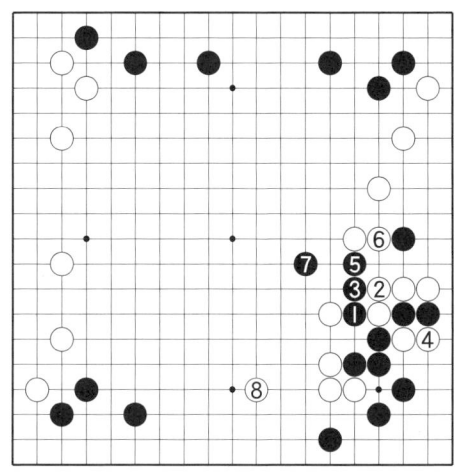

9도(백, 우변 실리로 충분)

앞 그림 흑6 대신 1, 3으로 관통하면 일단 백4로 잡는다. 흑 5, 7로 백 일단을 노려도 8로 지켜 버틸 수 있다. 우변 백의 실리가 크다.

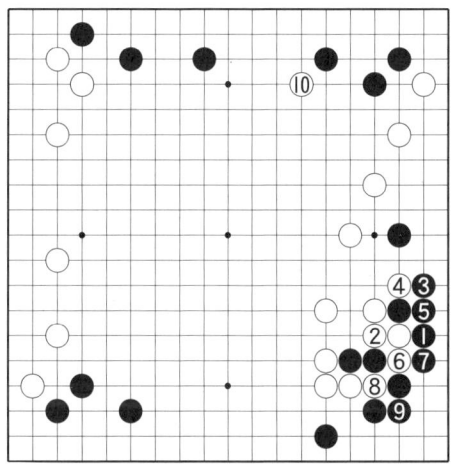

10도(백, 두터움)

8도 백1에 흑1의 젖힘도 어느 경우에는 수습의 맥이지만, 여기서는 백이 2로 이은 후 9까지 처리하여 두텁다. 그 두터움을 바탕으로 흑모양을 10으로 삭감해 가면 백이 좋은 흐름이다.

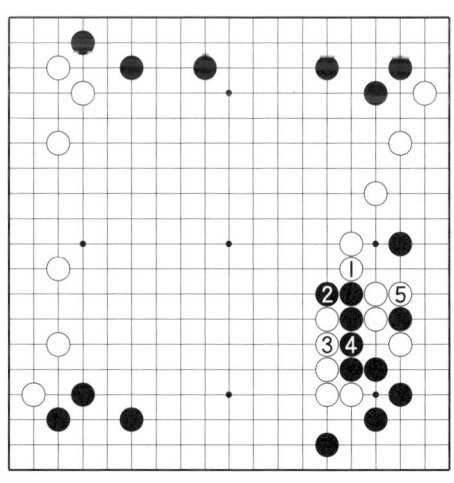

11도(백, 무거움)

그런 짐에서 실진 흑33, 35는 고심의 수단. 이때 백1의 치받음이 기세로는 좋으나 흑2로 머리를 내밀면 백3과 흑4의 교환 후 백5로 지켜야 한다. 어차피 후수. 흑의 공격권에 있는 하중앙 백도 약간 무거운 형태이다.

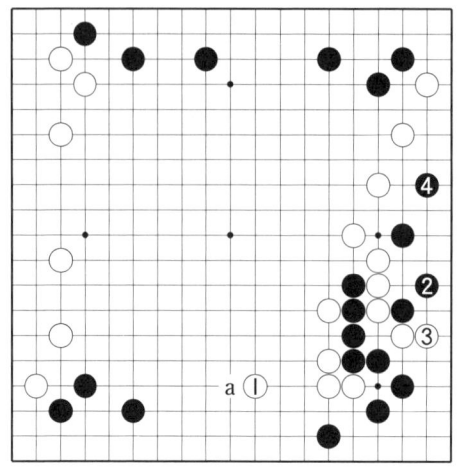

12도(백, 하변 지킴)

실전 백38은 우변의 실리를 확실히 지키겠다는 뜻이다. 실은 백1이나 a로 하변을 지키는 것이 더 나았는지도 모른다. 우변은 흑2, 4로 사는 맛은 있지만 백은 두터움으로 버틸 수 있다.

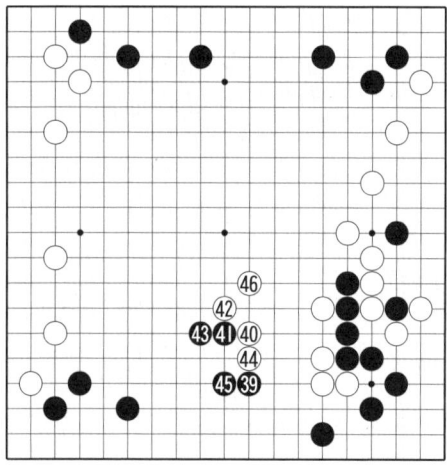

★5보(39~46)

백이 지키고 싶은 그 자리, 흑39의 공격이 일단 통렬하다. 백40, 중앙으로 씌워 가볍게 달아날 때 흑41~45로 하변을 키우며 치열하게 공격한다. 약간 속수 같지만 실전적인 수단. 백46의 지킴은 당연하다.

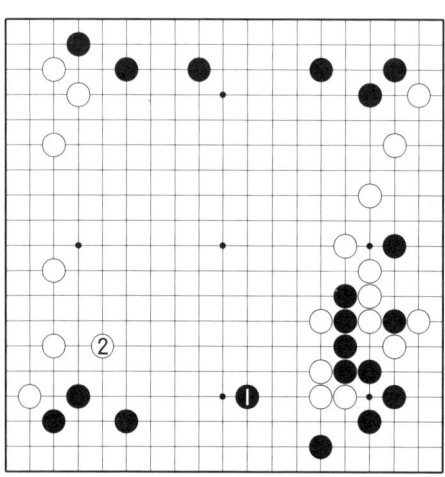

13도(백, 하변 견제)

흑1로 공격할 때 우중앙을 가볍게 본다면, 백2의 뜀으로 하변을 견제하며 좌변을 키우는 수단도 생각할 수 있다.

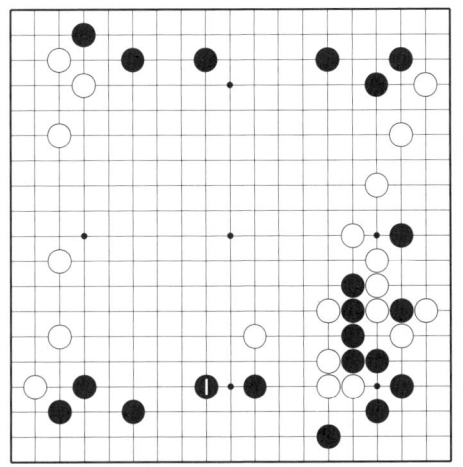

14도(흑, 느슨하다 판단)

실전 백40에 보통은 흑1이지만, 우변 실리를 의식하여 흑은 느슨하다 생각하고 실전처럼 적극적으로 붙여간 것으로 보인다.

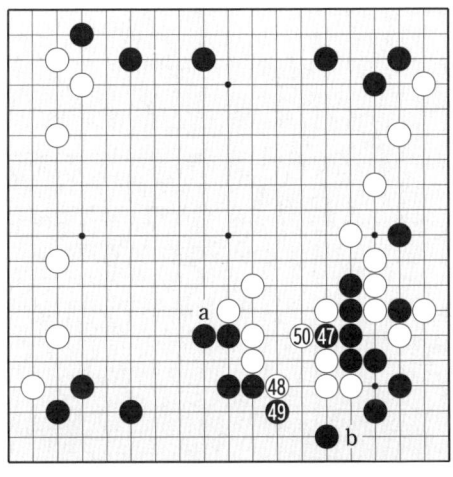

★6보(47~50)

이 장면에서 a의 곳은 서로 대세점이다. 그 전에 흑은 47로 찔러 백의 약점을 공격하고 백은 48, 50으로 지킨다. 백50은 a로 중앙을 두텁게 둘 수도 있지만 b의 붙임을 노리겠다는 뜻, 실리에 민감한 수단이다.

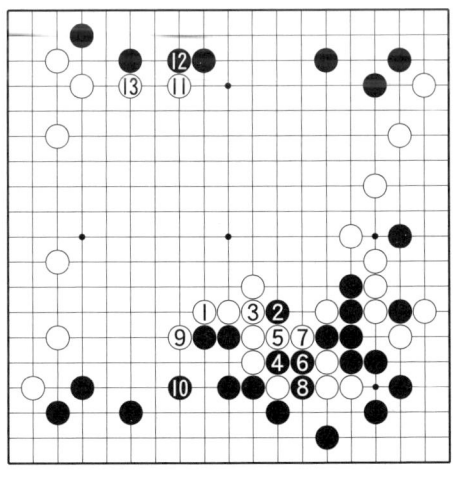

15도(어음보다 현찰)

실전 백50으로 중앙 1의 누름이 두텁기는 하다. 그러면 흑은 2, 4가 수순으로 8까지 넉점을 잡을 수 있다. 백13까지 중원의 세력이 웅장하지만, 하변 흑의 실리도 상당하므로 백은 이를 꺼렸을 터이다. 어음보다 현찰을 중시한 것.

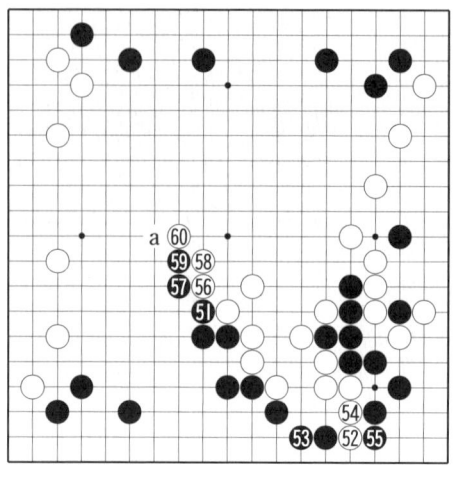

흑51은 중앙의 대세점. 이때 백52, 54의 선수는 기민하다. 그런 후 중앙 56으로 돌아온다. 흑57, 59에 백60으로 기세좋게 젖힌 장면이다. 앞으로 중앙과 변에서의 싸움이 관건이다. 중반은 기세상 계속 흑a의 젖힘으로부터 실전이 시작된다.

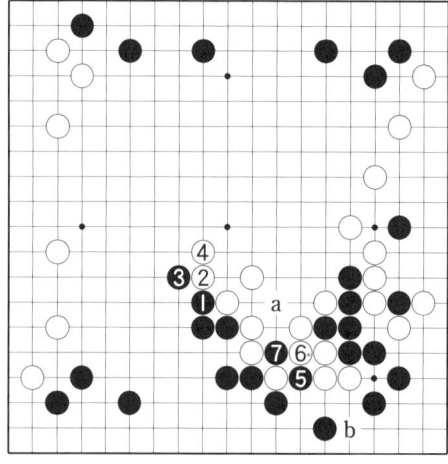

16도(중앙의 맛)

흑1에 꼬부릴 때 그냥 백2로 젖히면 흑3을 선수한 후 5, 7로 한점을 잡는다. 그러면 a의 치중하는 맛이 기분 나쁘다. 이제는 b의 붙임도 성립하지 않는다.

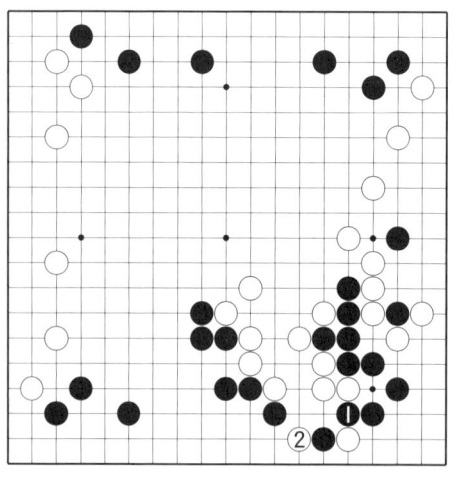

17도(하변이 뚫림)

실전 백52로 붙일 때 흑1로 막는 것은 백2로 붙여 하변이 뚫린다. 흑의 불만.

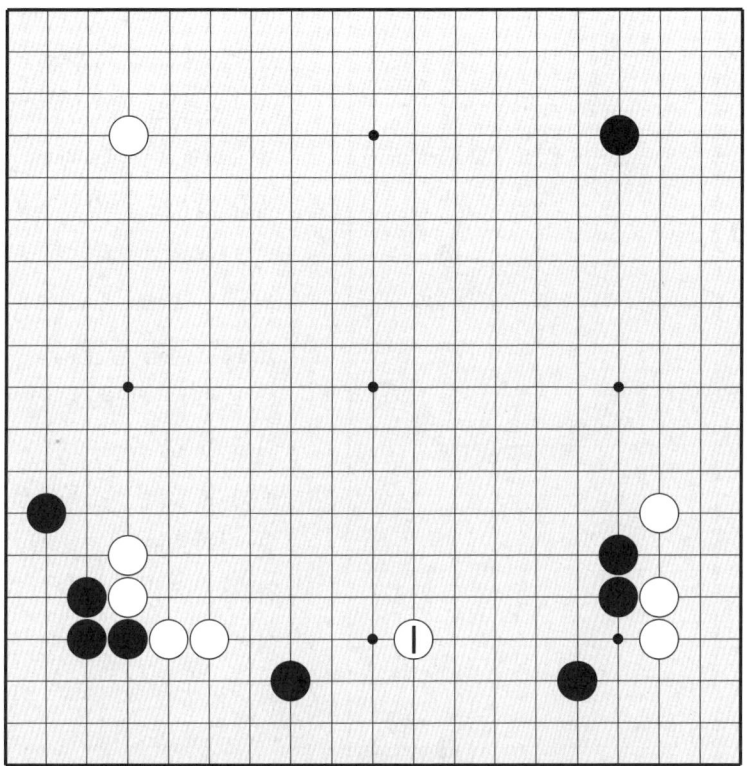

17회 LG배 조선일보 기왕전 8강전(강동윤 : 리캉) 2012. 11. 5

흑의 화점·외목 포석. 백은 우하귀 걸침, 그리고 좌하귀 소목에 두칸 걸침이다. 흑은 우하귀에서 씌워가는 정석. 이에 백은 좌하귀에서 씌워가는 정석으로 대항한다. 하변은 흑이 강한 곳이지만 백은 지체없이 모양을 가르며 1로 협공한 장면이다. 그럼 이를 배경으로 한 초반이 어떻게 진행되는지 살펴보기로 한다.

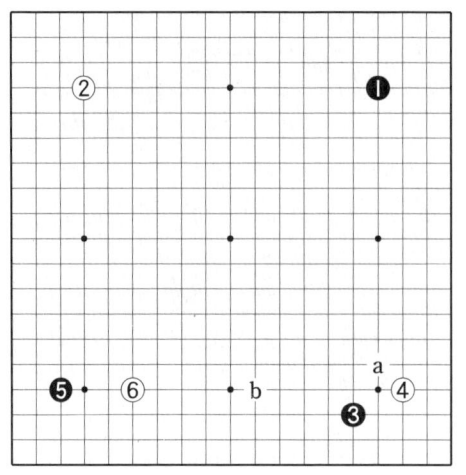

★1보(1~6)

흑1, 3의 화점과 외목. 백은 4로 빈 귀를 놔둔 채 적극적 걸침이다. 흑5의 소목에는 백6의 두칸 걸침. 생각한 수단이다. 백6으로 달리 무난하게 두자면 a의 마늘모 행마나 b의 세칸 협공도 생각할 수 있다.

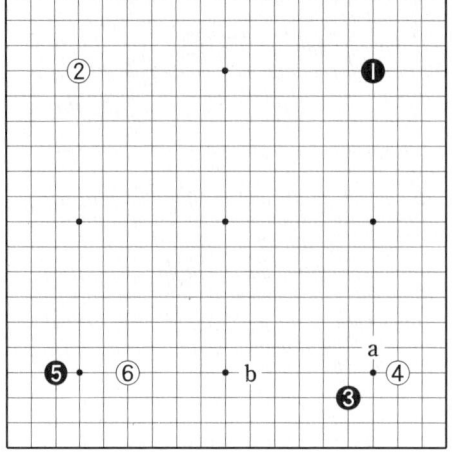

1도(흑, 굳힘 환원)

흑1의 외목이라도 백2면 흑3의 굳힘으로 돌아오는 것이 보통이다. 그러면 소목에서 굳힘한 것과 마찬가지. 이 그림은 하나의 예상도, 눈에 익은 포석이다. 흑은 3의 소목을 먼저 둘 때 바로 걸쳐오는 것을 꺼렸는지도 모른다.

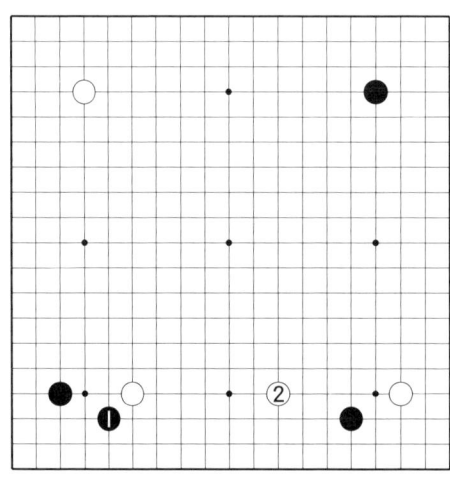

2도(백의 의도)

실전 백6은 흑1로 받으면 백2로 협공하겠다는 뜻이 다분하다. 일단 백의 적극성이 돋보인다.

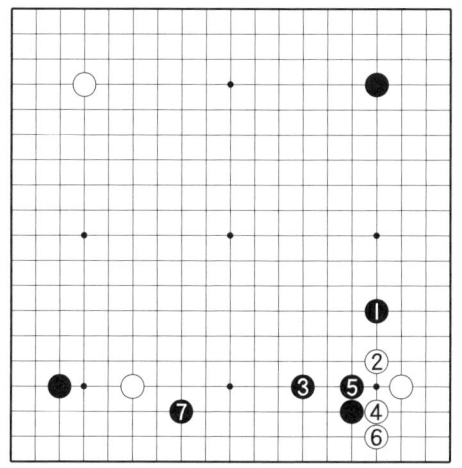

3도(흑, 하변 협공)

그런 점에서 흑은 7쪽에서 협공하는 것이 상대의 의도를 거스를지도 모른다. 또는 흑1로 씌워 6까지의 정석을 유도한 후 7로 협공하는 수단도 생각할 수 있다.

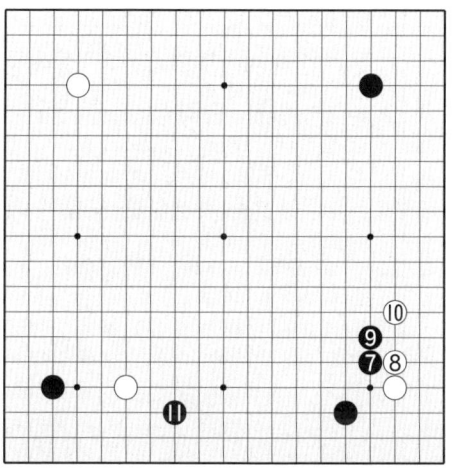

★2보(7~11)

실전은 역시 흑11의 협공. 그 전에 7, 9로 알기 쉽게 씌움을 선수하여 세력을 만들어 둔다. 협공이라는 맥락은 같다.

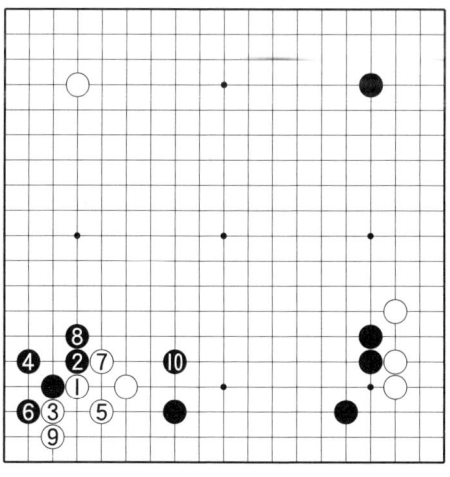

4도(흑, 세력이 산다)

실전 다음 백1로 강하게 부딪쳐 두는 것은 흑이 2~8로 좌하귀를 탄력 있게 처리한다. 그런 후 10으로 하변을 뛰어 세력을 살리면 흐름이 나쁘지 않다.

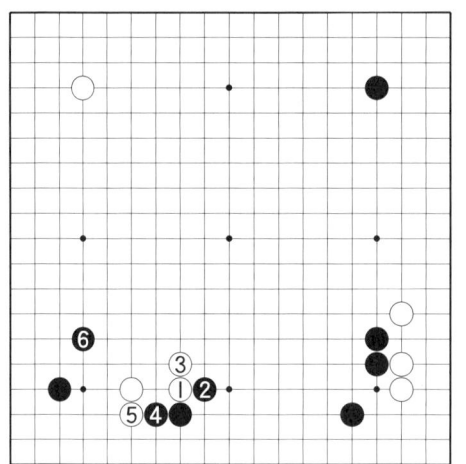

5도(흑, 양쪽 처리)

하변 백1로 붙여 두는 것은 흑 2, 4 다음 6으로 귀를 지켜 만족이다. 백은 중앙으로 진출할 뿐 흑이 양쪽을 둔 셈이다.

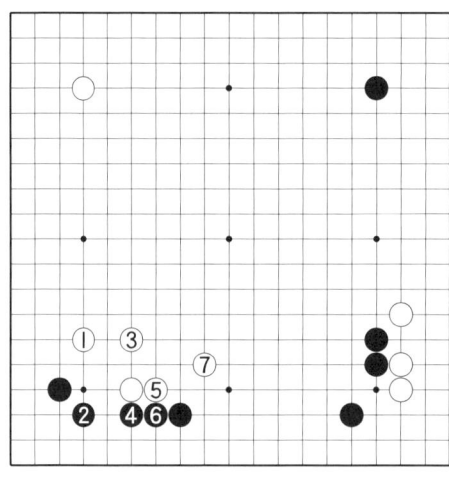

6도(백, 밭전자 씌움)

백1의 밭전자 씌움은 생각할 수 있는 탄력적인 수단이다. 흑2, 4로 넘어가면 백은 7까지 하변을 견제하는 흐름이 예상된다.

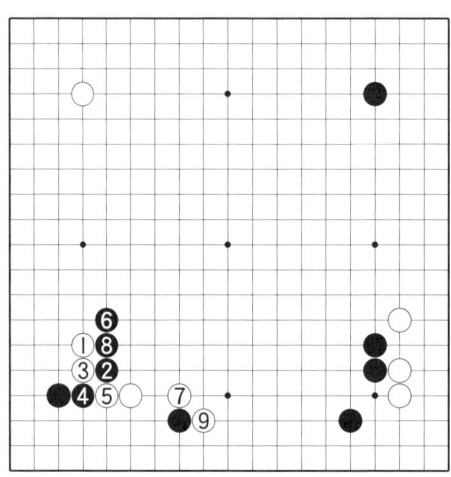

7도(백, 하변 제압)

백1에 흑2로 밭전자 가운데를 째는 것은 백3, 5로 끊어버린다. 흑6이 행마의 맥이지만 백은 7, 9로 하변을 제압하며 좌변과 바꿔치기한다. 하변 흑 세력을 지운 백이 좋은 흐름이다.

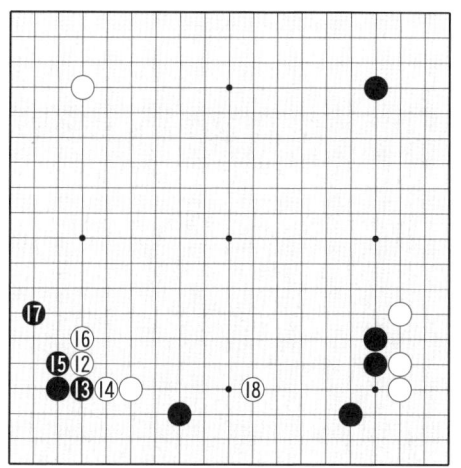

★3보(12~18)

백12의 날일자 씌움은 귀를 은
근히 눌러가는 유연한 수단이
다. 흑13~17은 상용 수단. 다
음 흑이 강한 하변이지만, 백
은 18로 과감하게 협공한다.

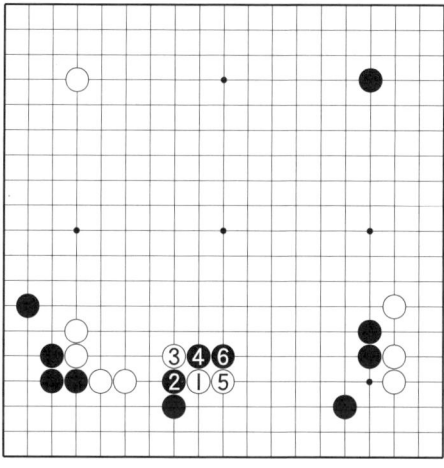

8도(백, 압박의 경우)

실전 백18의 협공은 고심의 선
택인지도 모른다. 이 수로 백
1의 압박이 통하면 좋지만 흑
2, 4로 끊을 때가 문제이다. 백
5면 흑6. 백이 좀 더 어려운
싸움이다.

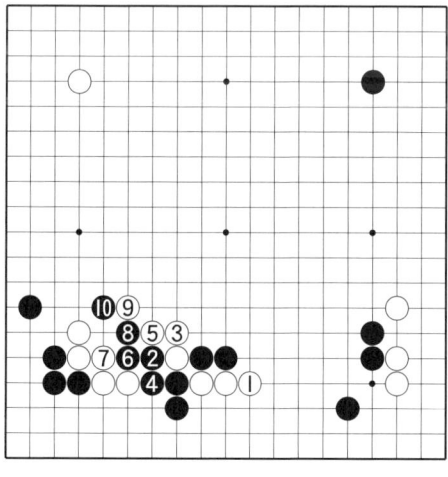

9도(흑, 탈출)

만일 백1이면 흑2, 4로 뚫고
나온다. 백5 이하 봉쇄하고 싶
지만 흑10까지 탈출이 어렵지
않다. 그러면 백이 수습할 차
례. 백이 어려운 국면이다.

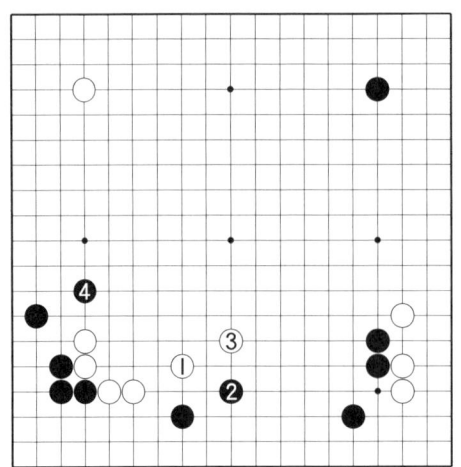

10도(백, 씌움)

실전 백18로 사실 무난하게 두자면 백1의 씌움이 보통이다. 다만 흑2로 받으면 세력을 동반한 하변 실리가 부담이다. 그 세력의 견제차 백3으로 한 번 더 씌우면 흑4로 좌변을 선점한다.

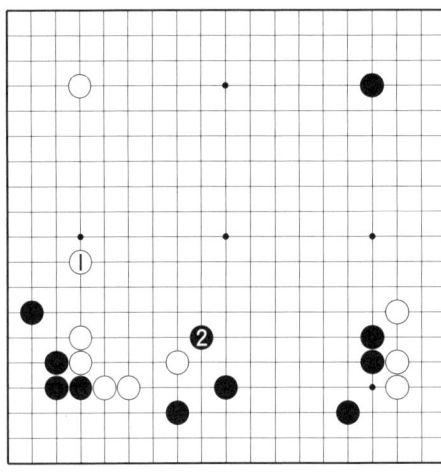

11도(흑2, 요처)

그렇다고 앞 그림 백3으로 좌변 1에 두면 흑2가 요처. 백으로서 아픈 자리다.

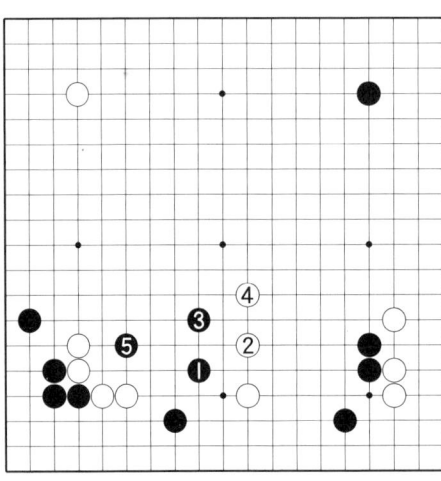

12도(흑, 날일자)

실전 다음 흑의 행마는 어디일까. 한칸, 날일자, 밭전자 뜀 정도 생각할 수 있다. 흑1의 날일자. 한칸보다는 가볍다. 백2면 흑3으로 뜀 후 동태를 살핀다. 백4면 흑5의 급소로 좌하 백 일단을 공격한다.

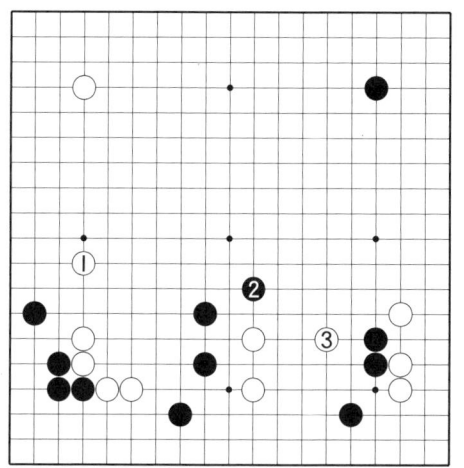

13도(백, 좌변 지킴)
앞 그림 백4로 좌변 1에 지키면 흑2의 씌움. 그러면 백3으로 움직이며 서로 어려운 싸움이다.

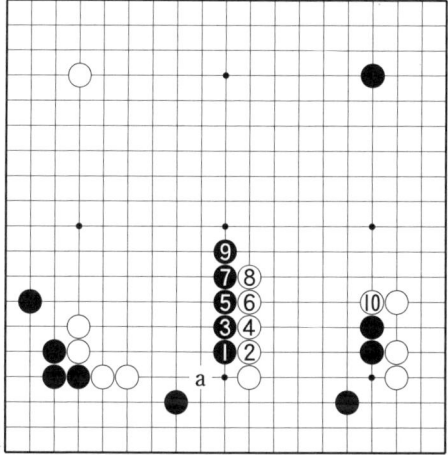

14도(흑, 밭전자)
실전 다음 이번에는 흑1의 밭전자 뜀. 하변 백에 강한 압박으로 작용하지만, 백은 2~8로 계속 밀어두더라도 우변 10으로 이쪽 흑 일단을 공격하면 충분히 둘 수 있다. 좌하 백은 a의 단점을 이용하여 수습한다는 생각이다.

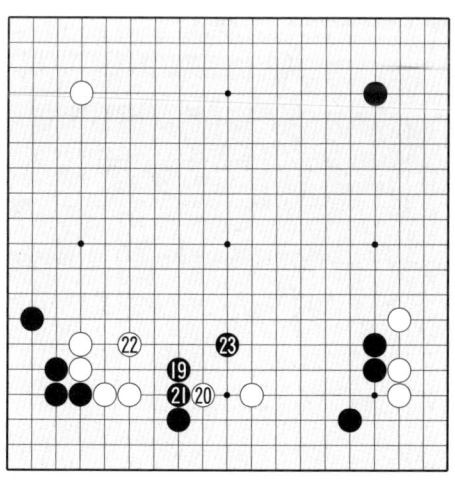

★4보(19~23)
실전은 흑19로 무난한 한칸 뜀이다. 백은 20으로 하나 활용하여 무겁게 한 뒤 좌하 22의 급소를 지킨다. 흑은 23의 날일자로 조심스럽게 하변 공격에 나선다.

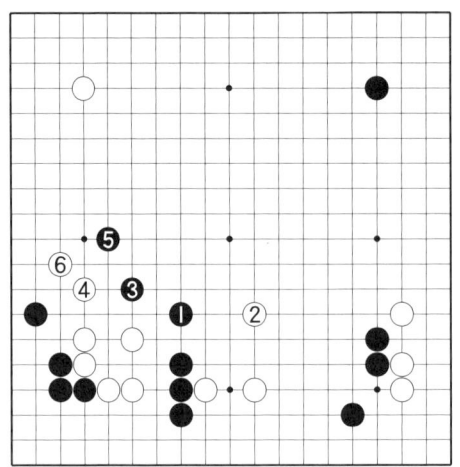

15도(흑, 미흡)

실전 흑23으로 1에 그냥 뛰면 백도 2로 가볍게 뛸 수 있다. 그러면 백은 공격권에서 벗어나는 모양새로 흑이 재미없는 흐름이다. 흑3, 5의 좌측 공격은 백4, 6 정도로 타개가 가능하다.

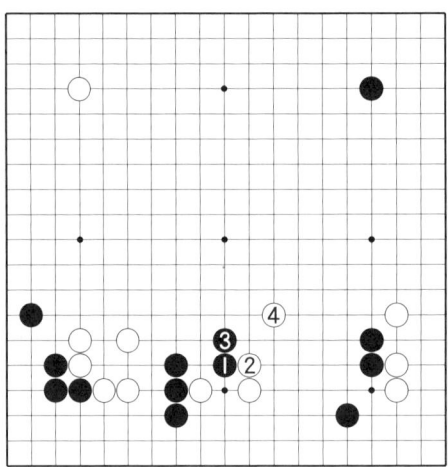

16도(백, 중앙 진출이 쉽다)

하변 공격이라도 흑1로 들여다보는 수는 백2, 4로 중앙 진출이 쉽다. 역시 흑이 재미없는 국면이다.

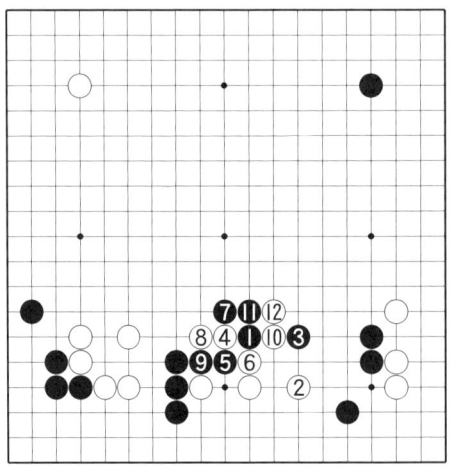

17도(백, 뚫고나감)

또 흑1의 모자씌움은 지나친 기세. 백2면 내친김에 계속 흑3에 씌우겠다는 뜻인데, 백4의 반격이 있다. 흑5~9가 행마법이지만 백이 10, 12로 뚫고나가면 기분 좋은 흐름이다.

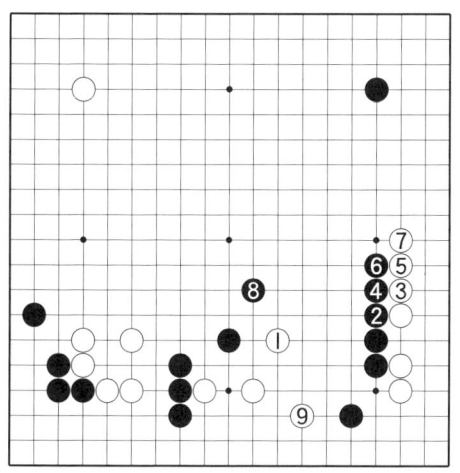

18도(백, 날일자 진출)

실전 다음 백의 응수는 어디
일까. 일단 1의 날일자 진출을
생각할 수 있다. 여기서 흑이
크게 공격한다면 2~6으로 밀
어놓고 8의 씌움. 다만 백이
쉽게 안정하면 흑이 집부족에
걸릴 여지가 있다. 그런 관점
에서 백은 9로 뿌리 내리며 버
틴다.

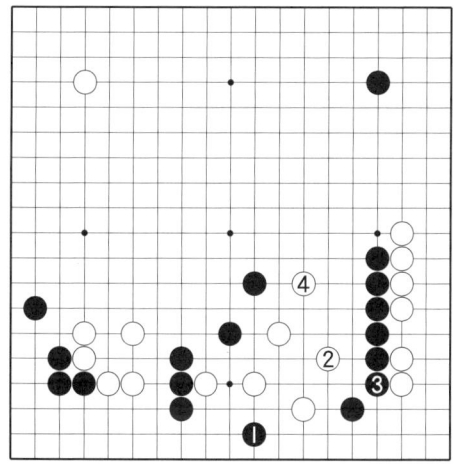

19도(서로 부담)

계속 흑1로 뿌리를 공격하면
백2, 4로 방어하며 버텨간다.
아무튼 이런 흐름은 서로 부
담이 되는 싸움이다.

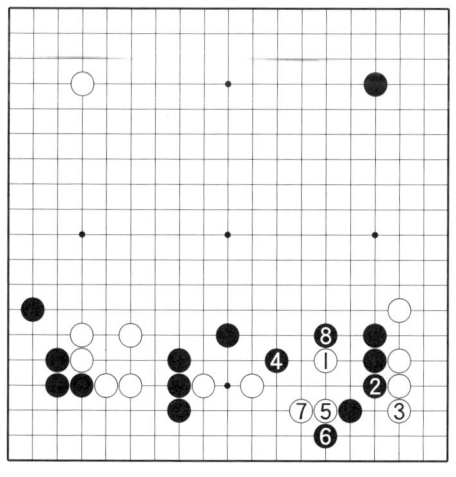

20도(백, 답답)

실전 다음 백1은 급소 공격이
지만 흑2가 선수이므로 역으
로 4의 한방을 당한다. 백5, 7
로 방어할 때 흑8로 봉쇄하면
백이 답답한 국면이다.

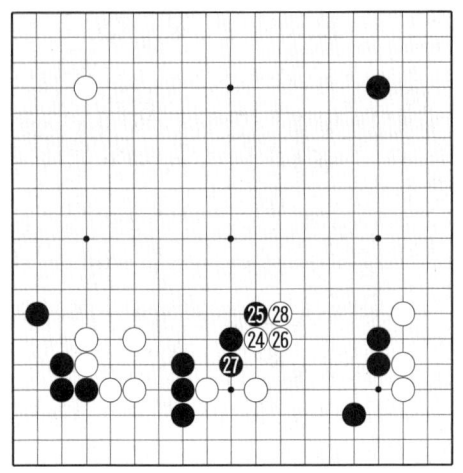

★5보(24~28)

실전은 백24의 붙임. 아예 상대에 기대면서 타개하려는 뜻이다. 흑은 25로 젖힌 후 백 26에 27의 급소 공격. 쉽게 안정시켜 주지 않겠다는 표현이다. 그러면 백28의 진출은 당연한 흐름이다.

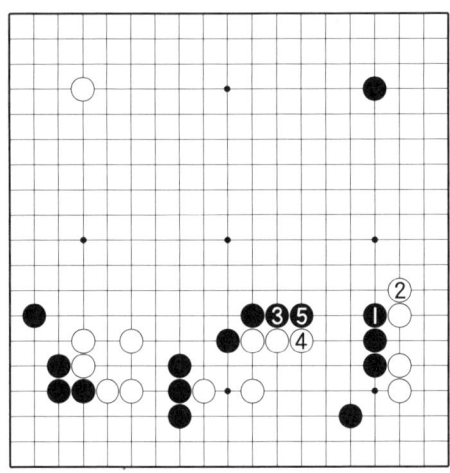

21도(흑, 봉쇄 수단)

실전 흑27로는 1을 선수한 후 3, 5로 막아가는 수단도 생각할 수 있다. 일단 백이 답답한 모양. 다만 실전은 백이 쉽게 안에서 사는 걸 피했는지도 모른다.

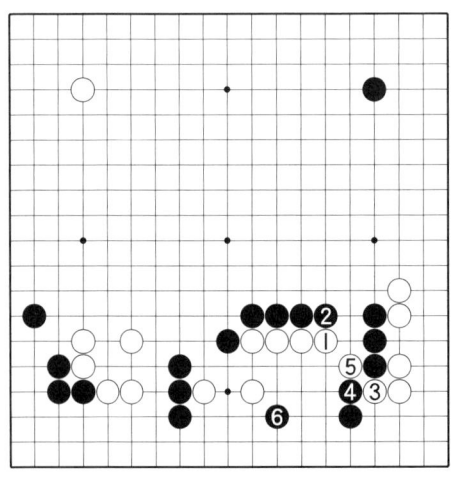

22도(흑, 안에서 싸운다)

계속해서 백이 1로 나간 후 3, 5로 끊는 반격도 있지만, 이건 흑이 6으로 안에서 충분히 싸울 수 있다.

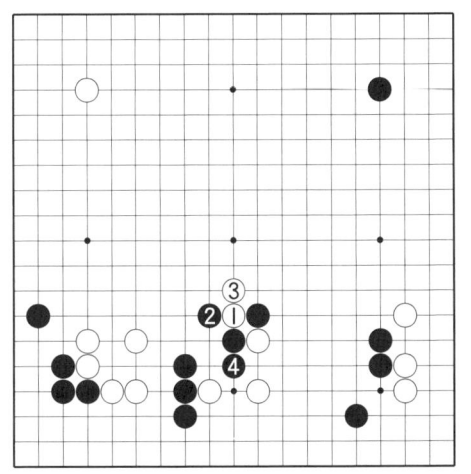

23도(백, 험난)

실전은 백이 하변에 갇힐 수
도 있었다. 그런 점에서 실전
흑25에 백1로 끊어 수단을 부
리면 어떨까. 그러면 흑2, 4가
좋은 수순으로 백의 앞길이 험
난하다.

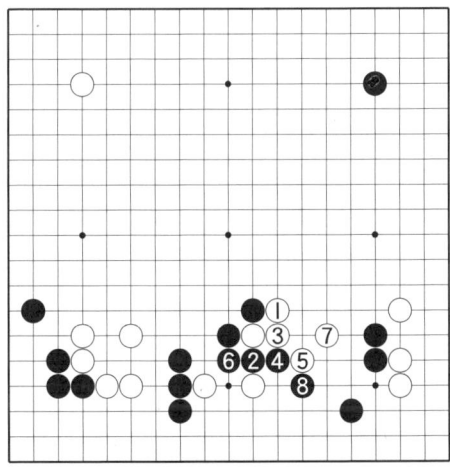

24도(흑, 하변 장악)

백1로 젖혀 버티면 어떨까. 그
러면 흑2, 4로 뚫은 후 백5에
흑6으로 이쪽 약점을 잇는다.
백7로 지키면 흑8로 막아 하
변이 고스란히 흑의 수중으로
떨어진다. 백이 망한 결과나
다름없다.

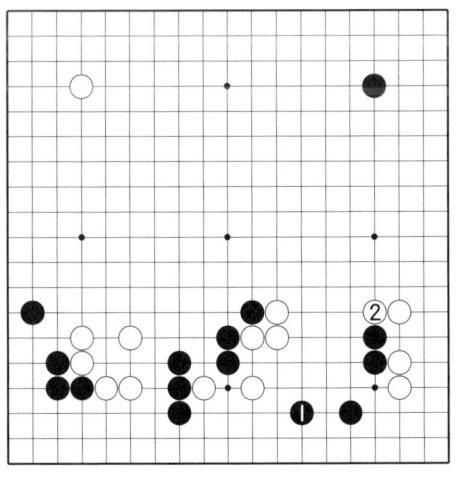

25도(백, 두터움)

실전 다음, 이제사 흑1로 뿌리
를 공격하는 것은 백2로 막혀
두터움을 주므로 흑이 기분 내
키는 흐름이 아니다.

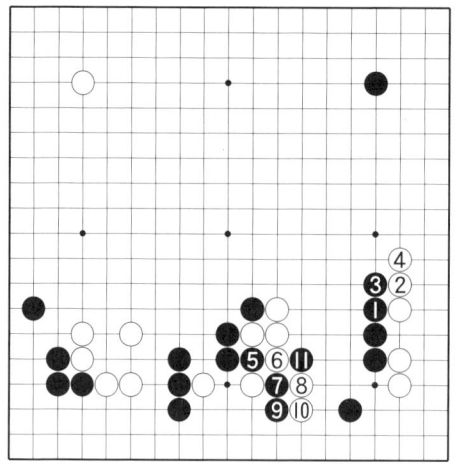

26도(흑, 강력 끊음)

흑이 거길 둔다면 1, 3으로 밀어놓고 백4면 차라리 5, 7의 끊음이 강력할지도 모른다. 백 6~10에는 흑11의 재차 끊음. 백의 다음 응수가 어렵다.

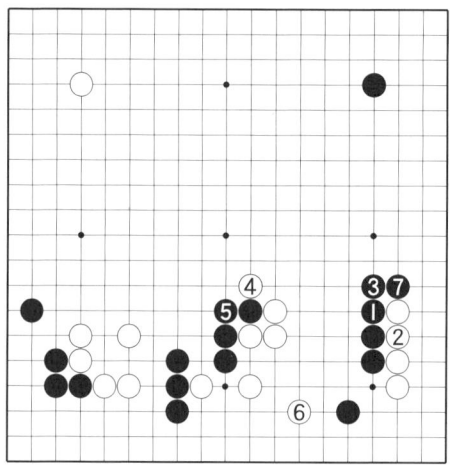

27도(흑, 두터운 막음)

흑1에 백2로 자체에서 잇는 것은 흑3이면 백4, 6으로 하변을 돌보겠다는 뜻이다. 다만 흑7로 막는 자세가 두터워 권하고 싶지 않다.

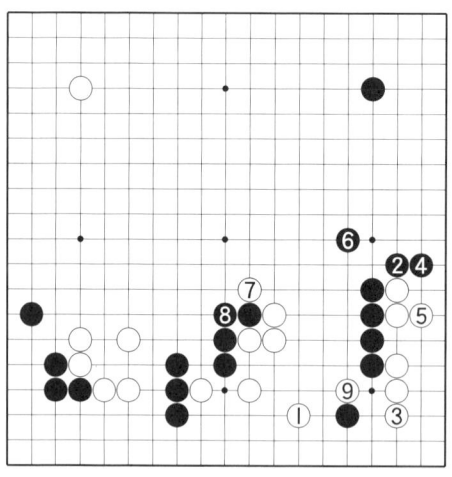

28도(타협)

26도 흑3으로 밀 때도 백1의 지킴을 생각할 수 있다. 흑2의 젖힘이 아프지만 백3으로 견딘다. 흑4, 6으로 우변에 두터운 모양을 갖추지만 백7, 9로 하변을 넘어가면 그럭저럭 타협이다.

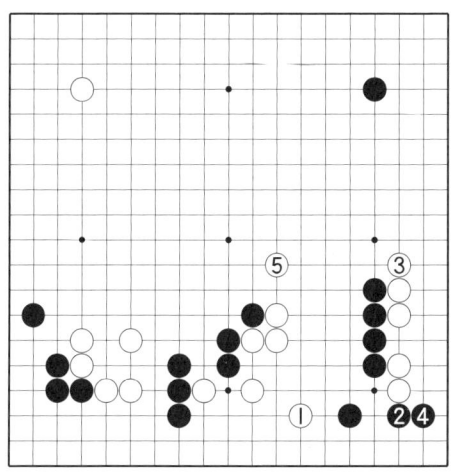

29도(흑, 유력)

백1에 흑은 2로 붙이고 백3의 보강 때 4로 귀의 실리를 취하는 것도 유력하다. 그러면 백5의 중앙 진출이 예상된다. 이 진행은 실리를 챙기며 두는 흑이 편할지도 모른다.

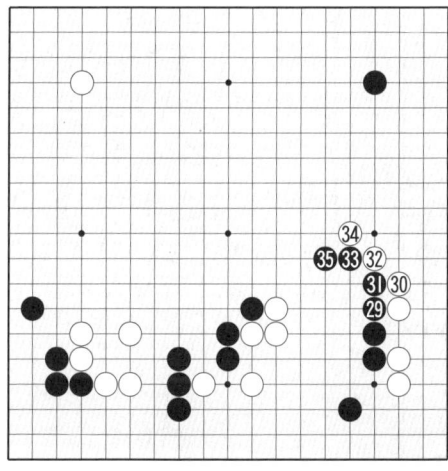

★6보(29～35)

실전은 흑29, 31로 밀 때 백32의 젖힘. 우변을 강하게 두며 중앙과 연계하여 긴장을 늦추지 않는다. 그러면 흑33의 젖힘과 백34의 이단젖힘은 서로 기세의 수단이다. 흑은 35로 늘어둔 후 백의 응수를 기다린다.

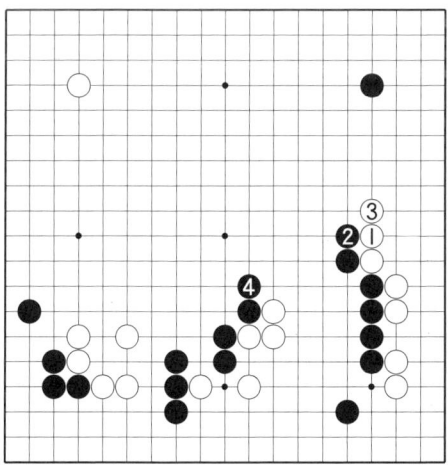

30도(백, 답답)

실전 흑33에 백1로 그냥 늘면 흑2로 하나 민 후 중앙 4로 늘어 하중앙 백이 답답한 싸움이다.

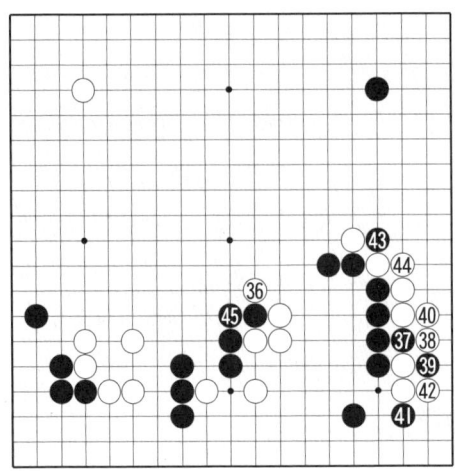

★7보(36~45)

백36의 단수. 이제는 중앙을 돌볼 타이밍이다. 흑은 37~43 까지 모두 결정한 후 45로 잇는다. 수순 중 백42로 43에 잇는 것은 흑42로 두점을 잡아 귀의 실리가 크다.

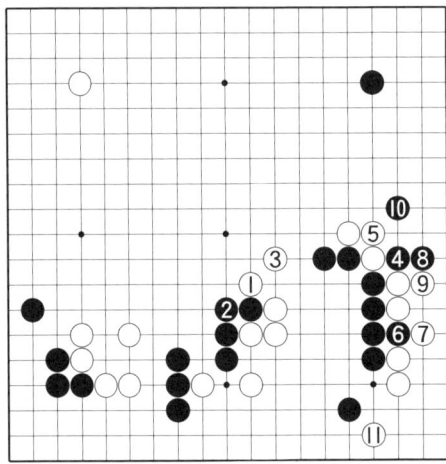

31도(흑, 우변 끊음)

백1에 흑이 공격을 즐긴다면 2로 잇고 백3에 지킬 때 4쪽의 끊음을 생각할 수 있다. 백5에 흑6, 8을 선수한 후 10. 그러면 백은 일단 11로 귀를 지켜야 한다.

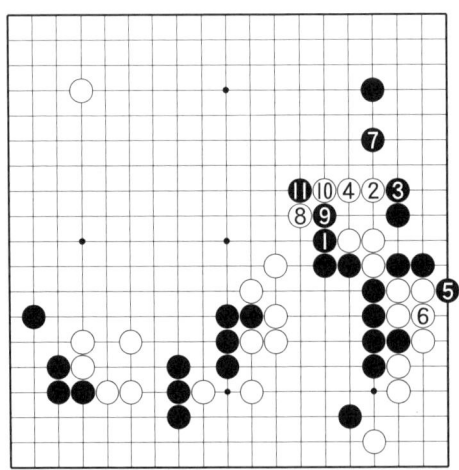

32도(난전)

계속해서 흑1로 나가 공격. 백2, 4에 흑5, 7로 지키며 쫓는다. 백8의 씌움에 흑9, 11로 마구 끊어 싸움이 확산된다. 앞길이 예측하기 어려워 이 진행은 선택하기 쉽지 않다.

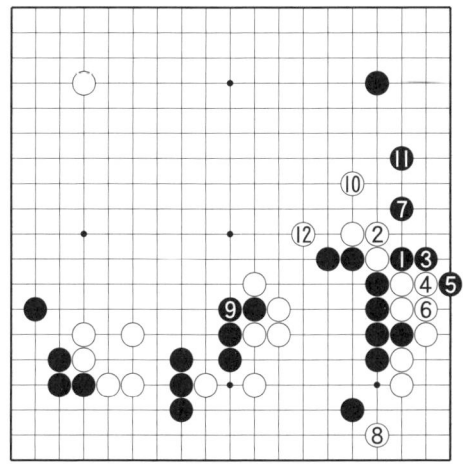

33도(흑, 갑갑)

실전 백38 때 흑1~7로 끊어 싸우려는 것은 경우가 틀려진다. 백8로 귀를 지킬 때 흑9의 이음으로 돌아서야 하므로 한 템포 늦춰진다. 백10, 12의 봉쇄가 안성맞춤. 흑이 갑갑한 모양새다.

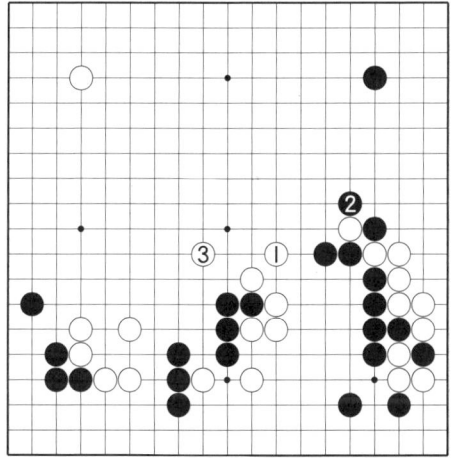

34도(백, 중앙 지킴)

실전 다음 백1로 지키면 흑2로 잡는다. 백3은 중앙의 요소. 이제부터의 바둑이다.

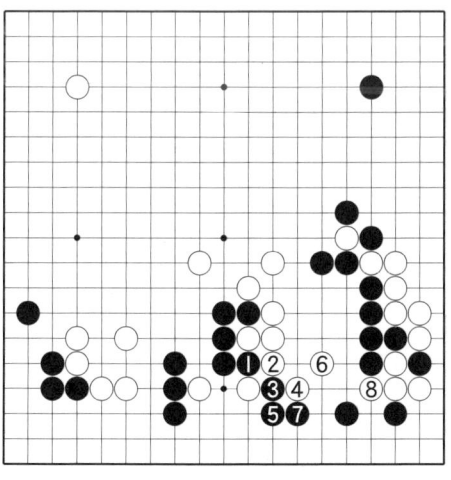

35도(실리 대 두터움)

계속해서 흑1, 3으로 끊어 먹으면 하변 실리가 크지만 백도 8까지 차단하여 두텁게 둘 수 있다.

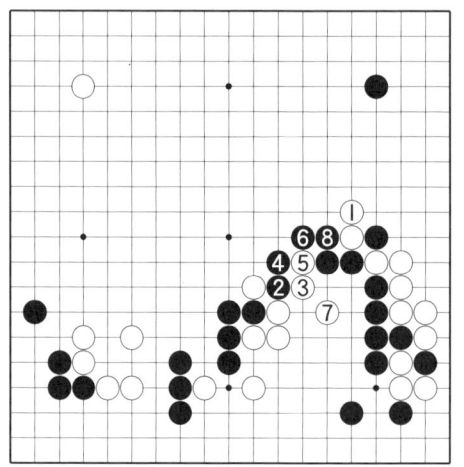

36도(백, 우변 보강)

실전 다음 백1로 우변을 보강하는 것은 흑2로 끊는다. 백3, 5로 치고나오면 흑6으로 막는다. 백7로 일단 지킬 때 흑8의 이음.

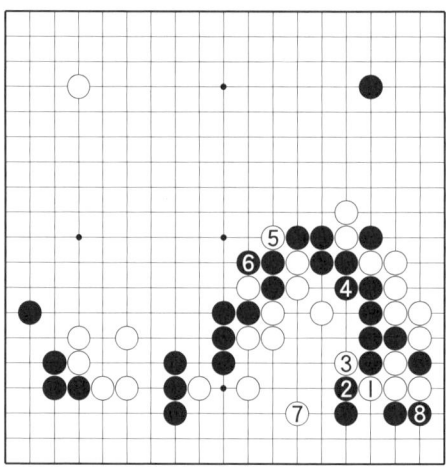

37도(흑, 충분)

계속해서 백1, 3으로 끊으면 흑4로 잇는다. 백5에 흑6. 중앙은 어떻게 해도 흑이 견딜 수 있다. 이제 하변 백7의 공격에는 흑8로 귀를 점거한다. 흑이 나쁘지 않은 싸움이다.

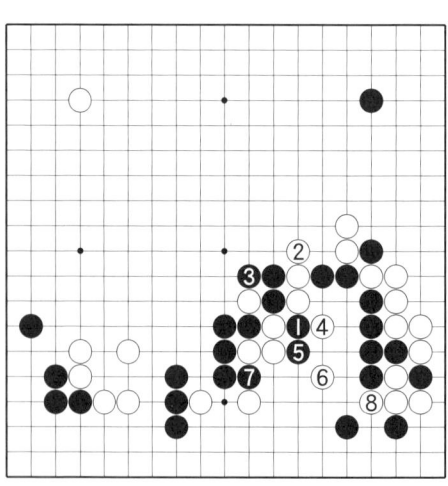

38도(흑, 심각)

36도 백5 때 흑1로 끊으면 심각한 상황이 벌어진다. 백2로 나가는 것이 선수. 흑3에 백4, 6으로 돌려치는 것이 맥점이다. 흑7에 백8로 우중앙을 제압한다. 흑이 망한 결과나 다름없다.

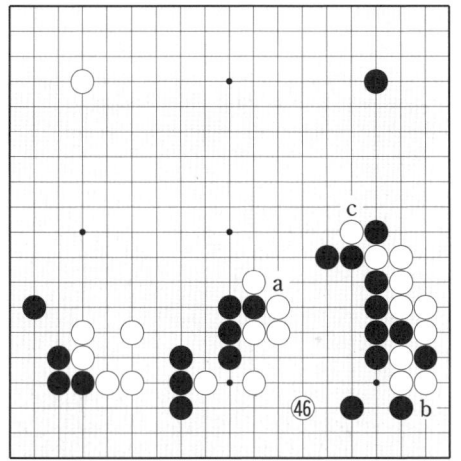

★8보(46)

실전은 백46의 하변 지킴. 흑을 압박하며 a의 단점도 간접 보강한다는 효율성을 강조한다. 다음 흑이 b로 귀를 지키면 백c가 크다. 그런 이유로 앞으로 중반은 흑c의 단수부터 실전이 전개된다.

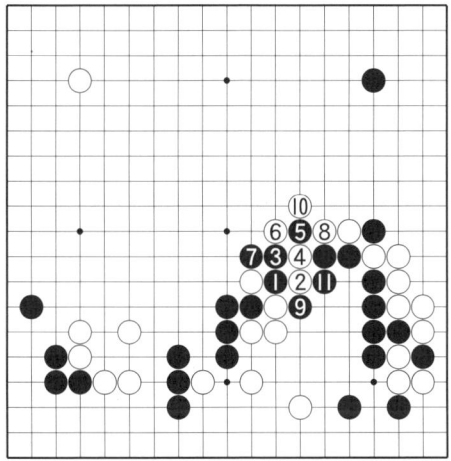

39도(흑, 끊음)

실전 다음 흑1로 끊으면 어떻게 되나. 백2, 4면 흑5로 막을 예정. 백6, 8에는 흑9, 11로 돌려치겠다는 생각이지만⋯.

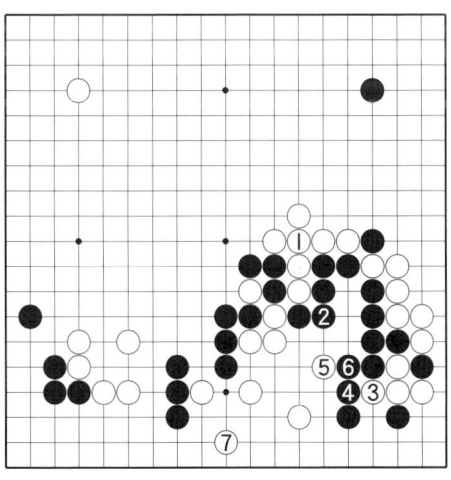

40도(백, 우세)

계속해서 백1에 흑2의 이음. 백은 3, 5를 선수한 후 7로 안형을 갖춘다. 실전 백46으로 미리 하변에 선착한 효과이다. 백은 바깥이 두터워진 만큼 안에서 살기만 해도 우세한 국면이다.

3 장

활용을 중시하는
삭감형 초반

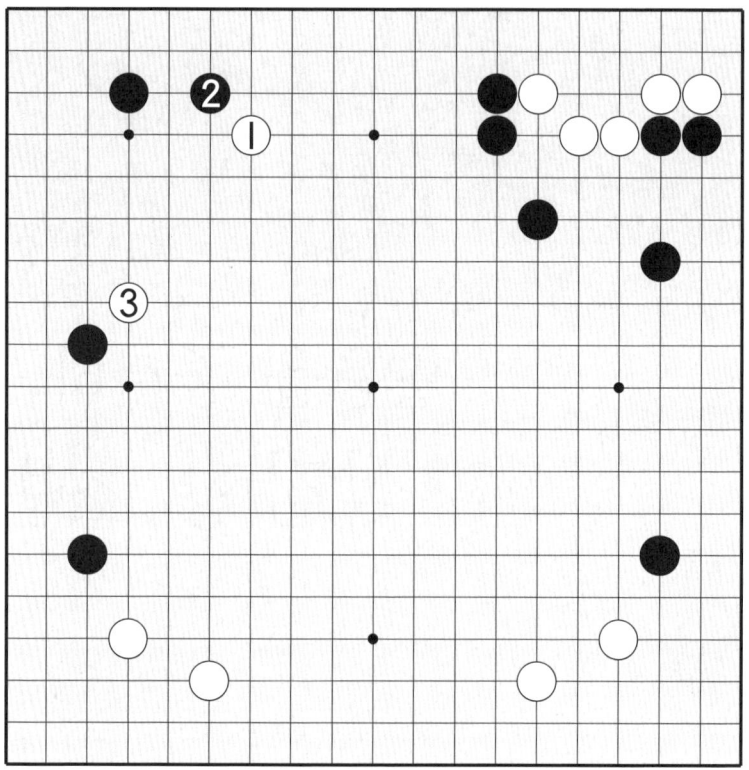

7회 응씨배 8강전(장쉬 : 이창호) 2012. 5. 27

양소목에서 좌변은 흑의 미니중국식. 백은 하변 양화점. 우
상귀는 백이 걸치고 흑의 한칸 낮은 협공에서 시작된 정
석 변화이다. 그 과정에서 형성된 흑의 상변 모양이 두텁
다. 그에 따라 상변 백1의 침투, 흑2로 받을 때 좌변 백3
으로 삭감한 장면이다. 흑모양을 견제하는 백의 작전이 다
채롭다. 그럼 이를 배경으로 한 초반이 어떻게 진행되는지
살펴보기로 한다.

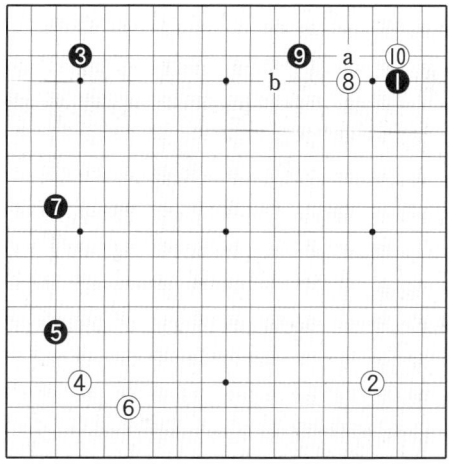

★1보(1~10)

흑1, 3의 양소목에서 좌변 5, 7의 미니중국식 포석. 백은 2, 4의 양화점이다. 백8의 한칸 걸침에 흑9의 한칸 낮은 협공. 이 수는 a의 붙임이나 b의 두 칸 높은 협공도 많이 쓰인다. 백10의 붙임도 상용 수단.

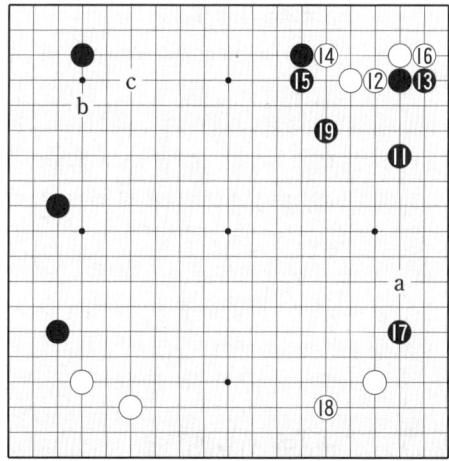

★2보(11~19)

흑11의 두칸 벌림은 최근에 개발된 수단. 이에 백12~16은 귀의 실리를 확실히 지키는 대응법이다. 대신 흑17로 하나 걸쳐둔 후 19로 씌우는 자세가 두텁다. 이제 백은 우변이나 좌상변 모양의 견제를 생각할 시점. 우변이라면 a의 협공이 보통이다. 다만 좌상변이라도 직접 b의 걸침은 흑c로 상변이 커진다.

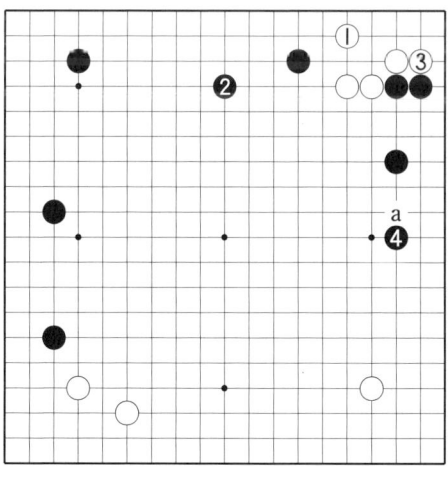

1도(보통)

실전 흑13에 백1도 모양의 급소. 흑2로 변의 모양을 살리면 백3으로 귀를 지킨다. 그러면 흑4로 벌려 우변 a의 압박을 피한다. 보통은 이렇게 두는 경우가 많다.

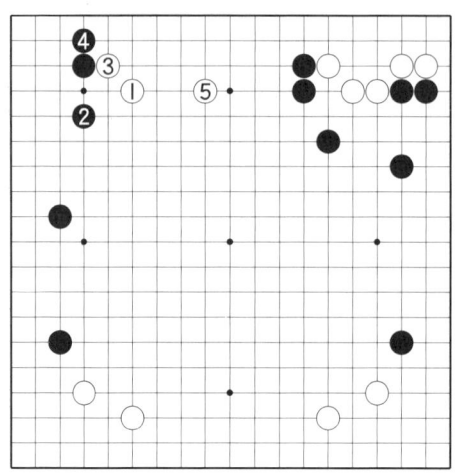

2도(백, 변의 날일자 걸침)

실전 다음 좌상 모양의 견제로는 상변에서 백1의 날일자 걸침을 생각할 수 있다. 흑2로 받으면 백3, 5로 벌리는 자세가 기분 좋다.

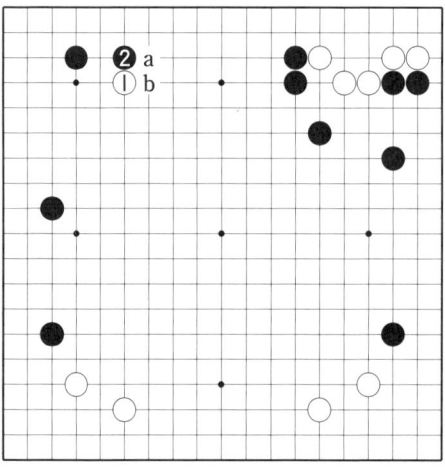

3도(흑의 반발)

다만 백1에는 흑2의 반발이 걱정된다. 백a로 젖히면 흑b로 끊어 싸울 것이다. 앞으로 진행 과정에서 축이 발생하면 우하귀 걸쳐 둔 흑돌이 축머리로 작용할지도 모른다.

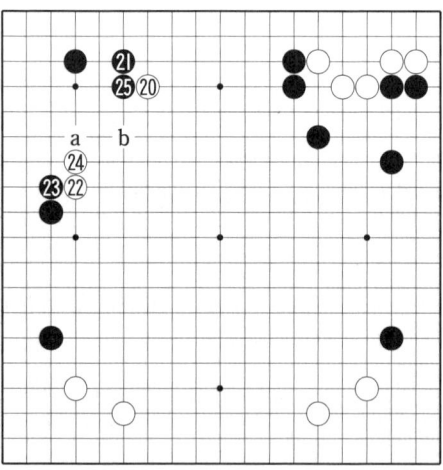

★3보(20~25)

실전은 백20으로 한발 늦춘 눈목자 걸침. 그래도 흑21로 공격적이다. 이에 좌변 백22의 가벼운 삭감으로 예봉을 피한다. 흑23에 백24. 은근히 상변과 연관짓는다. 백24는 a의 뜀도 가능하다. 흑25로 민 것은 두터운 수단. 이 수로 b의 강력한 차단도 생각할 수 있다. 다만 모험이 따른다.

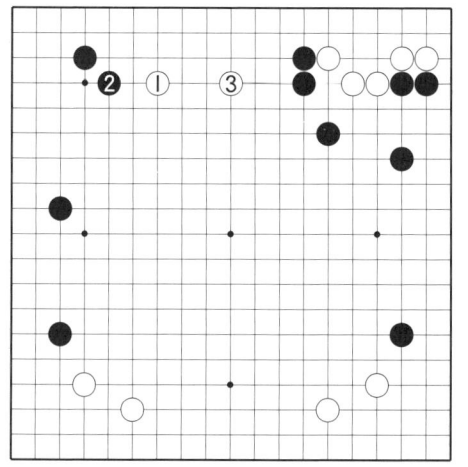

4도(간명)

백1에 간명한 수단이라면 흑2의 마늘모 받음. 그러면 백3으로 벌려 소기의 목적은 달성한다.

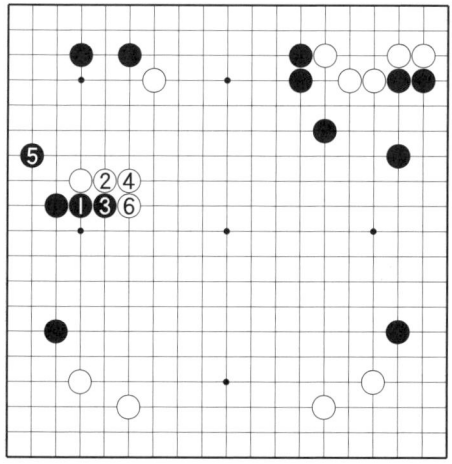

5도(흑, 위로 미는 경우)

실전 백22에 흑1쪽 위로 밀면 백2. 이하 6까지는 상용 수단으로 좌상 모양을 삭감해 가는 백의 흐름이 나쁘지 않다.

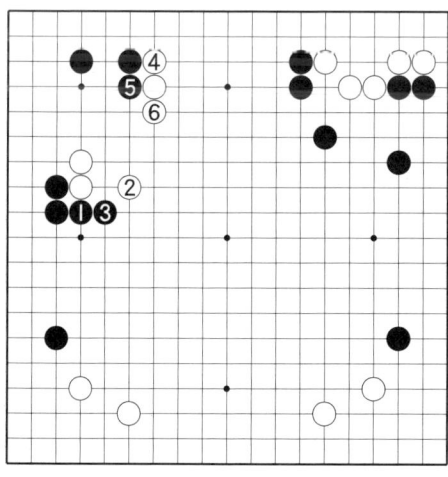

6도(백, 상변과 호응)

실진 백24에 흑1, 3으로 몰아가는 방법도 있지만 백이 4, 6으로 상변에 뿌리 내리며 호응해가는 자세가 보기 좋다.

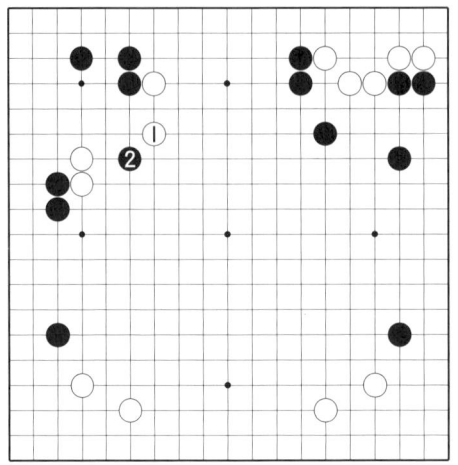

7도(흑, 차단)

실전 다음 백1로 뛰는 것이 모양이긴 한데, 지금 당장 실행하면 흑2의 강력한 차단으로 맞설지도 모른다.

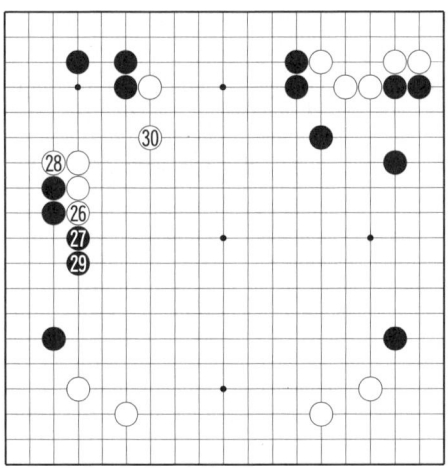

★4보(26～30)

실전은 백26으로 두텁게 밀고 흑27에 백28로 좌변에 뿌리를 내린다. 흑29의 지킴이 필요할 때 백30으로 뛰어 좌변에서 상변으로 이어지는 타개 리듬이 좋다.

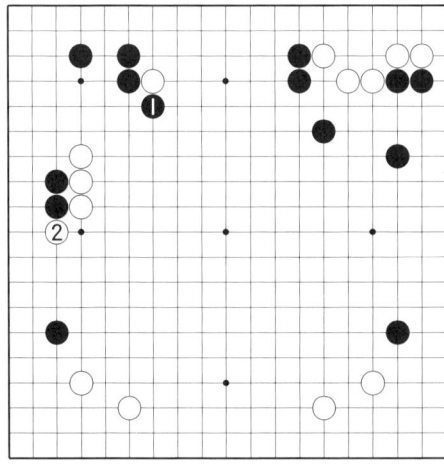

8도(백, 충분)

실전 백26으로 누를 때 흑1로 상변을 제압하면 백은 좌변을 2로 젖혀 일종의 바꿔치기. 다만 좌변 주도권을 장악한 백이 좋은 흐름이다.

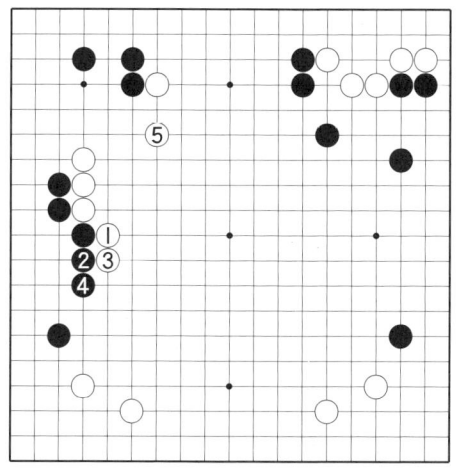

9도(백, 중앙 중시)

실전 흑27 때 백은 1, 3으로
밀어두고 5로 뛰어 중앙을 두
텁게 하여 두는 방법도 있다.
다만 좌변 실리를 굳혀 준 것
이 약간 부담이다.

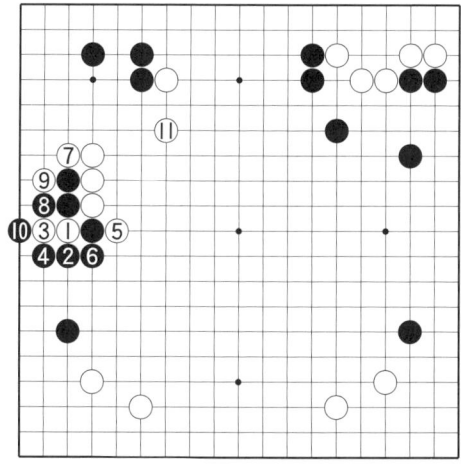

10도(흑, 두터운 실리)

백이 좌변까지 처리하려면 1,
3 두점을 사석으로 하여 5~9
로 조이고 11로 뛰는 고급 전
략도 있다. 이 또한 두터운 실
리를 허용한 것이 약간 부담
이다.

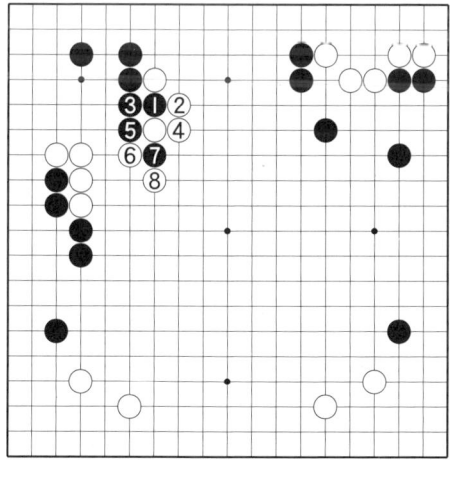

11도(축)

실전 다음 흑이 1, 3으로 당장
추궁하여 백4의 이음이면 흑
5, 7로 끊을 수는 있지만 백8
로 축이다. 당장은 안 되는 셈.

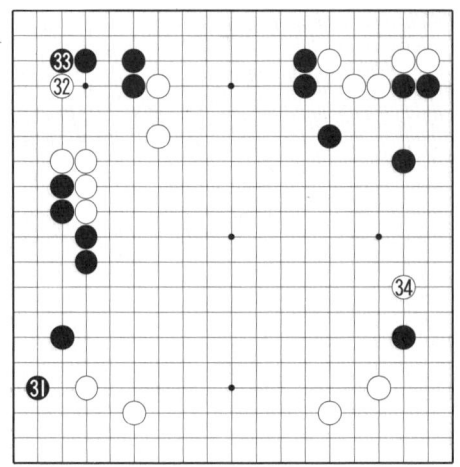

★5보(31~34)

중앙은 당장 공격이 안 된다
고 보고 흑31, 실리로 큰 자리
부터 간다. 지나가는 길에 백
은 32로 하나 활용한 후 34의
협공은 가고 싶은 곳이다.

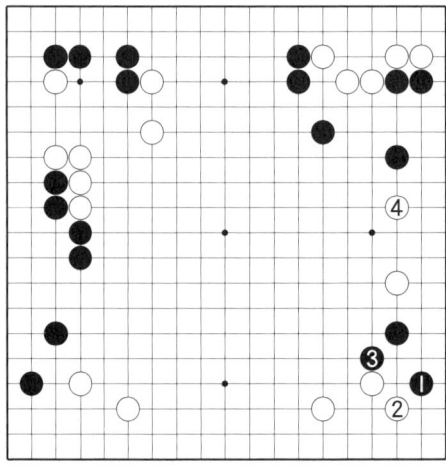

12도(무난)

실전 다음 서로 무난하게 둔
다면 귀는 흑1, 3으로 처리하
고 변은 백4의 벌림이 예상된
다. 어쩌면 백이 바라는 흐름
일지도 모른다.

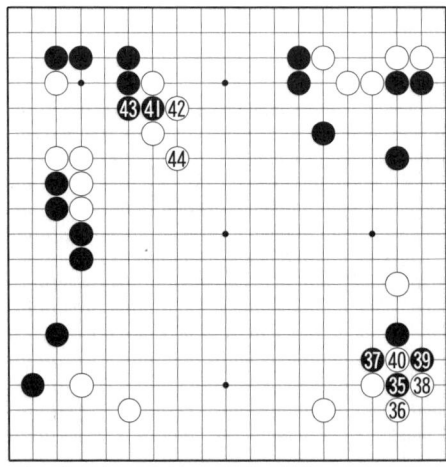

★6보(35~44)

흑은 35~39로 패모양을 만들
어 버틴다. 무난보다는 싸움을
택한 것. 백40으로 패를 따낼
때 흑41, 43으로 여기를 추궁
하면서 패감을 쓴다. 백44의
이음은 당연.

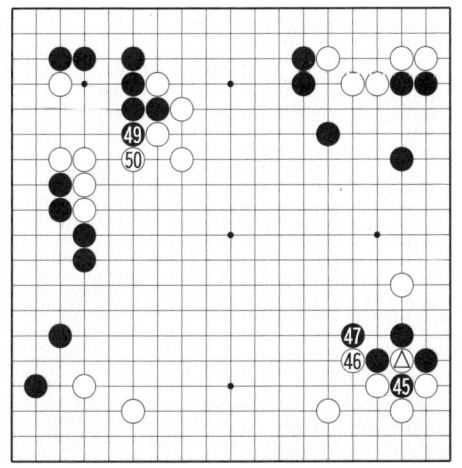

★7보(45~50)

흑45로 따낼 때 백46의 젖힘은 패를 키우는 수단. 흑도 패를 키우면 부담이라 47로 받는다. 백48의 따냄에 흑49로 패감을 쓴다. 그러면 백50의 막음은 필연. (48…△)

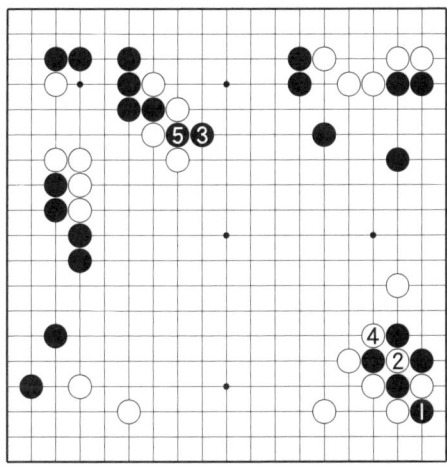

13도(바꿔치기 1)

실전 백46 때 흑1로 패를 크게 걸 수 있다. 이 패는 서로 지면 타격이 크다. 백2에 흑3의 패감. 계속 백4로 따내면 흑5까지 바꿔치기다. 상변도 크지만 우하귀도 워낙 크다. 그리고 백의 선수가 변수다.

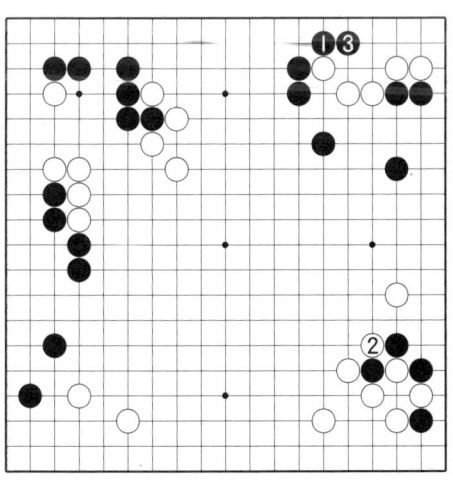

14도(바꿔치기 2)

앞 그림 백2로 따낼 때 흑1의 패감도 고려할 수 있다. 백2에 흑3. 역시 바꿔치기다. 여전히 백의 선수.

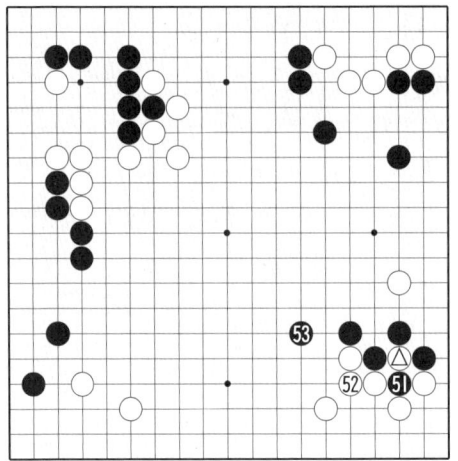

★8보(51~54)

흑51로 따낼 때 백은 일단 52로 지켜둔다. 흑도 패를 키우면 부담이므로 53으로 뛰어 모양을 보강해 둔다. 다시 백54의 따냄. (54··△)

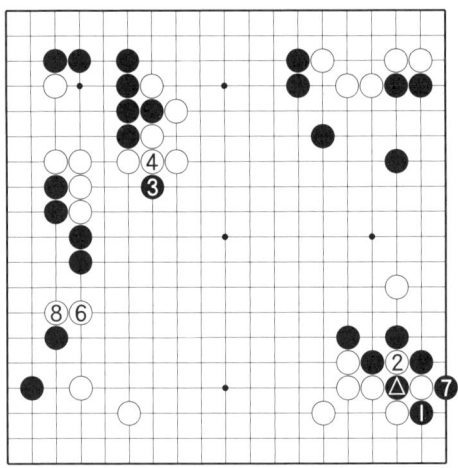

15도(백, 충분)

실전 백52 때 흑1로 패를 키우면 백2의 따냄. 흑3으로 패감을 쓰고 5의 따냄. 다음 백6의 패감을 받지 않고 7로 패는 이길 수 있지만 백이 패의 대가로 8까지 좌변을 관통하면 충분하다. (5··△)

★9보(55~58)

흑은 55로 패를 쓰고 57의 따냄. 여기서 백58로 두칸 벌린 장면이다. 앞으로 무난한 흐름이면 백이 나쁘지 않은 국면이다. 흑은 a로 우변을 크게 씌우거나 b의 패를 활용하여 싸움을 크게 벌여야 할 시점이다. 이에 따라 중반 실전은 흑이 c를 하나 활용한 후 b의 패로 급박하게 시작된다.

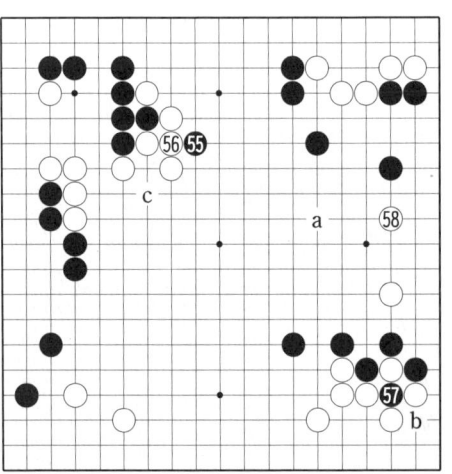

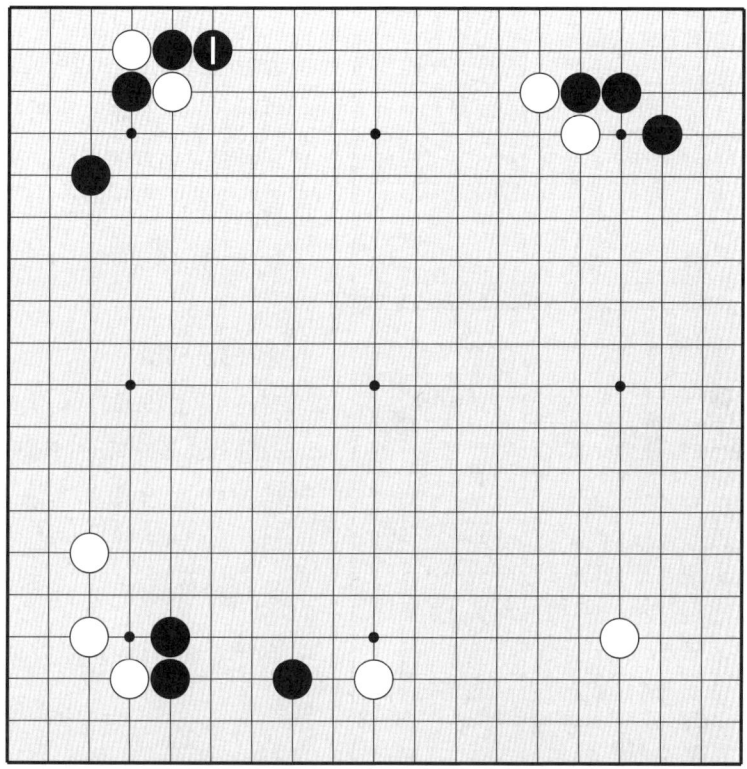

2012 더리버사이드배 최종국(조훈현 : 유창혁) 2012. 6. 5

흑의 양소목 포석. 백은 화점·소목으로 대항한다. 하변은
흑의 걸침에 백의 협공 겸 벌림으로 나타난 형태다. 수순
중 좌상귀 흑의 소목 굳힘. 우상귀 백의 걸침에서 시작하
여 좌상 굳힘에서의 활용. 상변 처리가 여기서 결정된다.
그 과정에서 흑1로 빠진 장면이다. 그럼 이를 배경으로 한
초반이 어떻게 진행되는지 살펴보기로 한다.

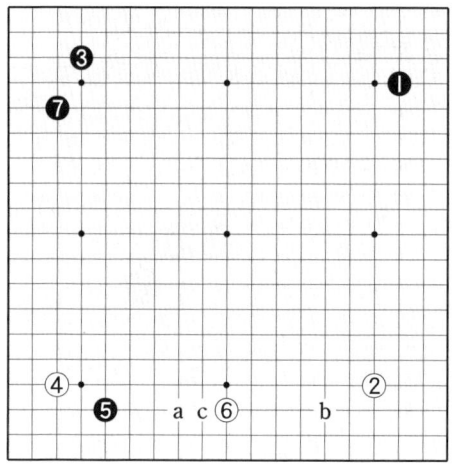

★1보(1~7)

흑1, 3의 양소목에서 5의 걸침. 백은 2, 4의 화점·소목에서 6의 협공 겸 벌림이다. 협공이라기보다는 벌림에 가깝다. 이 수는 상대의 벌림을 a로 제한하고 b의 걸침도 견제한다. 보통은 c의 협공. 흑은 손을 돌려 7의 발빠른 굳힘이다.

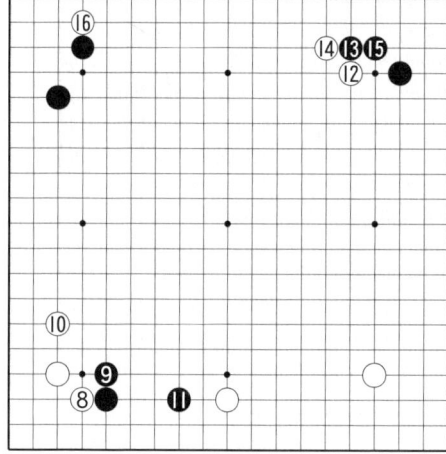

★2보(8~16)

백은 8, 10으로 좌하귀를 처리한 후 흑11의 벌림을 기다려 백12로 걸친다. 흑13, 15로 귀를 중시할 때 백16으로 붙여 응수를 묻는다. 상용 수단이다.

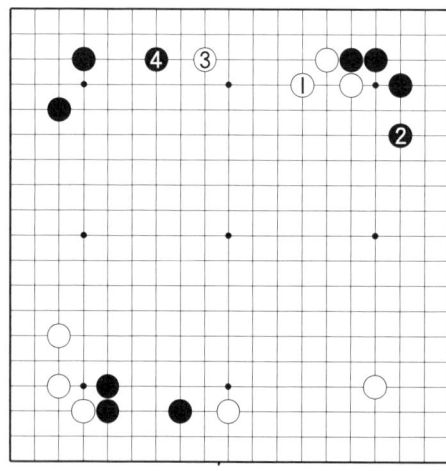

1도(응수타진의 의미)

실전 백16의 응수타진. 이 수로 1, 3의 정석은 흑4의 압박과 더불어 양쪽 흑의 실리가 부담스럽다는 뜻이다. 그래서 실전은 백이 변화를 구한 것.

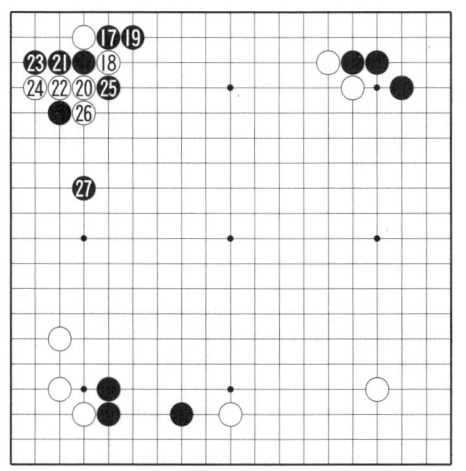

★3보(17~27)

흑17의 젖힘. 백18로 끊을 때 흑19로 빠진 것이 새롭다. 그러면 일단 백20~24의 관통. 여기서 흑은 25로 끊은 후 백26을 기다려 27로 다가서 공격 자세를 취한다.

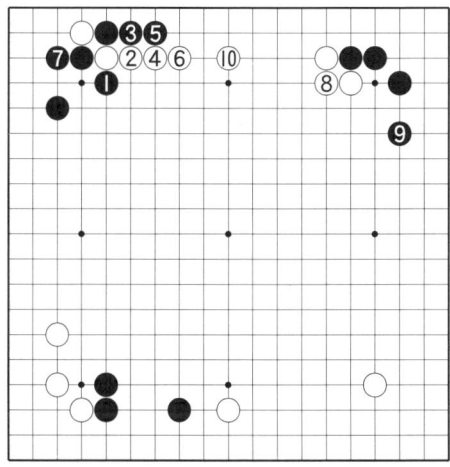

2도(무난)

실전 백18의 끊음에 가장 무난한 진행을 보면, 흑은 1~5로 민 후 7로 귀를 처리한다. 이에 백은 8, 10으로 상변에 모양을 갖춘다.

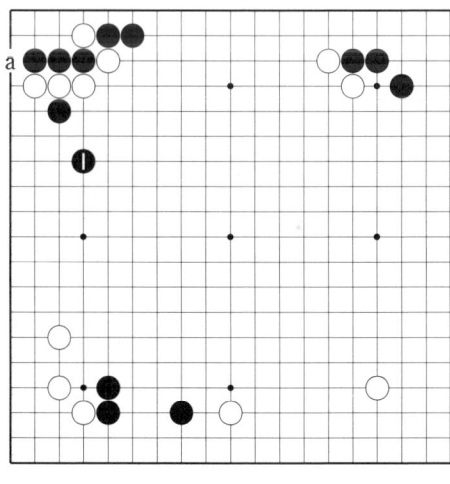

3도(젖히는 맛)

실전 백24까지 관통할 때 흑은 그냥 1로 다가서 공격할 수도 있다. 다만 흑a로 젖히는 맛이 있다.

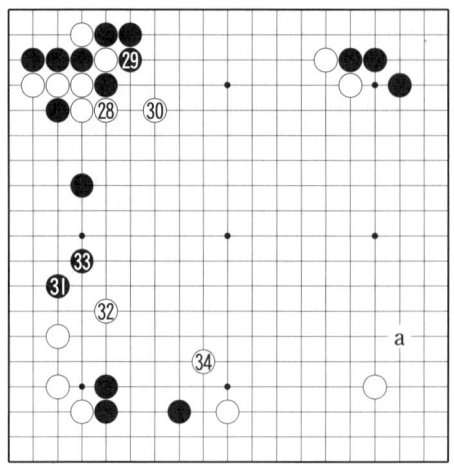

★**4보**(28~34)

백은 28, 30으로 뛰어 곤마를 돌본다. 좌변 흑31의 타이트한 벌림은 귀에 압박을 강조한 것. 이에 백32의 중앙 진출. 이 수로 a의 지킴도 있지만 흑이 그 자리를 씌워오면 대세에 밀릴 여지가 있다. 흑33으로 지킬 때 백은 32를 배경으로 34로 씌워 공격의 주도권을 잡으려 한다.

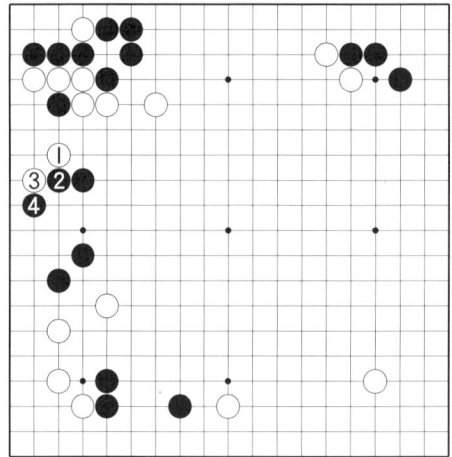

4도(백, 활용)

백은 실전 34를 두기 전에 좌변 1, 3을 먼저 활용해 둘 수도 있다. 지금 당장 두지는 않더라도 그런 활용이 있다는 걸 염두에 두면 도움이 된다.

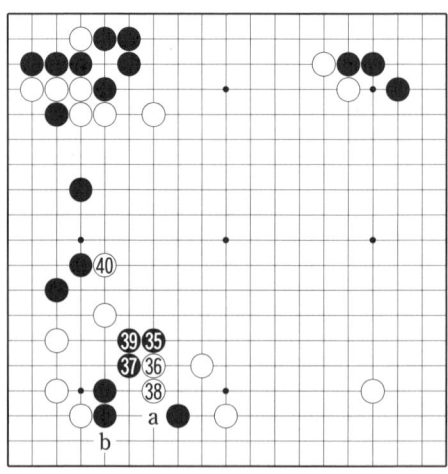

★**5보**(35~40)

흑35의 밭전자 행마는 중앙으로 나올 때 요긴한 수단이다. 백36, 38로 직접적 공격이지만 흑도 39로 이어 두텁다. 차후 백a가 있지만, 흑b가 좌우 귀와 변에 맞보기라 큰 손해는 없다. 백은 40으로 붙여 흐름을 타려고 한다.

162

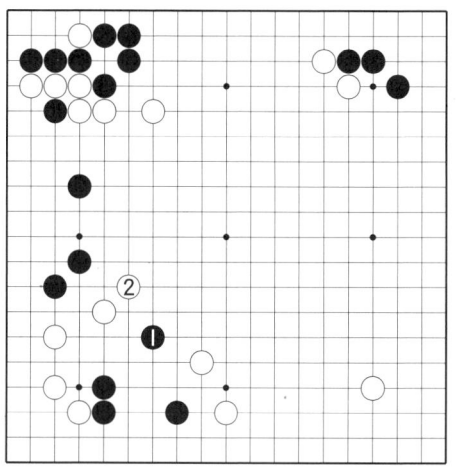

5도(가벼운 행마)

흑1에는 백2의 마늘모 행마로 담담하고 가볍게 나오는 것이 보통이다. 위쪽 약한 돌이 있는 백은 이렇게 가벼운 행마가 도움이 될 가능성이 높다.

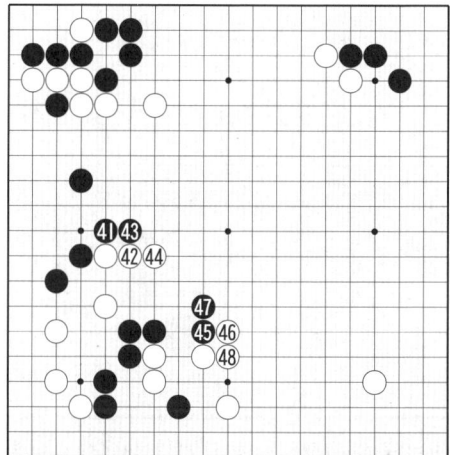

★6보(41~48)

흑은 41, 43으로 두텁게 밀어 간 후 45, 47로 일단 하변 곤마를 돌본다. 백은 48의 이음까지 좋게 보자면 중앙은 머리를 내밀고, 우하변은 일단 모양이 두텁다.

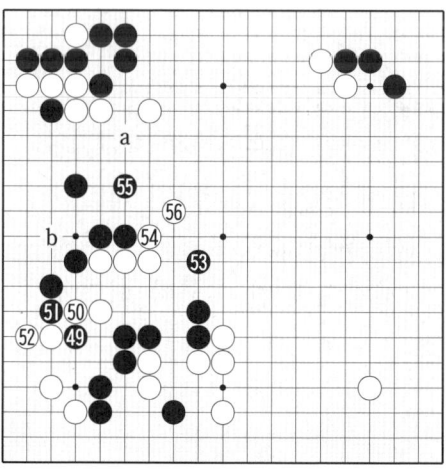

★7보(49~56)

흑49, 51의 차단. 타이밍이다. 대번에 백은 양곤마 형태. 이어지는 흑53, 55의 공격 흐름이 좋다. 백56의 마늘모로 미리를 내민 장면이다. 앞으로 흑이 공격 대가를 받아내면 우세한 흐름이다. 백도 양쪽 수습이 잘 되면 우하변이 두터워 불리하지 않다. 중반 실전은 흑a의 활용부터 시작된다. 참고로 좌변은 백b의 활용 맛이 있다.

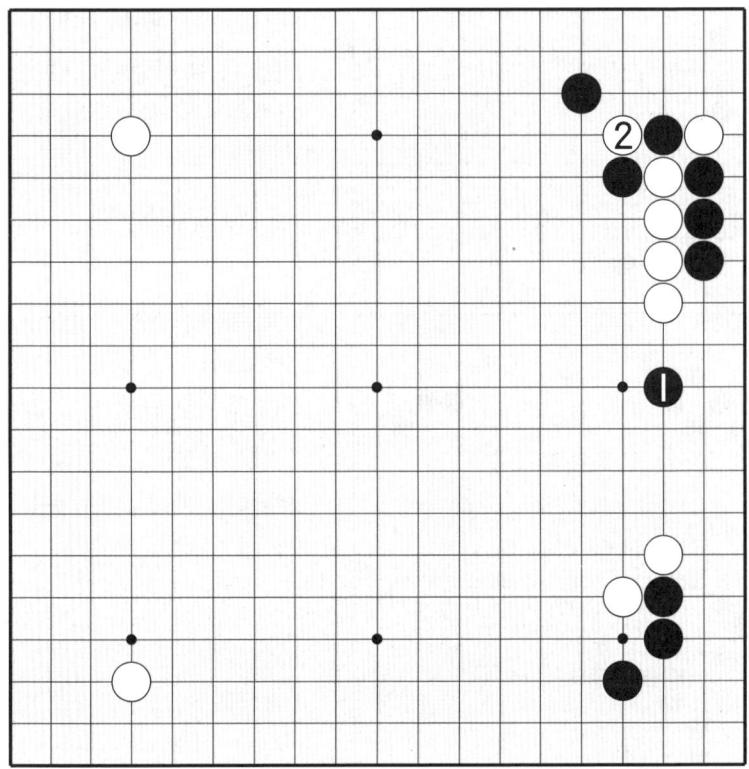

17회 LG배 조선일보 기왕전 결승2국(원성진 : 스웨) 2013. 2. 20

흑의 양소목 굳힘 포석. 백은 화점·소목으로 대항한다. 우변은 백의 걸침에서 시작하여 우상귀 응수타진에 의해 벌어진 상용 형태이다. 흑1의 협공에 백2로 끊어가면 치열한 싸움을 피할 수 없다. 여기에는 우변의 주도권을 둘러싼 전략이 숨어 있다. 그럼 이를 배경으로 한 초반이 어떻게 진행되는지 살펴보기로 한다.

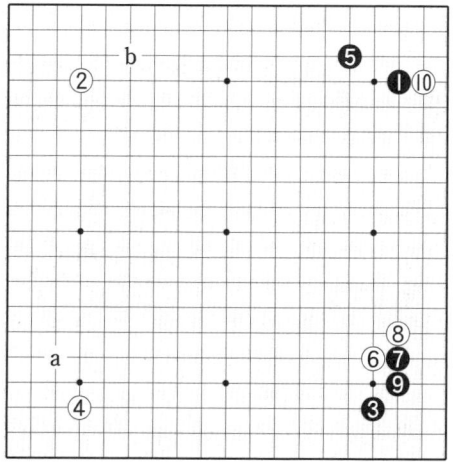

★1보(1~10)

흑1, 3의 양소목에서 5의 굳힘. 긴 바둑을 예고한다. 이 수로 a의 걸침이면 공격 바둑, b의 걸침이면 미니중국식의 모양 바둑을 예상할 수 있다. 백6의 걸침에 흑7, 9는 실리 지향의 무난한 수단이다. 이에 백10의 응수타진. 상용 수단으로 백이 먼저 도발한다.

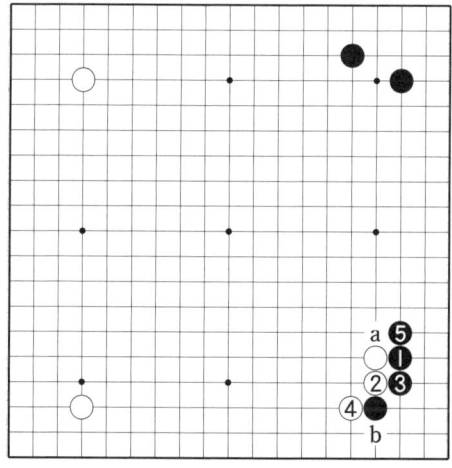

1도(백, 부딪치는 수단)

흑1에 백2, 4로 부딪쳐 가는 수단도 있다. 흑5가 보통일 때 백은 a로 밀어가는 방법과 b로 단수하는 방법이 있다. a면 어려운 정석 코스, b면 간명한 코스로 하변을 중시한다.

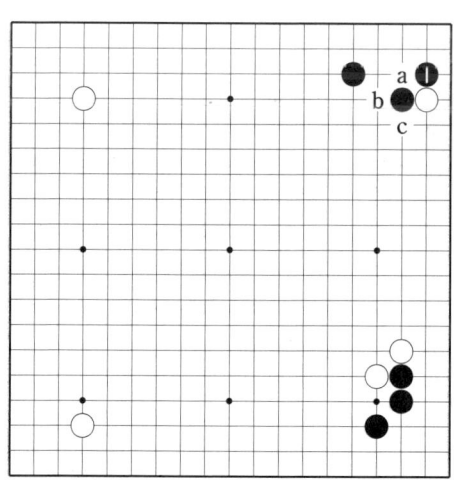

2도(흑, 굴복)

실진 백10에 흑a는 뒷걸음질로 좋을 리 없다. 흑1도 굴복. b의 연속 활용이 신경 쓰인다. 또 흑c는 백a로 사는 뒷맛이 남아 느슨하다.

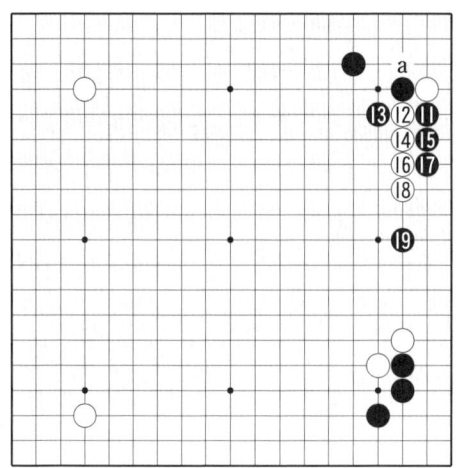

★2보(11~19)

흑11의 바깥 젖힘이 보통이다. 그러면 백12로 끊은 후 18까지는 이렇게 될 곳. 다음 흑19의 협공은 공격적 수단이다. 이 수로 무난하게 두자면 a로 늘어 귀를 지키는 것.

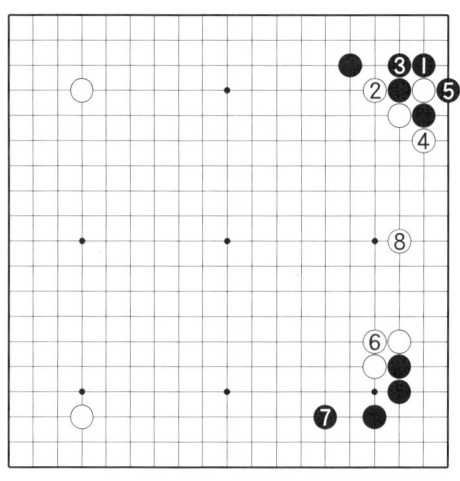

3도(백, 활발)

실전 백12 때 흑1로 잡는 것은 백2, 4가 다 활용으로 들어 재미없다. 그런 다음 백6, 8로 정석 수순을 밟으면 우변의 백이 활발한 모양새다.

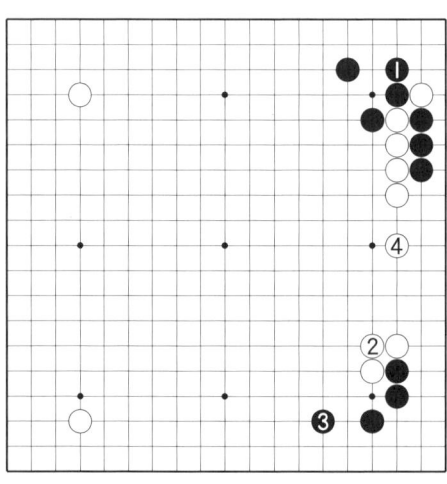

4도(간명)

실전 백18 때 흑1로 귀를 지키면 간명하다. 백은 2, 4로 우변에 모양을 갖춘다. 여기까지 우상, 우하귀가 얽인 상용 포석이다. 다만 흑이 공격적 성향이라면 이 그림을 싫어할 것이다.

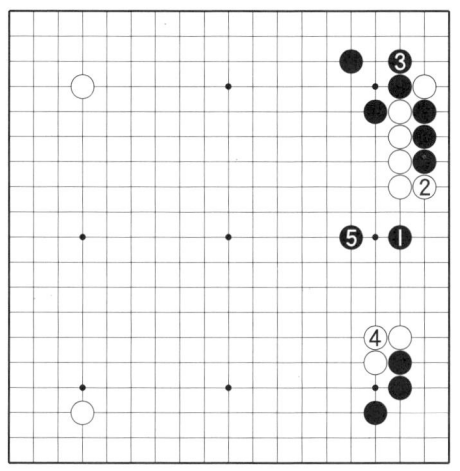

5도(백, 피곤)

흑1의 협공 때 백2로 막는 것
은 흑3으로 지켜 기분 좋다.
백4로 잇지만 흑5로 뛰면 위
아래 양쪽으로 나뉜 백이 피
곤한 모습이다.

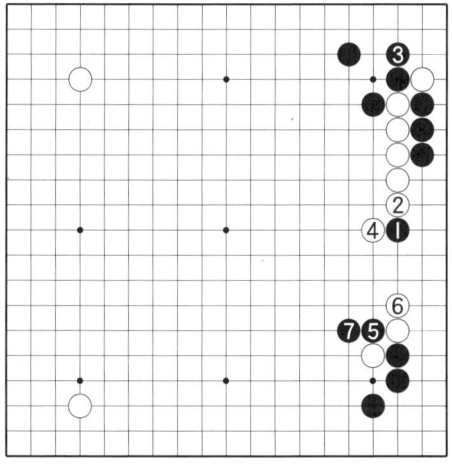

6도(타협)

흑1에 백이 여기를 둔다면 2
의 부딪침이 정수이다. 어차피
흑3으로 지켜야 하므로 4로 한
점을 제압할 수 있다. 그러면
흑5, 7. 서로 적절히 타협한 모
습이다.

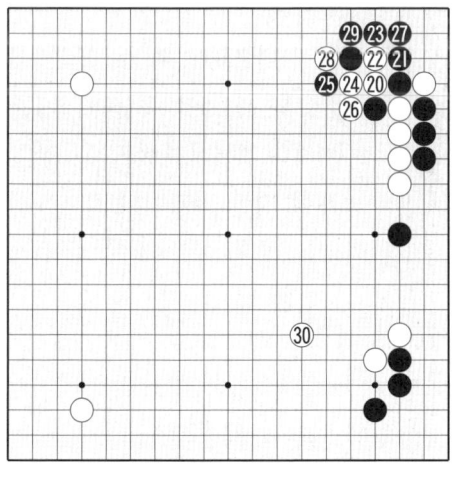

★3보(20~30)

백20, 22는 새로운 시도. 지체
에서 풀어가려는 수단이다. 이
때 흑23, 25는 당연해 보이지
만 어차피 27에 이어야 하므
로 약간 아쉽다. 백은 28을 선
수하여 맛을 남긴 뒤 30으로
가볍게 뛰어 활발한 국면이다.

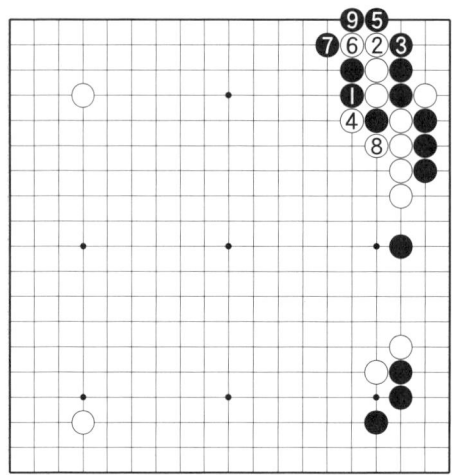

7도(흑, 욕심)

실전 백22에 흑1, 3으로 모는 것은 욕심이다. 일단 백4면 축. 흑5~9로 넘으면서 조이는 수단은 있지만….

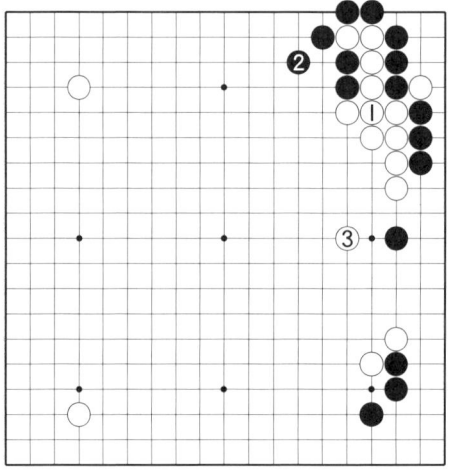

8도(백, 두터움)

백1로 이으면 흑2의 지킴이 필요하다. 여기서 백은 3으로 씌우는 정도로 두터운 결과이다.

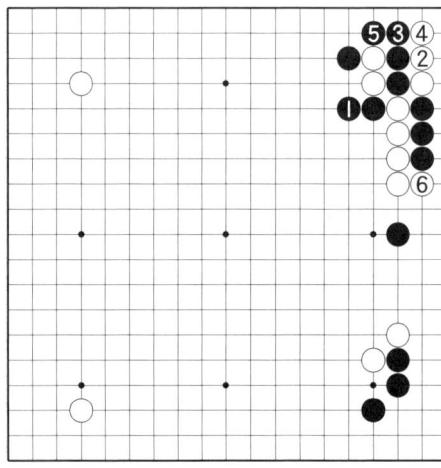

9도(흑, 석점 잡힘)

축이 나쁘다고 흑1로 느는 것은 백2, 4로 알기 쉽다. 흑5를 기다려 백6이면 석점을 잡힌 흑이 망한 결과이다.

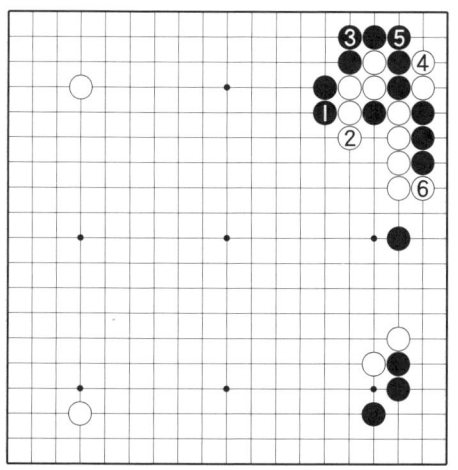

10도(백, 선수 막음)

실전 흑23은 약간 아쉽다고 했지만, 이로 인해 단점이 남았기 때문이다. 만일 실전 백26 다음 흑1, 3으로 좌측 약점을 이으면 백4, 6으로 선수 막음이 아프다. 백의 만족.

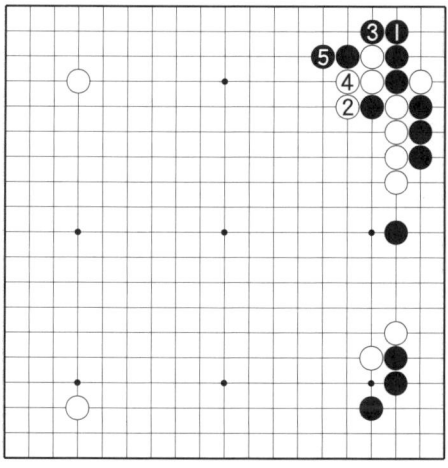

11도(흑1, 무난)

실전 백22에는 흑1로 그냥 느는 것이 무난하다. 약간 허술해 보여도 백2로 잡으면 흑3, 5로 이번에는 실전과 달리 깔끔하다. 일종의 허허실실 행마법.

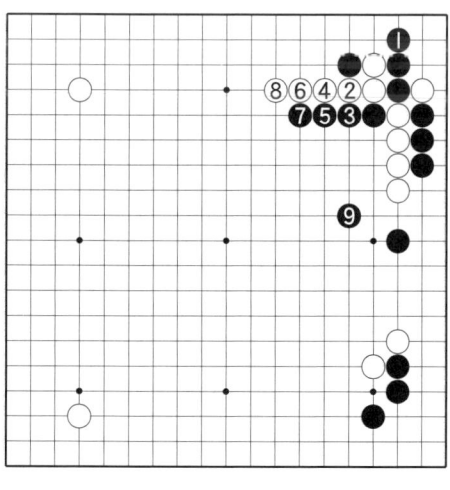

12도(흑, 공격 흐름)

흑1에 백2로 나가면 흑3~7로 쭉쭉 밀어둔 후 9로 씌워 공격하는 흐름이 나쁘지 않다.

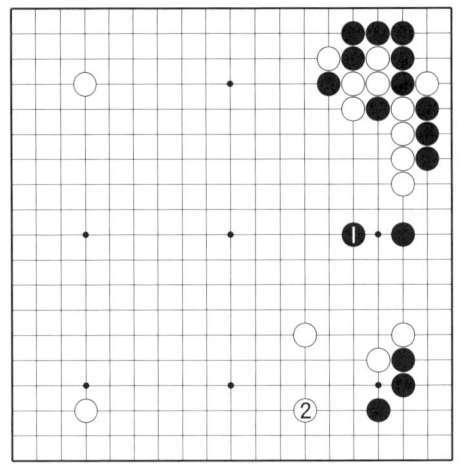

13도(백, 만족)

실전 다음 흑1로 뛰어 중앙에
힘을 실으면 백2로 하변에 뿌
리를 내려 만족이다. 우상 백
일단은 흑도 약점이 있어 크
게 공격당할 모양이 아니다.

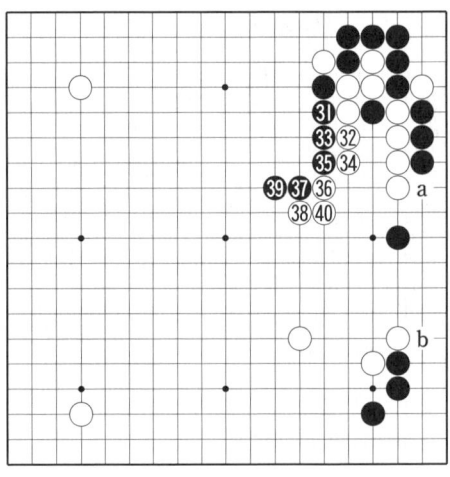

★4보(31~40)

흑은 내친김에 아예 31~35로
밀어간다. 우변은 a와 b가 있
으므로 별것 없다는 태도이다.
백36, 38의 이단젖힘은 기세.
그러면 40의 이음까지는 이런
정도이다.

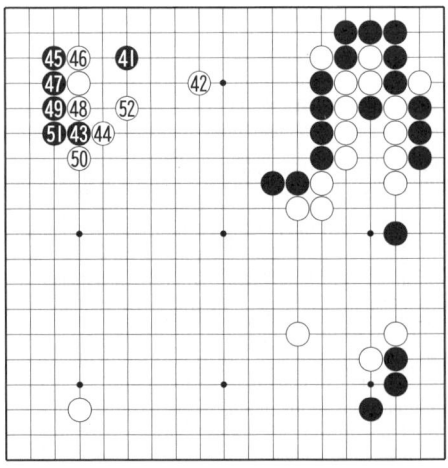

★5보(41~52)

우측 세력을 배경으로 흑41의
걸침. 이에 백은 42로 협공하
여 상변 건설을 방해한다. 흑
43의 양걸침은 고심의 한수.
백44의 붙임도 생각한 수단이
다. 흑45로 삼삼 침입하면 백
46~52까지는 이런 정도. 백이
세력을 방해한 결과 흑은 귀
의 실리, 백은 변에서 힘을 얻
는다.

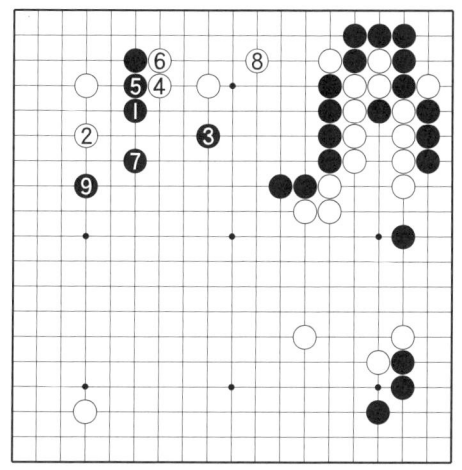

14도(백, 상변 정착)

실전 백42의 협공에 흑1, 3으로 강하게 공격하는 방법도 있지만 약간 모험이다. 이하 9까지 하나의 예상도인데, 서로 어려운 싸움이지만 상변 실리를 빼앗긴 흑이 기분 나쁠지도 모른다.

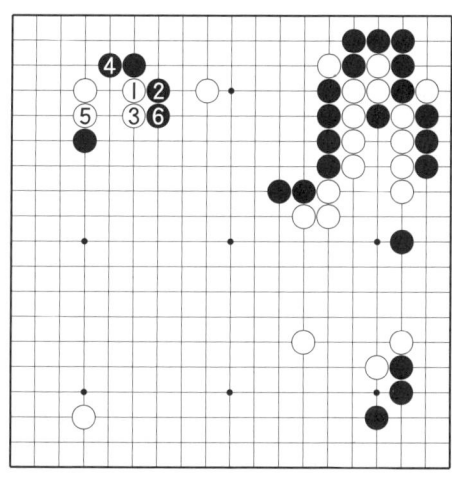

15도(백, 피곤 자처)

실전 흑43의 양걸침 때 백1로 붙이는 경우가 많지만, 여기서는 흑2~6으로 나오면 아무래도 주변의 여건상 백이 더 어려운 싸움이다.

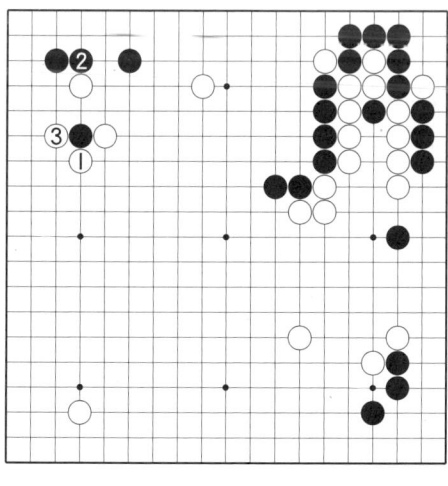

16도(백, 간명한 방법)

실선 흑45의 침입에 백이 간명하면서 두텁게 두자면 1로 젖히고 흑2로 연결할 때 3으로 한점을 제압하는 수단도 생각할 수 있다.

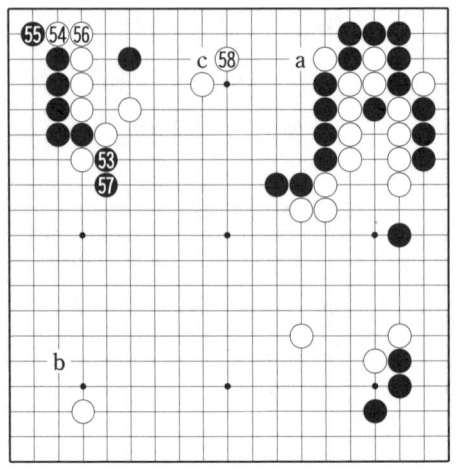

★6보(53~58)

흑53으로 끊을 때 백54, 56은 소위 역끝내기. 흑57이 필연일 때 백58로 두텁게 지켜버리니 상변 실리도 만만치 않다. a의 뒷맛도 자랑. 백58은 b로 굳히고 싶지만 흑c로 붙여 수단을 부리면 시끄럽다. 이제 흑은 분발할 시점. 아마 b쪽의 걸침부터 전단을 모색할 것이다. 중반 실전도 그런 방향으로 가지만, 시작은 두칸 걸침이다.

17도(백, 불만)

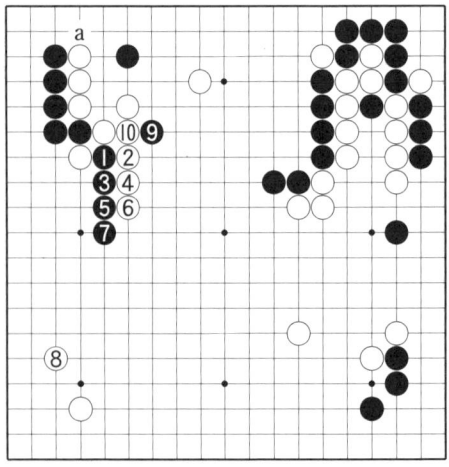

흑1의 끊음에 백은 2~6으로 밀어놓고 8의 굳힘도 얼핏 생각할 수 있다. 이때 흑9는 기분 좋은 활용. 이 진행은 차후 흑a의 젖힘이 절대 선수라 상변 백집이 보기보다 볼품없다. 백의 불만.

18도(흑, 선수 젖혀이음)

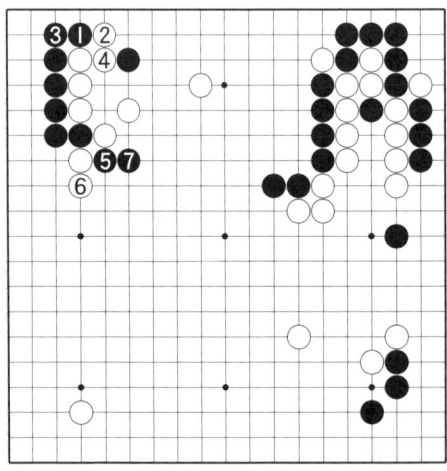

차라리 흑은 1, 3을 먼저 선수한 후 5로 끊는 것이 나은 것 같다. 귀의 실리를 먼저 차지한 후 백6이면 흑7로 주변 배경을 토대로 충분히 싸울 수 있다.

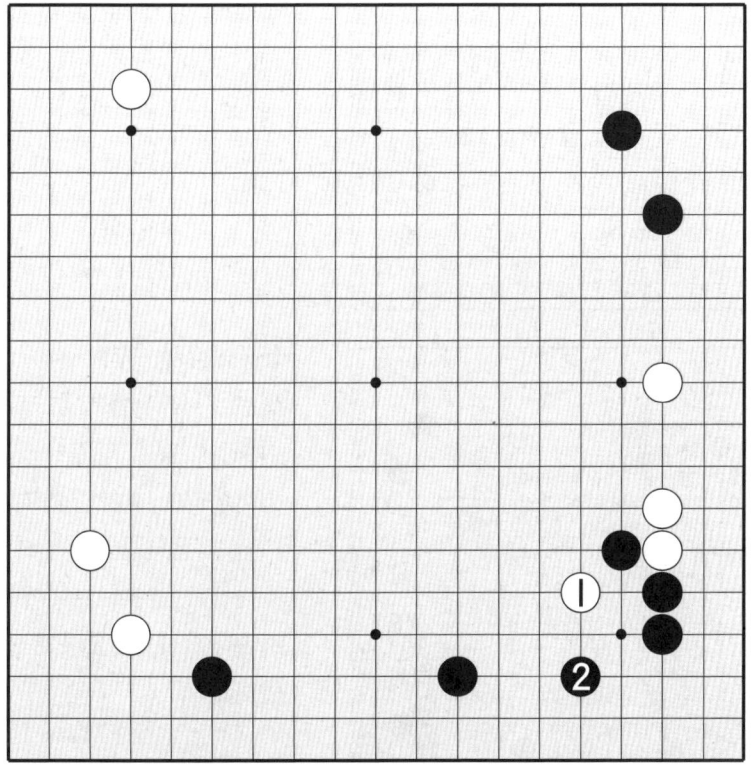

14회 농심신라면배 본선13국(셰허 : 박정환) 2013. 2. 28

하변은 흑의 미니중국식. 정확하게 말하면 변형 미니중국식 포석이다. 우변은 백의 갈라침으로부터 시작된 변화이다. 흑이 우하 모양을 키워갈 때 백은 1의 활용이 모양을 삭감하는 급소이다. 흑은 잇지 않고 2로 변에서 받는다. 그럼 이를 배경으로 한 초반이 어떻게 진행되는지 살펴보기로 한다.

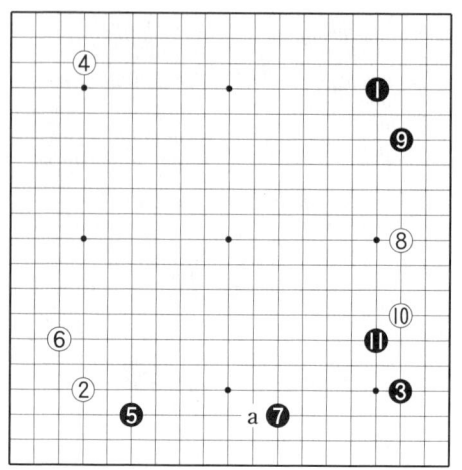

★1보(1~11)

하변 흑3~7은 변형 미니중국식이다. 참고로 7이 a 자리에 있다면 원조 미니중국식이다. 백8, 10의 두칸 벌림이 보통일 때 흑11의 씌움은 모양을 키우는 수단이다.

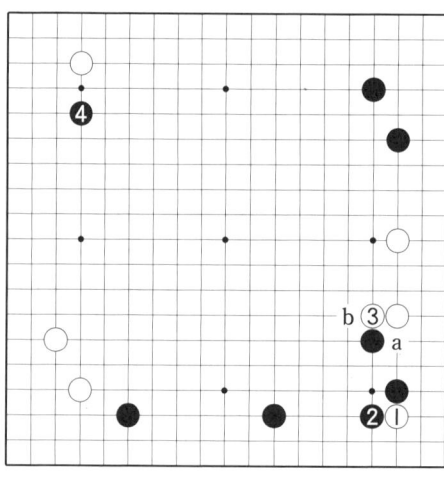

1도(초창기 수법)

실전 다음 백1로 응수타진하여 귀에 맛을 남긴 뒤 3으로 밀어올리는 것이 초창기 수법이다. 흑은 4쪽의 걸침으로 손을 돌리는 것이 보통이다. 그 전에 a와 b는 교환해 둘 수 있다.

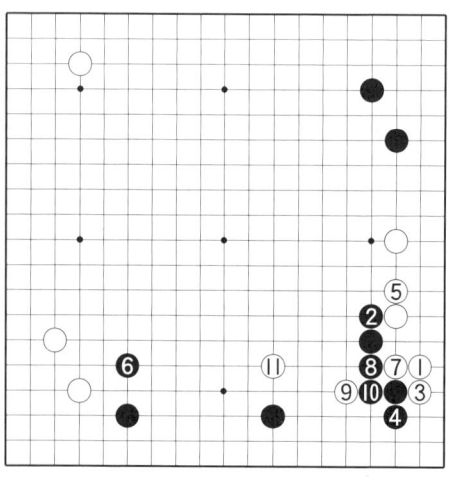

2도(백, 날일자 달림)

흑이 씌울 때 백1로 달리는 경우가 많다. 흑2로 밀면 백3, 5로 받는다. 흑6으로 모양을 키울 때 백7, 9로 활용한 후 11로 삭감하는 흐름이 예상된다.

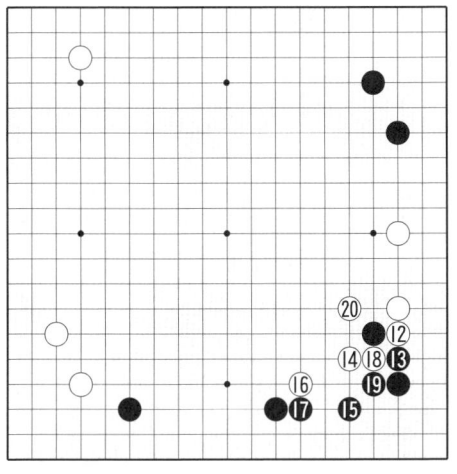

★2보(12~20)

실전은 백이 달리지 않고 12, 14로 활용하며 삭감한다. 흑이 잇지 않고 15로 변을 지키자, 백은 16을 활용한 후 18로 당연한 끊음이다. 흑19는 귀의 집을 확실히 지키려는 뜻. 은근히 중앙 싸움도 회피하려 한다. 그러면 백20으로 잡아 두텁다.

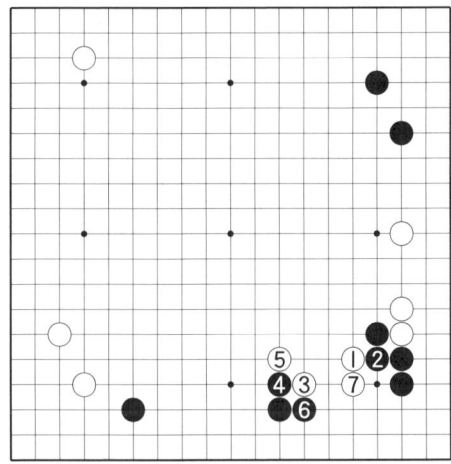

3도(흑, 이음)

백1의 활용에 흑2로 이으면 백3의 어깨짚음이 연관된 삭감수단이다. 흑4, 6이면 백5, 7로 서로 어려운 싸움이 예상된다.

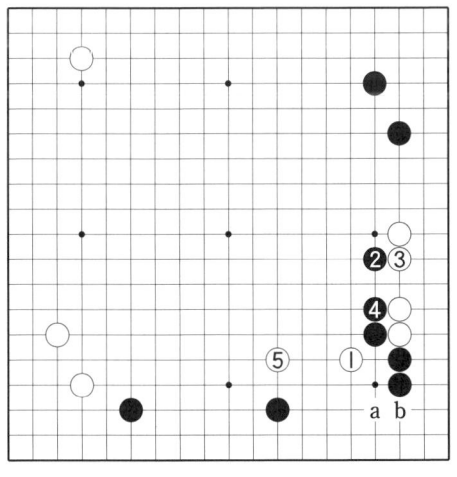

4도(흑, 우변 눌러가는 수단)

백1에 흑2, 4로 눌러가는 수단도 생각할 수 있다. 그러면 백5의 가벼운 삭감이 하나의 방법이다. 그 전에 a와 b를 교환할 수 있다.

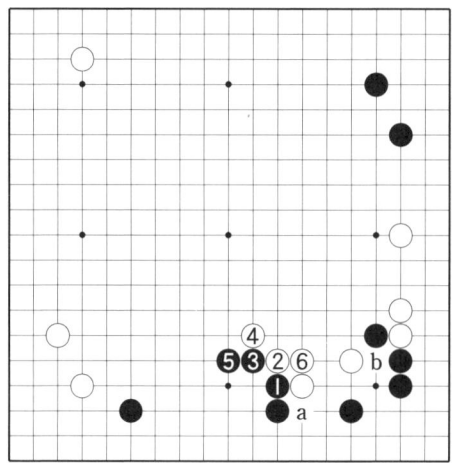

5도(행마의 리듬)

실전 백16의 활용에 흑1로 반발하면 백2, 4의 이단젖힘이 행마의 리듬이다. 흑5에 백6의 이음. 다음 백은 a와 b를 맞봐 좋은 흐름이다.

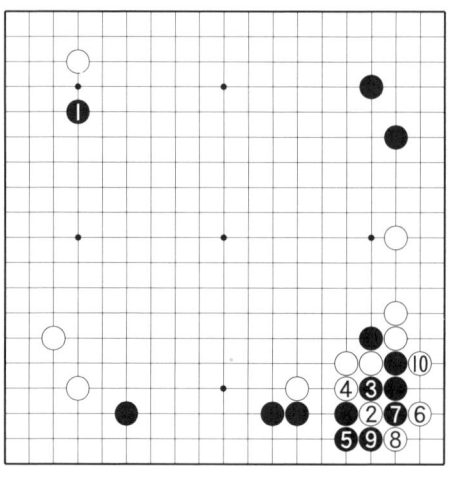

6도(귀의 뒷맛)

실전 백18로 끊을 때 흑은 1로 손을 돌리는 것이 보통 발빠르다. 다만 귀에는 백2~10으로 기분 좋은 활용이 남는다. 실전 흑19는 이를 대비한 것.

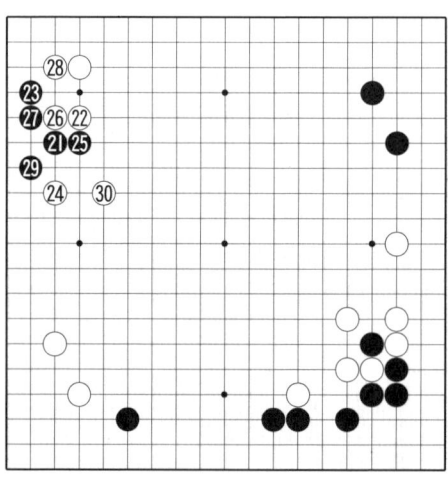

★3보(21~30)

흑21의 눈목자 걸침. 어디까지나 서두르지 않는다. 백이 22, 24로 적극적이다. 흑25에 백26, 28은 상용 수단. 흑29의 수비가 보통일 때 백30은 멀리 우하 방면의 두터움을 배경으로 한 공격적 수단이다.

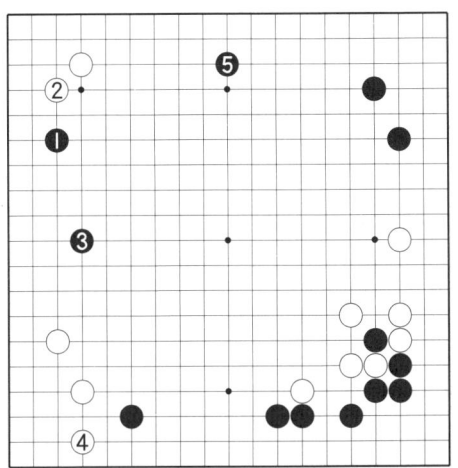

7도(흑, 발빠른 벌림)

흑1의 눈목자 걸침에 백2면 보통이다. 흑3으로 벌리고 백4로 지키면 흑5로 상변도 벌린다. 흑이 발빠르게 큰 곳을 차지하여 내심 바라는 그림일지도 모른다.

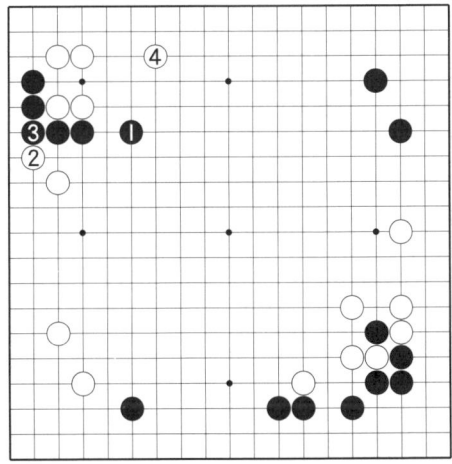

8도(백, 선수 활용)

실전 흑29로 1에 뛰는 것은 백2의 선수 활용이 아프다. 그리고 4에 벌리면 안형이 부족한 흑이 허공에 뜬 꼴. 아무래도 흑이 운신하는 데 제약을 받는다.

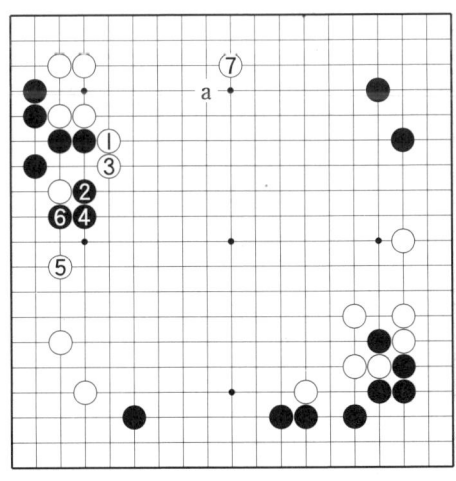

9도(흑, 좌변 안정)

실전 흑29 다음 보통은 백1로 젖힌 후 6까지. 다음 백7로 벌린다. 흑이 좌변을 두텁게 안정한 후 상변도 a의 삭감이 있어 충분하다고 백은 생각했는지도 모른다. 실전 백30을 선택한 배경이기도 하다.

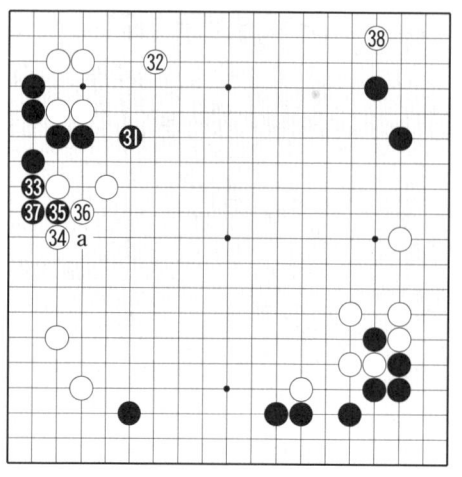

흑31에 뛰고 백32의 벌림은 이런 정도. 여기서 흑은 2선이지만 33~37로 살아두는 길을 택한다. 다음 백은 a의 단점이 남았지만 38로 큰 곳에 침투한다. 백이 실전 30으로 비틀면서 여기까지 주도적으로 이끄는 모양새다.

10도(흑, 공격 성향)

실전 백32 다음 흑이 공격 성향이라면 흑1~5로 등을 두텁게 한 후 7의 협공도 생각할 수 있다.

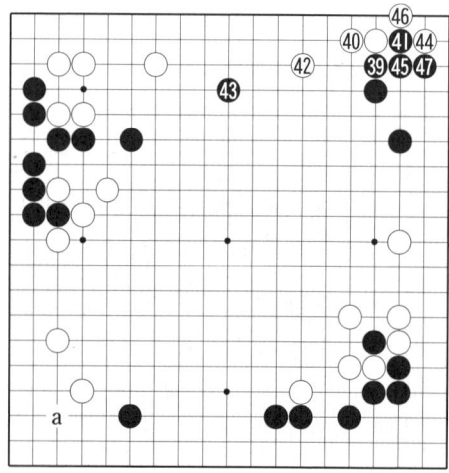

흑39로 붙인 후 42까지는 하나의 틀. 상변 백의 진영이 넓으므로 흑은 즉각 43으로 갈라친다. 달리 큰 곳이라면 a의 침입도 생각할 수 있다. 백44의 붙임은 상용 수단. 47까지는 이렇게 될 곳이다.

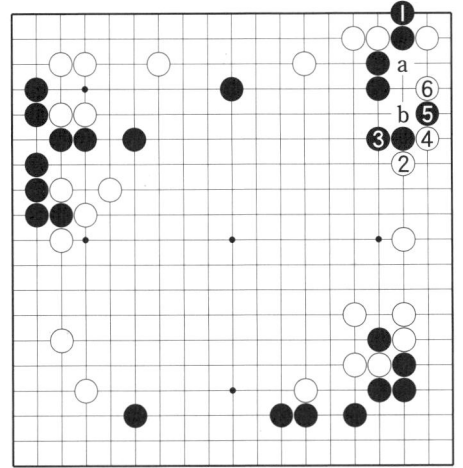

11도(흑, 욕심)

실전 백44로 붙일 때 흑1로 늘어 귀를 다 차지하려는 것은 욕심이다. 뒷맛이 나빠, 만일 백2에 흑3이면 백4, 6의 붙임이 맥점. 흑이 a와 b의 약점으로 곤란하다.

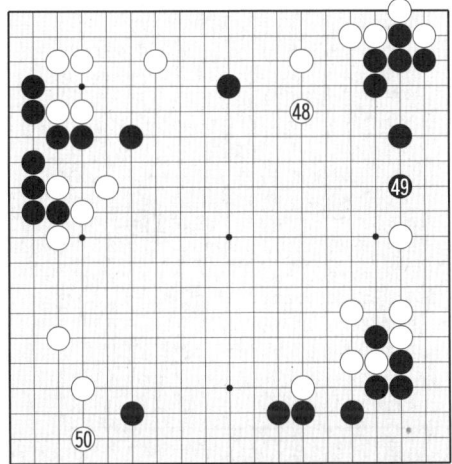

★6보(48~50)

백48, 중앙으로 향할 때 흑49는 좁지만 백이 거기를 둔다고 생각하면 큰 곳이다. 우변 안형 확보와 더불어 중앙 경합에 도움을 준다. 이제 백50의 지킴도 큰 곳이다.

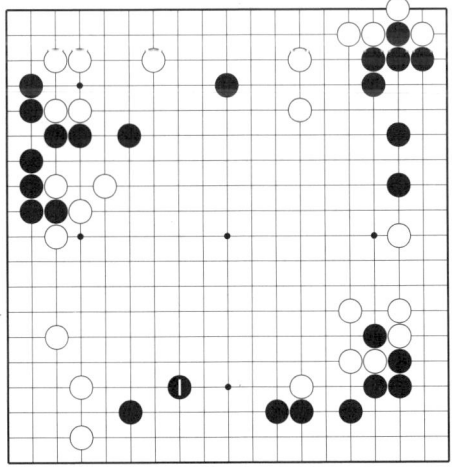

12도(중반 예고)

이 바둑은 잎으로 하변과 상변의 처리가 포인트이다. 하변은 흑이 한수로 대충 지킬 수 있고, 상변 싸움에 따라 이 바둑의 윤곽이 드러날 것이다. 중반은 일단 흑1의 지킴부터 실전이 시작된다. 그러면 백은 역시 상변에 대한 공격이 초점일 터.

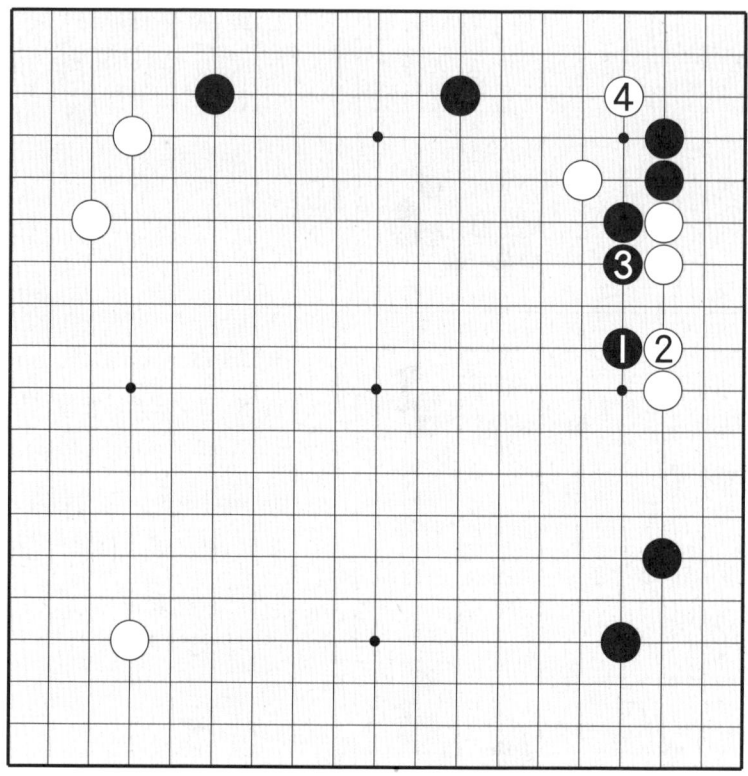

14회 농심신라면배 최종국(박정환 : 장웨이제) 2013. 3. 1

상변은 흑의 변형 미니중국식 포석. 우변은 백이 갈라침에
서 두칸 벌리고 흑이 씌웠을 때의 새로운 변화다. 백이 밀
고나서 중앙에 활용할 때 흑은 1, 3으로 우변을 두텁게 눌
러간다. 여기서 백4로 귀에 응수를 물은 장면이다. 그럼 이
를 배경으로 한 초반이 어떻게 진행되는지 살펴보기로 한다.

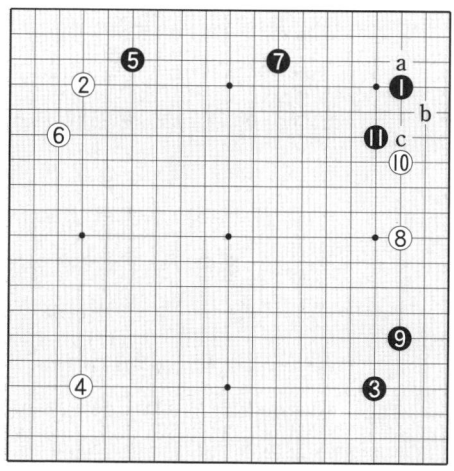

★1보(1~11)

흑은 1, 3의 소목과 화점을 기반으로 7까지 변형 미니중국식 출발이다. 백은 2, 4의 양화점에서 8의 갈라침. 우변 흑 11의 씌움까지 잘 나오는 상용 포석이다. 여기서 백은 귀에 a의 붙임, 또는 변에서 b나 c의 선택이 보통이다.

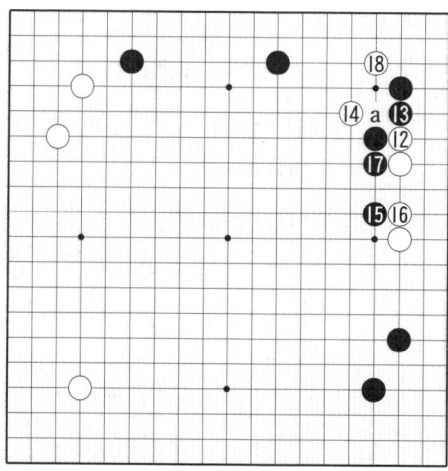

★2보(12~18)

실전은 백12로 민 후 14로 들여다본다. 활용하는 듯하지만 흑모양에 대한 삭감 성격도 있다. 흑은 a로 이으면 굴복이라 보고 15, 17로 우변을 두텁게 눌러 반발한다. 여기를 손뺐으므로 백18로 귀에 다가서 반응을 보는 것은 기세다.

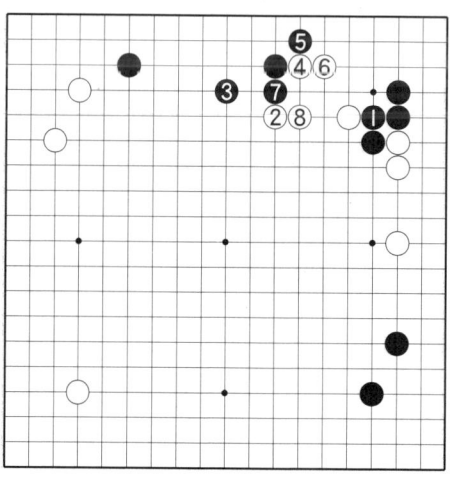

1도(이으면 간명)

실전 백14에 흑1로 이으면 일단 간명하다. 그러면 백은 중앙에서 삭감하는 분위기로 2에 씌우는 것이 하나의 요령이다. 흑3의 날일자 행마에 백은 4~8로 모양을 갖추는 자세가 좋다.

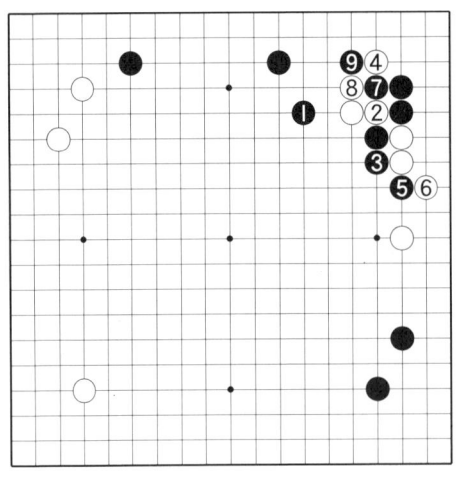

2도(흑, 적극적 공격)

흑은 잇는 것이 굴복이라 본다면 1의 적극적 공격도 생각할 수 있다. 백2로 끊으면 흑3. 이때 백이 우변을 받으면 중앙이 봉쇄되므로 먼저 4로 귀를 엿보면 흑5의 젖힘을 선수한 후 7, 9로 끊어가는 진행이 예상된다. 서로 어려운 싸움이다.

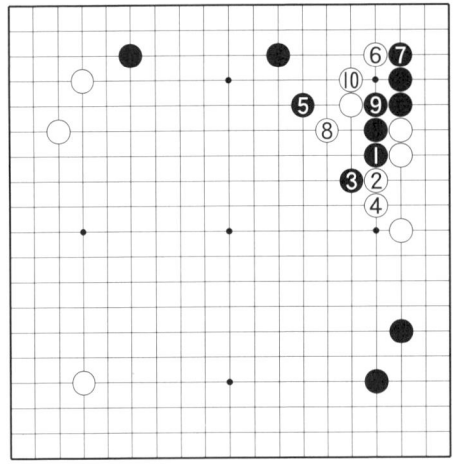

3도(누른 후 공격)

흑이 확실한 공격을 하겠다면 1, 3으로 누른 후 5로 둘 수 있다. 백은 귀에 6을 활용한 후 8로 나간다. 흑9로 이으면 백10으로 연결하는 흐름이 예상된다.

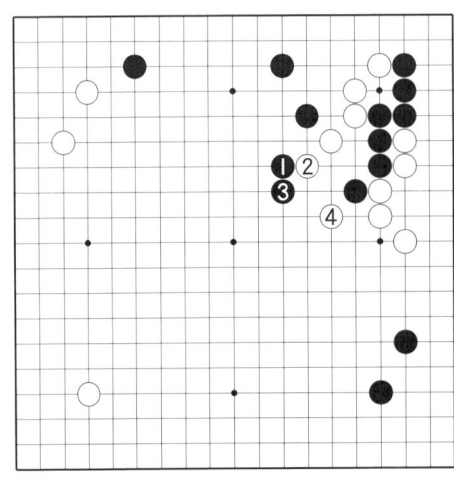

4도(난전)

계속해서 흑1의 공격에 백2, 4로 우상귀를 포위하는 형태로 버틴다. 실전에 나온 바 있는 흐름이다. 우상귀 형태가 불분명하여 역시 어려운 싸움이다.

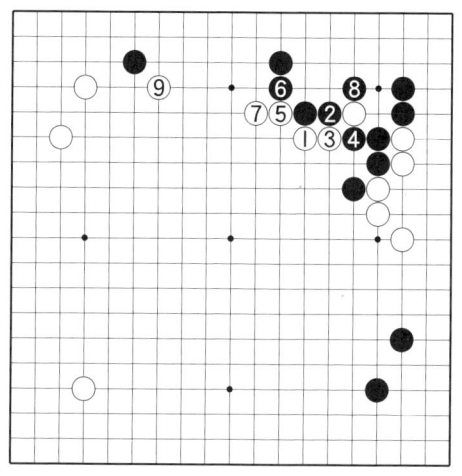

5도(백, 두터운 방법)

백은 실리를 내주고 두텁게 두는 방법도 있다. 3도 흑5 때 백1의 붙임이 그것. 흑2로 후퇴하면 백3~7로 우상 실리를 내주고 중앙에 모양을 만든 후 9 정도로 어깨짚어 두텁게 둔다. 수순 중 흑8은 안 두면 뒷맛이 고약하여 지킨 것.

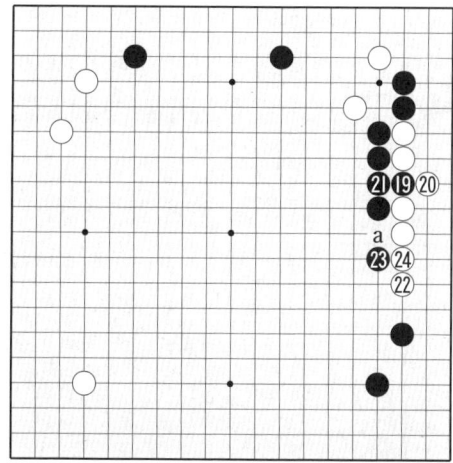

★3보(19~24)

흑은 19, 21로 두텁게 끼워이으며 우변 백부터 추궁한다. 백22의 지킴. 이 수로 a의 꼬부림도 생각할 수 있다. 계속해서 흑은 23의 활용으로 두터운 행마를 견지한다. 백24의 이음은 당연.

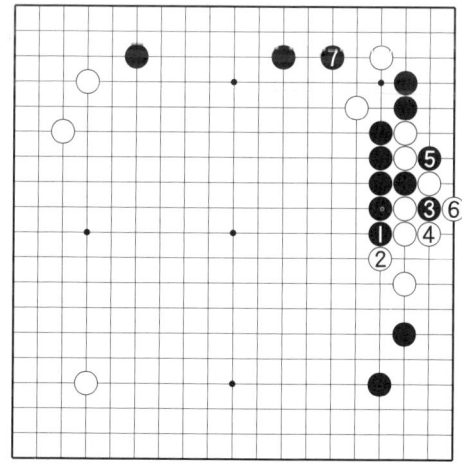

6도(흑, 활용 수단)

실전 백22로 지킬 때 흑은 1로 누르고 백2로 막으면 3, 5로 활용하는 수단도 있다. 백6을 기다려 흑7의 공격이 예상된다.

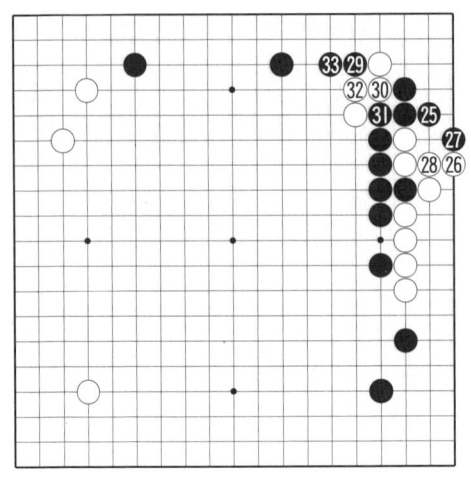

★4보(25~33)

흑은 25, 27을 선수한 후 29 의 붙임으로 맥을 짚어 공격 한다. 백30에 흑31, 33으로 자 연스럽게 잇고 늘면서 공격을 이어간다.

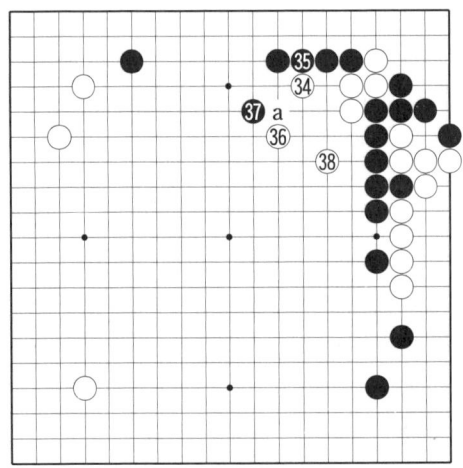

★5보(34~38)

백도 34를 선수 활용한 후 36 으로 탈출 자세를 갖춘다. 흑 도 집으로는 안심할 수 없다 보고 37로 백 곤마를 향해 바 짝 고삐를 쥔다. 그런 심리를 의식했는지 백은 38로 튼튼하 게 지킨다. 달리 a로 막는 지 킴도 있을 것이다.

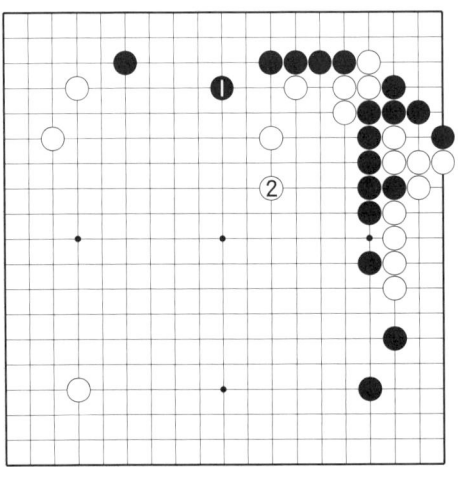

7도(흑, 느슨)

실전 백36의 지킴에 흑1로 평 범하게 상변을 지키면 백2로 뛰어 발빠르게 공격권에서 벗 어난다. 흑의 느슨한 결과.

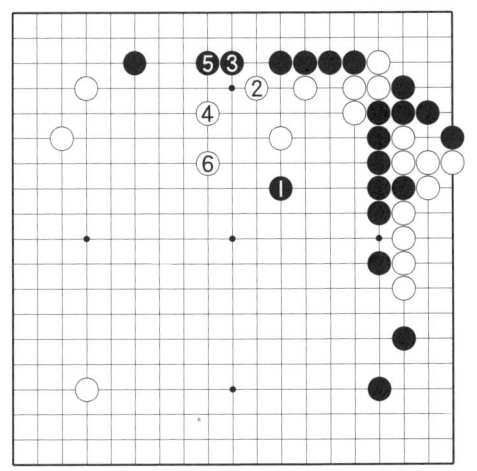

8도(흑, 중앙 공격)

흑1로 씌우는 중앙 공격이 때
론 강력한 의미가 있지만, 지
금은 백2, 4로 상변을 압박한
후 6으로 지켜 흐름이 나쁘지
않다.

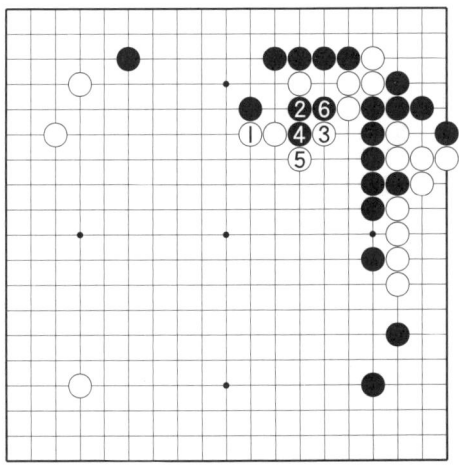

9도(백, 곤란)

실전 흑37에 백1로 누르는 것
은 흑이 바라는 바다. 2의 붙
임이 흑이 노리는 공격 맥점
이다. 백3에 흑4, 6이면 백이
곤란하다.

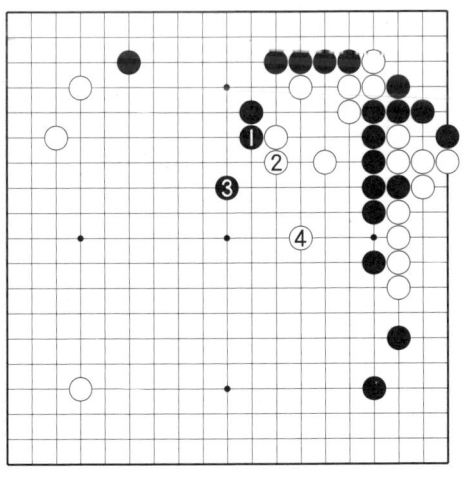

10도(흑, 추격)

실전 다음 흑이 중앙을 넓게
두자면 1, 3으로 추격하는 것
이 하나의 방법이다. 그러면
백4 정도로 진출하는 흐름이
예상된다.

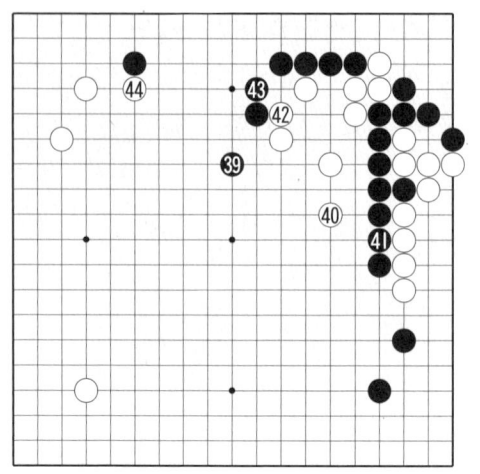

★6보(39~44)

실전은 한 템포 줄여서 흑39의 날일자 추격. 백은 40으로 흑41을 잇게 한 후 42로 자체 안형을 두텁게 손질한다. 흑43으로 굳혀주지만 백44로 붙여 상변 흑모양이 커지기 전에 발빠르게 지우려는 뜻도 있다.

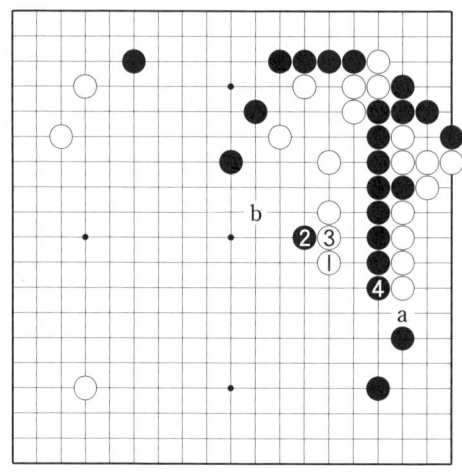

11도(백, 무거워질 염려)

실전 흑41에 이을 때 백이 내친 김에 1로 추격하는 것은 흑2, 4의 수순으로 오히려 백이 무거워질 염려가 있다. 이후 흑a도 우변 사활상 선수로 든다. 백1로 중앙을 둔다면 b정도가 보통일 것이다.

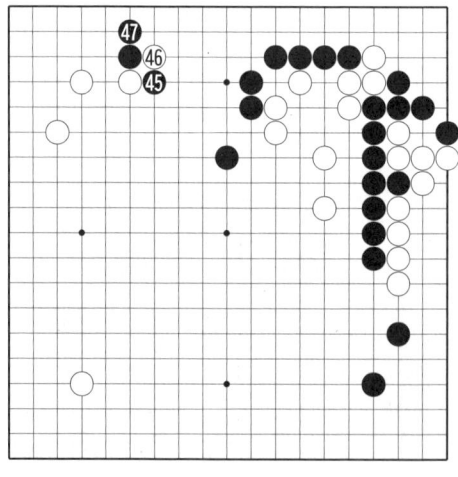

★7보(45~47)

흑45의 젖힘에 백46의 끊음. 상변이 흑의 세력권이므로 실리를 주더라도 모양을 효율적으로 정리하기 위한 수단이다. 이때 흑47의 뻗음은 다소 의외지만 역으로 노림을 품은 수단이다.

186

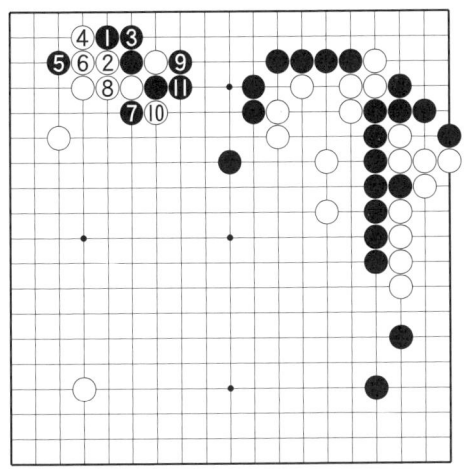

12도(무난)

실전 흑47로 보통은 1의 마늘
모 행마가 많이 쓰인다. 백2,
4로 막으면 흑5, 7을 활용한
후 9로 잡는다. 백10에 흑11.
무난한 흐름이다.

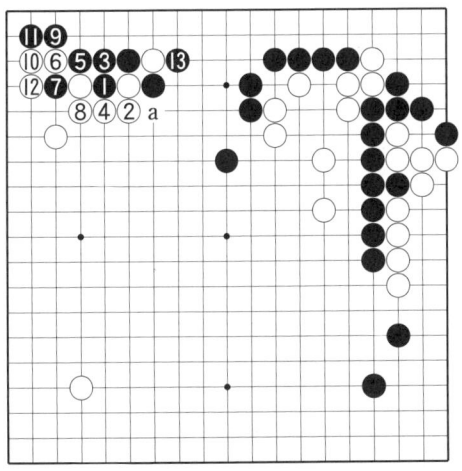

13도(백, 두터움)

흑1~5로 귀에 파고드는 경우
도 있는데 여기서는 아마추어
수법이다. 백6에 흑7~11을 선
수한 후 13으로 잡아 실리를
강조하지만, 백a가 선수인 점
을 감안하면 흑의 실리보다 확
실하게 정리된 백의 두터움이
앞선다.

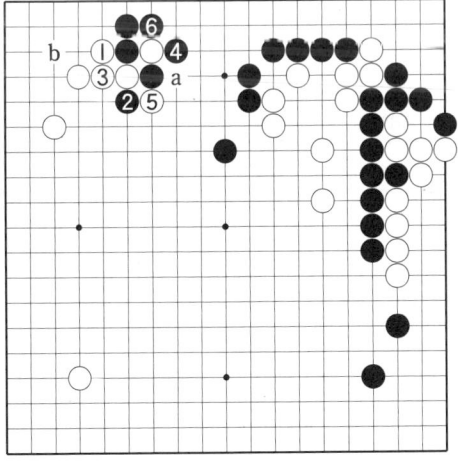

14도(귀의 뒷맛)

실전 흑47에 백1로 막으면 흑
2, 4로 잡을 예정이다. 백5로
끊으면 흑a로 잇지 않고 6으
로 따내는 것이 일종의 노림
이다. 차후 b의 삼삼 침입을
남긴 점이 12도와의 차이다.

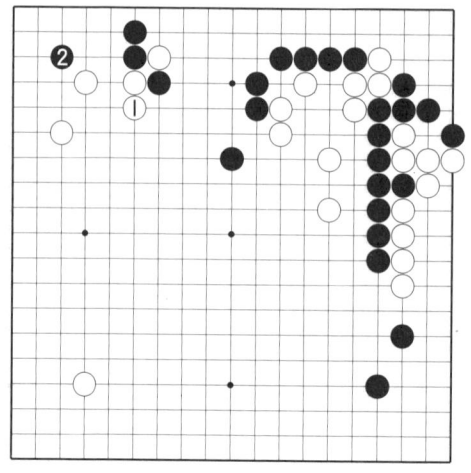

15도(흑, 삼삼 침입)

그렇다고 백1로 중앙 쪽을 두 텁게 하면 흑2의 삼삼 침입이 노출되어 재미없다.

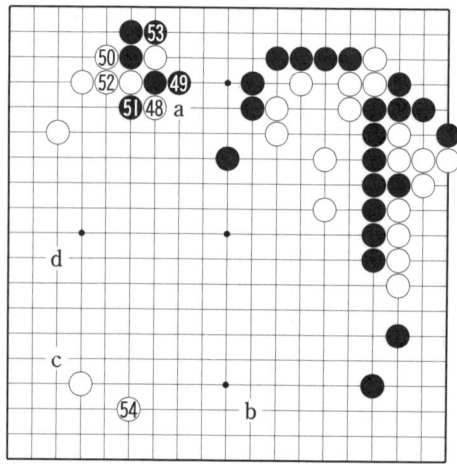

★8보(48~54)

그런 이유로 백48로 먼저 단수한 후 50으로 막은 것은 고심의 수단이다. 그러면 흑은 51의 선수 후 53쪽으로 단수하는 것이 요령이다. 그러면 백도 a로 미는 맛이 약간 남는다는 뜻. 여기서 손을 돌려 54로 지킨 장면이다. 지금까지 백이 약간 편한 국면으로 보인다. 앞으로 흑은 하변 b의 벌림이 크고, 백은 c의 굳힘이나 좌변 d의 벌림이 크다.

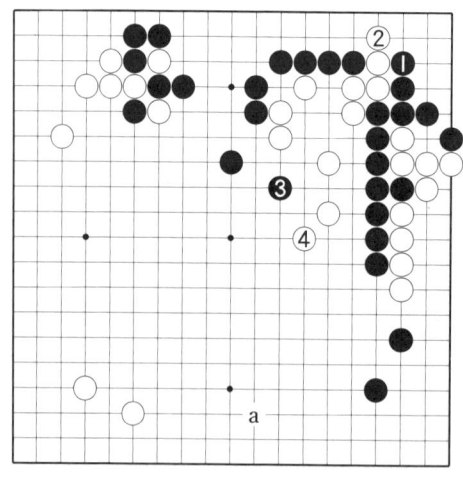

16도(중반 예고)

흑은 중앙 공격에 뜻을 두고 싶지만 가령 1, 3으로 안형을 공격하면 백4로 진출하여 당장은 쉽지 않다. 중반 실전은 역시 하변 흑a의 벌림부터 시작된다.

4 장

효율을 중시하는
속도형 초반

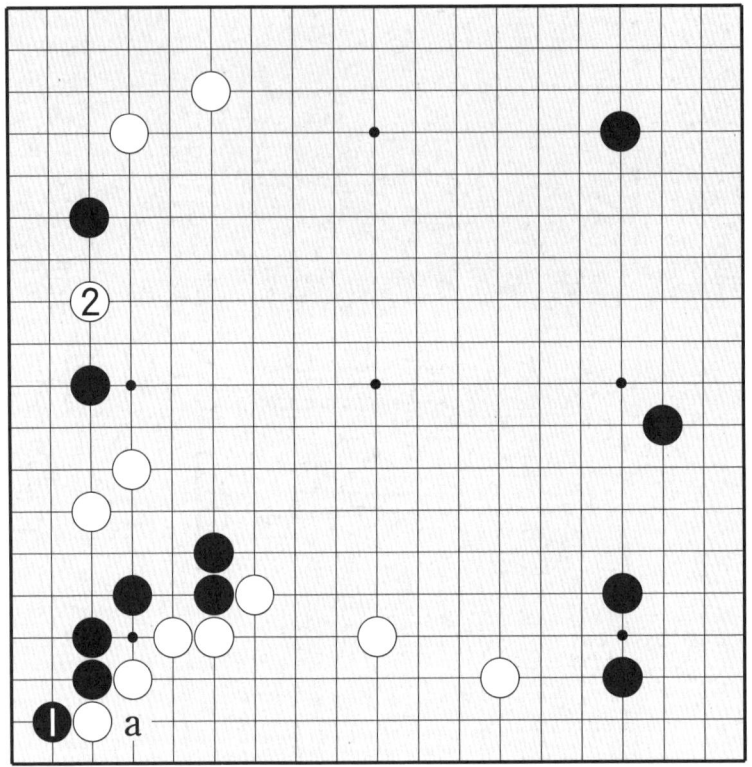

17회 삼성화재배 16강전(미위팅 : 최철한) 2012. 10. 9

흑의 중국식 포석. 백은 화점·소목에서 하변 모양으로 대항한다. 좌반부는 백의 소목에 흑이 걸치고 백이 협공할 때 흑이 되협공하면서 생겨난 모양이다. 서로 귀와 변을 연계하면서 발빠르게 두려는 폭넓은 발상이 담겨 있다. 좌하귀 흑1의 젖힘에 a로 잇지 않고 백2의 침입. 어디까지나 주도권을 잃지 않으려는 장면이다. 그럼 이를 배경으로 한 초반이 어떻게 진행되는지 살펴보기로 한다.

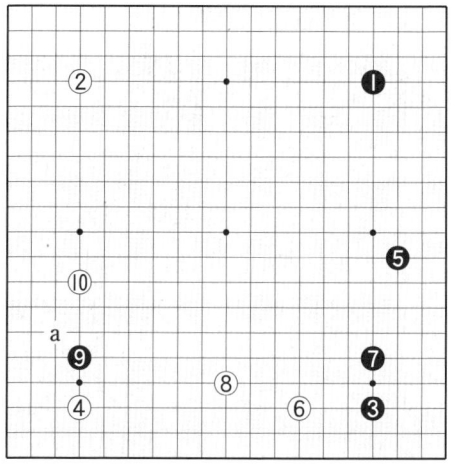

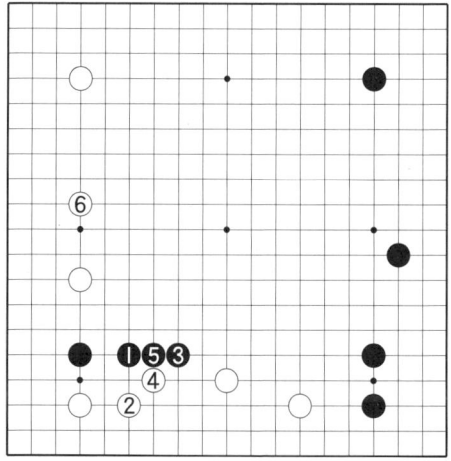

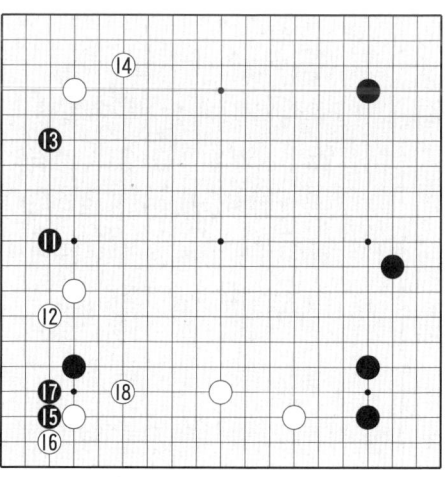

★1보(1~10)

우변 흑의 중국식 포석. 백은 화점과 소목에서 6, 8로 하변에 모양을 건설한다. 흑9의 한 칸 걸침은 백10의 두칸 높은 협공이 안성맞춤이라 잘 두지 않는다. 이렇게 걸쳤을 때는 생각한 작전 구상이 있을 것이다. 보통은 a의 눈목자나 두 칸으로 유연하게 걸친다.

1도(백, 활발)

실전 다음 흑이 1, 3으로 뛰어나가는 것은 백이 4를 활용하여 하변을 임시 조치한 후 6으로 좌변까지 발빠르게 지킬 수 있다. 흑이 한칸으로 걸치지 않은 주요 이유로, 백이 활발한 국면이다.

★2보(11~18)

흑11의 되협공. 백12로 귀와 연결고리를 차단할 때 흑13으로 걸쳐 좌변에 터를 잡는다. 그런 후 15, 17로 귀를 움직인다. 흑은 좌변과 연계한 폭넓은 구상이 있었던 셈. 백18은 약간 허술하지만 하변을 중시한 대응법이다.

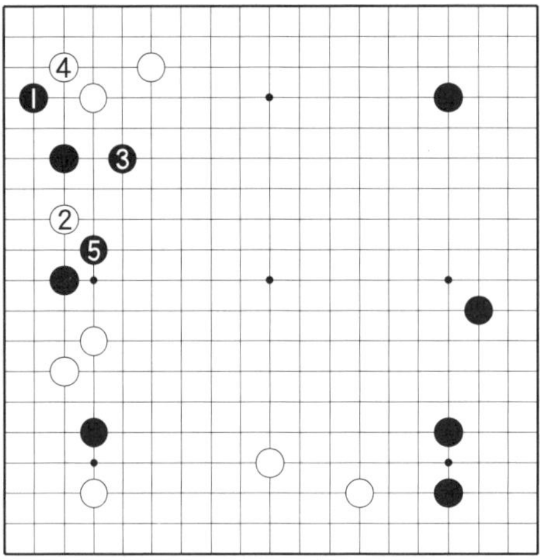

2도(흑, 좌변 정리)

실전 흑15는 좌상귀 1로 파고 들어 좌변부터 먼저 정리해 갈 수 있다. 그러면 백2의 침입으로 응수를 묻는다. 흑3으로 뛴 후 백4로 귀를 지키면 흑5로 가둔다. 하나의 예상되는 갈림이다.

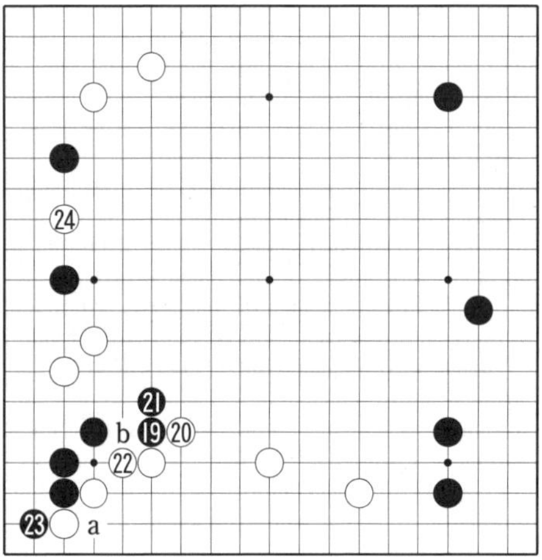

★3보(19~24)

귀부터 둔 이상 흑은 19, 21로 중앙으로 진출한다. 이에 백은 20, 22로 약점을 추궁하며 하변을 정리해 간다. 흑23의 젖힘은 귀의 요소. 이때 백은 a의 이음도 집으로 크지만 24의 침입을 먼저 감행한다. 경우에 따라 b를 노리겠다는 뜻도 있다.

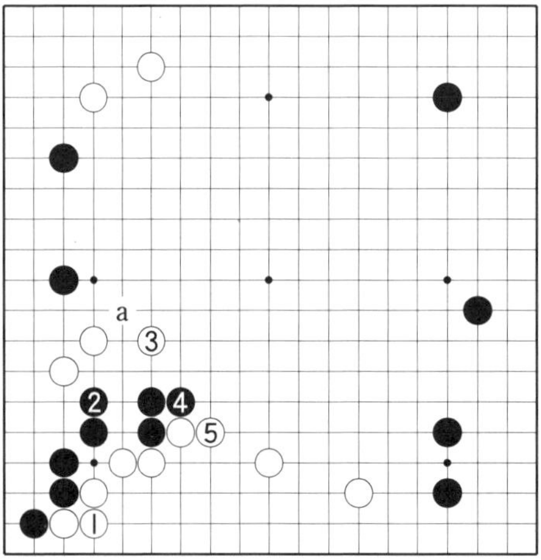

3도(백, 귀의 이음)

실전 흑23에 백1로 이으면 흑2로 지키고 백3, 5로 추격하는 흐름이 예상된다. 흑도 a의 활용이 있어 서로 동행하는 싸움으로 전개될 양상이다.

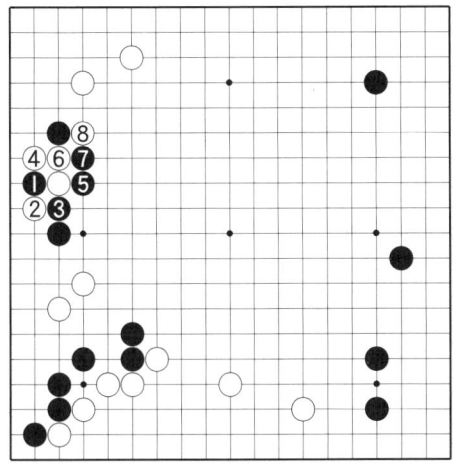

4도(백, 주도적)

실전 다음 흑1의 붙임은 백2
로 즉각 젖힌 후 8의 끊음까
지, 백의 주도적인 흐름일지도
모른다.

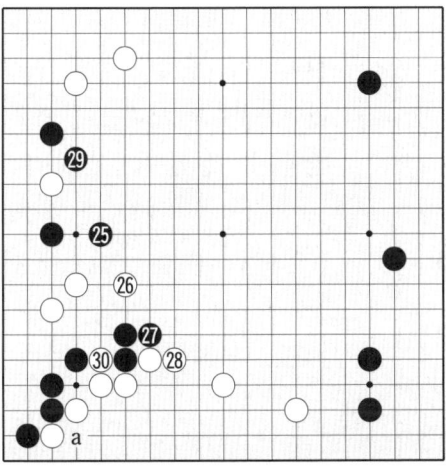

★4보(25～30)

실전은 흑25로 뛰고 백26을
기다려 흑27로 이쪽 중앙을 하
나 선수해 둔 후 29로 좌변 한
점을 가둔다. 백30으로 뚫은
것은 중앙을 중시한 두터운 수
단이다. 실리만 생각한다면
a의 이음이 클 것이다.

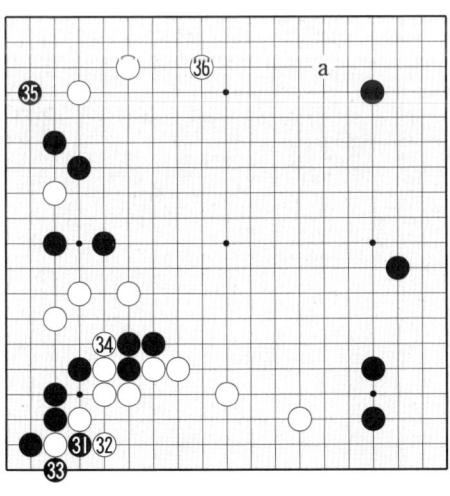

★5보(31～36)

흑31, 33으로 귀의 한점을 잡
은 것은 당연하다. 백은 34로
관통하며 뒷맛을 없애 중앙 세
력으로 대항한다. 흑35는 귀
의 실리를 중시한 수단이다.
백은 36으로 상변에 두칸 벌
려둔다. 다음 흑이 a의 지킴이
면 보통이다.

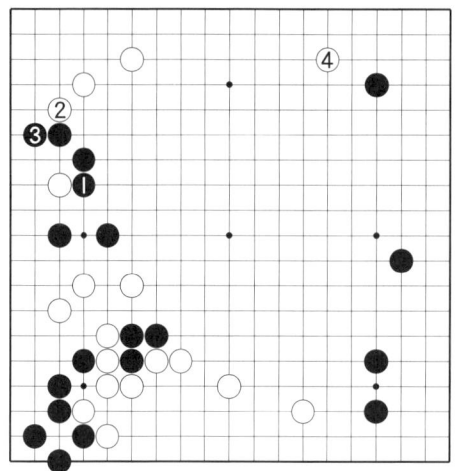

5도(흑, 두터움 중시)

실전 흑35로 백의 세력을 의식하여 여기를 두텁게 한다면 1로 제압해 둔다. 그러면 백은 귀에 2를 하나 활용한 후 4로 발빠르게 걸쳐가는 흐름이 예상된다.

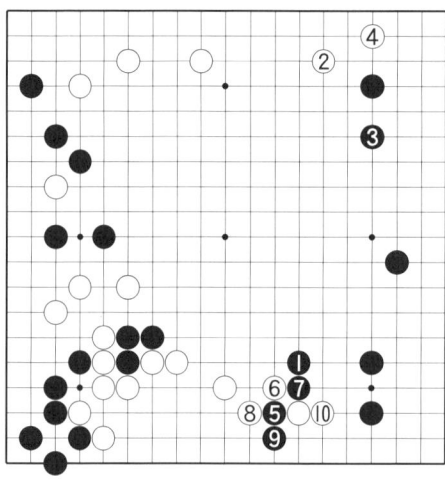

6도(흑, 세력 중시)

실전 다음 중앙 세력을 의식한다면 흑1의 모자 씌움도 생각할 수 있다. 백2, 4로 귀에 걸쳐오는 것이 크지만 흑5의 붙임도 노림이다. 백6, 8에 흑9로 키우는 것이 수순이다. 백10으로 늘어오겠지만….

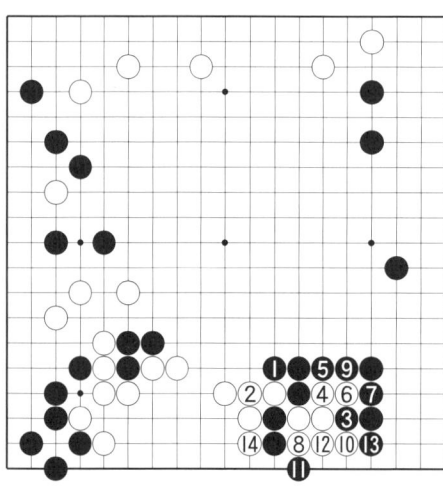

7도(흑, 죄어붙임)

흑1을 기분 좋게 선수한 후 3~9로 죄어간다. 백10에 흑11, 13을 선수하면 우하 방면에 두터운 실리와 세력을 얻는다.

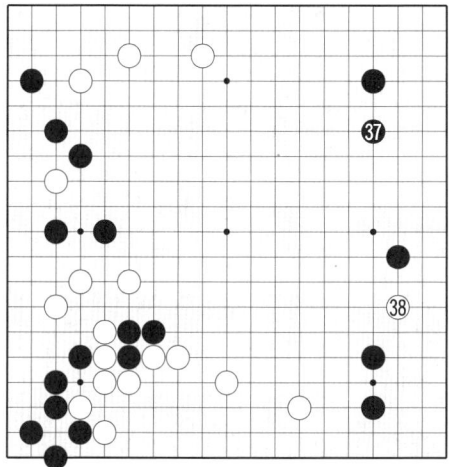

★6보(37~38)

실전은 흑37의 한칸 지킴. 우변을 중시한 수단이다. 여기서 백38의 침투. 좀 이른 감이 있지만 실리를 의식한 적극적 수단이다. 그로 인해 흑이 두터워지더라도 중앙 세력으로 견제할 수 있다는 생각이다.

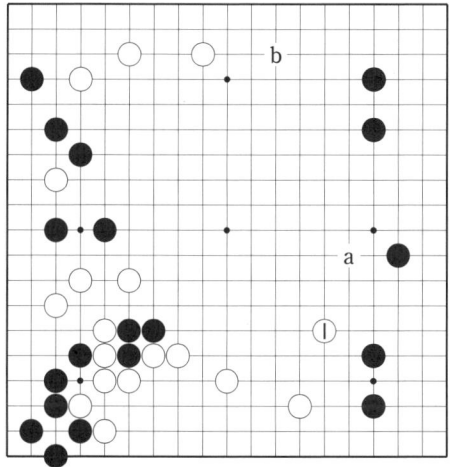

8도(흑의 다른 수단)

실전 백38로, 여기를 둔다면 보통 1로 우변을 엿보며 세력을 키워가는 것이 요처다. 또는 a의 삭감도 생각할 수 있다. 상변을 중시하면, 다소 느슨하지만 b의 벌림도 있을 것이다.

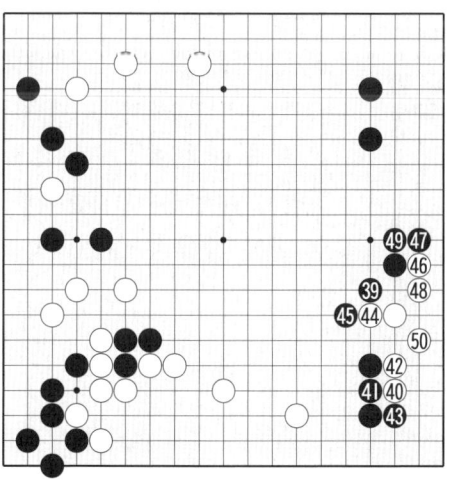

★7보(39~50)

흑39의 마늘모로 가두면 백40, 42로 귀에서 활용하고 44로 나간 후 흑45에 백46~50으로 안형을 넓혀 사는 데까지, 이른바 변의 정석이다.

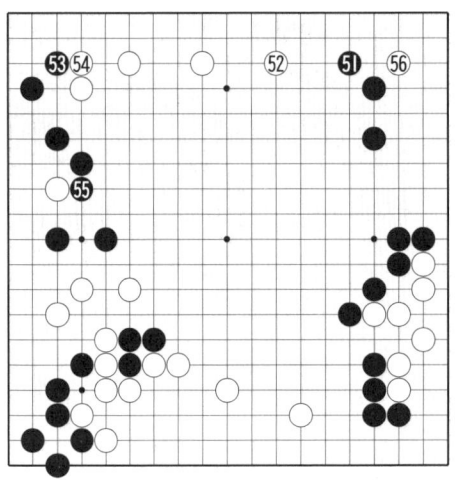

★8보(51~56)

흑51, 53에 백52, 54. 어쩐지 백이 따라가는 인상이지만 모두 귀와 변의 큰 곳이다. 흑55의 제압은 백의 나오는 맛을 없앤 두터운 수단이다. 현재 집으로 부족한 백은 중앙 세력의 활용 여부가 초점이지만, 우선 56으로 귀에 침입하여 응수를 물은 장면이다.

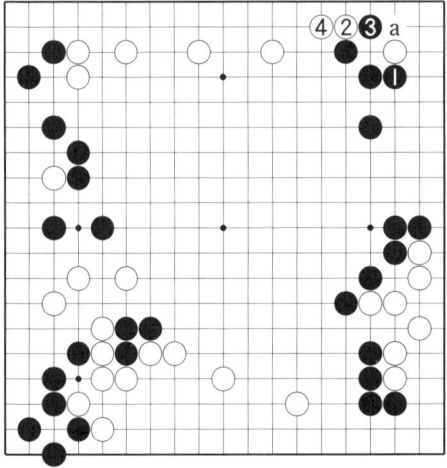

9도(백, 활용)

실전 다음 흑1로 물러나 받는 것은 백이 원하는 바다. 2의 붙임이 맥점. 흑3으로 귀를 지키면 백4로 늘어 여기까지 집으로 이득이다. 귀는 흑a의 가일수가 필요.

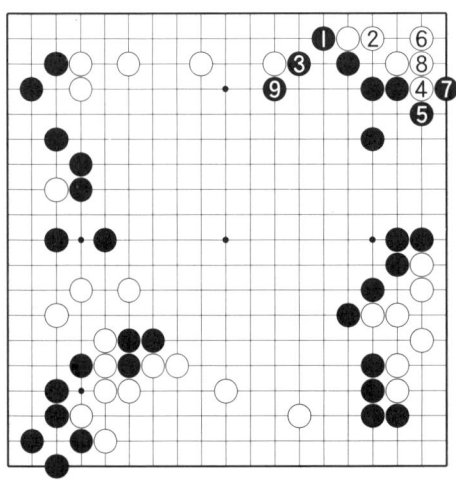

10도(백, 귀의 잠식)

앞 그림 백2에 흑1로 바깥쪽에서 젖히면 백2~8로 귀에서 산다. 흑9로 젖히면 상변이 다치면서 두터움을 주지만, 선수로 귀를 잠식한 실리가 일단 크다.

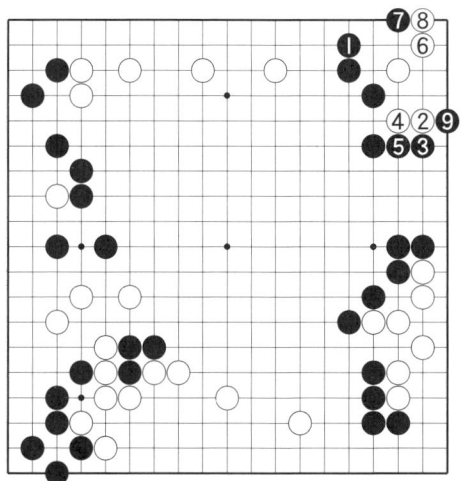

11도(백, 죽음)

그렇다면 실전 다음 흑은 공격 자세가 필요한 시점이다. 이런 경우 일단 9도에서 맥점으로 작용했던 1의 곳을 생각할 수 있다. 백2~6으로 살려는 것은 흑7, 9의 공격으로 사는 안형이 나오지 않는다.

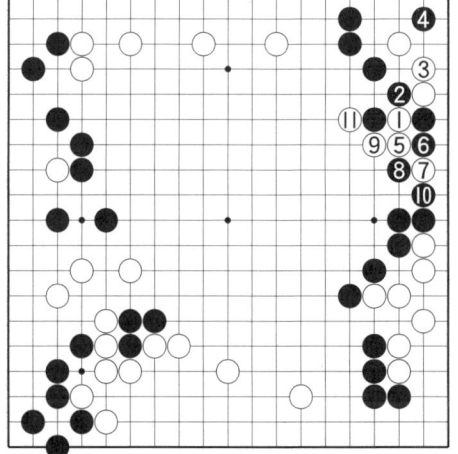

12도(흑, 불만)

다만 앞 그림 흑3 때 백1로 끼우는 수단이 있다. 흑2의 단수에 백3. 흑4로 귀를 공격할 때 백5, 7로 우변을 압박하며 11까지 외곽에 자세를 갖춘다. 그러면 설사 흑이 귀를 잡더라도 두터움이 다 사라져 불만이다.

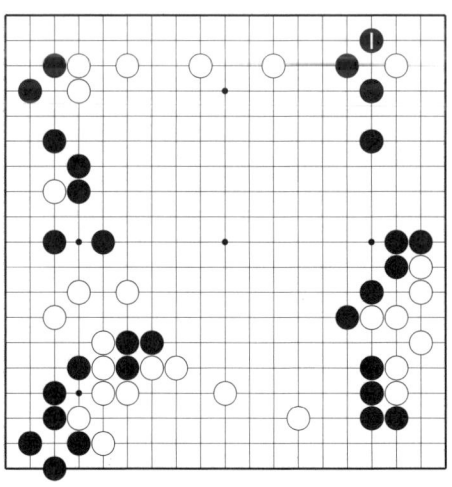

13도(중반 예고)

그런 점에서 우상귀 백의 삼삼 침입은 일단 좋은 타이밍이었고, 또 그런 이유로 중반은 모양이 좀 허술하지만 흑1의 마늘모 공격으로부터 실전이 시작된다.

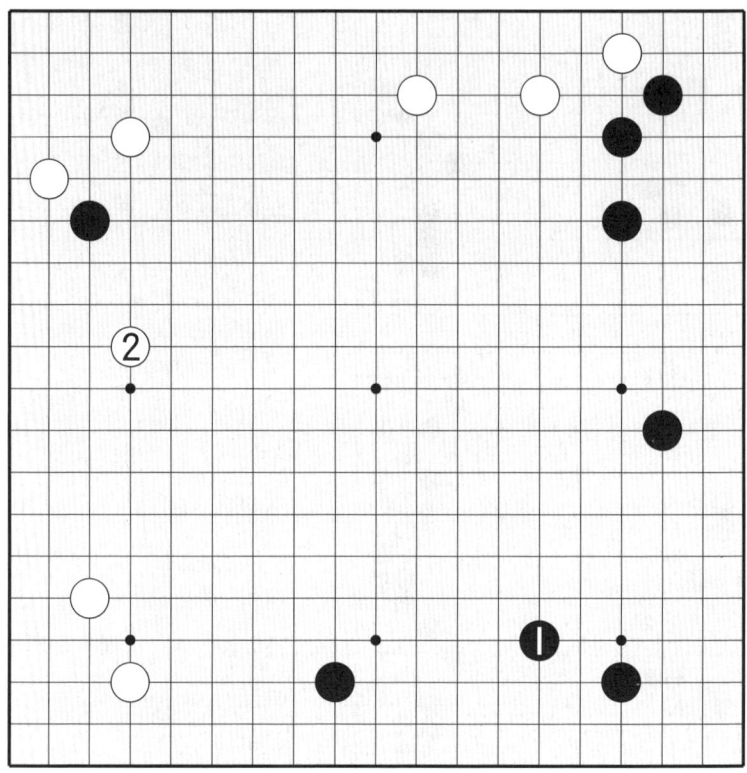

7회 응씨배 결승2국(판팅위 : 박정환) 2012. 12. 24

흑의 중국식 포석. 백은 화점·소목에서 굳힘으로 대항한다. 그리고 흑은 하변, 백은 상변에 진지를 구축한다. 흑은 좌상귀에 하나 걸친 후 백의 2선 날일자 공격에도 손을 돌려 1의 지킴. 발빠른 모양 전략이다. 그러자 백은 흑이 보통 벌릴 그 자리, 2로 협공한 장면이다. 그럼 이를 배경으로 한 초반이 어떻게 진행되는지 살펴보기로 한다.

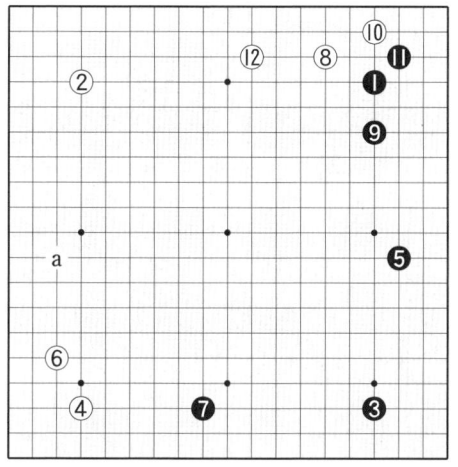

★1보(1~12)

흑1~5의 중국식 포석. 백은 2, 4의 화점과 소목에서 6으로 굳힌다. 단단한 실리 작전. 백6은 a의 같은 중국식으로 대항할 수도 있다. 흑7의 하변 벌림이면 우상변 백8~12까지는 보통이다.

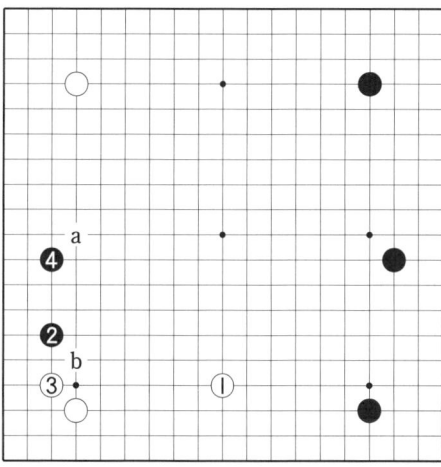

1도(백, 하변 벌림)

실전 흑5의 중국식에 백1로 하변에 먼저 벌릴 수도 있다. 이 경우 흑2의 눈목자 걸침이면 무난하다. 백3으로 받으면 흑4의 두칸 벌림. 또는 a의 높은 벌림도 가능하다. 백3으로는 중앙을 중시하면 b에 씌울 수 있다.

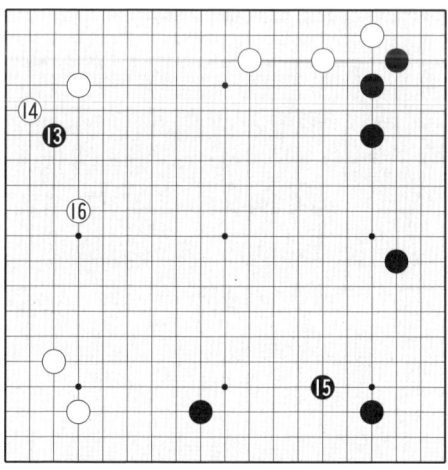

★2보(13~16)

흑13의 걸침에 백14의 2선 날일자 공격은 상변과 좌변에 우군이 있을 경우 많이 쓰는 수단이다. 여기서 흑은 좌변을 벌리는 것이 보통인데, 먼저 15로 모양을 키운다. 그러면 백16의 협공은 당연한 공격 흐름이다.

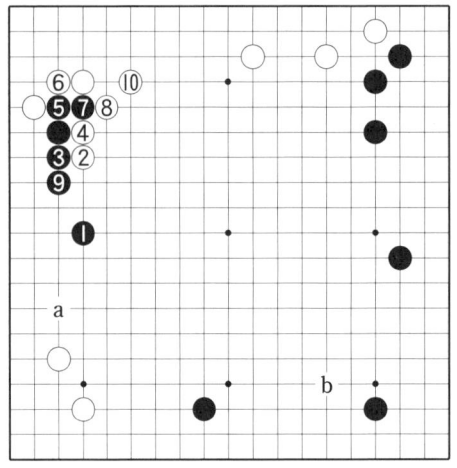

2도(흑, 벌림)

실전 백14에 흑1의 벌림이면 보통이다. 백2로 씌운 후 10까지는 상용 수단. 다음 흑은 a나 b의 지킴을 두고 고민하게 되지만, 실전은 애초 걸침 하나만으로 가볍게 두고 모양을 지킨 셈이다.

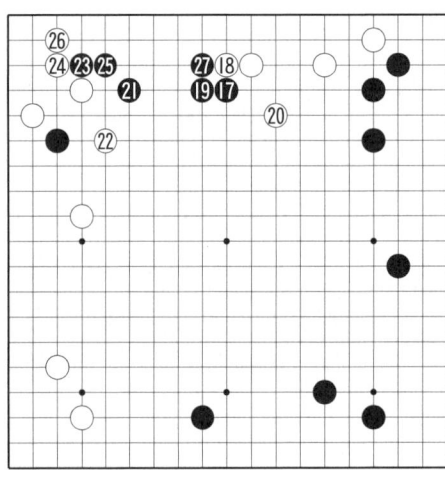

★3보(17~27)

흑은 상변 17의 가벼운 삭감으로 문제를 풀어간다. 좌변을 직접 움직이면 일방적으로 쫓기므로 바람직하지 않다는 생각이다. 백18, 20은 행마법. 이에 흑은 21로 걸치고 백22로 가르자 23~27로 터를 잡는다.

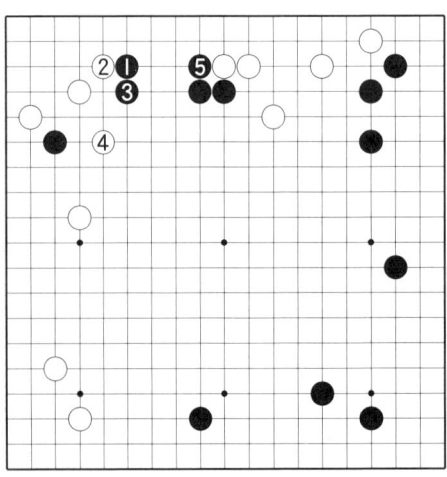

3도(흑, 낮은 걸침)

실전 흑21의 걸침. 걸침이라면 흑1이 보통이다. 그러면 백2, 4로 가른다. 흑5로 막는 데까지 예상된다. 실전은 위로 걸치지만 결과적으로 귀에 더 파고든 셈이다. 그런 미묘한 차이가 있다.

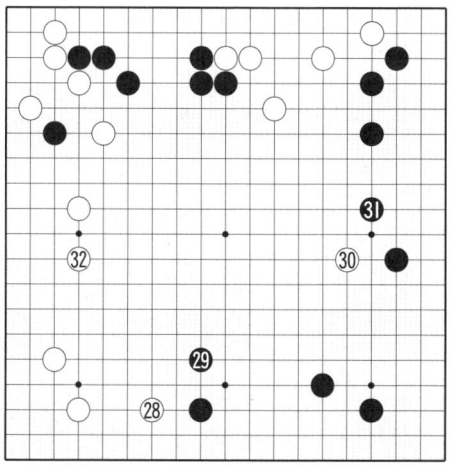

★4보(28~32)

백28의 벌림은 좁지만 요소이다. 흑29의 중앙 뜀. 하변이 넓으므로 이를 지키면서 백모양도 견제한다. 백30의 모자 삭감에 흑31의 날일자 받음. 격언에 있는 수단이다. 여기서 손을 돌려 백32의 좌변 지킴이다.

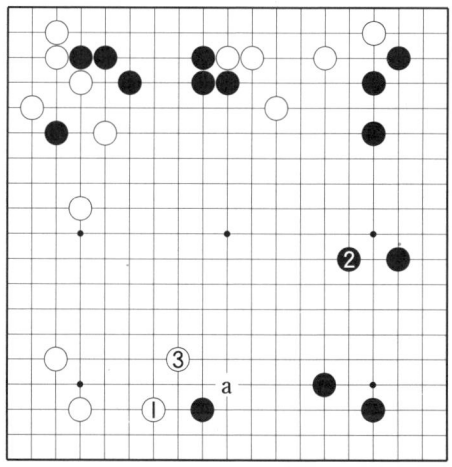

4도(백3, 대세점)

백1의 벌림에 우변 흑2도 두고 싶은 자리이지만, 백3이 기분 좋은 대세점이다. 좌하변도 키우면서 a로 눌러가는 수도 기분 좋을 듯하다.

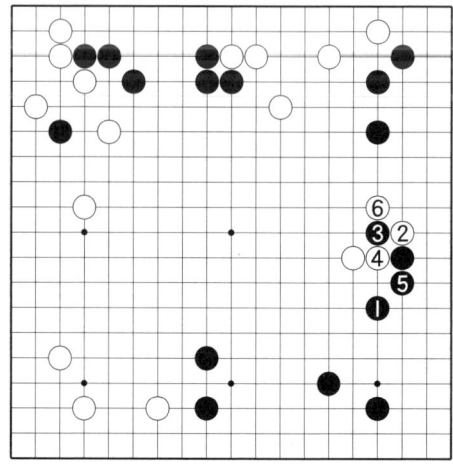

5도(흑, 불만)

실전 백30의 모지 삭감에 우하쪽 흑1의 날일자로 받는 것은 백2로 붙일 때 고민이다. 흑3, 5가 보통인데 백6의 축이 든다. 흑의 불만.

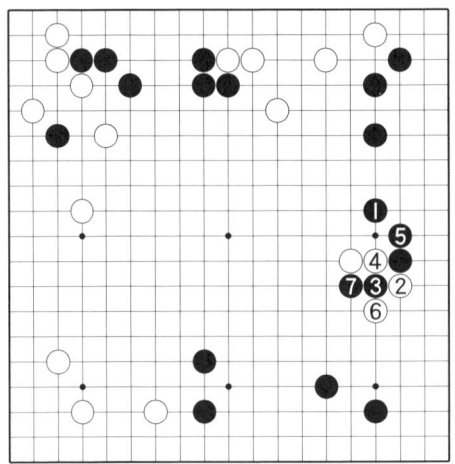

6도(실전의 경우)

물론 실전처럼 우상쪽 흑1의 날일자에도 백2의 붙임은 가능한 수단이다. 흑3, 5 때 백6의 단수. 이번에는 흑7로 나가 자체적으로 축이 성립되지 않지만…

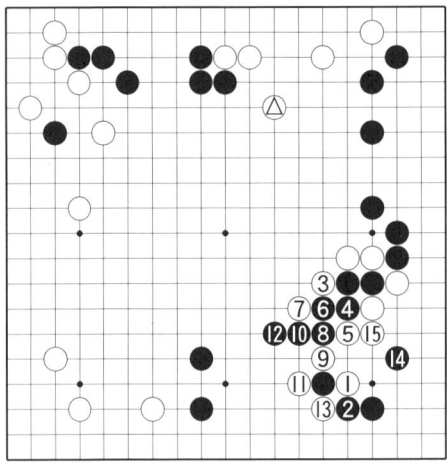

7도(백, 견딤)

백1로 수단을 부리는 맛이 있다. 흑2면 백3~9까지 축을 나간 후 흑10에 백11, 13으로 한 점을 빵따낼 수 있다. 물론 외곽의 백 넉점을 차단한 흑의 세력도 무시 못하지만, 백△로 머리를 내밀고 있어 견딜 수 있다는 생각이다.

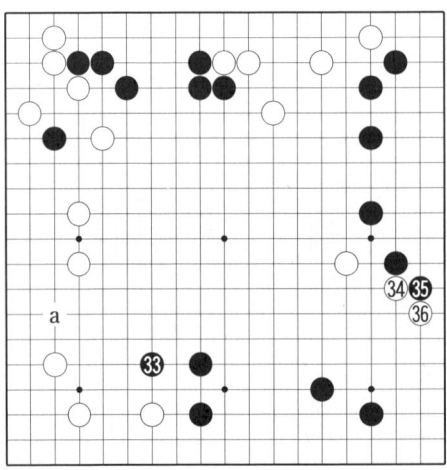

★5보(33~36)

흑33은 백모양을 견제하며 은근히 a의 침입도 노리는 수단이다. 여기서 백34의 붙임. 흑은 위로 젖힘이 부담이므로 35로 아래 젖힘이다. 백은 36으로 강력한 이단젖힘. 나름 생각한 수단이다.

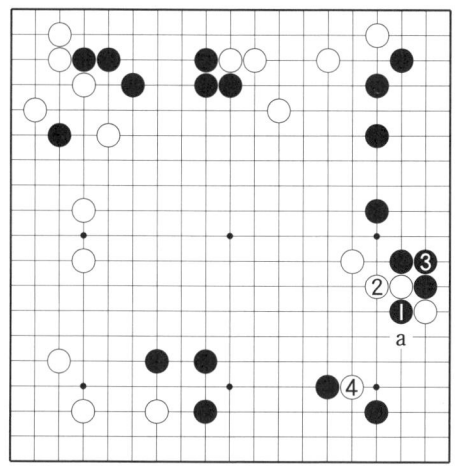

8도(축머리 활용)

실전 다음 흑이 차단하여 공격하자면 1, 3으로 단수하고 잇는 것이 보통이다. 당장 백은 a의 축이 불리하지만, 4로 붙이는 축머리 활용이 유력하다. 흑이 재미없는 흐름이다.

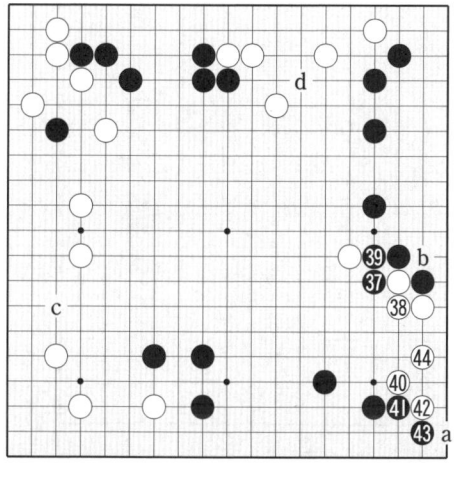

★6보(37~44)

실전은 결국 37, 39로 위에서 차단하며 두터움을 선택한다. 백40~44까지는 안형을 갖추는 시의적절한 수단이다. 다음 a와 b를 맞봐 우변 백은 안전하다. 이렇게 되면 백이 좀 편한 바둑이다. 이제 흑은 c의 침입이나 d의 약점을 노릴 연구가 필요하다.

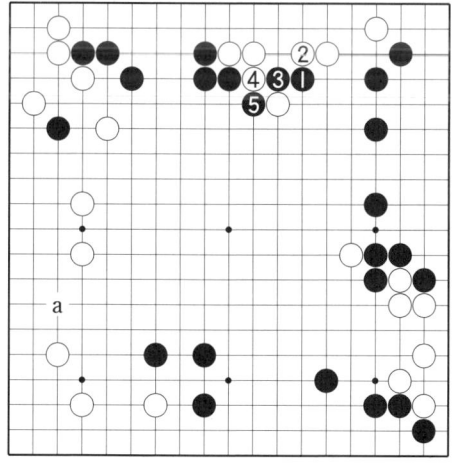

9도(중반 예고)

상변에서 전단을 모색한다면 흑1~5의 끊음. 다만 좌변에 손이 돌아와 백이 뭇질하면 대궐이 되므로, 흑은 먼저 a로 침입하여 전단을 모색할 공산이 크다. 중반은 역시 흑a의 침입부터 실전이 시작된다.

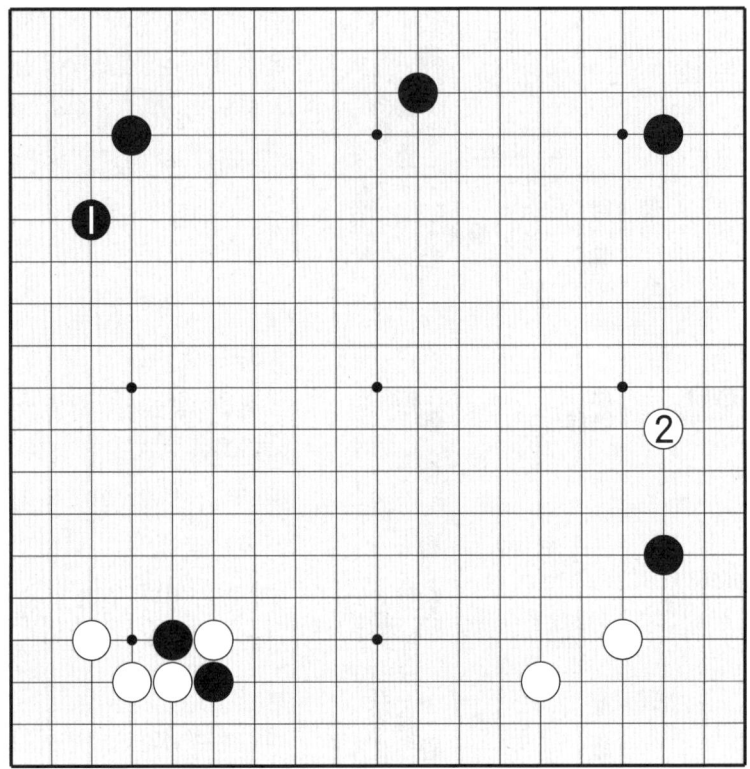

7회 응씨배 결승4국(판팅위 : 박정환) 2013. 3. 6

같은 평행형 화점·소목 포진에서 흑은 백의 귀를 몇 수 활용한 뒤 중국식 포석이다. 살아있는 중국식 전략이라고 부르면 어떨까. 백이 좌하귀 쪽 진영을 강화할 때 흑은 1로 귀를 지키며 멀리 백의 진영을 견제한다. 발빠른 모양 전략이기도 하다. 그러면 백이 우변 2쪽의 협공은 당연한 발상이다. 그럼 이를 배경으로 한 초반이 어떻게 진행되는지 살펴보기로 한다.

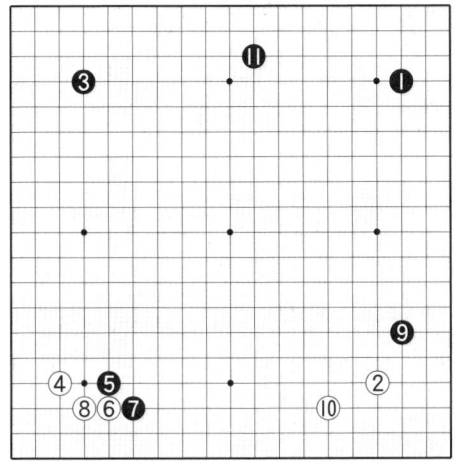

★1보(1~11)

흑1에서 백4까지 서로 같은 화점·소목 포석으로 출발한다. 흑은 5~9로 백진에서 걸침 몇 수만 해둔 후 11로 중국식을 펼친다. 상황에 따라 이를 활용하여 작전을 펼치겠다는 주도적인 발상이다.

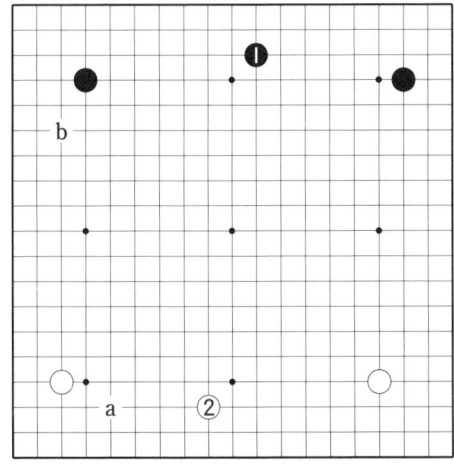

1도(백의 선택)

중국식을 작정했다면 처음부터 흑1이 보통일 것이다. 그러면 백은 2로 같은 중국식, a의 굳힘, b의 걸침 등이 모두 가능한 수법이다.

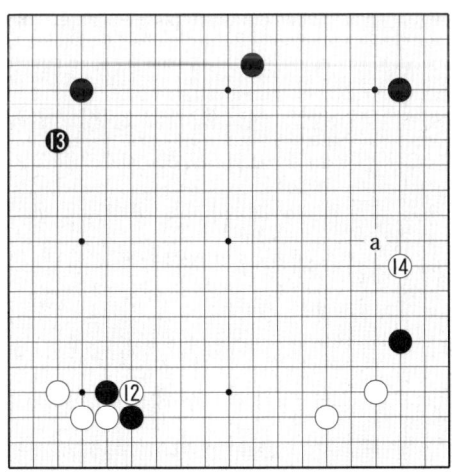

★2보(12~14)

백12는 흑이 손뺀 자리를 끊어 이쪽 모양을 키우겠다는 뜻이다. 이 수로는 먼저 우변 협공도 가능하다. 그럴 경우 a 자리가 보통이다. 흑은 먼저 13의 지킴. 멀리 백의 모양을 견제하는 구실도 겸한다. 그러면 우변 협공은 백의 몫이다. 다만 a는 평범하다 보고 14의 두칸을 선택한다.

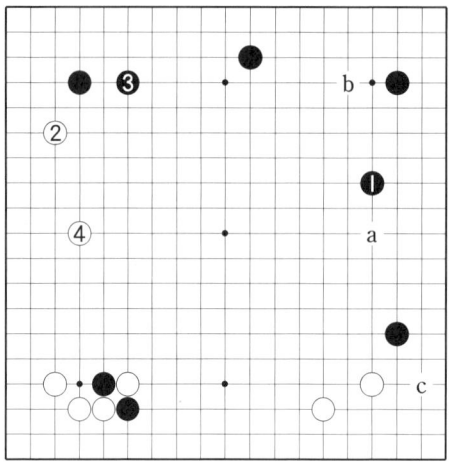

2도(흑, 우변 중시)

실전 백12 때 흑이 우변을 중시한다면 1의 입체적 구상도 있다. 이 수로 a가 눈에 익지만 백b의 걸침을 염려한 것이다. 차라리 c의 달림도 있을 것이다. 다만 백2, 4로 좌변 구축이 멋지다. 실전은 이를 피했는지도 모른다.

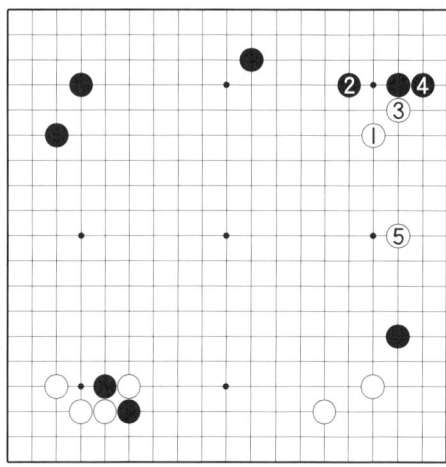

3도(백, 우변 중시)

실전 백14로 우변을 유연하게 두자면, 1~5의 경쾌한 작전도 생각할 수 있다. 귀보다 변을 중시한다.

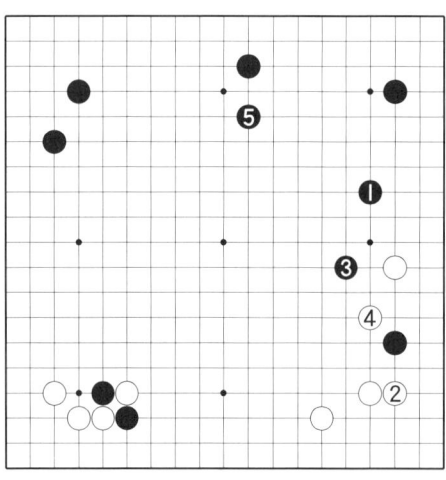

4도(흑, 호쾌)

실전 다음 흑은 중국식을 배경으로 모양을 키우는 세력 작전을 시도할 수 있다. 흑1이 그 출발점. 이런 경우 백은 2로 실리 작전을 펼치는 것이 보통이다. 그러면 흑3, 5로 모양을 확대하는 것이 요령이다. 호쾌한 작전은 분명하지만 운영 능력이 관건이다. 잘못하면 실리 부족에 걸리기 때문이다.

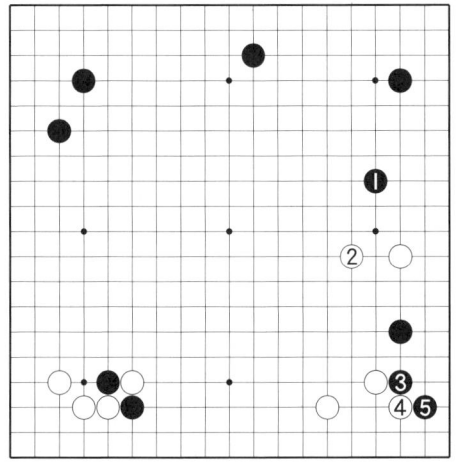

5도(흑, 활용)

흑1에 백2로 모양을 견제하고
도 싶다. 다만 흑3, 5로 귀에
들어오면 흑1이 변에서 활용
한 셈이 되니 백이 달갑지 않
을 것이다.

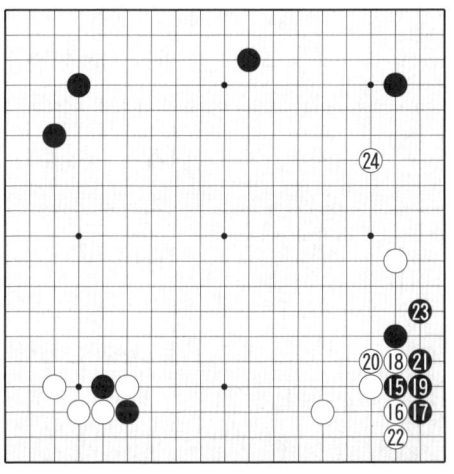

★3보(15~24)

실전은 흑15, 17로 실리 작전
이다. 백18~22가 보통일 때 흑
23은 발은 늦지만 자체 안정
만으로 한수의 가치가 충분하
다. 백은 24로 벌려 일단 응수
를 묻는다.

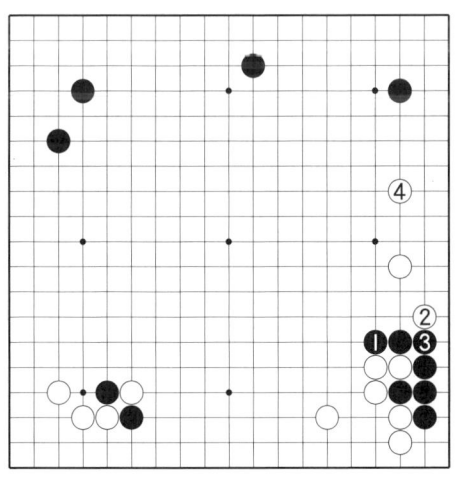

6도(흑, 곤마)

실전 흑23으로는 1에 나가고
싶지만 백2의 선수 한방이 아
프다. 그리고 4로 벌리면 흑만
곤마 형태가 되어 부담이다.

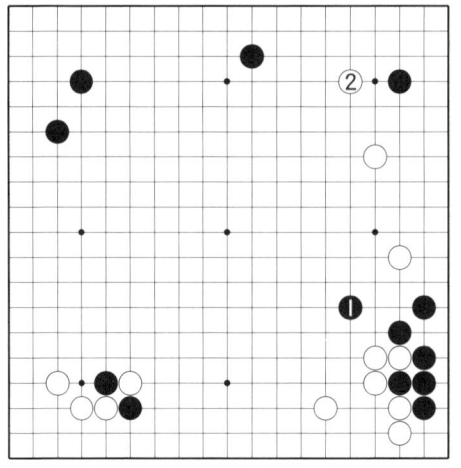

7도(백, 만족)

실전 백24로 벌릴 때 흑1로 진출하고 싶은 마음은 굴뚝 같지만, 백2의 자리를 당하면 너무 아프다.

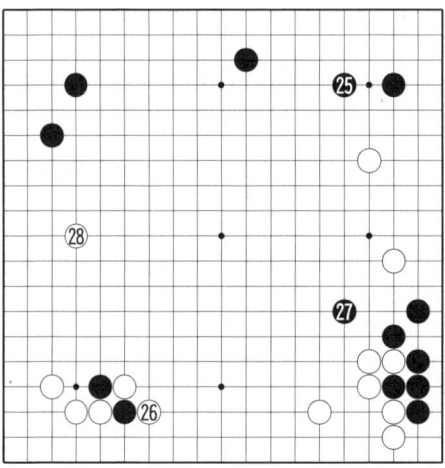

★4보(25～28)

실전 흑25로 받는 것이 무난하다. 백26은 두터운 수단이지만, 27 방면에서 봉쇄하고 싶기도 하다. 그런 봉쇄를 피한 흑27은 당연한 진출. 오히려 우변 백 두점이 공격 대상이다. 백은 28로 좌변 큰 곳을 벌리고 본다.

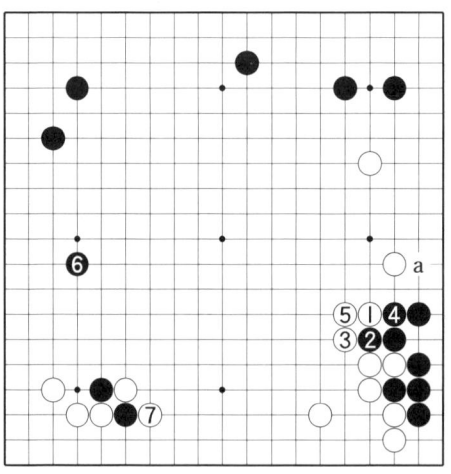

8도(백, 우변 봉쇄)

실전 백26으로는 우변 1~5로 봉쇄하고 싶은 곳이다. 흑6으로 좌변 큰 곳을 벌리면 백7로 제압해 두터운 흐름이다. 백a가 우하 흑의 사활 관계상 선수임도 즐겁다.

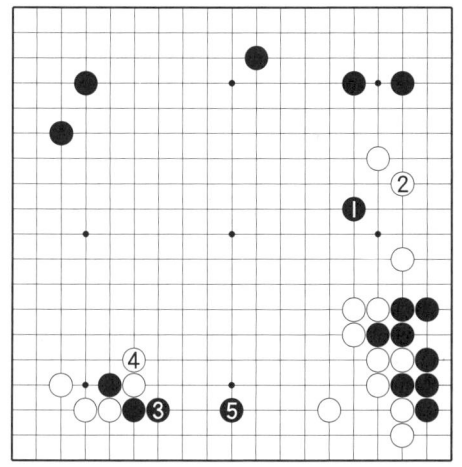

9도(흑, 하변에 터전 마련)

다만 앞 그림 백5 때 흑1로 응수를 묻고 백2면 흑3, 5로 하변에 터를 잡아 실리로는 흑이 앞서간다. 여기서 흑1은 4의 축머리 구실을 한다. 백은 이런 그림을 염려했는지도 모른다.

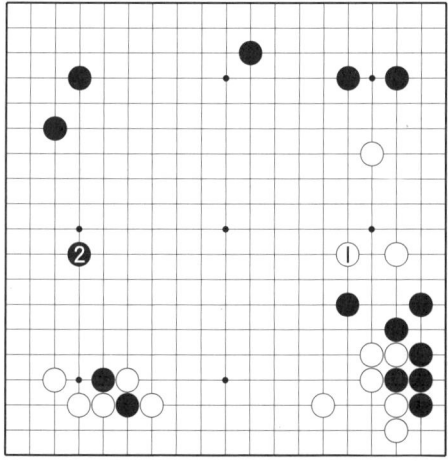

10도(흑2, 대세점)

실전 백28은 큰 곳. 이 수는 1로 우변 방면을 지키고 싶지만, 흑이 거꾸로 2에 벌리면 백이 대세에 밀린다.

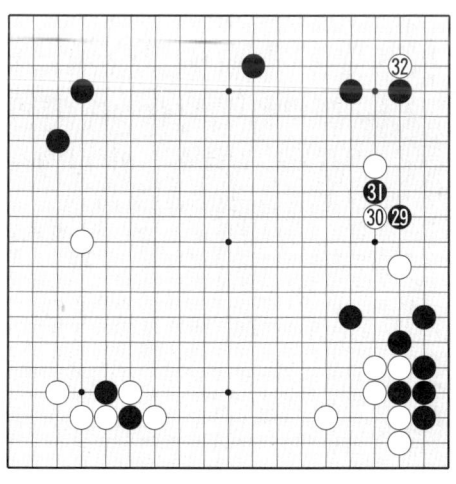

★5보(29～32)

흑은 '29로 넓은 곳을 침입한다. 백30에 흑31의 끼움은 상용 수단이다. 여기서 백32의 응수타진이 교묘한 수단이다.

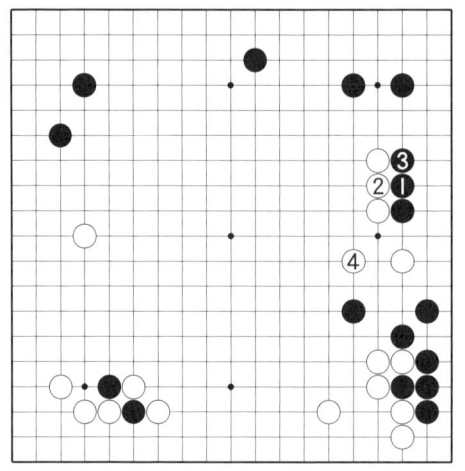

11도(백, 깔끔)

실전 백30에 흑1, 3으로 쉽게 연결하는 것은 4까지 백의 자세가 깔끔하다.

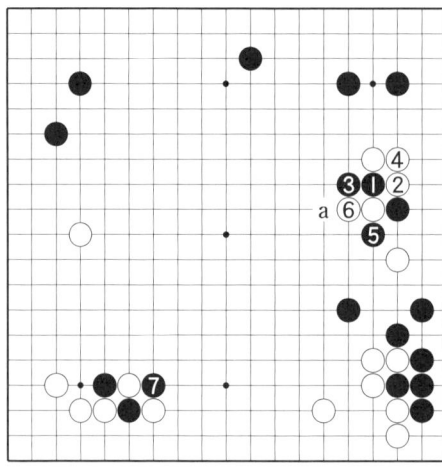

12도(흑7, 축머리)

흑1의 끼움은 당연한데 이때 백2, 4로 차단하고 흑5에 백6으로 싸우려는 것은 멀리 흑7의 단수가 절묘한 축머리 구실을 한다. a의 축을 확인해 볼 것.

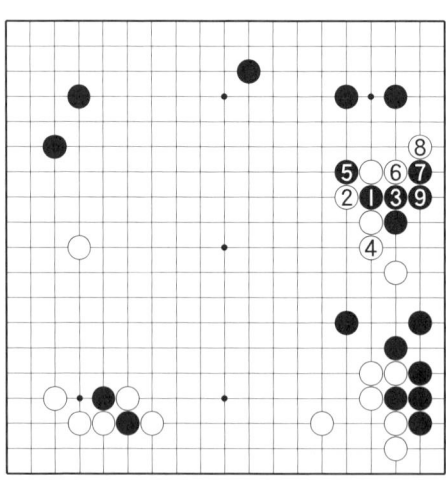

13도(흑, 유리)

따라서 흑1에는 백2, 4가 보통이다. 다만 여기서는 흑5의 끊음이 강력하다. 이하 9까지 흑이 유리한 싸움이다.

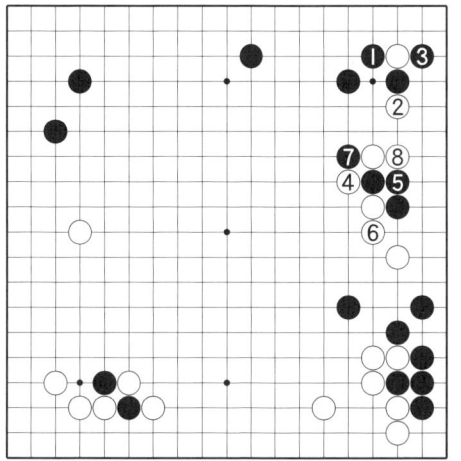

14도(활용의 가치)

실전 백32의 응수타진은 그런 사정이 있었다. 이때 흑1로 받으면 백2의 붙임이 적시의 활용이다. 그런 후에 백4, 6이면 흑7로 끊어도 백8로 막아 이번에는 2의 덕택으로 백이 유리한 싸움으로 변한다.

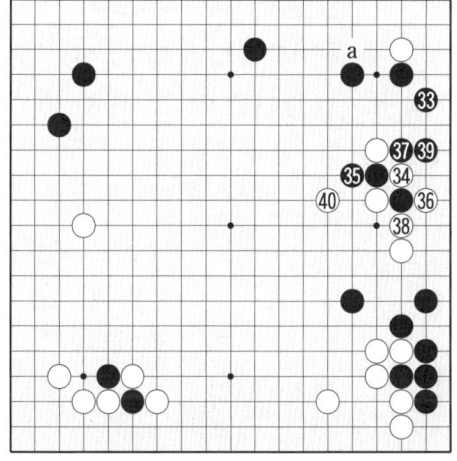

★6보(33~40)

실전에서는 이를 간파한 흑이 33으로 버틴다. 이제는 백도 작전을 바꿔 34, 36으로 한점을 잡는다. 흑37, 39에 백40으로 수습하며 중앙을 견제한 장면이다. 백은 중앙을 좀 내주더라도 귀의 이득으로 괜찮다는 생각이다. 귀는 a로 붙이는 등 수단을 부리는 맛이 있다.

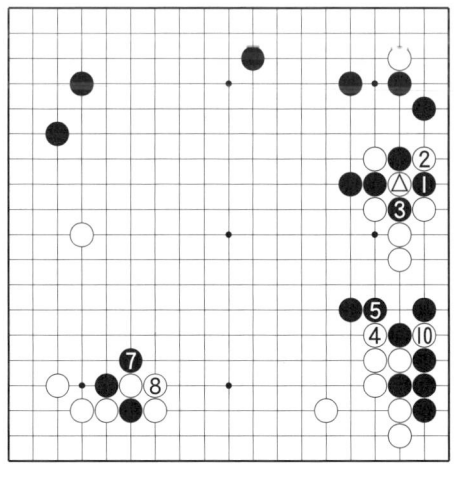

15도(흑, 불리)

실전 흑39로 1의 패는 힘들다. 백2면 패싸움인데 10까지 팻감 하나 차이로 흑이 이길 수 없다. (⑥‥△ ❾‥❸)

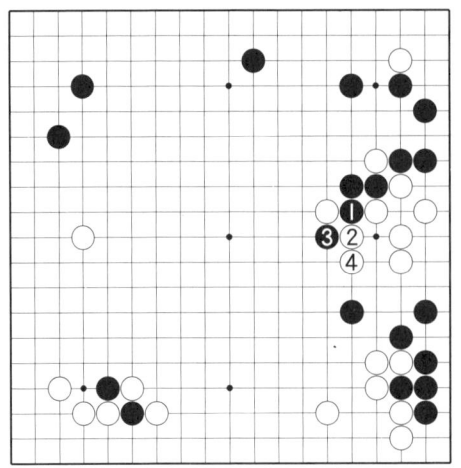

16도(흑, 나와끊음)

실전 다음 흑1, 3으로 나와끊는 것은 백2, 4로 자연스럽게 모양이 정돈된다. 그러면 백을 추궁하는 흑의 다음 수가 마땅치 않다.

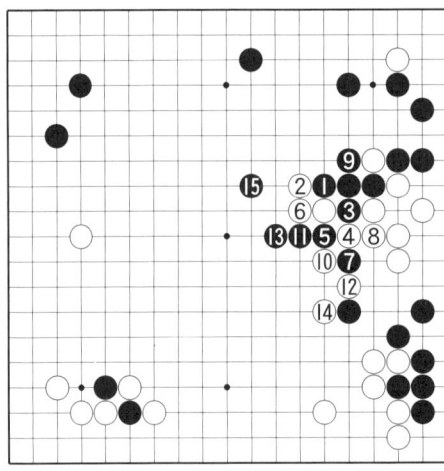

17도(흑, 밀어가는 경우)

여기를 둔다면 흑1로 미는 것인데, 다음 백2의 젖힘은 기세다. 이때 흑은 3으로 나와 5, 7을 선수한 후 9로 지키게 된다. 그러면 백은 10~14로 우중앙을 제압하고, 흑은 13, 15로 백 석점을 공격하는 흐름이 예상된다.

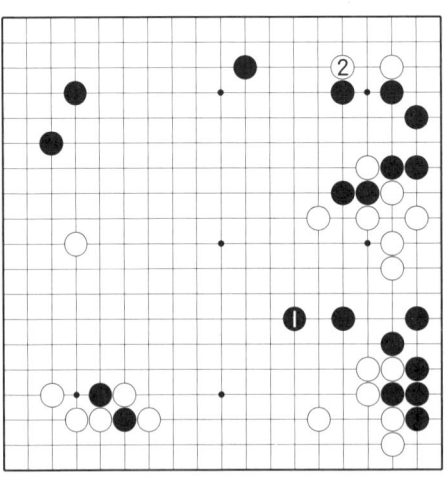

18도(중반 예고)

중반 실전은 흑이 1로 뛰어 우중앙을 중시하는 데서부터 시작된다. 하변 견제도 고려했는지 모른다. 다음 백은 즉각 2로 붙여 귀의 맛을 공격해 가는데, 여기부터 생각을 요하는 싸움이 벌어질 조짐이다.

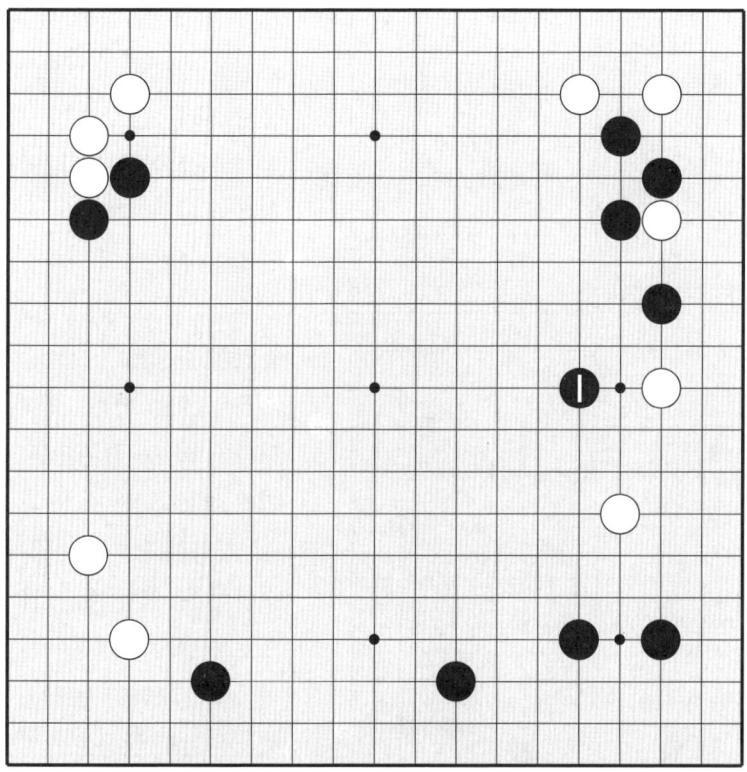

56회 국수전 도전3국(조한승 : 최철한) 2012. 12. 5

흑은 개방형 화점·소목, 백은 평행형 화점·소목 포석이다. 흑은 좌상귀 소목에 몇 수 활용만 한 뒤 하변에 변형미니중국식을 펼친다. 이른바 발빠르면서 살아있는 변형미니중국식이라 불러본다. 우변에서의 공방에서 백은 우상귀에 침입하는데, 흑은 가볍게 처리한 후 1의 모자로 공격한 장면이다. 그럼 이를 배경으로 한 초반이 어떻게 진행되는지 살펴보기로 한다.

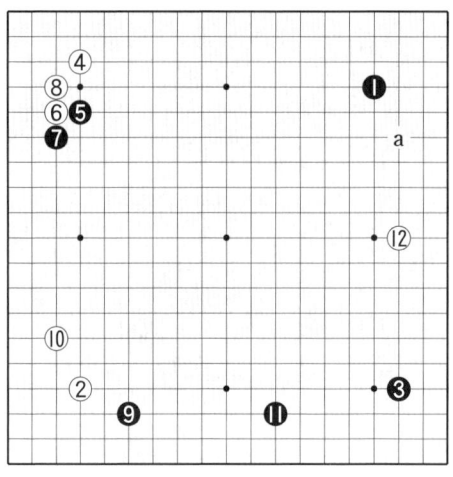

★1보(1~12)

흑1, 3의 화점과 개방형 소목. 백2, 4의 화점과 평행형 소목. 흑은 먼저 5의 걸침으로 소목 굳힘을 방해한 후 백6, 8에 손을 돌려 9, 11로 변형 미니중국식 포석이다. 백12의 갈라침은 무난한 수단. 적극적이라면 a의 걸침이다.

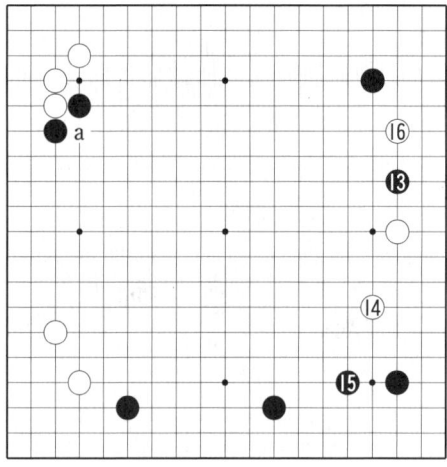

★2보(13~16)

흑은 13으로 타이트하게 다가선다. 그러자 백은 14로 높게 벌려 흑15를 받게 한 후 16으로 침입한다. 자못 공격적인 수단이다. 흑13은 날일자 16으로 단단히 지켜두는 수도 많이 둔다. 그러면 침입은 없다. 백16은 a의 끊음도 있다.

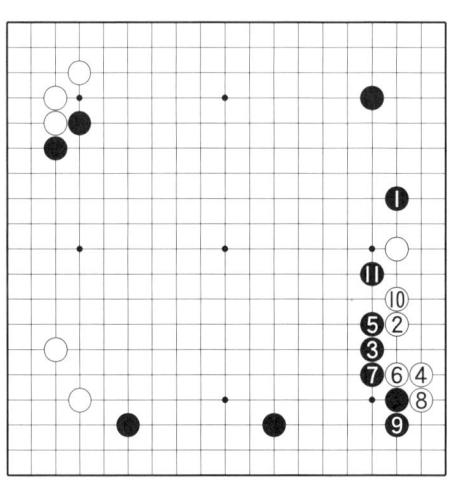

1도(흑, 활용)

흑1에 보통은 백2의 두칸 벌림. 다음 흑3~9까지 상용 수단이면 백10에 늘 때 흑11의 활용이 기분 좋다.

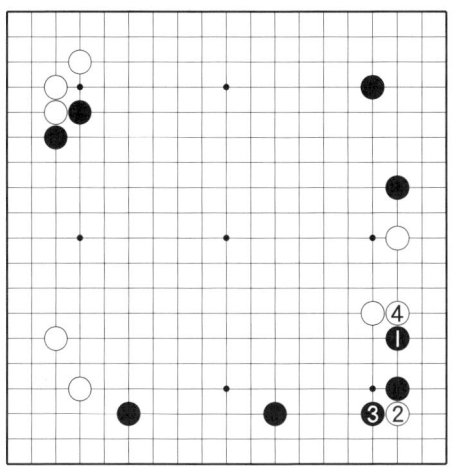

2도(흑, 다가서는 수단)

실전 백14의 벌림에는 흑1로 다가서는 수단도 있다. 그러면 백2로 먼저 활용하여 귀에 맛을 남긴 후 4에 막는 것이 하나의 요령이다.

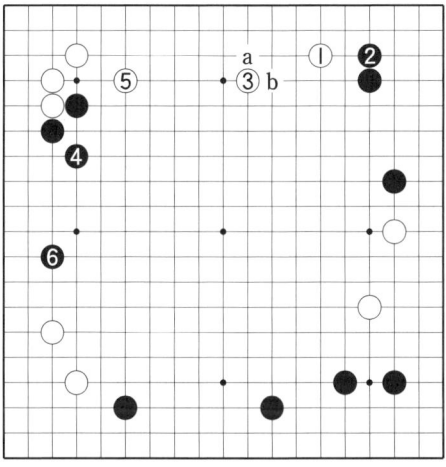

3도(무난)

실전 백16의 침입으로 무난하게 두자면 1, 3의 벌림을 생각할 수 있다. 그러면 흑4, 6의 좌변 벌림이 보통이다. 수순 중 백3으로 a가 안정적이지만 b의 압박을 염려한 것.

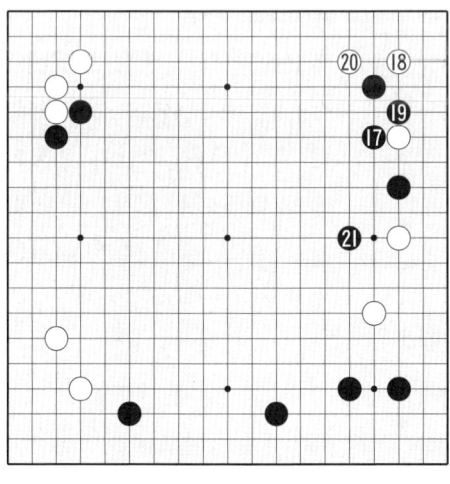

★3보(17~21)

흑17로 막을 때 백18로 가볍게 삼삼 침입한다. 흑도 19로 간명하게 귀를 처리한 후 백20으로 움직일 때 21의 모자씌움으로 우변 백을 공격한다.

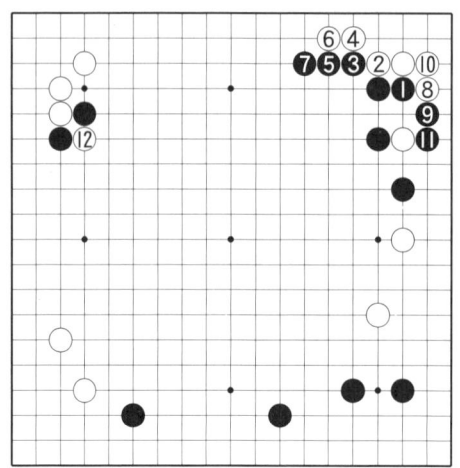

4도(백, 활발)

실전 백18의 침입에 흑1로 막는 것이 능사가 아니다. 백은 2~10까지 선수한 후 12로 끊어 활발한 국면이다. 백12의 끊음이 멀리 우상 방면 흑의 두터움을 견제하는 역할도 겸한다.

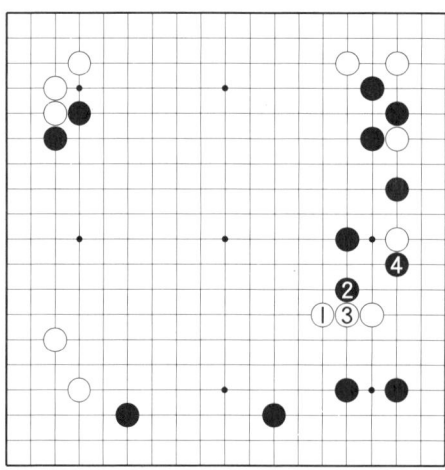

5도(흑의 주문)

실전 흑21의 공격에 백1로 무작정 중앙으로 뛰어나가는 것은 흑2, 4의 연타로 꼬리가 잘린다. 흑의 주문이다.

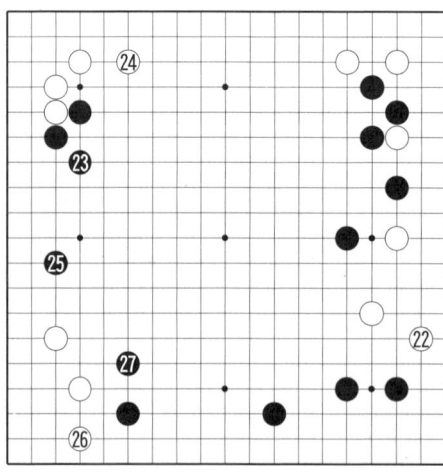

★4보(22~27)

실전은 백22로 우변 자체에서 지킨다. 좌변 흑23, 25로 벌리면 백26 귀의 지킴이 보통이다. 그러면 흑도 27로 한칸 뛰어 하변 모양을 넓혀 나가는 것이 행마법이다.

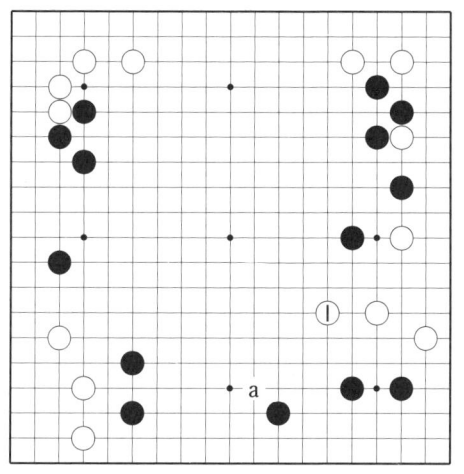

6도(흑모양 견제)

실전 다음 백이 하중앙 흑모
양을 견제한다면 1의 뜀을 생
각할 수 있다. 이른바 대세점.
또는 하변에 직접 a의 삭감도
일책이지만 약간 급한 느낌도
든다.

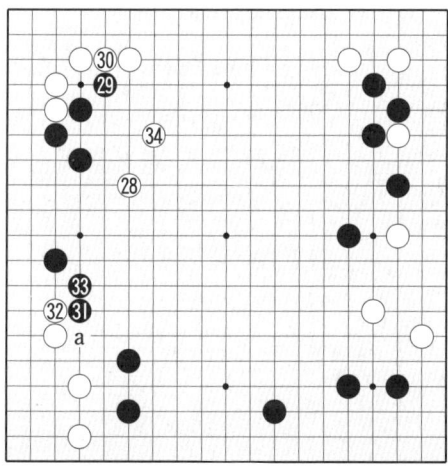

★5보(28~34)

실전은 백28로 좌중앙부터 응
수를 묻는다. 흑29는 선수 활
용. 흑은 좌중앙에 직접 응수
하지 않고 31, 33으로 하변과
두터운 연결고리를 갖추며 멀
리서 차단한다. 그러자 백은
34로 후퇴하며 상변과 손을 잡
는다. 수순 중 백32는 a로 미
는 방법도 있다.

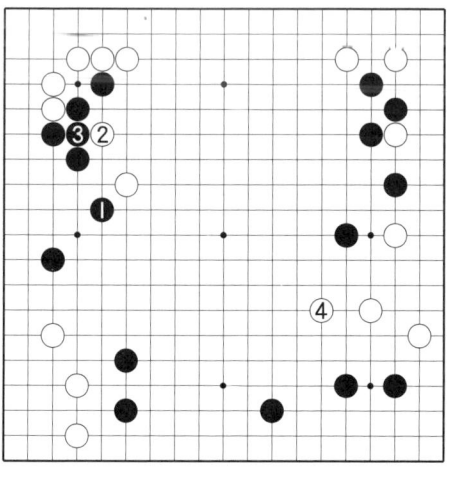

7도(백, 활발)

실전 흑31로 좌변 1에 받는
것은 백이 2를 선수 활용한 뒤
손을 돌릴지도 모른다. 가령
백4의 뜀. 백이 활발한 국면이
다. 백의 주문이기도 하다.

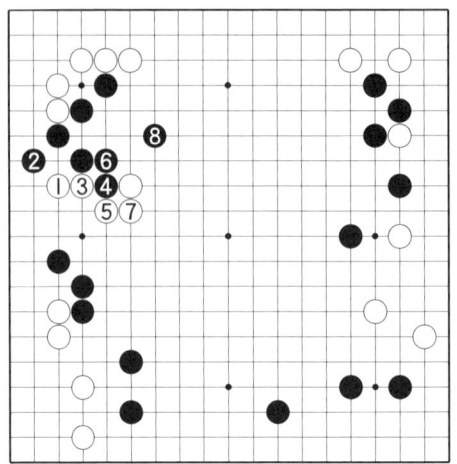

8도(흑, 공격)

실전 백34로 1의 침입은 어떨까. 흑은 2로 차단한 후 백3에 4, 6으로 끼워잇는 것이 요령이다. 백7에 이으면 흑8의 공격이 기분 좋다. 백에 흠집을 내며 공격하는 것이 포인트.

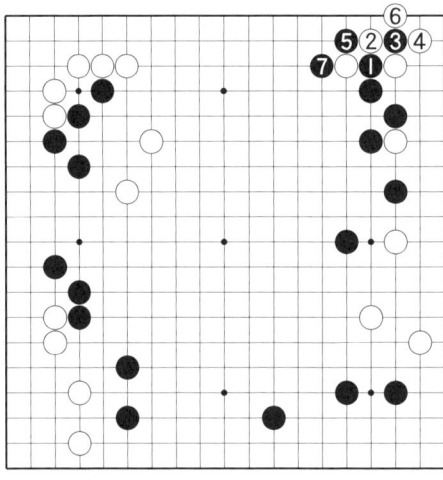

9도(우상귀 처리)

실전 다음 우상귀가 초점이라면 흑은 1, 3으로 끊어 귀를 내주고 5, 7로 한점을 두텁게 잡는 것이 상황에 어울린다. 다만 이 국면에서는 발이 느릴지도 모른다.

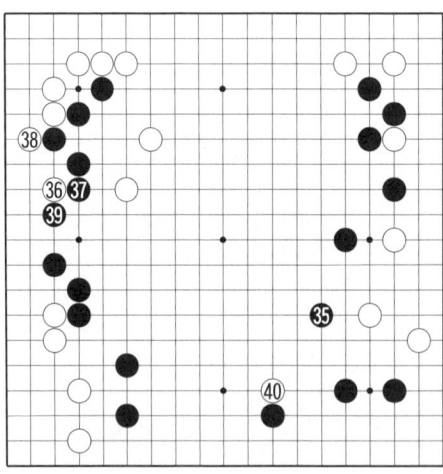

★6보(35~40)

실전은 흑35의 씌움. 하중앙을 키우며 우변 백을 압박하는 대세점이다. 그러면 백은 하변 삭감이 급하다. 좌변 36, 38의 활용으로 일단 실리에서 약간 득을 본 후 하변은 40의 붙임. 깊어 보이지만 공격적인 삭감 수단이다.

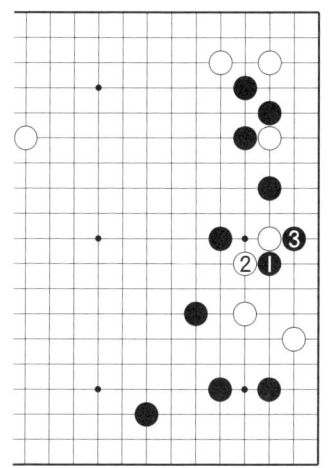

10도(우변의 맛)

실전 흑35 다음 우변 백은 약간 맛이 나쁘다. 가령 흑1, 3은 우변 백을 괴롭히는 맥점이다.

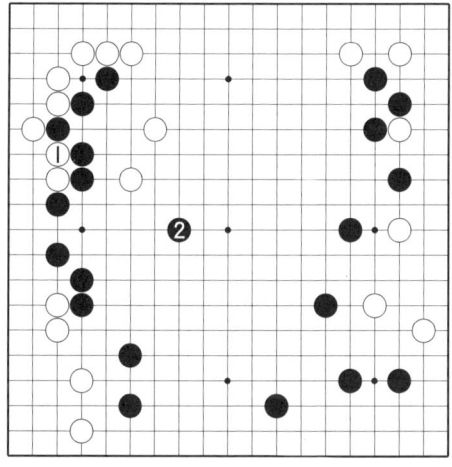

11도(흑모양 확장)

실전 흑39에 백1이 부분적으로 크지만 흑2 정도로 둘러치면 흑모양이 너무 커진다. 하중앙 삭감이 시급한 이유다.

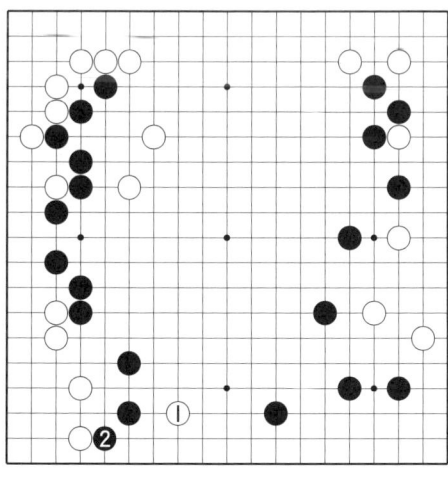

12도(흑, 차단)

실전 백40은 고심의 수단. 이수로 1의 하변 침입은 흑2로 차단할 때 귀의 백에 나쁜 영향을 준다.

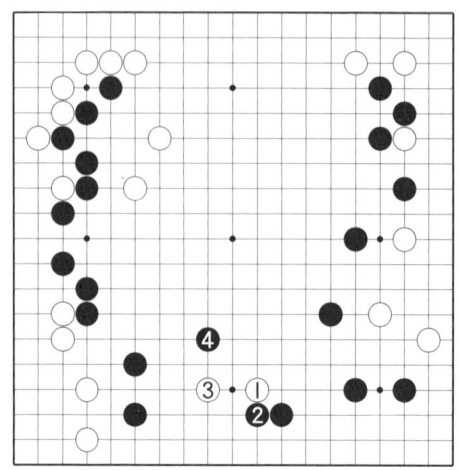

13도(흑, 공격)

또 백1의 삭감도 있지만 흑2, 4의 공격이 매섭다. 앞으로 일방적으로 쫓겨 대세를 그르칠 염려가 있다.

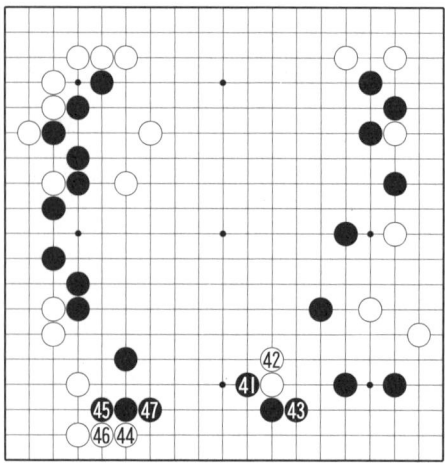

★7보(41∼47)

흑41의 젖힘은 당연한 기세. 백은 42로 순순히 늘고 흑43에 44~46으로 실리를 챙기며 하변을 침식한다. 흑45, 47은 두터운 수단. 귀에 약간의 맛도 남긴다. 현재 집은 백이 많지만, 하변에서 중앙에 이르는 흑모양이 초점이다.

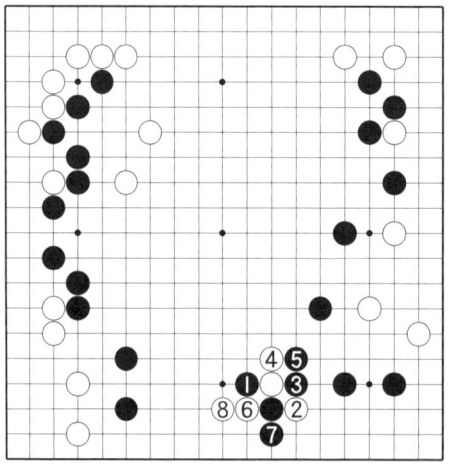

14도(백, 젖힐 경우)

실전 백42는 고심의 흔적이 역력하다. 흑1의 젖힘에 원래 백2로 같이 젖히는 것이 타개의 맥점이다. 만일 흑3, 5면 백도 8까지 어렵지만 싸울 수 있다. 가령 일부는 잡혀도 바깥을 두텁게 한다든지….

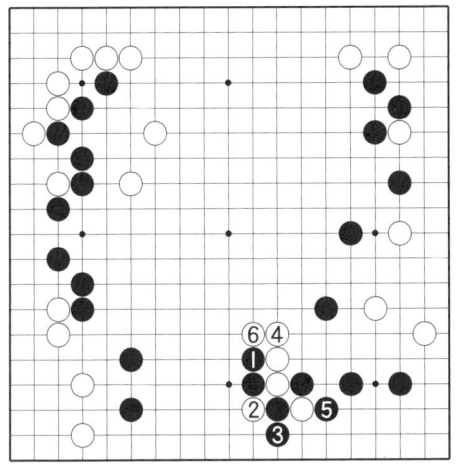

15도(바깥 두터움)

앞 그림 흑5로 왼쪽 1에 밀면 백2, 4가 수순. 흑5로 잡을 때 백6으로 누른다. 어차피 하변 실리는 흑이 강했으므로 백은 바깥 두터움으로 만족한다.

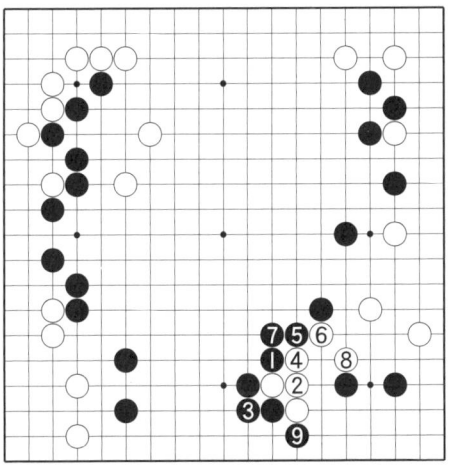

16도(백, 자충)

백의 젖힘에는 흑1, 3으로 공격하는 것이 알기 쉽다. 백4면 흑5로 막는다. 백이 더 나간다면 6, 8이지만 흑9의 젖힘이 맥점. 백모양이 자충이라 앞길이 순탄치 않다.

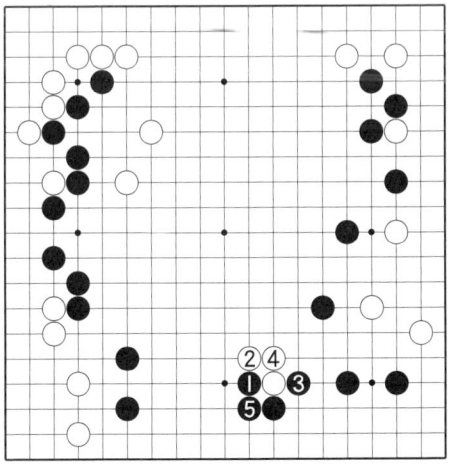

17도(백, 무거움)

흑1에 백2로 위에서 젖히는 것은 흑3, 5로 단수치고 잇는다. 이건 백이 무거워져서 별로 재미없다.

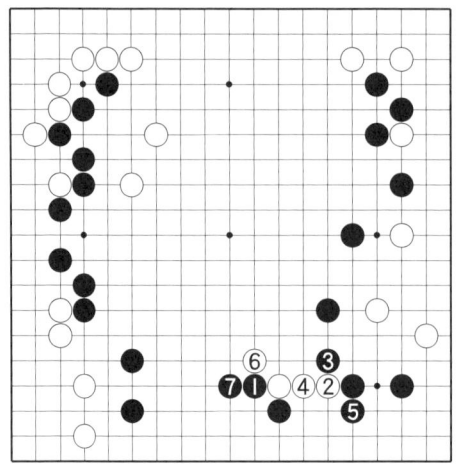

18도(백, 험난)

또 하나의 시도로 흑1에 백2로 부딪쳐 보지만 흑3, 5로 대응한다. 백6에는 흑7. 역시 백의 앞길이 험난하다.

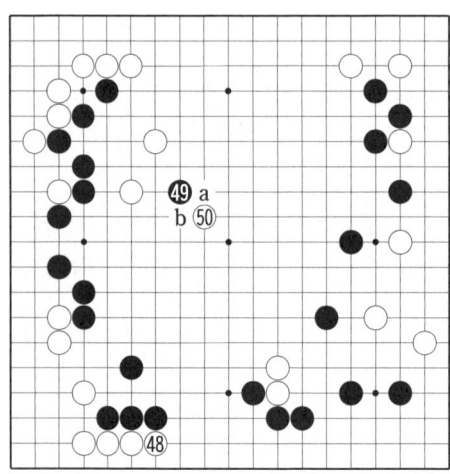

★8보(48~50)

하중앙 두터운 흑모양이 커질 공산이 크므로 어딘가 삭감하고 싶은 형세인데, 백은 48로 실리부터 챙긴다. 드디어 흑은 49로 백의 약점을 엿보며 두터운 모양의 경영에 나선다. 백50의 삭감. 삭감이라기보다 침입에 가깝다. 흑의 대응은 a나 b가 보통. 중반 실전은 b로부터 공격을 개시한다.

19도(백, 활용 불발)

실전 흑49 때 백1로 들여다보는 것은 소탐대실. 여기서는 활용이 아니다. 흑은 2로 붙여 모양을 더욱 키워갈 것이다.

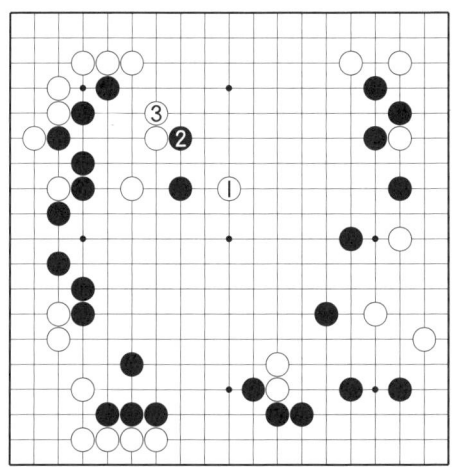

20도(백, 가벼운 삭감)

실전 백50으로 1의 가벼운 삭감도 생각할 수 있다. 흑2의 붙임에는 백3의 뻗음. 예상되는 흐름이다.

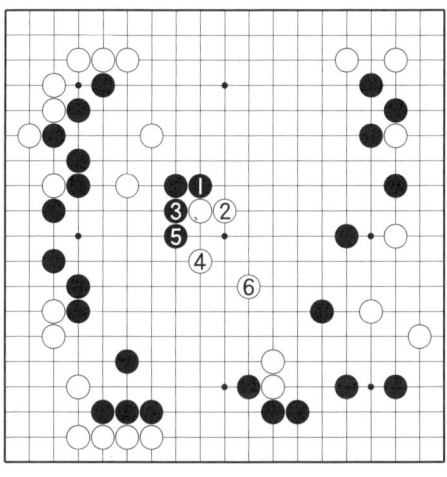

21도(상용 수단)

실전 다음 흑1이면 백2~6까지는 상용 수단. 보통 변에서 많이 나오는 모양인데, 중앙 모양에 적용된 셈이다.

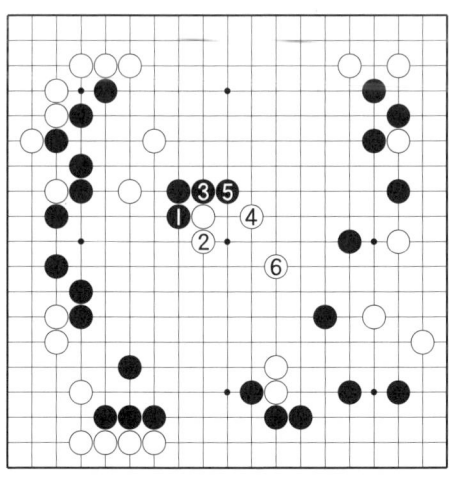

22도(같은 맥락)

흑1쪽으로 밀면 이하 6까지 같은 맥락. 다만 실전에서 이런 식의 이론대로 둔다는 보장은 없다.

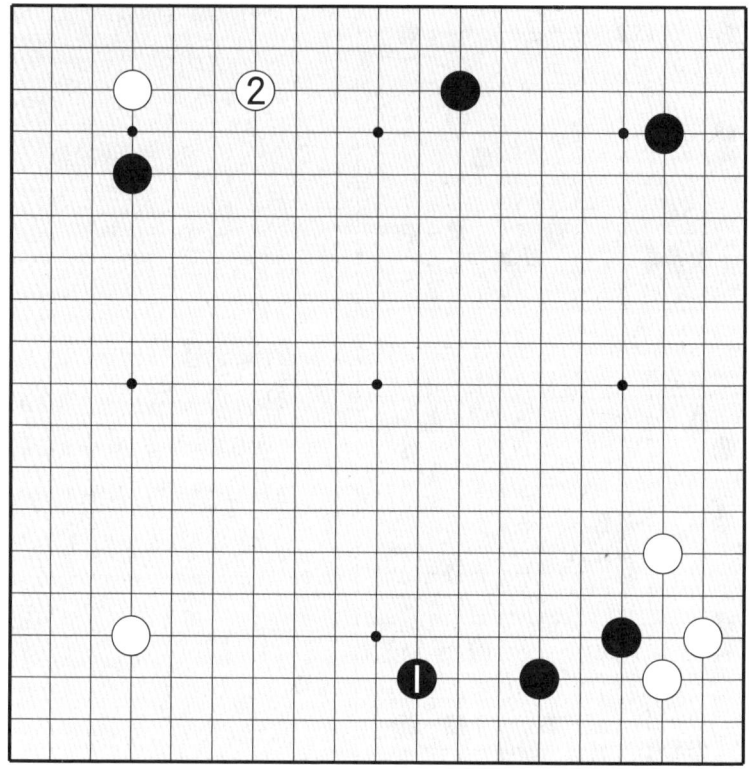

40회 하이원리조트배 명인전 결승5국(이세돌 : 백홍석) 2012. 12. 27

우상변은 흑의 특수한 벌림. 그 모양이 변형 미니중국식에
서의 벌림과 유사하다. 다만 한쪽이 없으므로 소위 반쪽짜
리 변형 미니중국식이라 부르면 어떨까 싶다. 여기에는 귀
와 변을 발빠르게 운영하려는 효율적 전략이 숨어 있다.
우하귀와 좌상귀는 서로 상대의 귀에 걸쳐 기세의 진행으
로 나온 모양이다. 흑1은 무난한 두칸 벌림. 상변 백2의 두
칸 벌림은 우측 흑의 벌림을 고려한 작전이다. 그럼 이를
배경으로 한 초반이 어떻게 진행되는지 살펴보기로 한다.

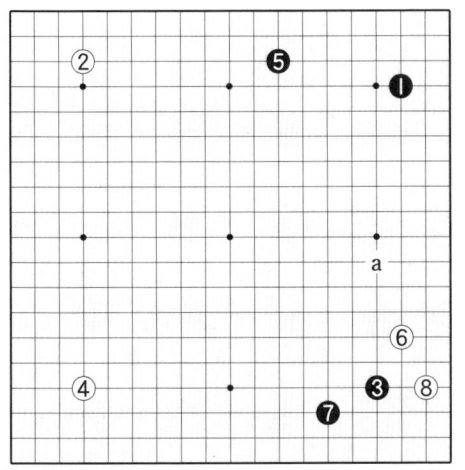

★1보(1~8)

흑1의 소목에서 5의 벌림. 백 2의 평행형 소목 배치일 때 요즘 많이 두는 벌림의 패턴이다. 백6의 걸침에 흑7의 받음으로는 a쪽 협공도 생각할 수 있다. 백8의 달림까지.

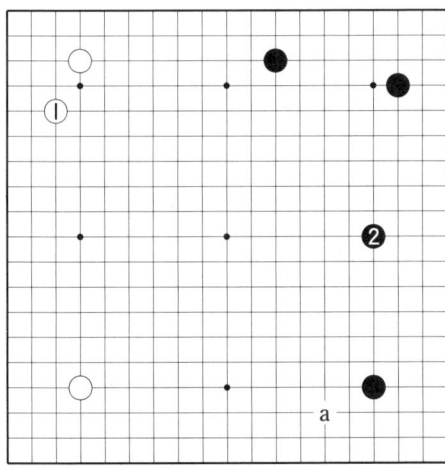

1도(백, 굳힘)

실전 흑5 때 백1로 굳히면 흑은 2로 모양을 펼치는 포석이 우선 예상된다. 흑2는 a로 귀를 지키는 것도 많이 나오는 패턴이다.

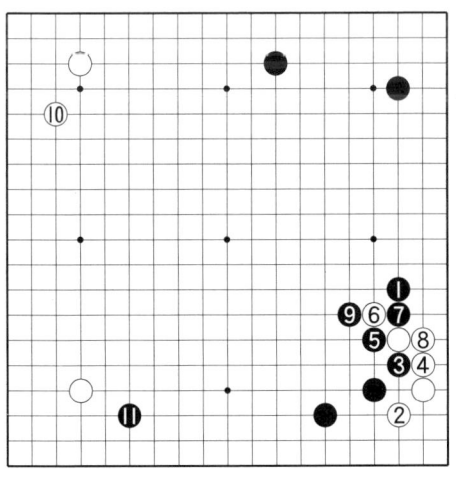

2도(흑, 협공)

실진 다음 부분적으로 보통 흑1의 협공을 많이 둔다. 백2에 흑3~9까지 일단락이다. 여기서 백10으로 굳히면 흑11로 걸치는 흐름이 예상된다.

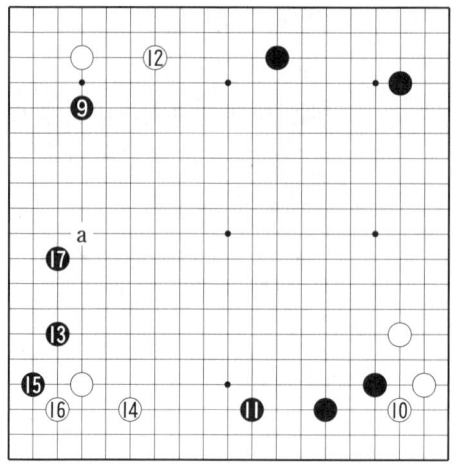

★2보(9~17)

흑9의 걸침. 상대의 굳힘부터 방해한다. 백10의 삼삼 침입에 흑11의 두칸 벌림이면 무난하다. 백12의 두칸 벌림은 느슨해 보이지만, 상변 흑의 벌림을 견제한다. 흑13~17까지 알기 쉬운 정석. 흑15는 a의 벌림도 생각할 수 있다.

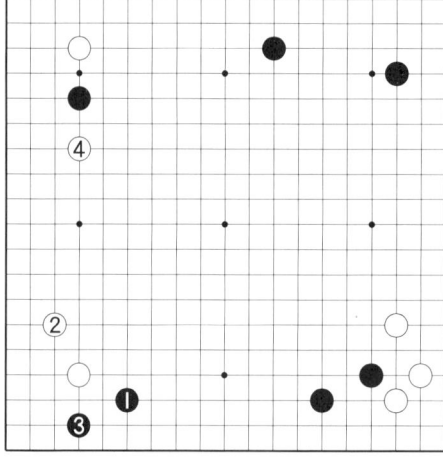

3도(흑, 반대편 걸침)

실전 백10에 흑1, 3으로 반대편에 적극 걸쳐가는 수단도 많이 둔다. 여기서 백도 적극적이라면 4로 협공하는 흐름이 예상된다.

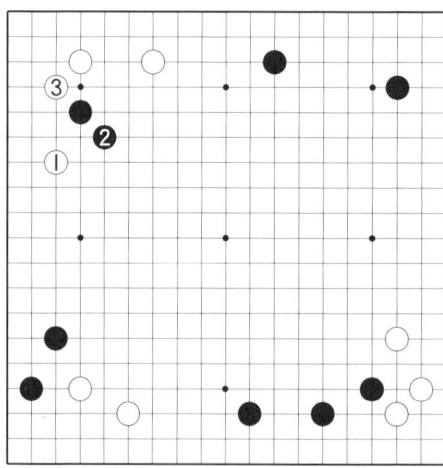

4도(백, 협공)

실전 흑15 때 백이 공격 성향이라면 1의 협공도 생각할 수 있다. 흑2로 머리를 내밀면 백3으로 실리를 벌며 공격한다.

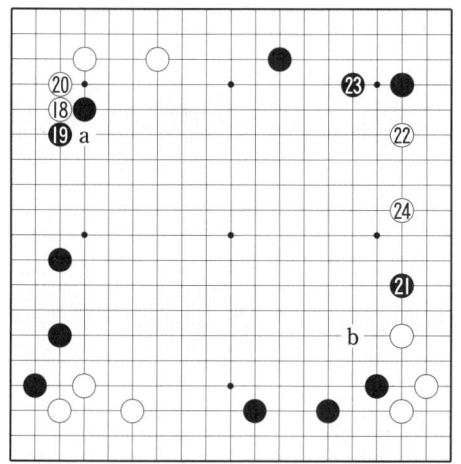

★3보(18~24)

백18, 20은 단단한 실리 작전이다. 여기서 흑은 a로 잇지 않고 발빠르게 우변 21에 다가선다. 백b면 우변을 개척하겠다는 뜻이다. 이에 백은 반발. 22, 24로 우변에 먼저 터를 잡는다.

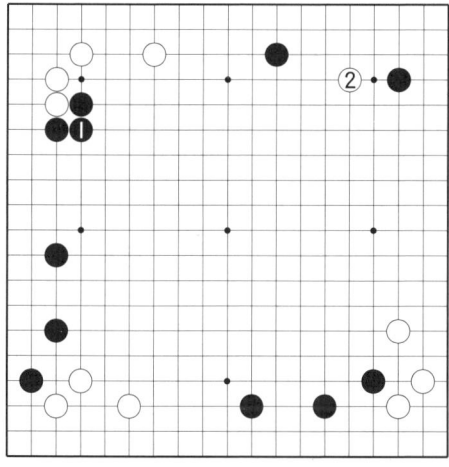

5도(백, 주도)

실전 백20에 흑1로 잇는 것이 보통이지만, 백이 2로 걸치는 등 싸움을 주도하게 된다. 흑은 발이 늦다고 본 것.

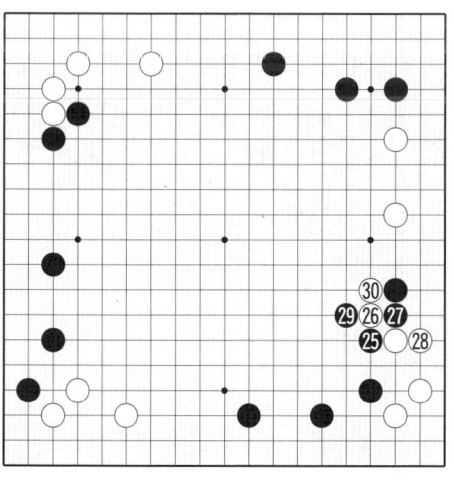

★4보(25~30)

일단 흑25의 차단은 당연하다. 백도 26, 28로 봉쇄를 피하고 본다. 흑29에 백30. 축은 백이 유리한데, 흑의 다음 행마가 중요하다.

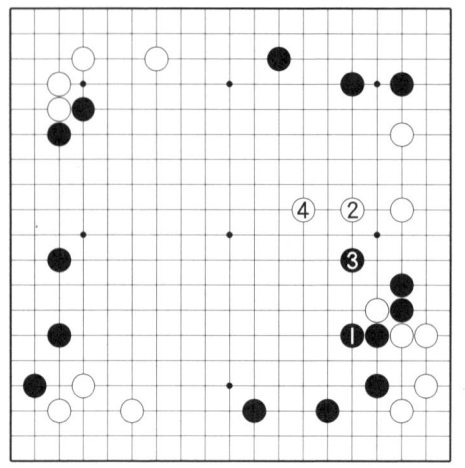

6도(흑, 뻗음)

실전 백28 때 흑이 무난하게 두자면 1의 뻗음이다. 다만 백이 2, 4로 알기 쉽게 중원으로 진출하면 나쁘지 않다.

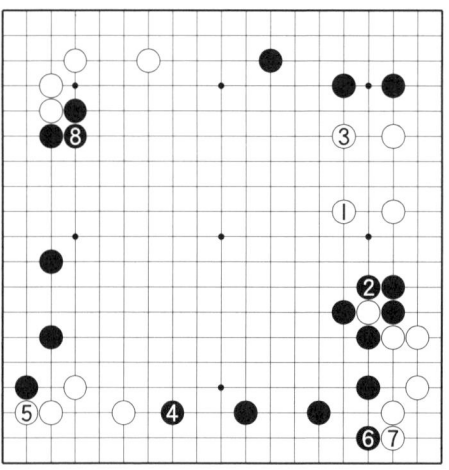

7도(흑, 두터움)

실전 흑29 때 백편에서 무난하게 두자면 우변 1, 3의 지킴이다. 그 사이 흑은 2로 한점을 잡고 4, 6으로 하변을 결정한 후 8에 잇는 흐름이 예상된다. 이 결과는 아무래도 흑이 발빠르고 빵따낸 모습도 두텁다.

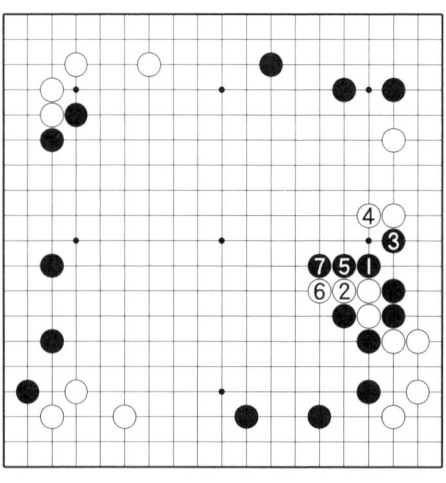

8도(흑, 직선적 공격)

실전 백30으로 나갈 때 흑1~7은 알기 쉽기는 하지만, 너무 직선적인 공격이라 좋은지는 의문이다.

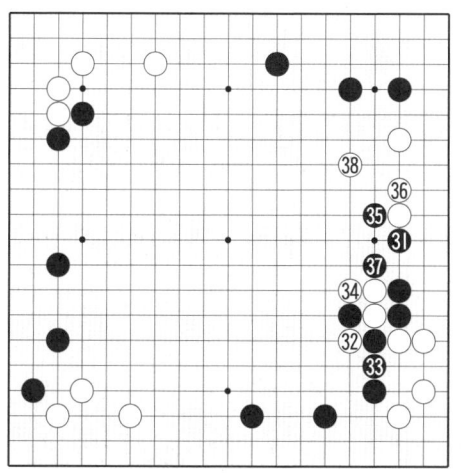

★5보(31~38)

흑31이 행마의 맥점이다. 이
때 백32, 34는 약간 우직한 수
단. 흑35, 37로 지키는 자세가
좋다. 백은 우변과 중앙이 바
빠졌는데, 우선 38로 우변을
지키고 본다.

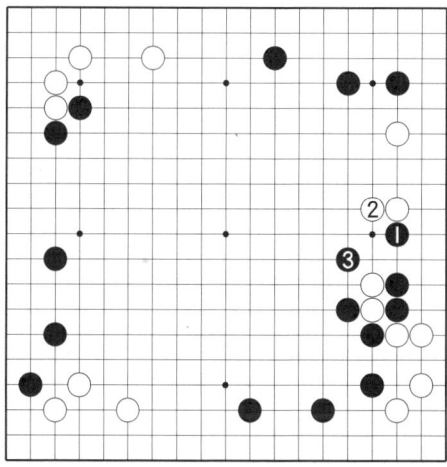

9도(백, 괴로움)

흑1로 붙일 때 백2로 서고 싶
지만, 흑3으로 씌우면 백이 괴
로운 모양이다.

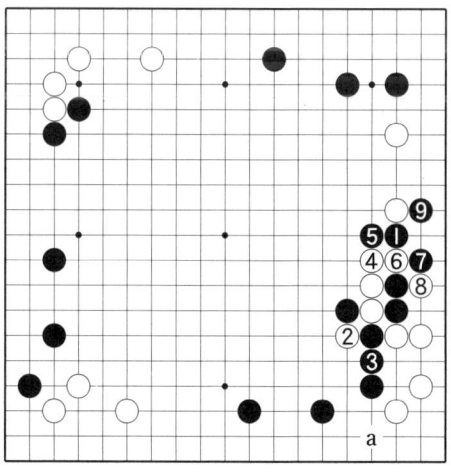

10도(백, 우변 관통)

흑1에 백은 2·8로 우변을 뚫
어 두점을 잡는 것이 나았는
지도 모른다. 백도 우상변 두
점이 타격을 입지만, 일종의
타협으로 볼 수 있다. 이 경우
는 흑a도 귀에 선수가 아닌 점
이 백의 이득이다.

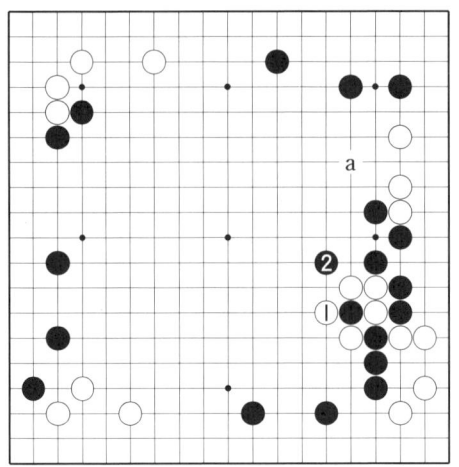

11도(흑2, 급소)

실전 백38로 1에 따내 먼저 중앙을 돌보면 흑2의 씌움이 급소로 좋은 흐름이다. a의 자리도 급한 요소다.

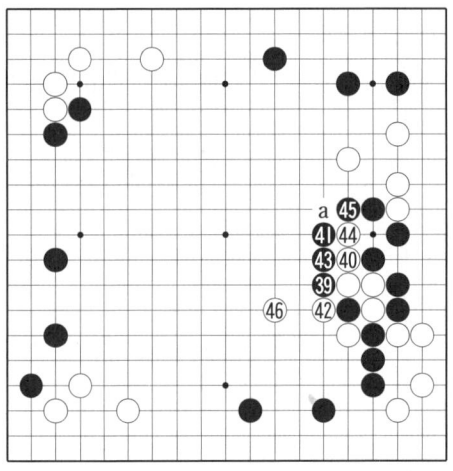

★6보(39~46)

흑39로 몬 후 41의 씌움이 행마의 맥점. 백은 42의 따냄 외에는 반발이 수월치 않다. 그러면 흑43, 45의 틀어막는 수가 기분 좋다. 백46은 어쩔 수 없는 도망. a의 단점을 남긴 것이 그나마 위안이다.

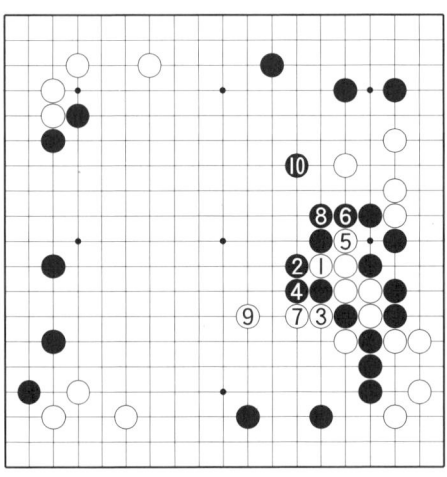

12도(백, 갑갑)

실전 흑41의 씌움에 백1로 나간 후 3에 따내도 흑4로 이으면 백5 다음 7에 손을 돌려야 한다. 그러면 흑8에 잇고 백9로 달아날 때 흑10에 씌워 백이 갑갑한 모양이다.

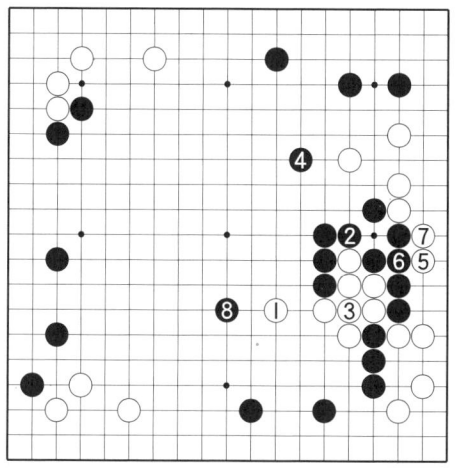

13도(백, 피곤)

실전 백44로 찌르지 않고 1에 그냥 뛰는 방법도 있긴 하다. 그러나 흑2로 두텁게 벽을 친 후 4의 씌움이 아프다. 찌르지 않은 덕분에 백5, 7로 우변 곤마의 안전망은 있으나 흑8로 이번에는 중앙 모자 씌움이다. 백이 피곤한 형세.

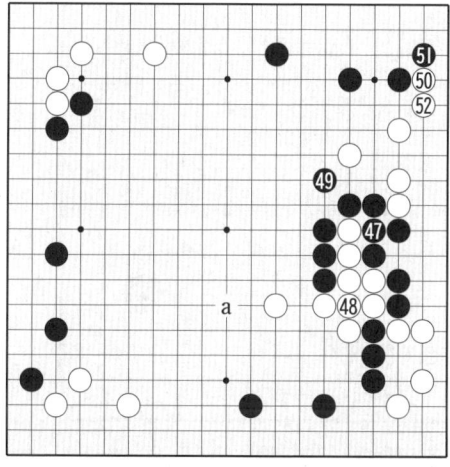

★7보(47∼52)

흑은 47을 선수한 후 49로 일단 약점을 잇는다. 백도 50, 52로 빨리 살아두는 것이 급선무. 귀에 다른 맛은 없애도 이것이 현명한 방법이다. 자칫 소홀히 다루다가 흑52를 맞으면 큰일이다. 중앙도 흑a의 씌움이 있어 약하지만, 우선 우변이 급하다.

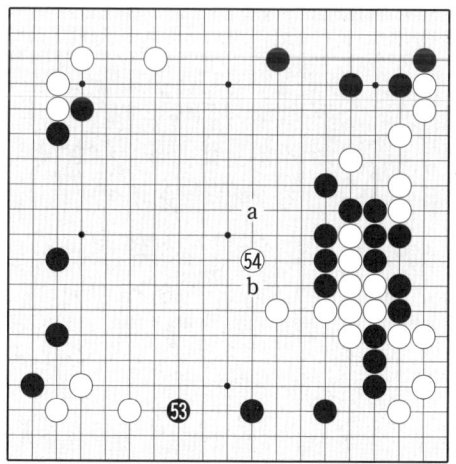

★8보(53∼54)

흑은 53으로 우선 큰 자리를 벌려 실리를 벌면서 중앙을 노린다. 이제 백은 54로 중앙을 보강한 장면이다. a로 받아주면 활용이지만, b로 끊는 맛이 은근히 신경 쓰인다. 중반 실전은 역시 흑b로 끊어 본격적인 싸움이 전개된다.

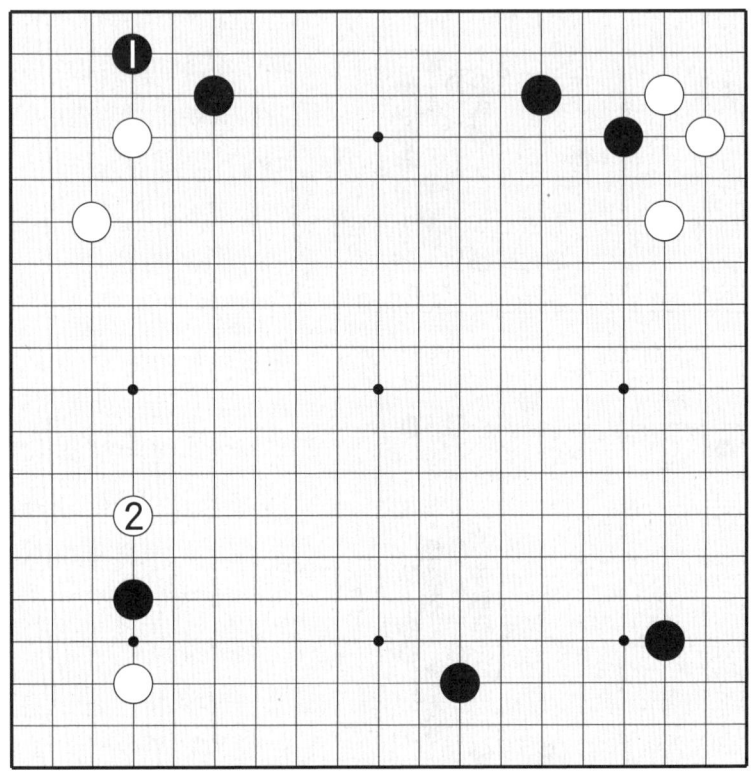

14회 농심신라면배 본선11국(천야오예 : 최철한) 2013. 2. 26

반쪽짜리 변형 미니중국식 제2탄. 이번에는 우하변에 흑의 벌림이 있다. 서로 걸쳐 나온 모양에서 우상귀 백이 삼삼에 파고들 때 흑은 좌상귀에 걸치고 1로 달려 상변 방면을 폭넓게 처리하고자 한다. 여기서 백은 2로 적극적 협공을 가한 장면이다. 그럼 이를 배경으로 한 초반이 어떻게 진행되는지 살펴보기로 한다.

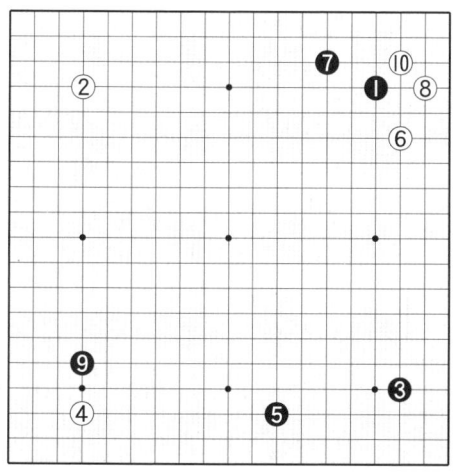

★1보(1~10)

1~4. 서로 화점·소목 포석이다. 흑은 개방형, 백은 평행형. 흑5는 이색적인 벌림. 변형 미니중국식의 단면을 보는 듯하다. 백6, 8 때 흑9로 걸침을 서두른다. 그러자 백은 10으로 귀의 침입이다.

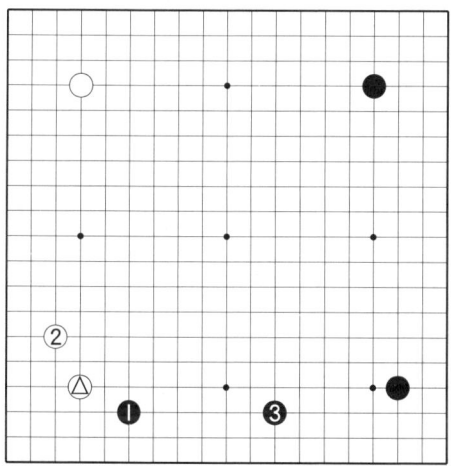

1도(변형 미니중국식의 경우)

백△로 화점일 경우 흑은 1, 3으로 변형 미니중국식을 시도하는 것이 보통이다. 실전 흑5는 백이 소목인 데도 부분적으로 한쪽 벌림이라도 시도한 셈이다.

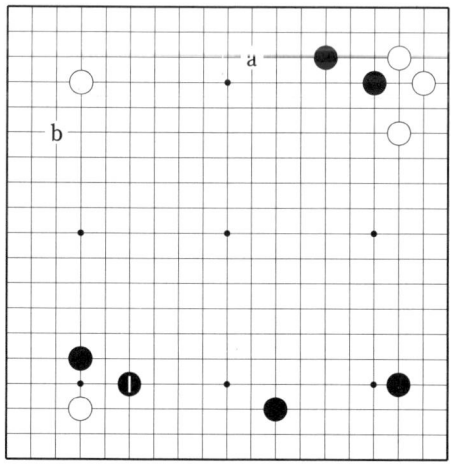

2도(흑, 다른 구상)

실전 다음 흑은 a의 두칸 벌림이 보통이지만, 최근에는 좀 더 활발한 작전 구상을 한다. 가령 좌하귀를 먼저 흑1로 씌울 수 있다. 또는 b의 걸침을 선수한 후 씌울 수도 있다.

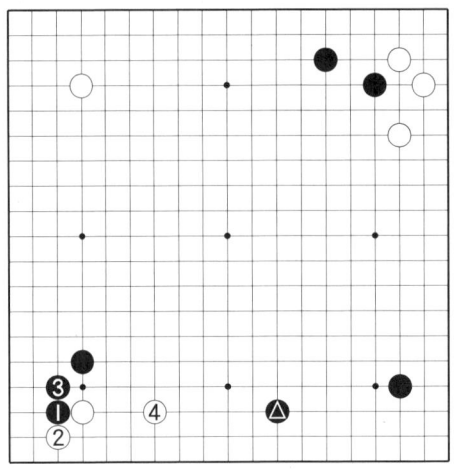

3도(흑, 불만)

좌하귀를 두더라도 흑1의 붙임은 백2, 4로 받아 그다지 내키지 않는다. 이때 흑▲의 위치가 그다지 마음에 들지 않기 때문이다.

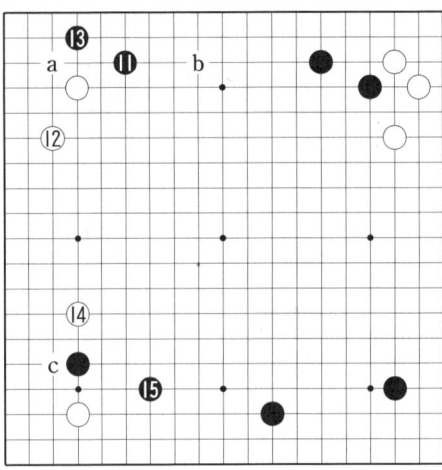

★2보(11~15)

상변의 경우 흑11로 걸치는 경우가 많다. 백12로 받을 때 흑13은 실리를 중시한 수단이다. 백a면 흑b로 벌릴 예정이다. 백은 여기를 보류하고 먼저 14로 적극적 한칸 협공이다. 무난하게 두자면 c의 붙임일 것이다. 흑15의 눈목자는 하변 배치도 고려한 가벼운 행마다.

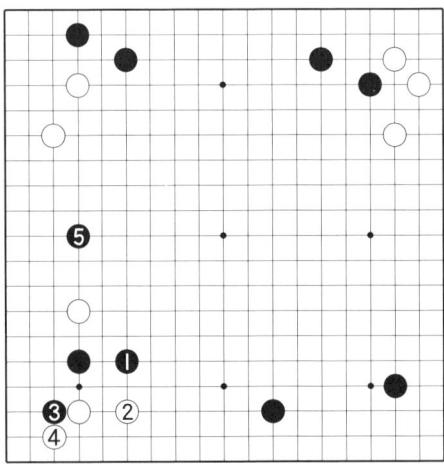

4도(흑, 한칸의 경우)

실전 백14의 협공에 흑1로 뛰는 것은 백2로 같이 뛰어 하변의 배치상 흑이 별로 마음에 들지 않는다. 다만 싸움을 즐긴다면 흑3, 5로 협공하여 둘 수 있다.

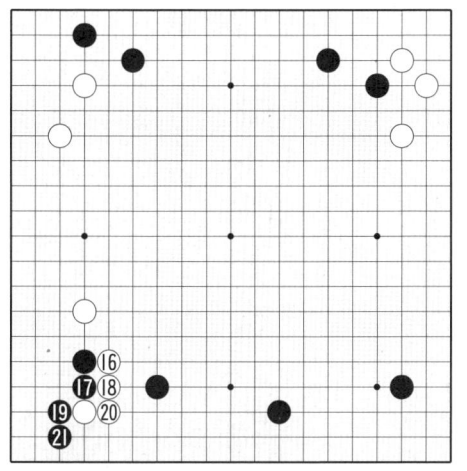

★**3보**(16~21)

백16의 붙임은 축이 유리하여 선택한 결단이다. 그러면 흑은 17~21로 귀를 차지하는 흐름이 된다.

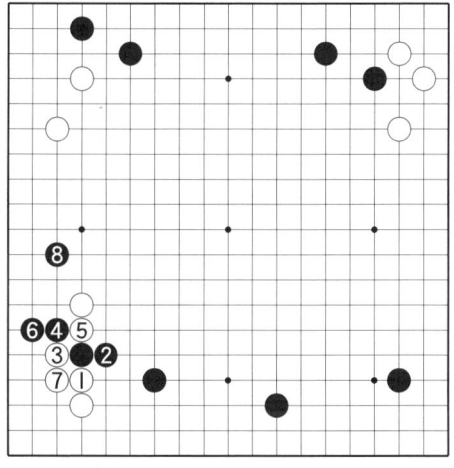

5도(백, 간명)

백1, 3. 실전 백16으로 달리 간명하게 두는 수법이다. 흑이 여기를 계속 두자면 4~8로 좌변에 터를 갖추며 싸우는 것이 예상된다.

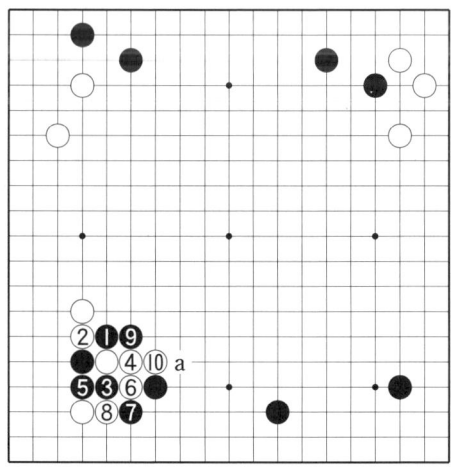

6도(흑, 곤란)

실전 백16의 붙임에 기세라면 흑1의 젖힘이지만 백2로 끊을 때가 문제이다. 흑3, 5는 필연. 백6에 흑7로 막으면 백8에 끊어 흑이 곤란하다. 흑9로 몰고 백10 다음 흑a의 축이 듣지 않는 것.

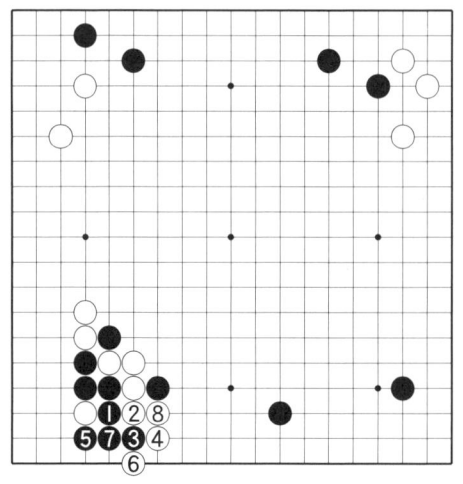

7도(백, 두터움)

결국 앞 그림 백6에 흑1로 후퇴해야 한다. 그러면 백2로 뚫은 후 8까지 백이 두터운 흐름이다.

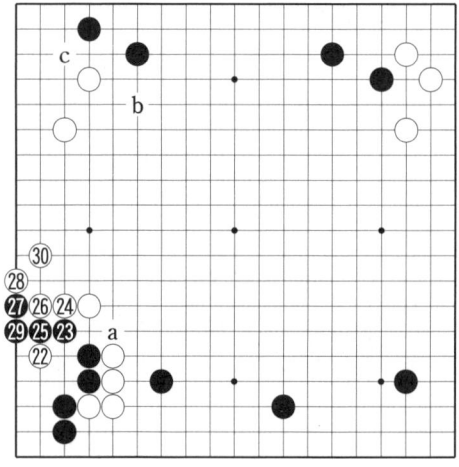

★4보(22~30)

백22는 이런 모양에서의 급소. 이 수를 활용하여 24, 26으로 틀어막는다. 흑27로 젖히면 30까지는 필연이다. 백의 외곽은 a가 선수라 단단한 모양이다. 이 세력을 견제하고 싶다면 흑의 다음 수는 b를 생각할 수 있다. 흑은 c로 더욱 실리를 밝힐 수도 있다.

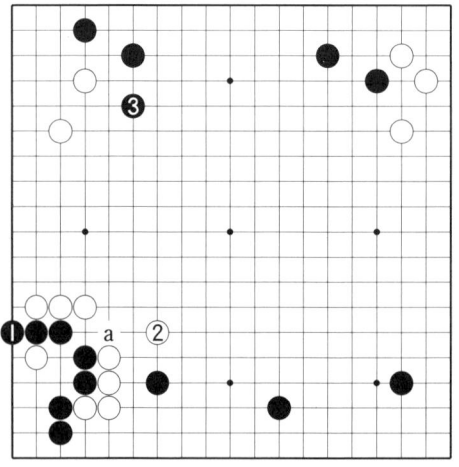

8도(흑, 빠지는 수단)

실전 백26으로 막을 때 흑1로 빠지는 수도 있다. 이제는 백a가 선수가 아니므로 2로 지킴이 보통이다. 다음 백 세력을 견제하는 흑3의 뜀이 예상된다.

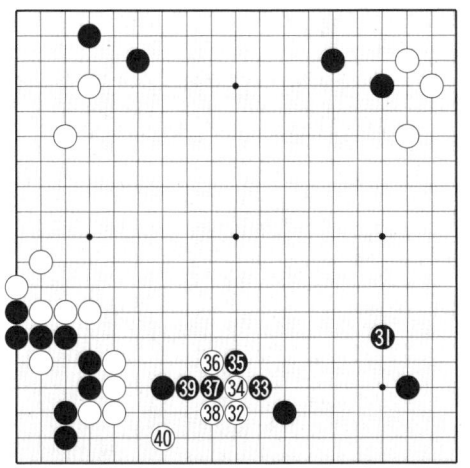

★5보(31~40)

실전은 흑31로 일단 자체 모양부터 정비한다. 여기서 백은 상변이나 하변이 눈에 들어온다. 백32로 하변 침입. 흑33 이하 치열한 공방이다. 40까지는 이런 정도, 흑이 다소 두터운 흐름으로 전개된다.

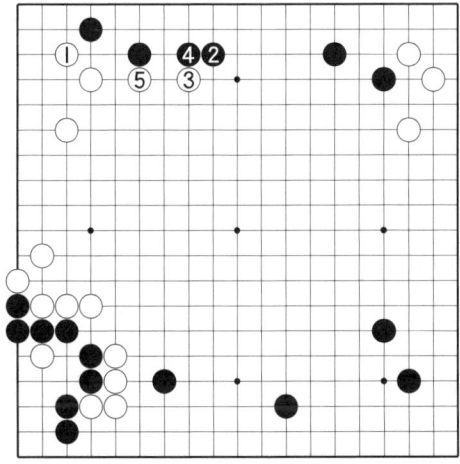

9도(백, 세력 작전)

백은 하변 침입 대신 1로 귀를 지킨 후 흑2면 3, 5로 상변 방면에서 세력을 키워가는 작전도 고려할 수 있다.

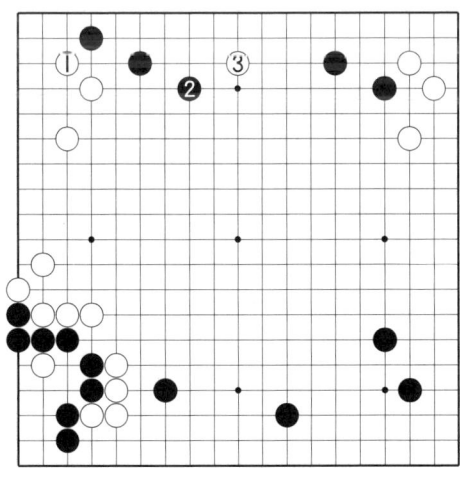

10도(백, 상변 침입)

앞 그림 백의 세력 확대가 싫다면 1에 흑2로 높일 수도 있다. 그러면 백3의 침입으로 이번에는 상변에서 싸우는 흐름이 된다.

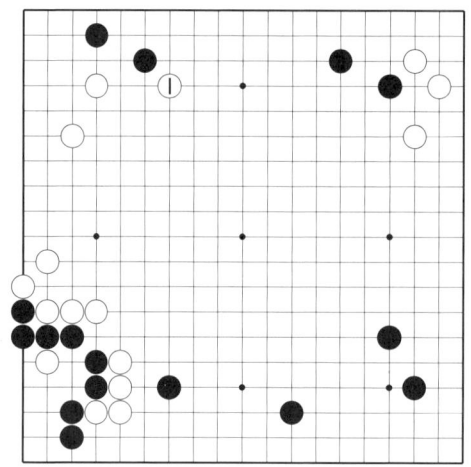

11도(백, 상변 압박)

아예 처음부터 백1로 어깨짚
어 두는 경우도 유력한 수단
이다. 세력을 배경으로 한 압
박 작전이다.

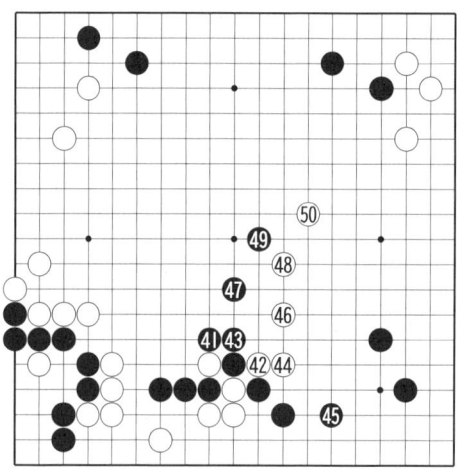

★6보(41～50)

흑41로 확실히 잡아두지만 백
은 42, 44로 하변을 견제한 후
46, 48로 진출하며 두터움을
지워간다. 중앙은 서로 단단하
게 두는 모습이다. 흑49의 공
격에는 백50이 경쾌하다. 백
이 일단 활발한 국면이다.

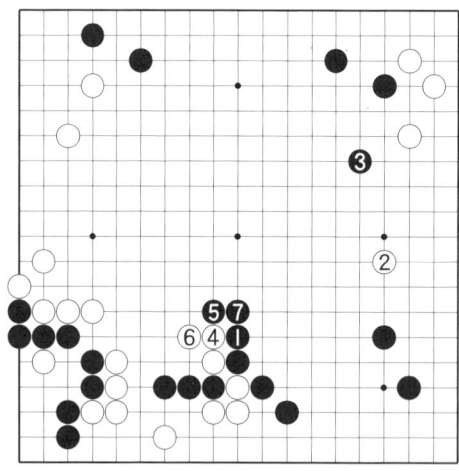

12도(흑, 뻗음)

흑이 두터움을 계속 유지하려
면 1의 뻗음이 낫다. 백2로 벌
려 견제해 오면 흑3이 요처.
백4로 석점은 잡을 수 있지만
흑5, 7이면 더욱 두터운 모습
으로 만족이다.

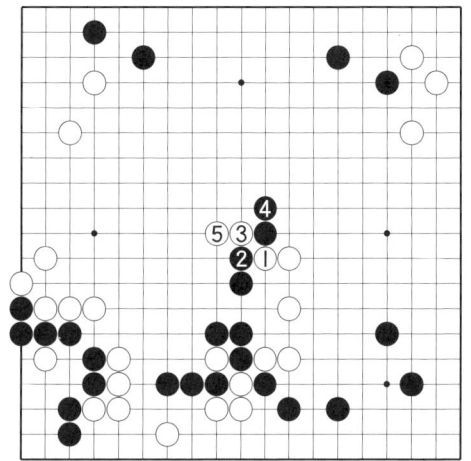

13도(난전)

실전 흑49의 공격에 백은 1, 3으로 끊은 후 5까지 맞서 싸울 수는 있지만, 앞길이 험난하므로 선택하기는 어렵다.

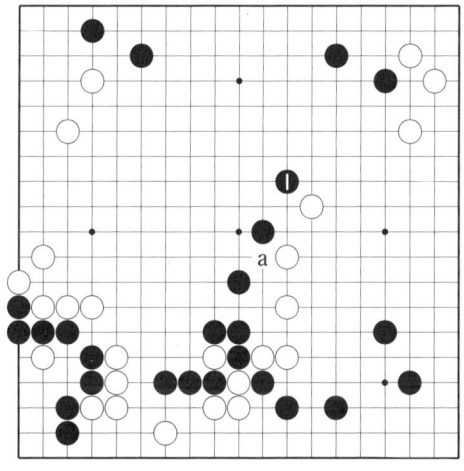

14도(흑, 호방)

실전 다음 흑이 호방하게 두자면 1로 계속 씌워가는 수단을 생각할 수 있다. 다만 a로 끊기는 약점이 심리적 부담으로 작용하여 결행하기는 쉽지 않다.

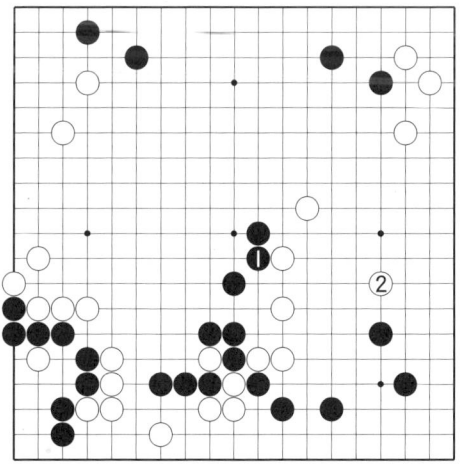

15도(중반 예고)

그런 심리를 반영이라도 하듯, 중반은 흑1의 두터운 지킴으로 실전이 시작된다. 참고로 백은 2로 중앙을 간접 보강하며 변에 터전을 잡는 효율적 작전으로 임한다. 여기까지 백이 활발한 국면이라 평가하고 싶다.

5 장

정석 활용형 초반

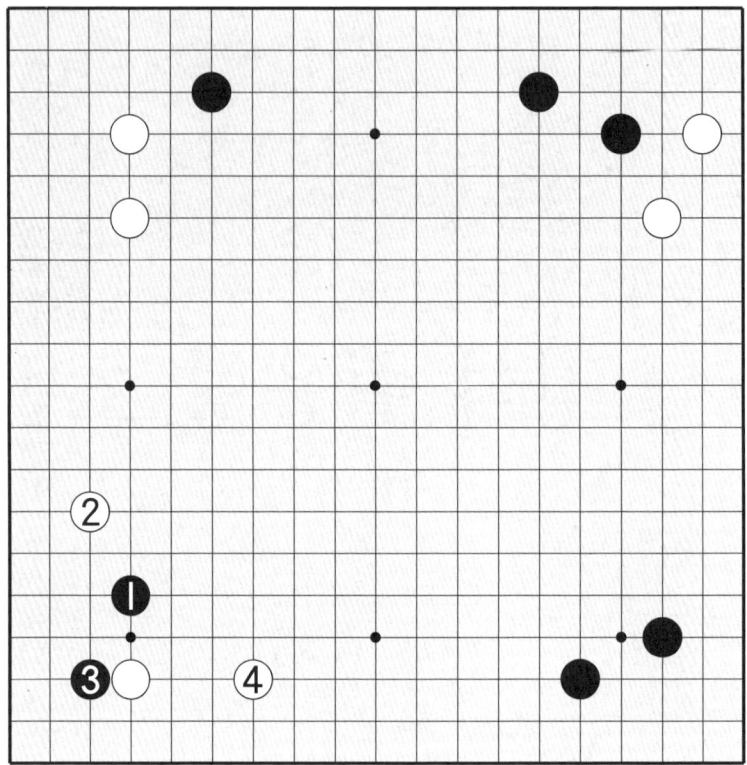

3회 초상부동산배 1라운드(판팅위 : 최철한) 2013. 3. 19

흑은 개방형, 백은 평행형의 화점·소목 포석이다. 흑의 소목 굳힘에서 백의 화점 걸침으로 시작한다. 좌하귀 흑1의 걸침에 백2의 한칸 낮은 협공은 좌상귀가 한칸 받음이므로 이렇게 두고 싶은 곳이다. 흑3의 붙임에 백4의 두칸 벌림은 최신 정석 흐름이다. 그럼 이를 배경으로 한 초반이 어떻게 진행되는지 살펴보기로 한다.

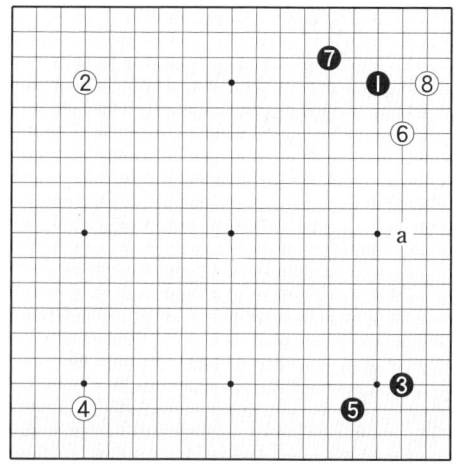

★1보(1∼8)

흑은 1, 3의 화점과 소목에서 5의 굳힘. 백은 2, 4의 화점과 소목. 여기서 6의 걸침에 흑7로 받으면 8로 달려 귀의 실리를 견제하는 것이 우선이다. 변을 중시한다면 백8로 a의 벌림도 생각할 수 있다.

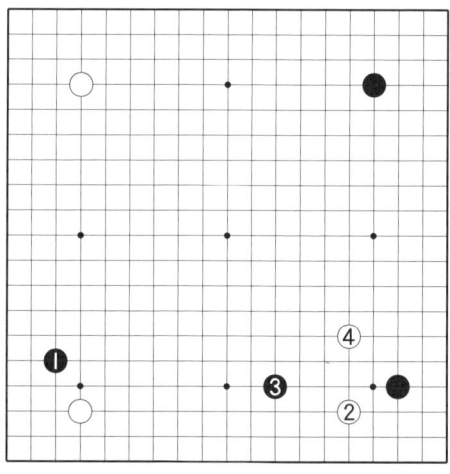

1도(걸침 패턴)

실전 흑5의 굳힘으로 1의 걸침부터 두는 경우도 많다. 그러면 백도 2로 걸치고 흑3의 협공에 백4의 뜀은 생각할 수 있는 하나의 패턴이다.

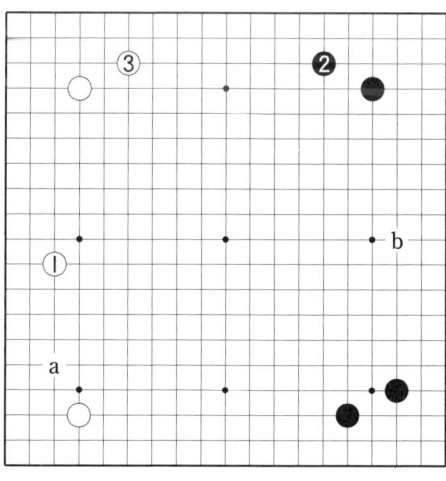

2도(모양 싸움)

실선 흑5의 굳힘에 백은 1의 중국식이나 a의 굳힘으로 자기 진영을 먼저 갖추는 경우도 많다. 다음 흑2와 백3으로 서로 지킬 수 있다. 만일 흑2로 b라면 백2의 걸침이 보통일 것이다. 백3으로는 b의 갈라침도 생각할 수 있다.

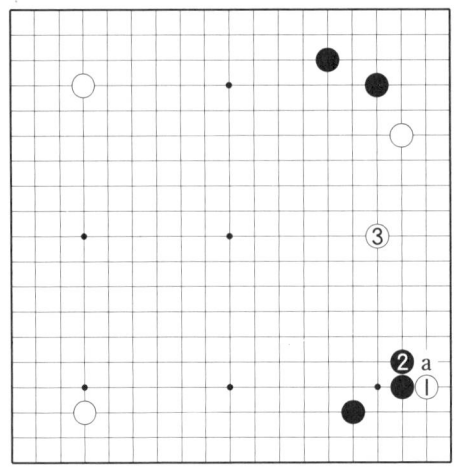

3도(백, 변의 중시)

실전 흑7 때 백이 변을 중시하는 방법이지만, 1의 붙임으로 응수를 묻고 흑2면 3으로 높게 빌리는 방법도 있다. 변은 가볍게 둔 후 귀에서 a의 맛을 노리겠다는 전략이다.

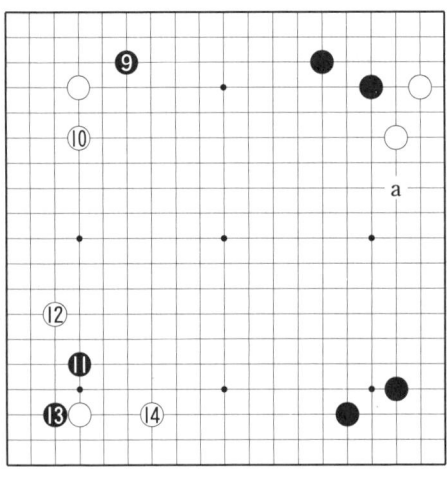

★2보(9~14)

흑은 9로 먼저 걸친 후 11의 걸침. 흑11은 a로 협공하는 수법도 있다. 좌하귀가 소목이므로 먼저 걸친 것으로 보인다. 백10이 한칸이므로 12의 낮은 협공은 균형 감각이다. 흑13의 붙임에 백14의 두칸 벌림은 최근 유행 정석이다.

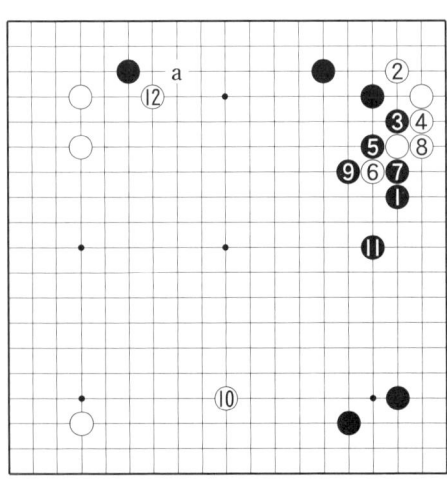

4도(흑, 우변 협공의 경우)

실전 흑11로는 우변 1쪽에서 협공하는 수법도 있다. 이하 9까지는 정석. 백10의 벌림에 흑11의 지킴, 모두 큰 곳이다. 다음 a의 협공도 있지만, 백12의 압박으로 치열하게 두는 것이 현대적 감각이다.

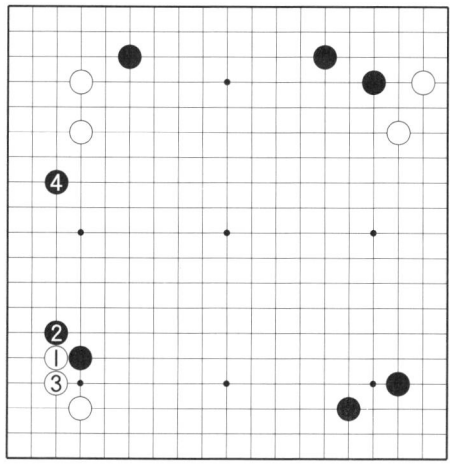

5도(흑, 활발)

실전 흑11에 백1의 붙임은 흑
2를 하나 결정한 후 4로 다가
서는 자세가 알맞다. 흑이 활
발한 포석이다. 실전에서 백이
협공을 택한 이유이기도 하다.

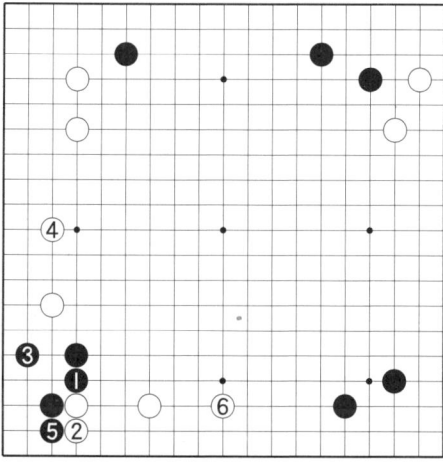

6도(평범)

실전 다음 평범하게 두자면 흑
1, 3. 이하 6까지 예상되는 포
석이다. 백이 좋은 자세로 양
쪽 변을 두어 나쁘지 않다. 흑
은 다른 변화를 생각할 여지
가 크다.

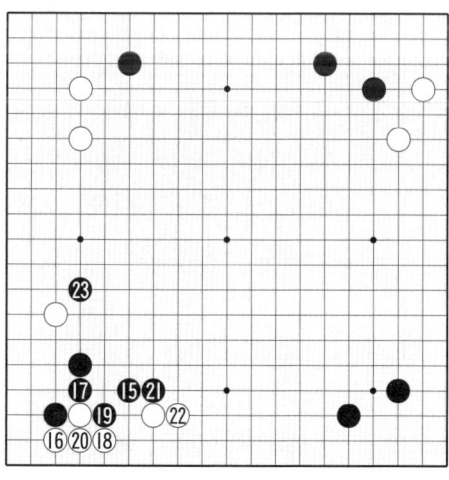

★3보(15~23)

역시 흑15로 어깨짚어 변화한
다. 백16에 흑17은 두터운 수
단으로 사뭇 새로운 변화이다.
백18의 지킴에 흑19, 21로 하
변에 실리를 내주고 23으로 두
텁게 압박해 간다.

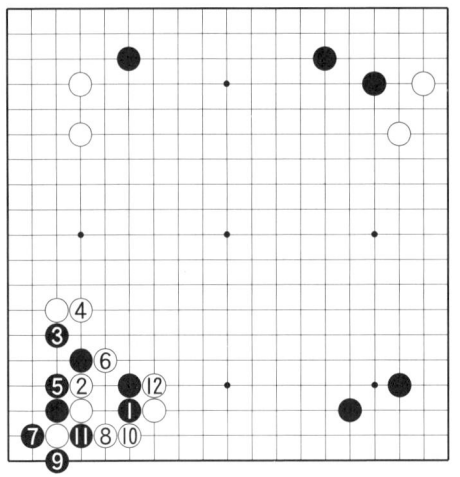

7도(흑, 차단)

실전 백16에 기세상 흑1의 차단을 많이 둔다. 백2는 모양의 급소. 다음 흑3이면 12까지 하나의 갈림이다. 백이 좌변의 세력을 잘 활용하면 활발한 포석이다.

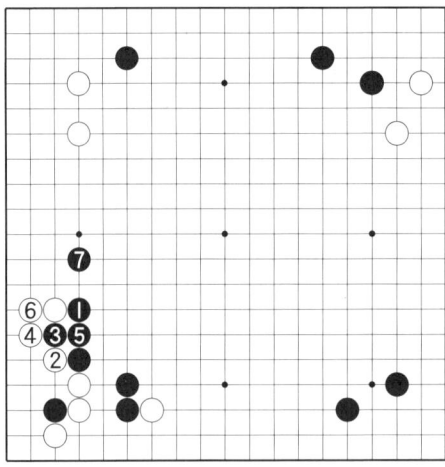

8도(흑의 변화)

앞 그림 흑3으로 백의 세력이 싫다면 1의 붙임을 생각할 수 있다. 백2에 흑3~7까지. 이번에는 실리와 세력 판도가 달라진다.

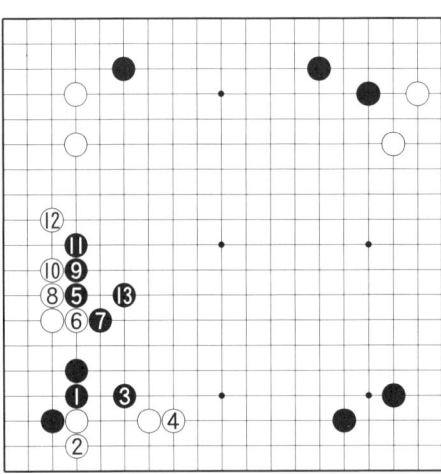

9도(원조)

실전 흑15는 먼저 1로 누른 후 3의 어깨짚는 수순이 원조다. 백4로 지키면 흑5의 압박. 백6~12로 넘고 흑13의 지킴까지 일단락이다.

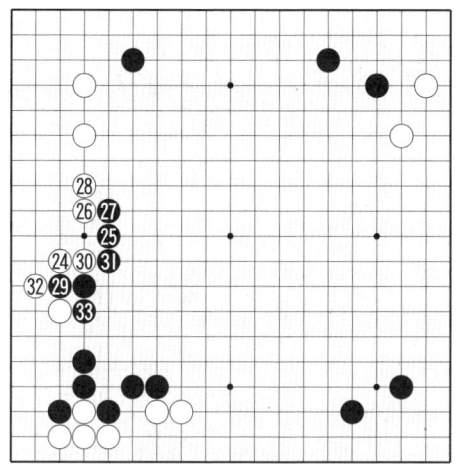

★4보(24~33)

9도와는 달리 백24로 가벼운 뜀이다. 흑은 25~33으로 정리해 간다. 그 과정에서 흑29에 백30, 32가 외곽에 맛을 남기는 수순이다.

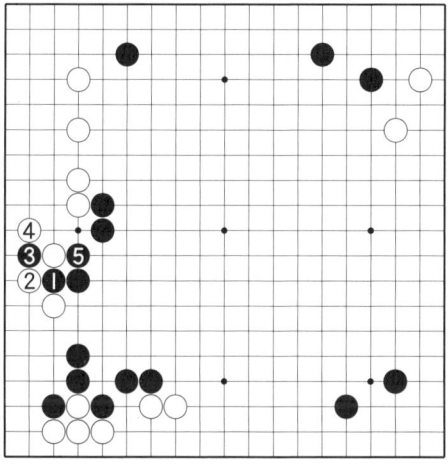

10도(흑, 단수 활용)

흑1로 찌를 때 백2로 그냥 받는 것은 흑3으로 하나 끊어두는 것이 맥점으로 백4에 흑5의 단수 활용이 아프다.

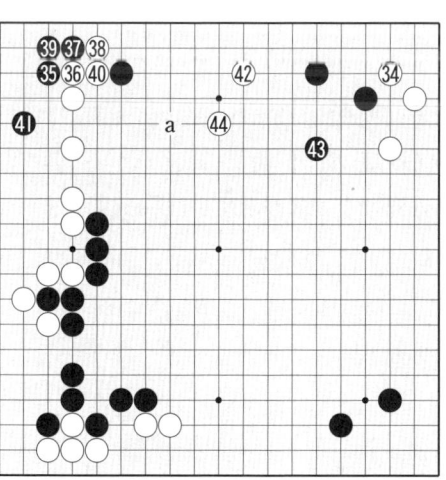

★5보(34~44)

백34는 큰 곳. 이에 흑35의 삼삼 침입은 일단 실리부터 챙기겠다는 뜻이다. 보통은 상변 지킴일 것이다. 백은 36~40으로 차단한 후 42로 상변에 기지를 건설한다. 공격도 겸하는 수단. 흑43으로 진출할 때 백44로 탄력을 주며 모양을 구축해 간다. 앞으로 상변 백의 영토가 넓어지면 흑이 뒤지는 형세다. 중반은 흑a의 삭감부터 실전이 시작된다.

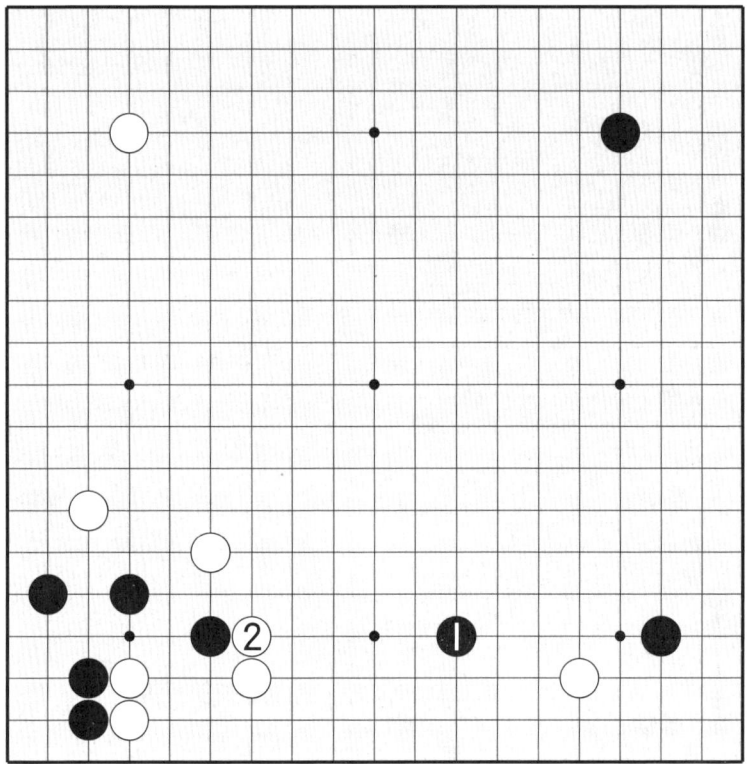

1회 바이링배 8강전(저우루이양 : 박정환) 2012. 8. 23

흑은 개방형 화점·소목, 백은 평행형 화점·소목 포석이
다. 좌하귀는 흑이 소목에 걸치고 백이 협공, 흑이 삼삼에
붙일 때 백의 두칸 벌림 정석에서 나온 신형 변화이다. 그
과정에서 백이 우하귀에 하나 걸친 후 흑1의 협공 때 백2
로 두텁게 둔 장면이다. 그럼 이를 배경으로 한 초반이 어
떻게 진행되는지 살펴보기로 한다.

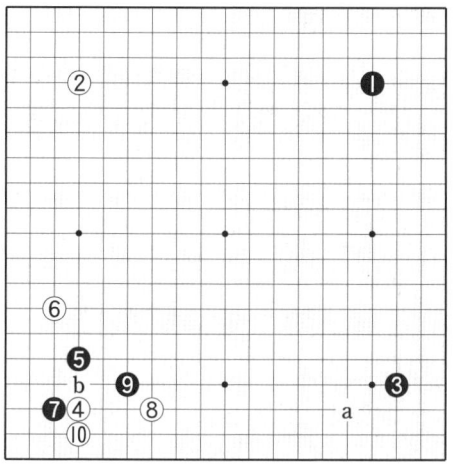

★1보(1~10)

흑1, 3의 화점과 소목에서 a의 굳힘이 아닌 5의 한칸 걸침으로 시작한다. 백6의 한칸 낮은 협공. 적극적으로 나온다. 흑7의 붙임에 백8의 두칸은 현대적인 수법이다. 이때 흑9는 변화구로 b가 보통이다. 백10은 귀와 변을 동시에 고려한 수단이다.

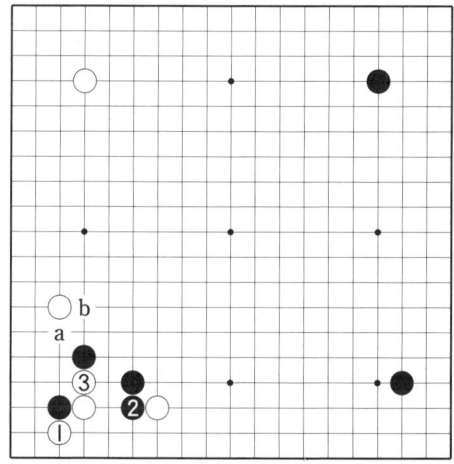

1도(백, 귀의 중시)

실전 백10으로 귀를 중시하면 1의 젖힘도 일책이다. 흑2로 변을 제압하면 백3으로 치받는다. 다음 흑은 a나 b를 선택하게 된다. a는 귀의 실리, b는 중앙 두터움이다.

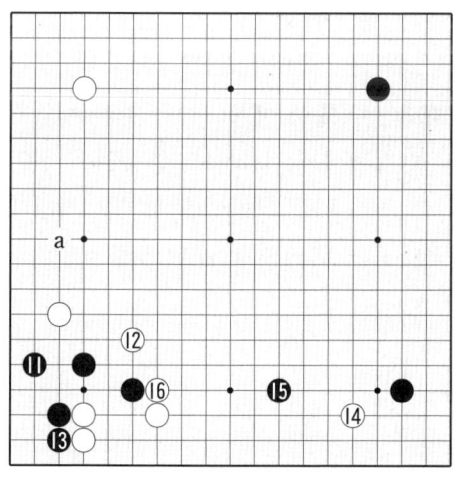

★2보(11~16)

흑11은 형대의 급소 귀니 변을 맞본다. 백12는 역으로 씌우는 중앙의 급소이다. 보통은 a의 벌림이다. 흑은 13으로 일단 귀를 지킨다. 여기서 우하귀 백14의 걸침. 흑15의 두칸 높은 협공에 좌하변 백16은 두터운 수단이다.

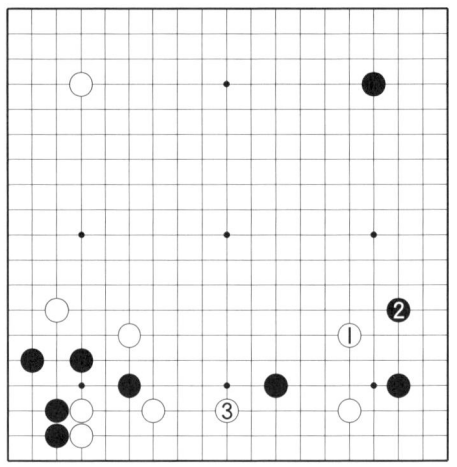

2도(보통)

실전 백16으로 우하변 만을 생각하면 1로 뛴 후 흑2쪽으로 받을 때 백3의 협공이 보통의 감각이다.

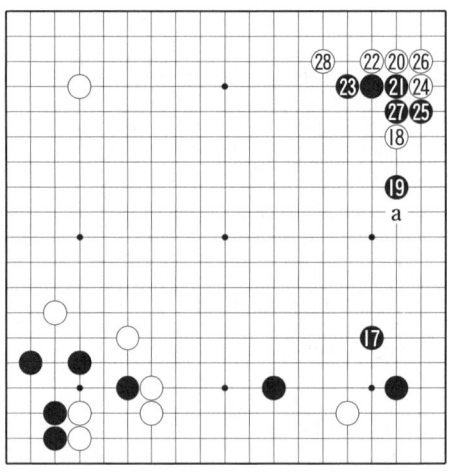

★3보(17~28)

하변에 백의 세력이 있을 때는 흑17이 귀의 적절한 보강책이다. 백18의 걸침에 흑19의 한칸 협공은 백20의 삼삼 침입을 유도한 측면도 있다. 28까지의 정석은 자연스런 흐름이다. 흑19는 a로 한발 물러선 협공도 일책이다.

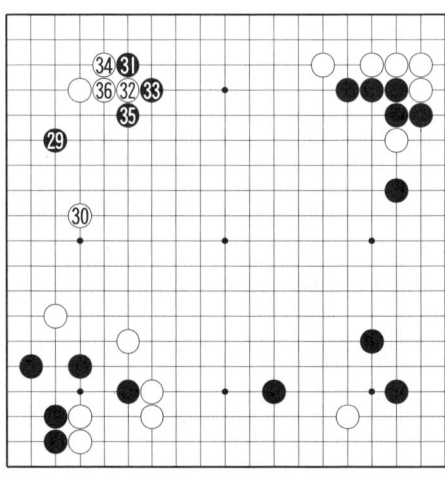

★4보(29~36)

흑29의 걸침에 백30의 두칸 높은 협공. 이어지는 흑31의 양걸침. 서로 활발한 작전이다. 백32~36은 상변을 가볍게 보고 택한 수단으로 보인다.

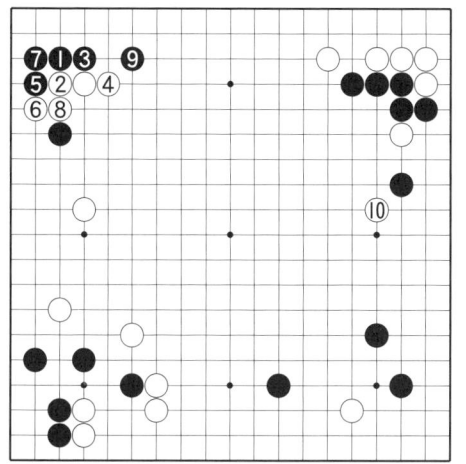

3도(흑, 간명책)

실전 백30의 협공에 알기 쉽게 두자면 흑1~9의 정석으로 귀의 실리를 차지한다. 그러면 백은 좌변에 세력을 쌓은 후 우변 10의 삭감이 유력하다.

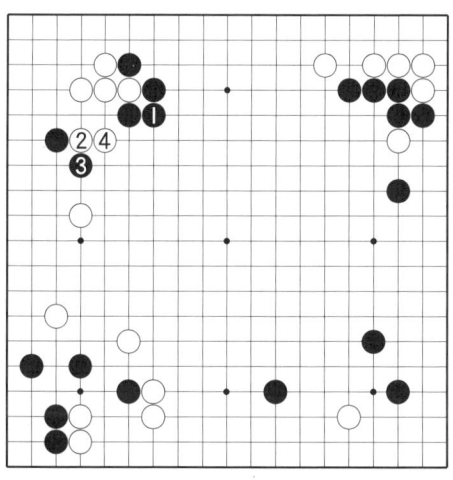

4도(위로 이음)

실전 다음 흑의 행마는 어디일까. 몇 가지를 상정할 수 있는데, 흑1로 위를 이으면 백2, 4로 머리를 내밀 것이다.

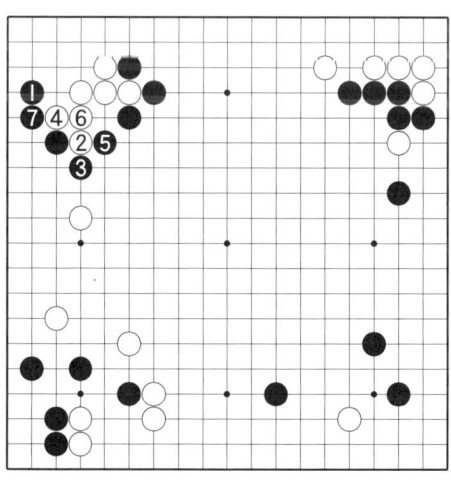

5도(귀로 파고들기)

흑이 귀를 중시히면 1로 파고들 수 있다. 백2, 4가 이럴 경우 추궁하는 요령인데, 흑은 5를 선수한 후 7에 일단 연결한다.

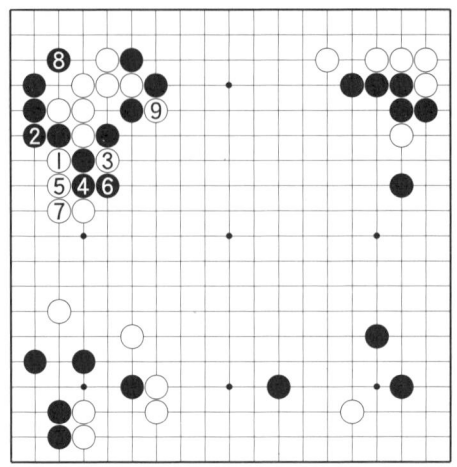

6도(중앙 싸움)

계속해서 백1~5로 몬 후 7에 잇는다. 흑8로 귀에서 살 때 백9로 끊어 서로 어려운 싸움이다. 흑은 귀의 실리를 먼저 차지하므로 바깥은 버티는 싸움으로 흘러갈 것이다.

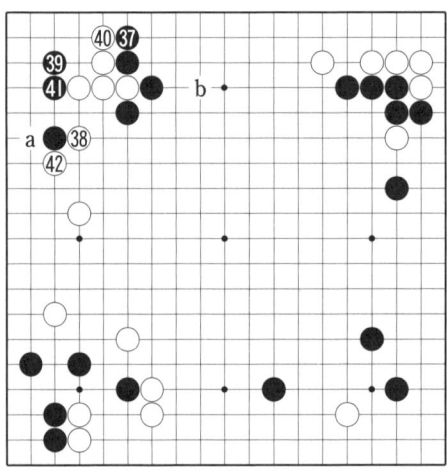

★5보(37~42)

실전은 흑37로 내려서는 수. 백38의 붙임에 흑39로 귀에 침입한다. 실전적인 작전이다. 이에 백40으로 차단하고 흑41에 백42로 젖힌다. 다음 흑a면 백이 손을 돌려 b의 공격으로 둘 만하다.

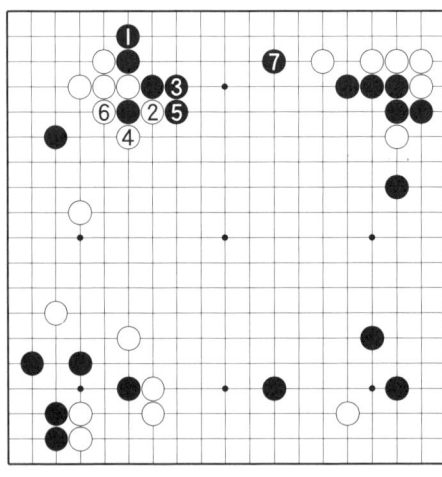

7도(흑, 상변에 좋은 자세)

흑1에 백2쪽으로 끊는 것이 보통이지만 흑3, 5를 선수한 후 7에 다가서면 상변 자세가 좋다. 귀의 맛도 아직 남아 있다.

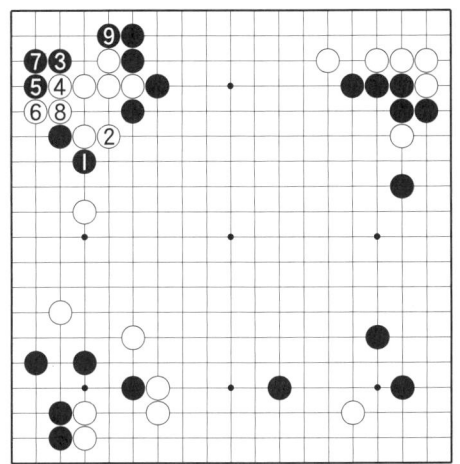

8도(귀의 실리가 좋음)

실전 백38에 흑1, 3으로 하나 젖힌 후 삼삼에 들어갈 수 있다. 백4에 흑5, 7로 젖혀이음. 이때 백8로 잇는 것은 흑9로 넘어 상변과 이어진 귀의 실리가 크다.

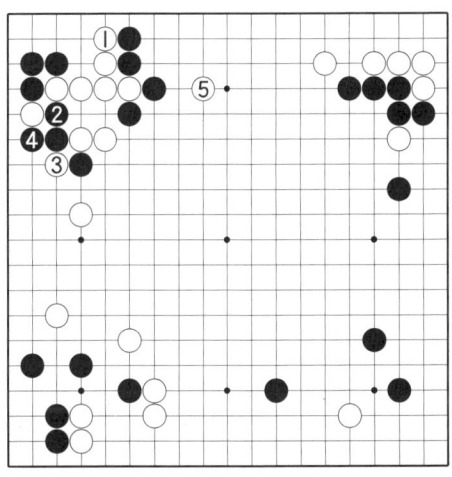

9도(백, 상변 공격)

앞 그림 백8은 1로 상변과 차단하고 싶다. 흑2로 끊으면 백3으로 하나 끊어둔 후 차라리 상변 5로 공격해 가는 것이 나을지도 모른다.

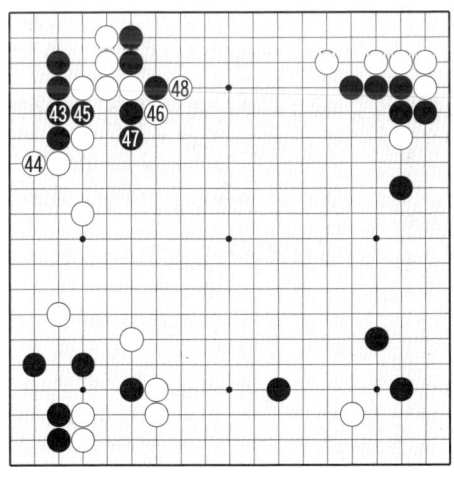

★6보(43~48)

흑43, 일직선으로 이어 귀를 압박한다. 이에 백44도 귀를 엿보는 강수. 흑45로 나올 때 백46, 48로 상변을 공략한다. 흑도 47로 늘어야 상변에서 버틸 수 있다.

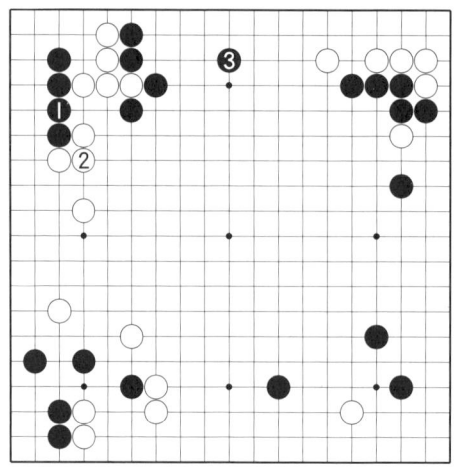

10도(흑, 만족)

흑1의 이음에 백도 2로 같이 꽉 이으면 귀는 무사하지만, 흑이 3으로 상변에 손을 돌려 만족이다.

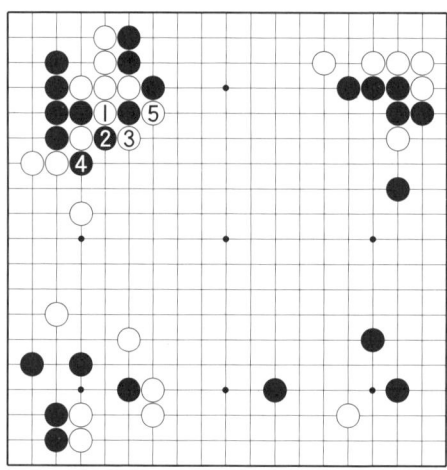

11도(바꿔치기)

실전 흑45에 백1로 정면 대응하면 흑2로 끊고 백5까지 서로 한점을 따내며 바꿔치기가 이루어진다.

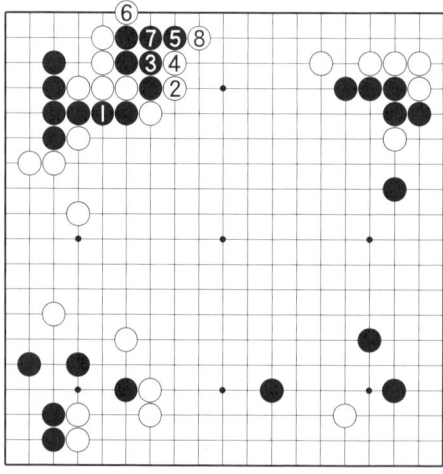

12도(흑, 잡힘)

실전 백46의 끊음은 상변 공략에 뜻을 둔 작전이다. 이때 흑1로 꽉 잇는 것은 요망 사항이지만 백2~8로 흑이 속절없이 모두 잡힌다.

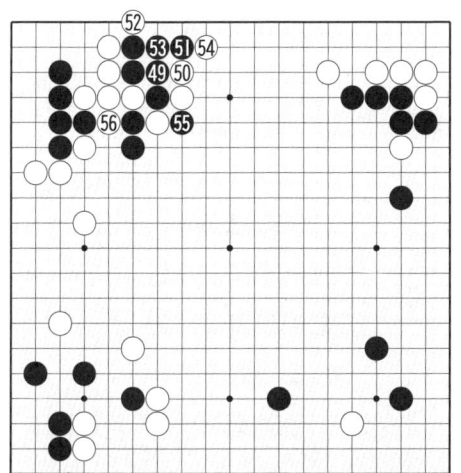

★7보(49~56)

이번에는 흑49로 잇고 백50으로 몰고나가 54 때 흑55의 단수가 부분적으로 성립한다. 그러자 백은 56으로 변화를 모색한다.

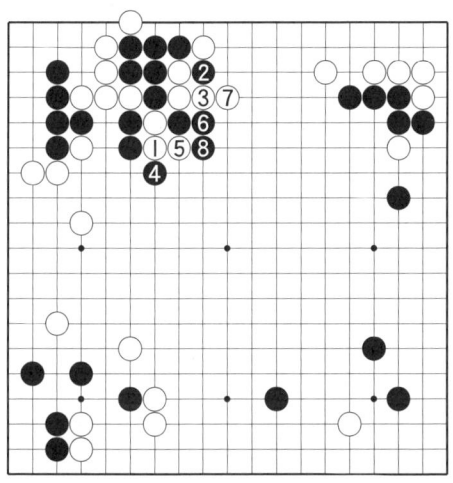

13도(백, 축에 걸림)

실전 흑55에 백1로 나가면 흑2로 끊고 백3에 흑4~8로 양쪽을 요리조리 몰아 축에 걸린다. 백 큰일.

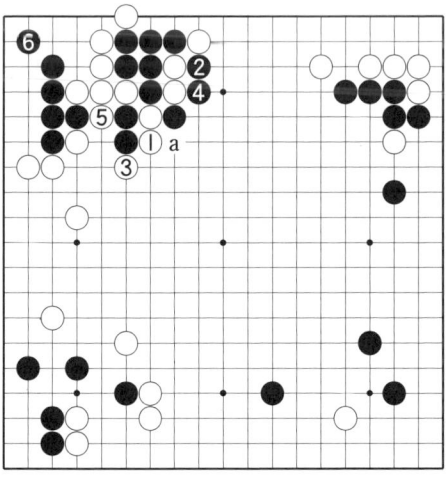

14도(흑, 편한 결과)

백1로 나간 이상 흑2에는 백3의 변신이 필요하다. 흑4로 잡을 때 백5로 잡는 것이 귀에 선수로 듣는다. 흑6의 지킴까지 서로 두점을 잡는 바꿔치기. 다만 귀와 상변, 양쪽을 수습하고 a의 활용도 남긴 흑이 조금이라도 편한 결과이다.

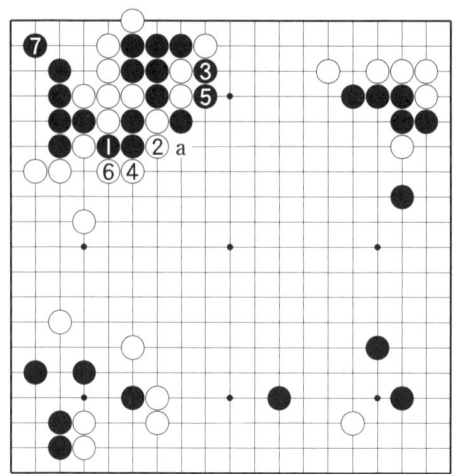

15도(백, 충분)

실전 다음 흑1로 끊으면 백2로 나가 이제 사정이 달라진다. 흑3에 백4. 축관계상 흑5로 잡을 때 백6으로 석점을 따내면 자체로 두텁고 a의 활용도 사라진다. 이건 백도 충분한 결과다.

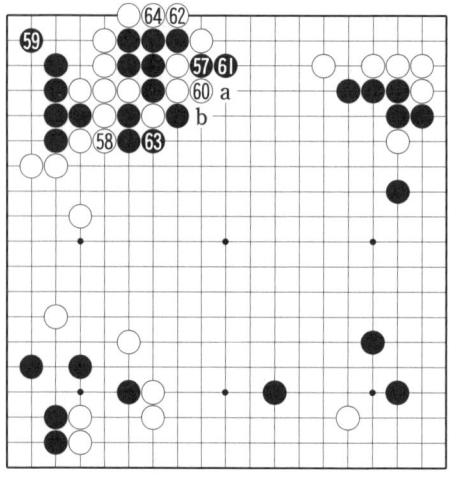

★8보(57~64)

그런 이유로 흑은 57의 약점을 먼저 추궁한다. 백58의 이음은 귀에 선수. 사활 관계상 흑59의 지킴이 필요하다. 백은 60으로 나간 후 62, 64로 넘어가는 길을 찾아간다. 서로 기세의 대결이다. 여기서 흑이 여섯점을 이으면 백은 a나 b, 둘 중 하나가 보통이다.

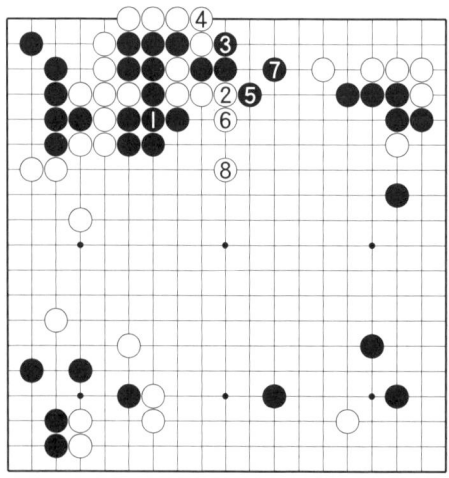

16도(백, 상변으로 미는 경우)

실전 다음 흑1로 잇고 백2로 상변 쪽에서 밀면 8까지 예상되는 흐름이다. 서로 어려운 싸움이다.

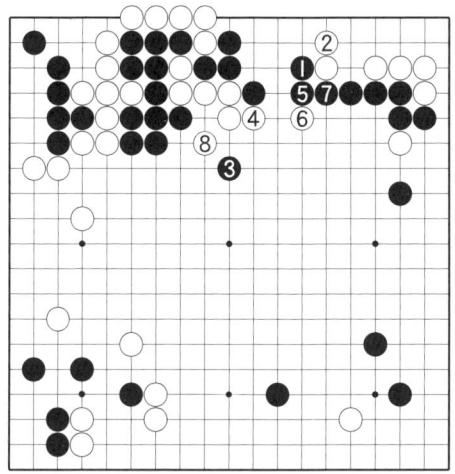

17도(흑, 발빠른 수단)

앞 그림 백6 때 흑1로 붙여 발빠르게 두는 수단도 있다. 백2로 지키면 흑3, 중앙 쪽에서 씌워 가려는 의도이다. 백은 4, 6을 선수한 후 8로 슬며시 나가 본다. 역시 서로 어려운 싸움이다.

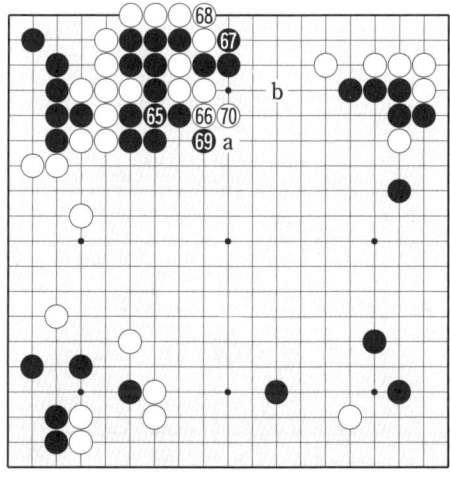

★9보(65~70)

실전은 흑65로 이을 때 백66, 중앙 쪽으로 움직인다. 흑은 67을 선수한 후 69로 몰고 백70에 나간 장면이다. 앞으로 여기가 승부의 분수령인데 어려운 싸움인건 만은 틀림없다. 백이 몰리는 듯하지만, 흑도 양쪽이 미생이라 a나 b의 직접 공격은 실패할 경우 데미지를 입을 공산이 크다. 다른 연구가 필요한 시섬.

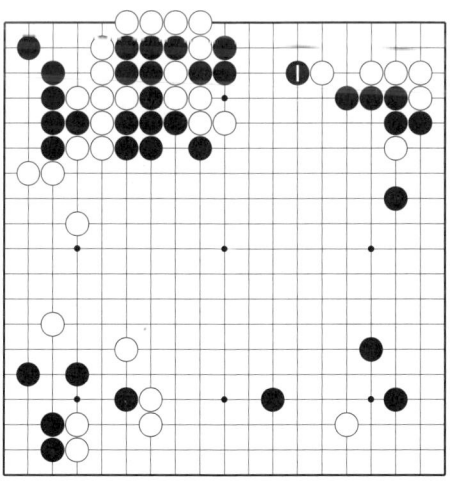

18도(중반 예고)

중반 실전은 흑1의 붙임부터 상대의 약점에 기대어 2라운드의 싸움이 시작된다.

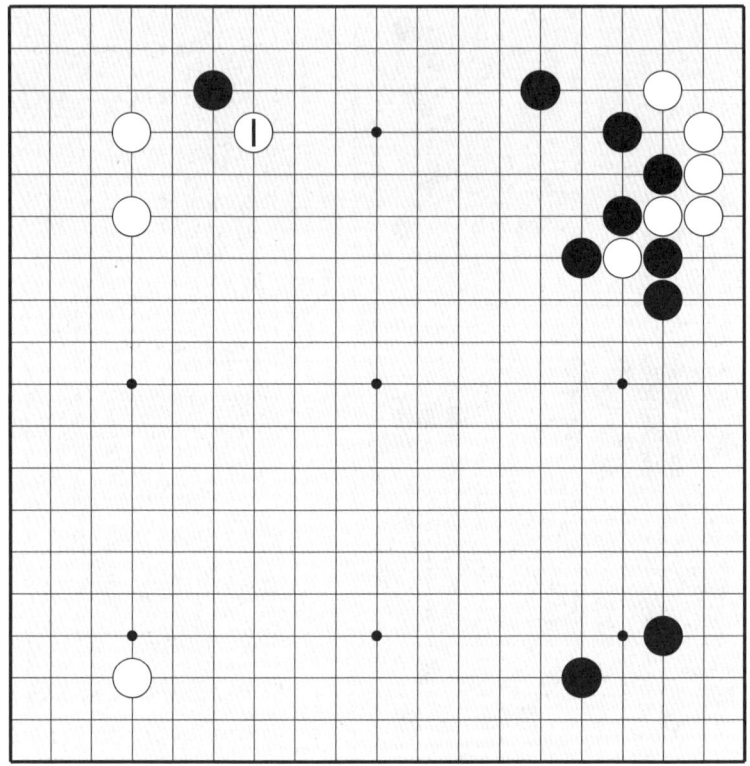

2012 올레배 결승4국(이세돌 : 최철한) 2012. 11. 23

흑은 개방형 화점·소목, 백은 평행형 화점·소목 포석이
다. 우하귀 흑의 굳힘. 우상귀는 백이 걸치고 달릴 때 흑
이 협공하여 나온 정석 모양이다. 그 전에 흑은 좌상귀 걸
침 하나 해둔다. 백은 한칸으로 받은 후 1의 씌움. 연관된
압박 전략이다. 그럼 이를 배경으로 한 초반이 어떻게 진
행되는지 살펴보기로 한다.

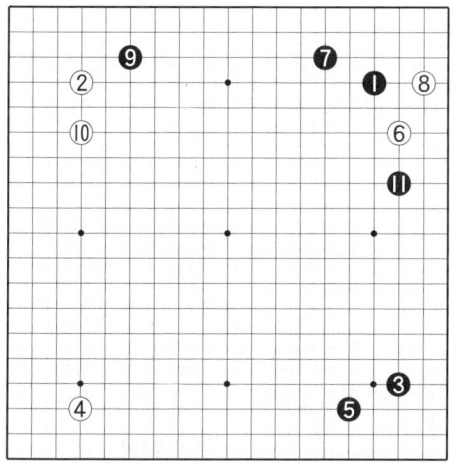

★1보(1~11)

흑1, 3의 화점과 개방형 소목에서 5의 굳힘으로 시작한다. 백2, 4의 화점과 평행형 소목. 그리고 흑의 본진에서 백6, 8로 걸치고 달림. 많이 쓰는 수단이다. 흑9, 11의 걸침 후 협공은 연관된 작전이다.

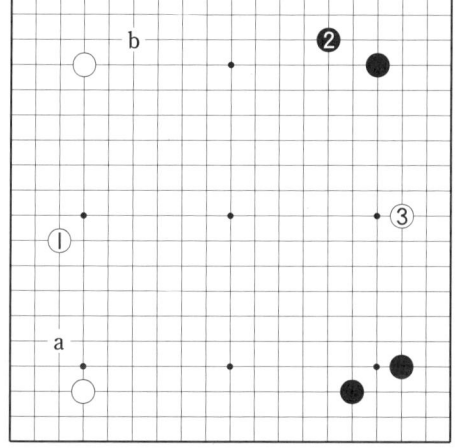

1도(모양 대결)

실전 백6으로 모양 대결을 생각한다면 1의 중국식이나 a의 굳힘도 일책이다. 흑2로 지키면 이쯤 해서 백3으로 갈라친다. 백3은 b로 같이 지켜 갈 수도 있다. 그러면 흑3이 보통.

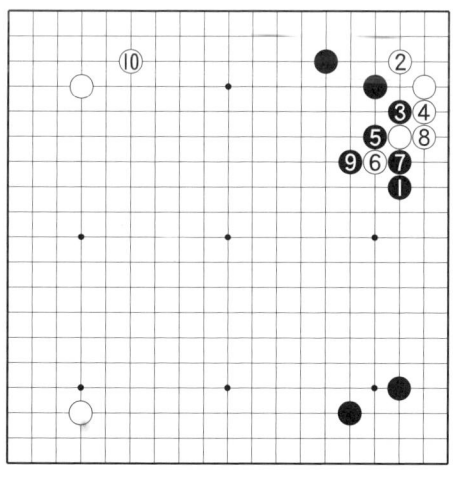

2도(백, 상변 견제용 지킴)

실전 흑9의 걸침이 없는 경우. 흑1로 협공한 후 9까지는 이 배치에서 많이 쓰는 정석인데, 상변 흑의 영향을 견제하는 백10의 지킴이 먼저 온다. 실전은 이를 피한 것.

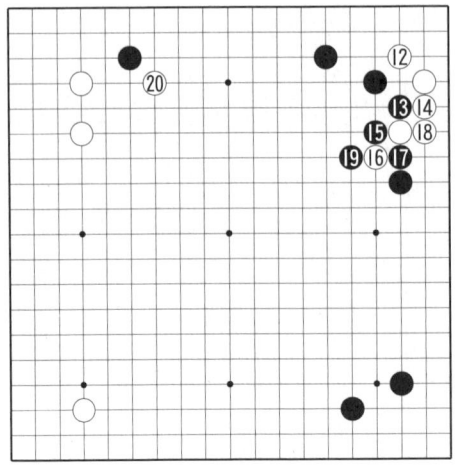

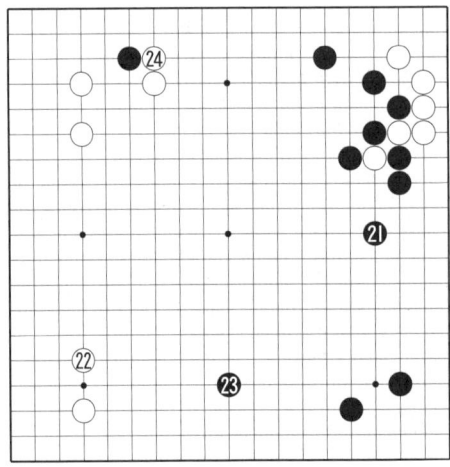

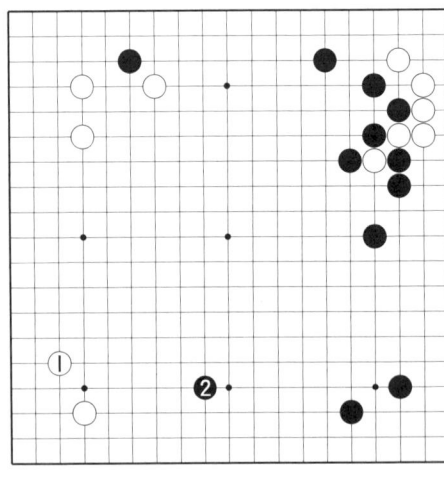

★2보(12~20)

백12로 귀에 들어가면 흑13~19까지는 정석이다. 백 실리와 흑 세력의 대결 양상. 이때 흑은 좌상귀 걸침이 상변 세력에 도움을 준다는 생각이다. 백도 이를 감안하여 상변에 침입하지 않고 20으로 압박한다. 일종의 공격적인 삭감이기도 하다. 이때 한칸 받음이 도움을 준다는 생각이다.

★3보(21~24)

흑21은 축을 해소하며 우변에 도움을 주는 효율적인 지킴이다. 백22의 굳힘에 흑23의 벌림. 백22로 먼저 23에 벌리면 흑은 22쪽 귀에 걸친다. 이제 백24로 한점 제압은 크다.

3도(균형 감각)

실전 백22로 1의 날일자 굳힘이면 흑2로 한칸 더 벌리는 것이 보통이다. 소위 균형 감각.

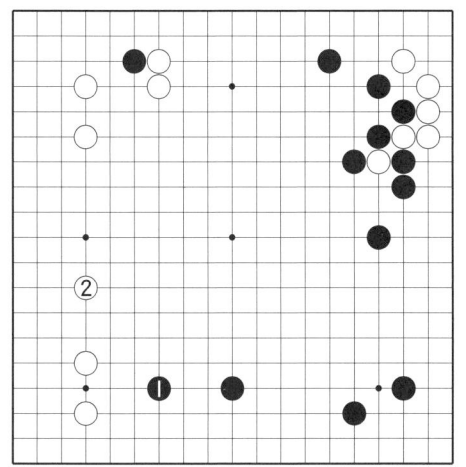

4도(하변보다 좌변)

실전 다음 어디가 클까. 중앙은 엉성하다 보고 제외하면 선택은 좌변이나 하변. 일단 흑1로 하변 벌림은 찬성할 수 없다. 백2로 좌변에 벌리기만 해도 이 교환은 좌변이 약간이라도 낫다.

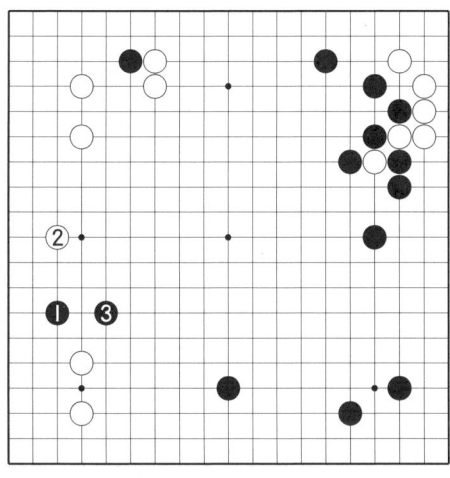

5도(공격 성향의 걸침)

그렇다면 좌변인데 좌변도 여러 선택이 있다. 우선 공격 성향이라면 한칸의 뒷문을 노리는 흑1의 걸침을 생각할 수 있다. 백2로 협공하면 흑3의 뜀.

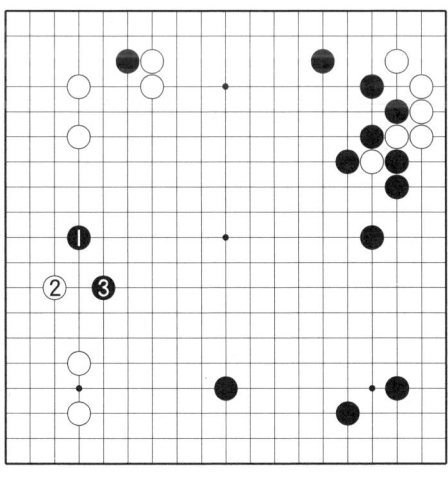

6도(세력 위주의 갈라침)

좌변이 넓으므로 갈라침도 생각할 수 있다. 흑1의 높은 갈라침. 백2로 다가오면 흑3으로 씌운다. 실리는 손해이지만 우측 세력에 도움을 준다는 생각이다.

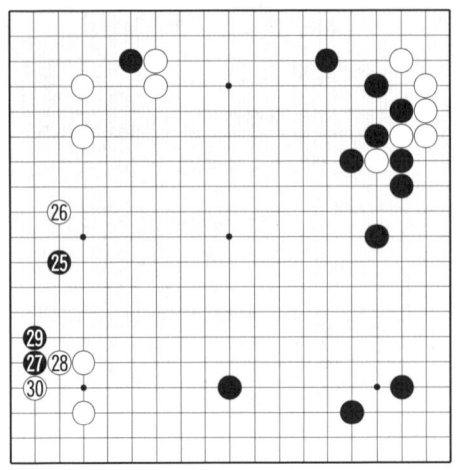

★4보(25~30)

실전은 낮은 갈라침. 흑25가 적당한 지점이다. 백26으로 다가오면 흑27로 뒷문에 파고들 수 있다. 백28, 30은 귀의 수비법.

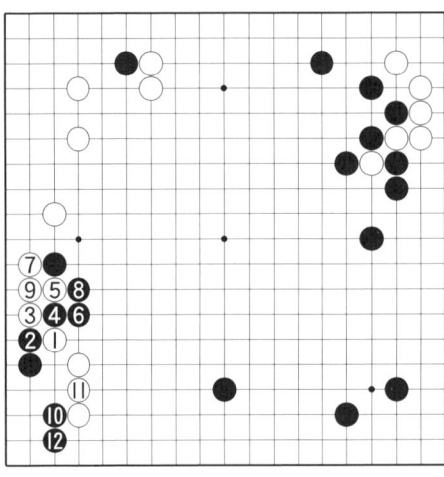

7도(흑, 충분)

실전 흑27에 백1, 3으로 차단하면 흑4로 끊는다. 백5~9로 넘어가며 차단은 되지만 흑이 10, 12로 귀를 살아두면 나쁘지 않은 국면이다.

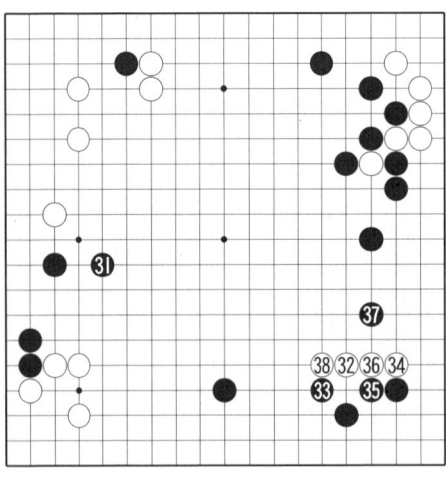

★5보(31~38)

흑31의 중앙 뜀. 좌변을 지키는 무난한 수단이다. 백32의 삭감. 귀굳힘 양날개 세력 안에서의 상용 수단이다. 흑은 33~37로 급소를 짚어가며 공격하고, 백은 38까지 일직선 무거운 모양이지만 두텁게 타개 준비를 한다.

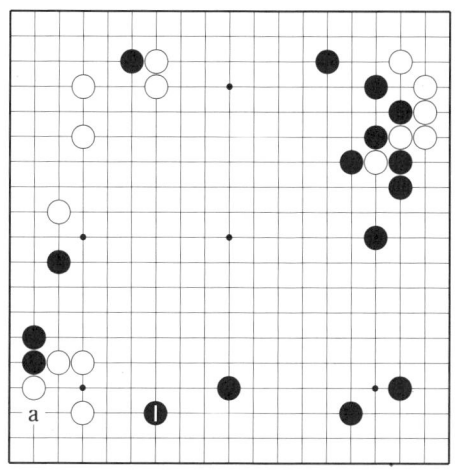

8도(흑, 하변 벌림)

실전 흑31로는 하변 1의 벌림도 생각할 수 있다. 실리로 크며 a의 붙임도 노릴 수 있다. 그리고 좌변 흑은 버티겠다는 뜻. 다만 좌변이 호되게 공격당할 동안 세력의 판도가 달라진다는 실전 심리가 작용했는지도 모른다.

9도(삭감 수순)

실전 흑31 때 하변 백1로 먼저 벌리고 흑2로 씌우면 백3의 삭감 수순도 생각할 수 있다. 다만 세력의 골이 깊어짐을 우려했는지도 모른다.

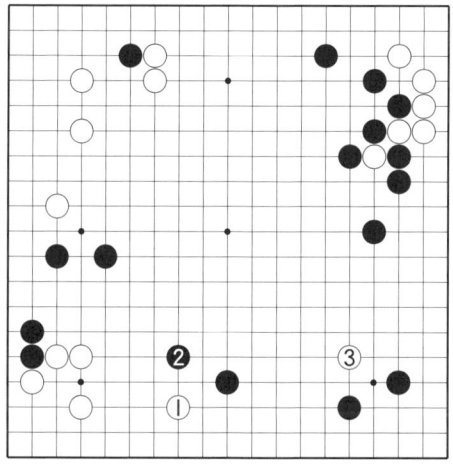

10도(흑, 미흡)

실전 백32의 삭감에 흑1로 우변에서 받는 것은 찬성할 수 없다. 백2, 4가 타개의 맥점. 흑5면 백6, 8을 선수한 후 10의 지킴이 멋지다. 이때 흑a는 백b로 돌려쳐 수비하는 것이 요령.

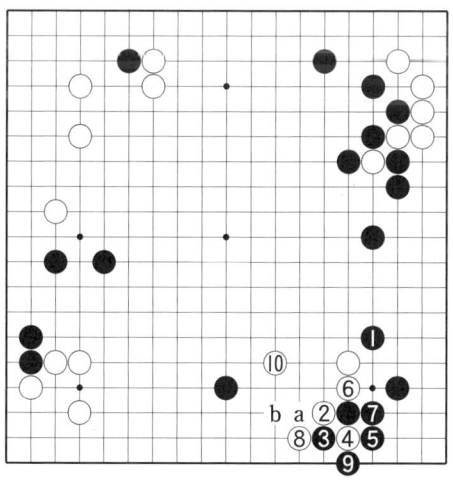

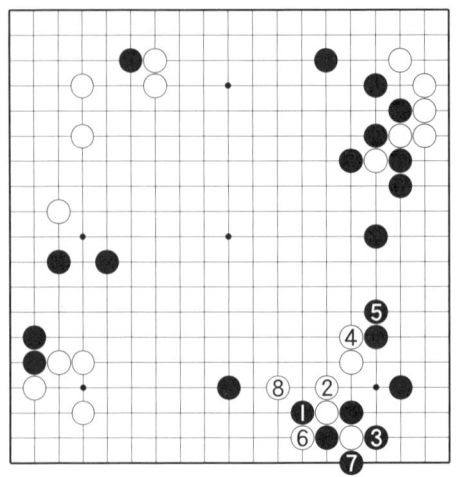

11도(백, 충분)

앞 그림 백4 때 흑1, 3으로 먼저 백모양을 무너뜨리려 하면 백4, 6을 선수한 후 8로 씌워 충분한 수습이다.

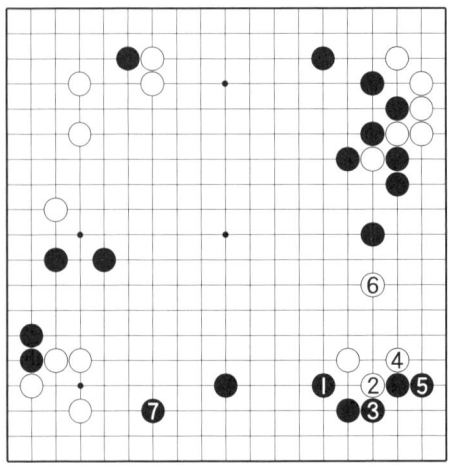

12도(무난)

백의 삭감 때 실전처럼 하변 흑1의 받음이 옳은 방향이다. 다음 무난한 진행이라면 백은 2~6으로 우변에 자세를 갖추고, 흑은 7로 하변 큰 곳에 벌린다.

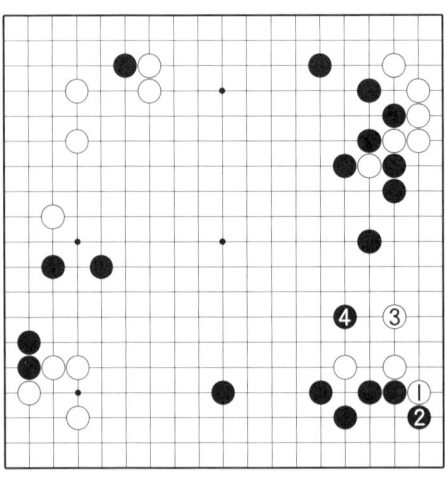

13도(흑, 급소 공격)

실전 백36은 다소 무겁지만 고심의 이음. 이 수로 1, 3이면 가볍기는 하지만 흑4의 급소가 아프다.

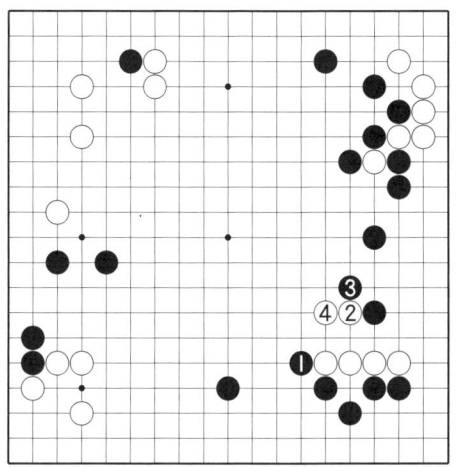

14도(백, 탄력)

실전 다음의 공격법으로 하변 흑1의 젖힘은 백2, 4로 유유히 붙이고 늘어 모양에 탄력이 생긴다.

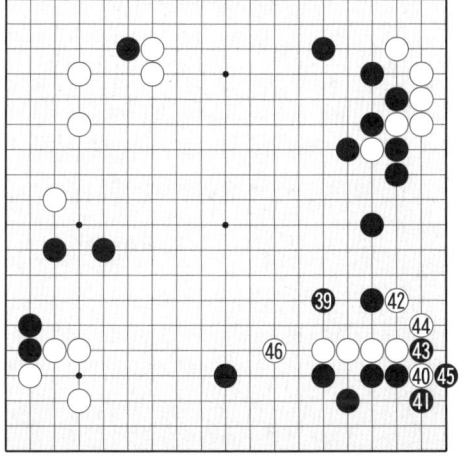

★6보(39~46)

실전은 우중앙 흑39의 공격. 백40, 42로 자체 안형 마련에 분주할 때 흑은 43, 45로 간명하게 한점을 잡고 공격에 임한다. 자칫 패라도 나면 골치 아프다는 뜻. 백도 46으로 머리를 내밀고 볼 일이다.

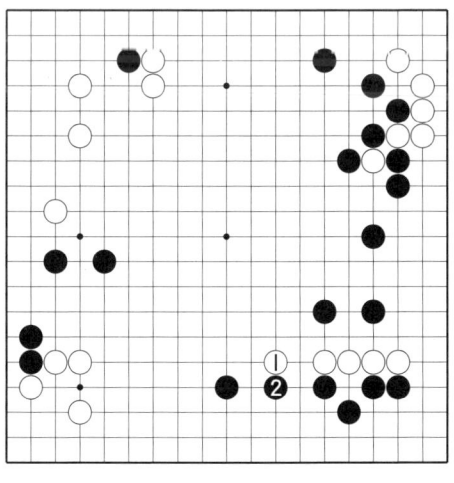

15도(백, 우직)

실전 백40, 42의 공작. 이 수로 그냥 백1로 뛰면 흑2로 받아 백이 우직하게 머리만 내밀었지 별로 재미없다.

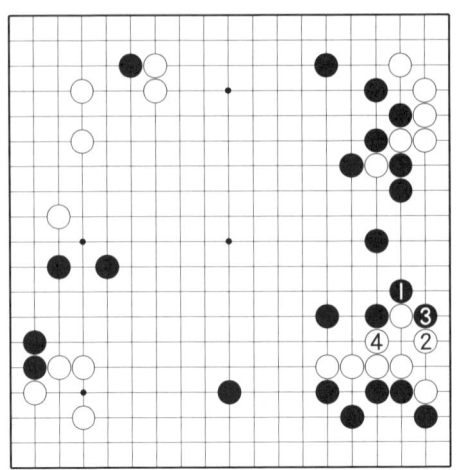

16도(흑, 부담)

실전 흑43으로 변에서 1로 젖
히면 백2가 근거의 맥점이다.
흑3의 단수에는 그냥 잇는 것
이 아니라 4로 패모양을 만드
는 것이 요령이다. 이 패는 흑
의 부담.

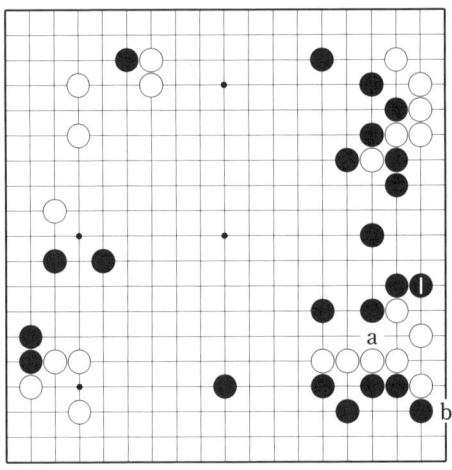

17도(백, 자체 안정)

앞 그림 흑3으로 1에 내려서
면 무난하다. 단지 이번에는
백a, b 등이 모두 선수성이므
로 백은 자체 안정이 가능한
만큼 운신에 부담이 적다.

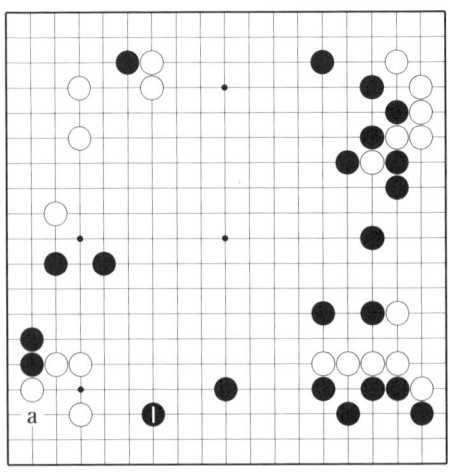

18도(흑의 일책)

그럴 바에 실전 흑43으로는 손
을 돌려 하변 1에 벌리는 것
도 일책이다. a의 노림도 또
다른 즐거움이다.

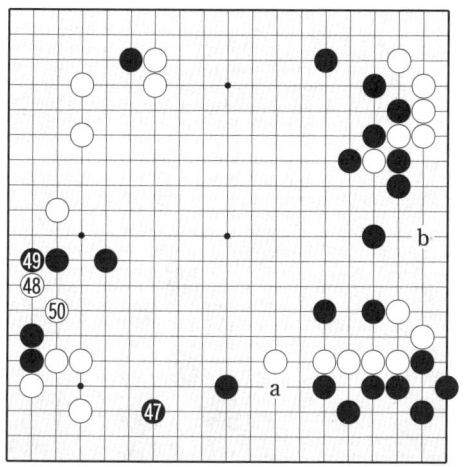

★7보(47~50)

이제 흑은 하변 a쪽으로 받아 주고 싶지 않다. 우변 b도 있어 백이 크게 시달릴 모양이 아니기 때문이다. 여기서 손을 돌려 가고 싶었던 47의 벌림. 백은 48, 50으로 좌변을 추궁한 장면이다.

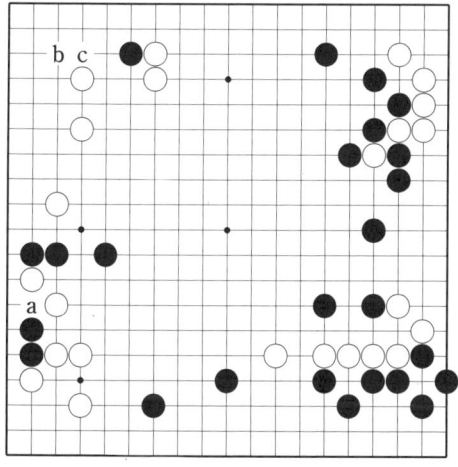

19도(좌상귀 수단)

지금까지의 실전 진행이다. 이 다음 흑이 a로 좌변 몇 점을 살리려 하는 것은 전체가 공격당할 염려가 있다. 소위 소탐대실. 형세를 둘러보면 좌상귀 백 진영이 큰데, 흑은 b나 c로 수단을 부릴 여지가 있다. b면 무난. c면 타이트하다.

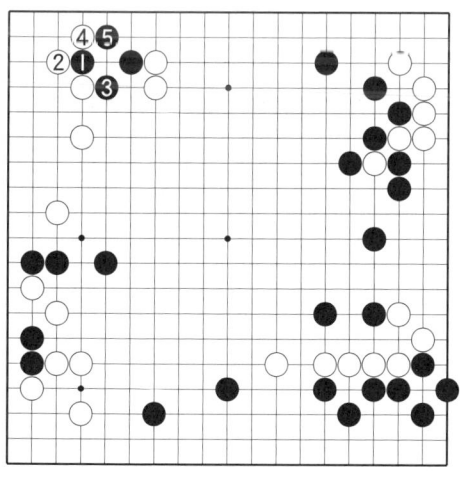

20도(중반 예고)

만일 흑1로 붙이고 백2에 흑3이면 백4에 흑5. 이런 식으로 패가 날 공산이 크다. 어쩌면 흑이 우하 백 곤마를 볼모로 이런 패를 원할지도 모른다. 앞으로 중반 실전도 이런 방향으로 전개된다.

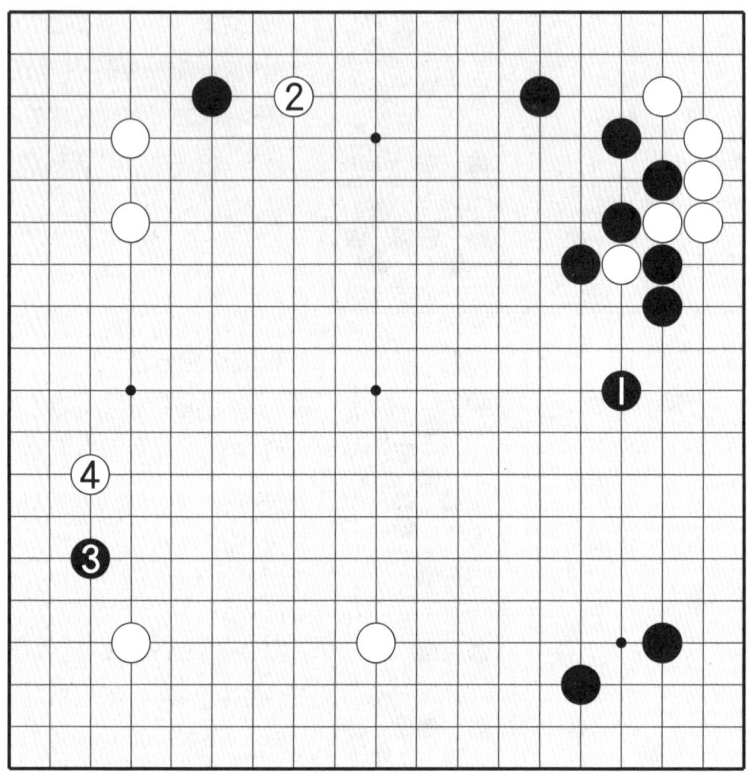

18회 GS칼텍스배 준결승(조한승 : 김지석) 2013. 4. 3

흑의 화점·소목 굳힘 포석에서 우상귀는 백이 화점에 걸친 이후의 정석 형태이다. 그 과정에서 흑은 먼저 좌상귀 걸침을 두고 우변에 협공한다. 이에 백은 하변에 벌리고 흑1로 우변을 지키자 2로 협공한다. 흑3의 걸침에도 백4로 협공한 장면이다. 우변 흑의 세력에 대해 백은 변을 중시한 협공 전략으로 가는 듯하다. 그럼 이를 배경으로 한 초반이 어떻게 진행되는지 살펴보기로 한다.

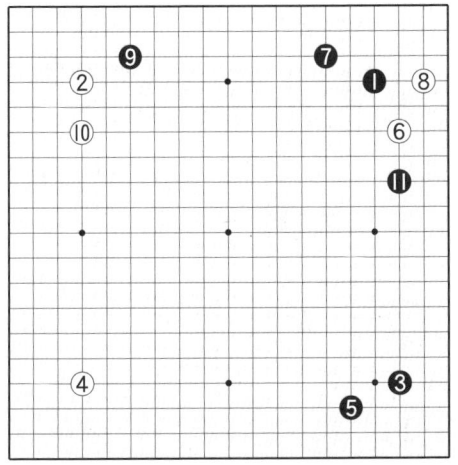

★1보(1~11)

흑1, 3의 화점·소목에서 5의 견실한 굳힘 포석이다. 백은 양화점. 여기서 6으로 걸치고 흑7에 8의 달림은 귀를 중시할 때 많이 쓰는 수단이다. 흑은 9로 하나 걸쳐 둔 후 백10에 11로 협공한다. 상용 포석.

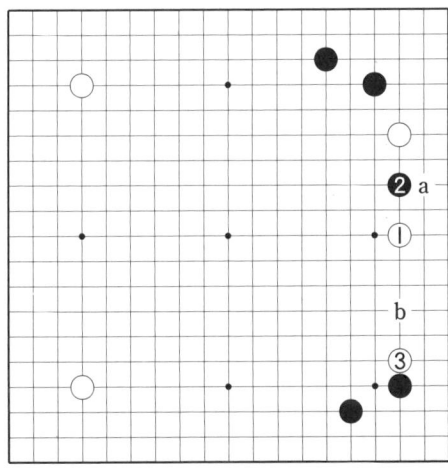

1도(백, 우변 중시)

실전 흑7에 백이 변을 중시하면 1의 벌림이 보통이다. 흑2로 침입하면 a로 붙여 두거나 아예 b로 벌릴 수도 있다. 최근 바둑은 치열한 면이 있으므로 3으로 붙여 두는 수단도 있다.

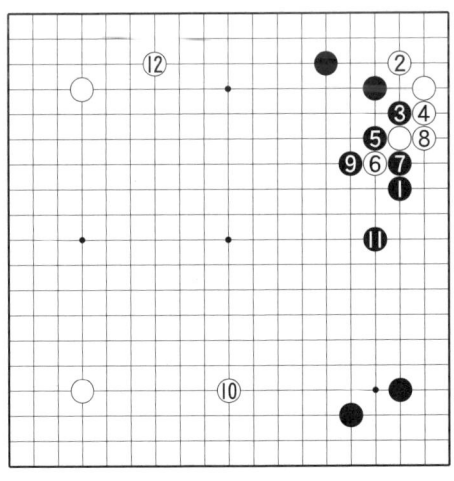

2도(백, 상변 지킴)

실전 흑9의 걸침은 전략적인 수단이다. 흑1로 그냥 협공하면 11까지는 정석을 동반한 하나의 상용 포석인데, 다음 백12의 지킴이 우변 흑의 세력을 견제하는 역할도 겸한다. 이 그림이 흑은 싫었던 것.

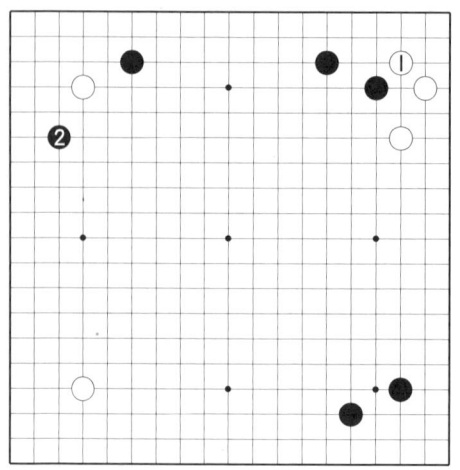

3도(삼삼 침입에 양걸침)

실전 흑9의 걸침 때 백은 먼저 1로 귀에 파고들 수도 있다. 그러면 흑2로 양걸침하는 흐름이 예상된다.

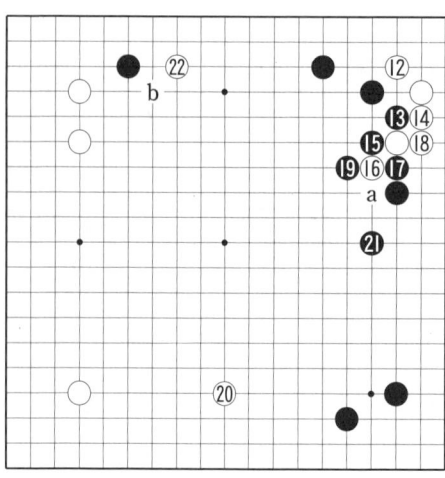

★2보(12~22)

백12로 삼삼에 들어가면 흑13~19까지는 정석이다. a의 축머리를 노리며 백20으로 벌리면 흑21은 많이 두는 지킴이다. 여기서 백22의 한칸 협공. 보통은 b의 압박을 많이 둔다. b는 중앙, 22는 변을 중시하는 수단이라 봐도 되겠다.

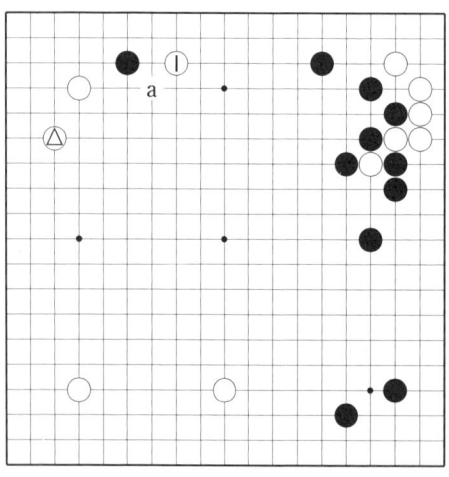

4도(협공이냐 압박이냐)

보통은 백△로 날일자일 때 백1로 협공하는 경우가 많다. '날일자 받음에 한칸 협공, 한칸 받음에 중앙 마늘모 압박' 공식이지만, 이 배치에서도 a의 압박을 두는 걸 보면 공식도 편의상 공식으로 보면 되겠다.

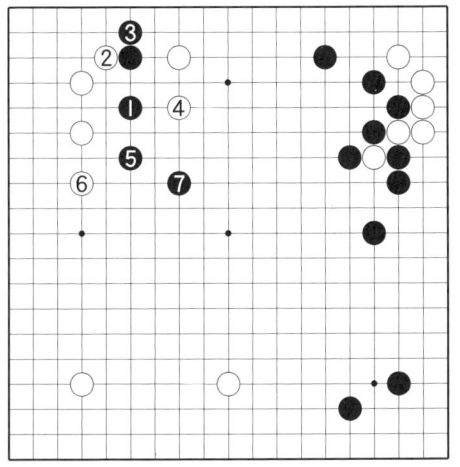

5도(난전)

실전 백22의 협공 다음 흑1로 뛰어나오면 백2, 4로 공격한다. 그러면 이하 7까지의 흐름이 예상된다. 서로 어려운 싸움이다.

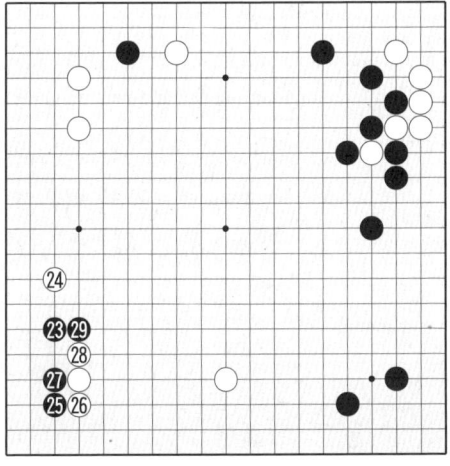

★3보(23~29)

흑은 좌상 싸움을 피해 우선 23의 걸침이다. 백24의 한칸 협공은 좌상 한칸으로 받은 배치를 살리기 위한 작전인 듯. 흑25의 삼삼 침입 후 29까지는 하나의 정석 과정이다.

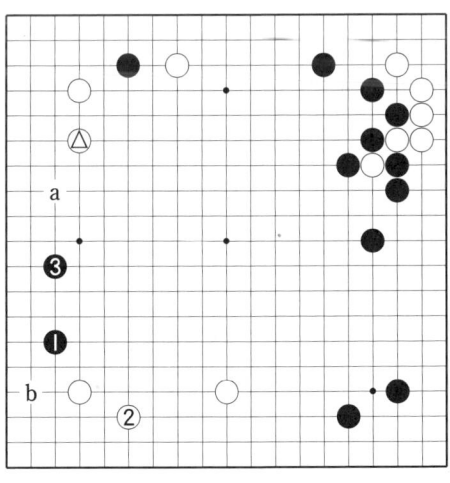

6도(맞보기)

흑1의 걸침에 백2의 받음이 보통이지만, 여기서는 흑3으로 벌려두면 백△의 뒷문 열린 배치상 a와 b가 맞보기 형태라 백이 재미없다고 본 것이다.

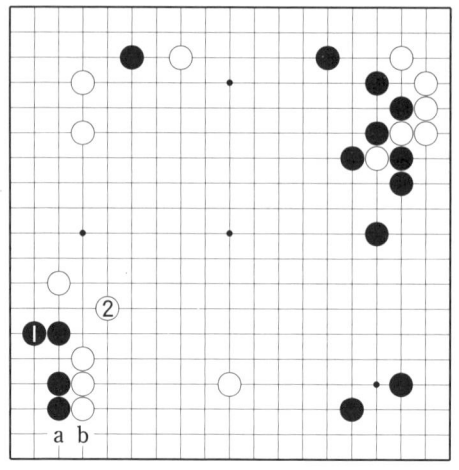

7도(정석의 가치)

실전 흑29로는 1에 내려서서 백2면 간명한 정석이지만, 요즘은 많이 안 두는 경향이다. 백a의 젖힘이 반선수. 백이 더욱 두터워진다는 점이 작용한다. 거꾸로 흑a나 b는 후수.

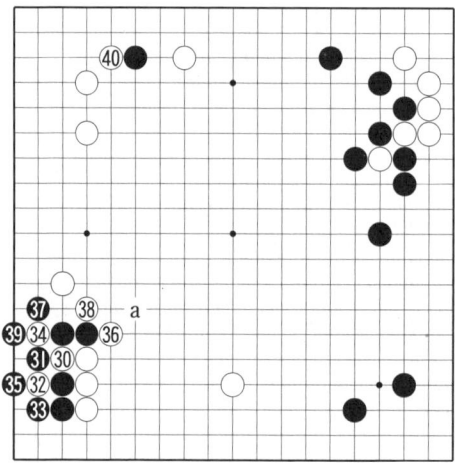

★4보(30~40)

백30, 32는 정수순. 흑33으로 잡을 때 백34~38로 외세를 쌓는 것이 요령이다. 흑39에 a의 지킴까지가 정석인데, 백은 생략하고 40으로 좌상귀를 먼저 공격해 간다.

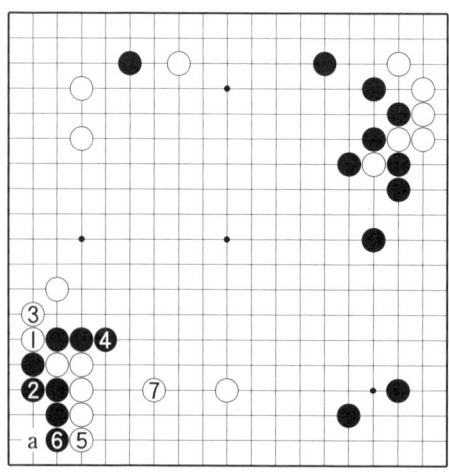

8도(흑, 불리)

실전 백32로 1쪽을 끊으면 실수. 만일 흑2로 이으면 백3으로 전화위복이다. 흑4로 나가야 하지만 백5, 7로 하변을 지키고 나면 흑이 귀를 가일수해야 하는 만큼 크게 불리하다. 백7로는 a에 붙여 아예 잡는 수도 있다.

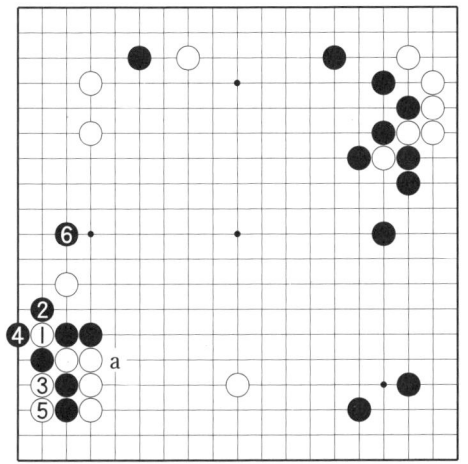

9도(흑, 두터움)

백1에는 흑2로 끊은 쪽을 잡아둔다. 백3, 5로 두점은 잡혀도 6 정도만 좌변을 두어도 흑이 두터운 흐름이다. a의 젖힘이 선수로 듣는다는 점도 감안할 것.

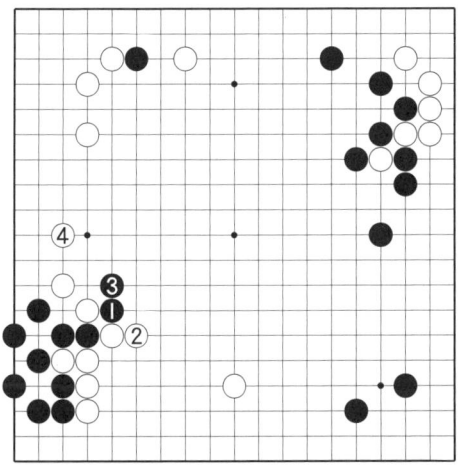

10도(백, 버팀)

좌하귀 정석에서 손을 뺀 실전 백40. 다음 흑1로 끊는 것이 두렵지만 백2, 4면 여기는 여기대로 버틸 수 있다는 계산이다. 더욱이 백2면 하변도 지키는 모양새가 나온다는 생각도 깔려 있다.

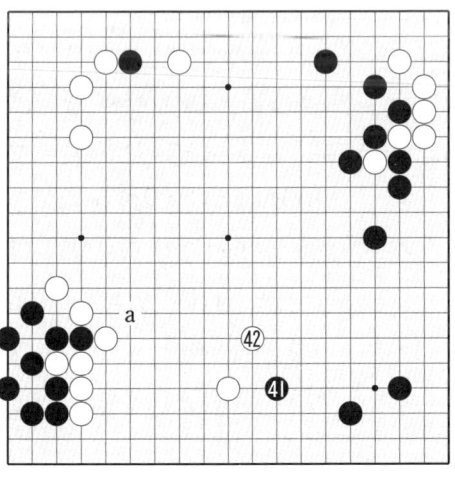

★5보(41~42)

그런 점을 산파한 흑은 41로 큰 곳을 먼저 다가선다. 백42는 중앙 대세점. 부분적으로는 a의 지킴이 안전하지만, 바둑은 그보다 전체 형세가 우선이다.

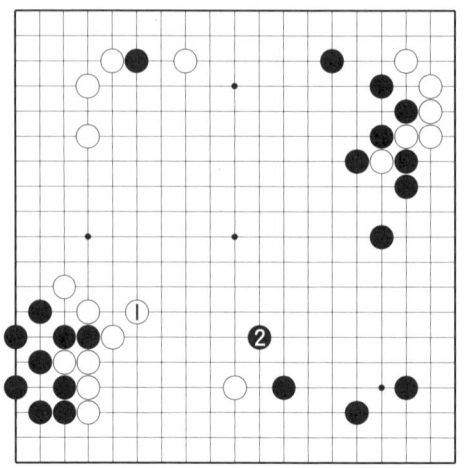

11도(흑, 중앙 씌움)

실전 백42로 이제 와서 1의 지킴이면 흑2로 중앙을 먼저 씌워 우중앙 모양이 커진다.

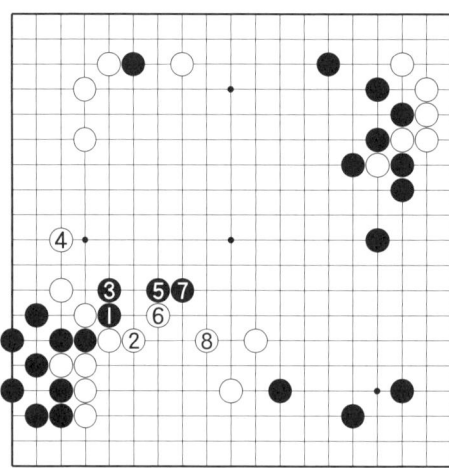

12도(백, 집모양 정리)

실전 다음 흑1, 3으로 약점을 끊어 공격하면 역시 백2, 4로 버틴다. 흑5에는 백6, 8 정도로 지켜 오히려 집의 윤곽이 좋아지는 면도 있다.

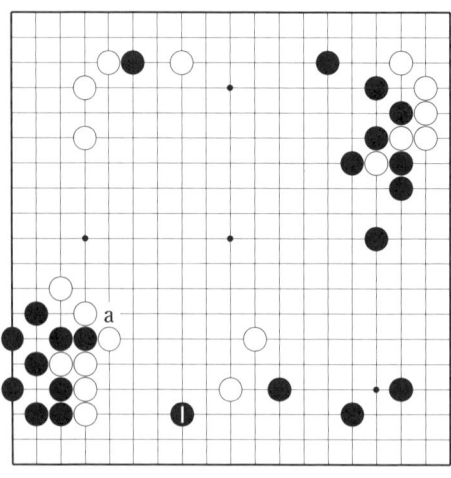

13도(중반 예고)

그런 점에서 앞으로 흑도 a쪽 끊음보다는 백모양을 공격하는 다른 수단을 모색하는 것이 현명하다. 그렇다고 여기를 보류하면 하중앙 백모양이 더욱 커질 염려도 있을 것이다. 이런 배경 하에 중반은 아예 흑1의 침입부터 실전이 시작된다.

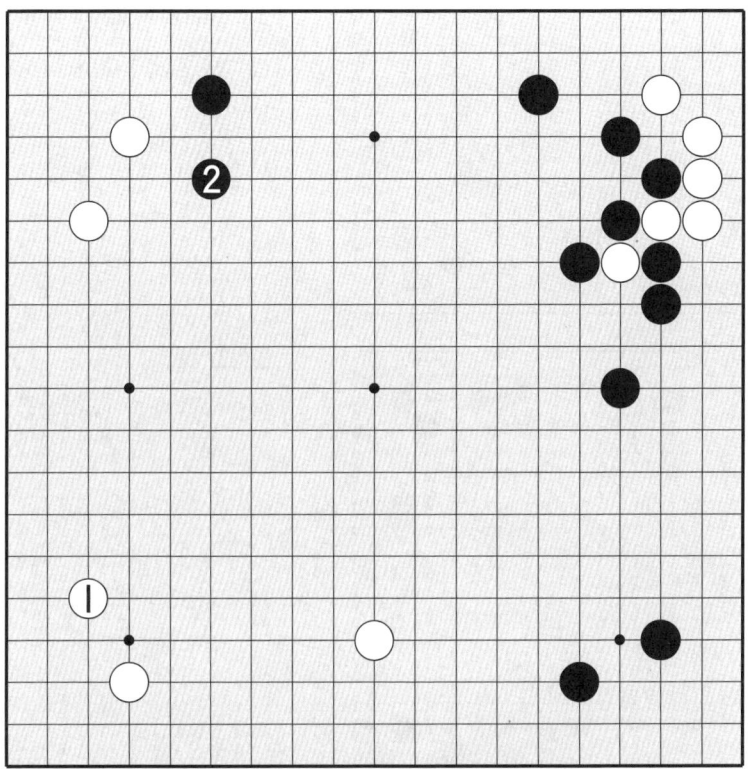

18회 GS칼텍스배 결승3국(김지석 ∶ 이세돌) 2013. 4. 22

흑은 개방형 화점·소목, 백은 평행형 화점·소목 포석이다. 우하귀 흑의 굳힘. 우상귀는 백이 걸치고 달릴 때 흑이 협공하여 나온 정석 모양이다. 그 전에 흑은 좌상귀 걸침 하나 해둔다. 백은 하변의 벌림을 선수한 후 1의 굳힘. 보통은 상변 견제가 우선이다. 하변과 연관된 모양을 중시한 듯. 그렇다면 흑은 2로 상변 모양을 키운다. 그럼 이를 배경으로 한 초반이 어떻게 진행되는지 살펴보기로 한다.

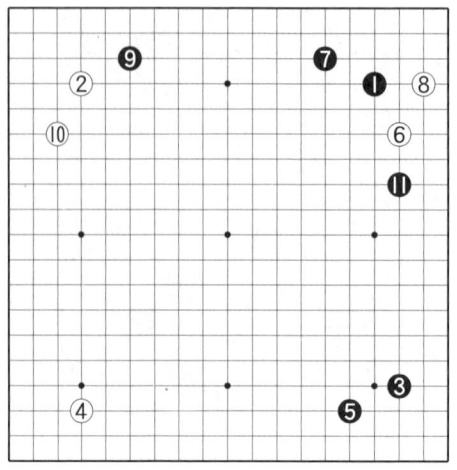

★1보(1~11)

흑1, 3의 화점과 개방형 소목에서 5의 굳힘으로 시작한다. 백2, 4의 화점과 평행형 소목. 그리고 흑의 본진에서 백6, 8. 많이 쓰는 수단이다. 흑9, 11은 연관된 포석 패턴이다.

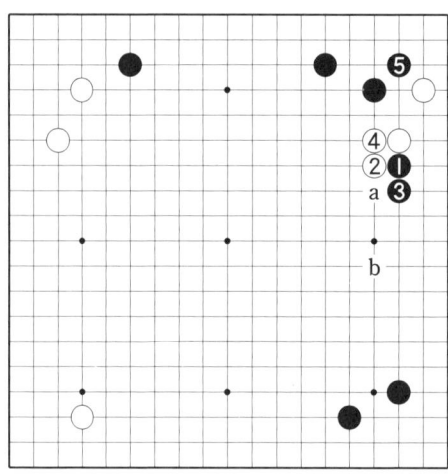

1도(흑, 붙임)

실전 흑11로는 1의 붙임도 종종 쓰인다. 이에 대응 수단은 많지만 백2, 4로 젖히고 이음이 대표적이다. 흑은 일단 5로 귀를 지킨다. 다음 백은 a로 누르거나 씌움을 선택한다. 씌움도 여러 가지. 멀리는 b의 씌움까지 있다.

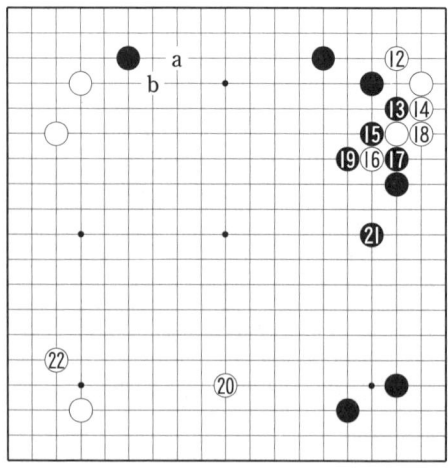

★2보(12~22)

백12의 삼삼 침입. 이하 19까지는 이 배치에서 영락없이 사용하는 정석이다. 백20과 흑21은 모양을 견제하고 지키는 상용 수단이다. 다음 백22의 굳힘. 여기도 크지만, 우선 a나 b로 상변을 견제하는 쪽으로 많이 둔다.

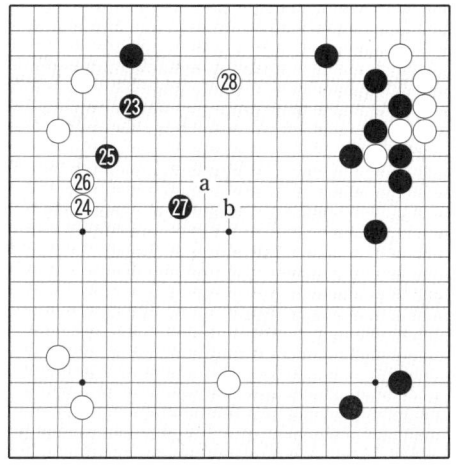

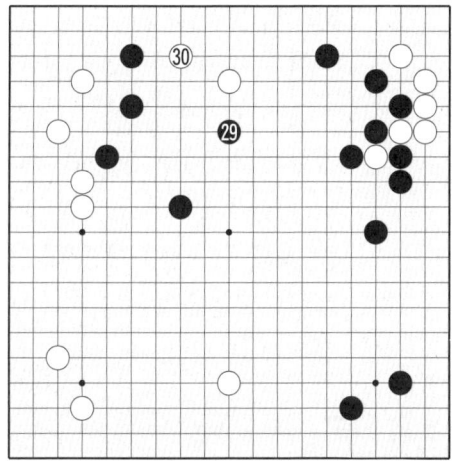

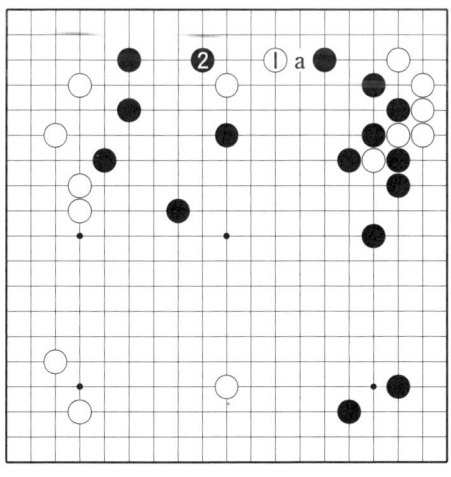

★3보(23~28)

흑23의 뜀. 우측 세력을 배경으로 상변 모양을 크게 키운다. 백도 24로 좌변을 키운다. 자칫 먼저 상변에 진격하다 좌변이 눌릴 여지가 있다 본 것. 흑은 25를 활용한 후 27로 모양을 최대한 확장한다. 흑27로는 a도 가능할 듯. 이제는 백28의 침입이 시급하다. b의 가벼운 삭감은 느슨하다 본 것.

★4보(29~30)

흑29는 생각하기 어려운 공격적인 수단. 중앙 돌과의 관계가 비효율적이므로, 백이 안에서 쉽게 산다면 최악일 것이다. 백30으로 역시 안에서 사는 길을 모색한다.

2도(흑의 공격)

실전 백30으로 반대쪽 1이면 흑2의 공격이 위협적이다. 같은 값이면 약간이라도 허술한 왼쪽 벌림이 낫다. 오른쪽을 생각한다면 차라리 a의 붙임이 일책이다.

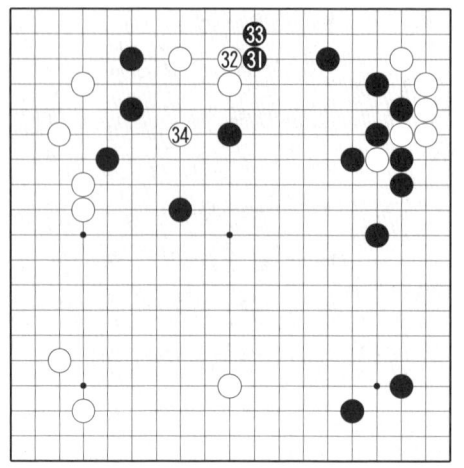

★5보(31~34)

여기서도 흑31, 33으로 바짝 공격에 임한다. 흑도 좌상변이 약간 엷으므로 그 틈을 타고 백34로 활로를 모색해 간다.

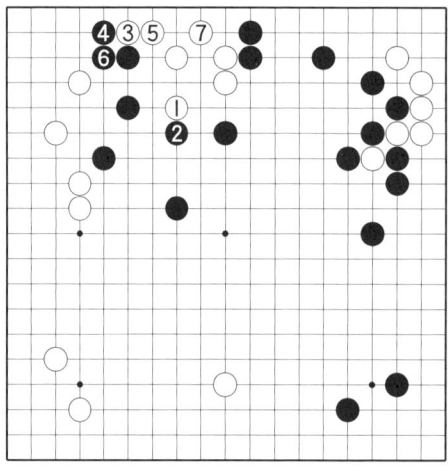

3도(흑, 두터움)

백이 살자고만 따지면 실전 34로 1에 두어 흑2의 봉쇄를 자청한 후 3~7이면 간단하다. 다만 이런 식으로 사는 것은 나중 흑의 두터움이 다른 데 싸움에도 도움을 주며 집으로 보상을 받게 된다.

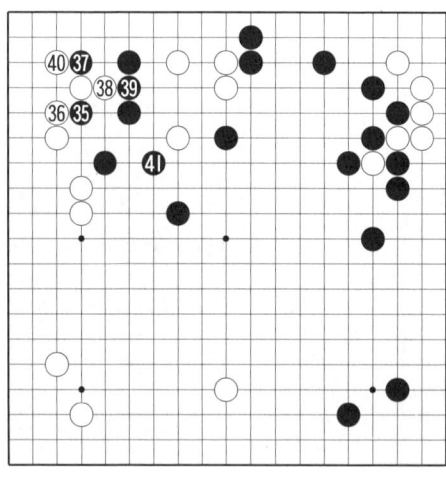

★6보(35~41)

흑은 일단 35, 37로 좌상 모양을 강화한다. 백38, 40으로 귀를 지키자 이제 흑은 상변 공격에 올인할 태세다. 41로 크게 씌워간다.

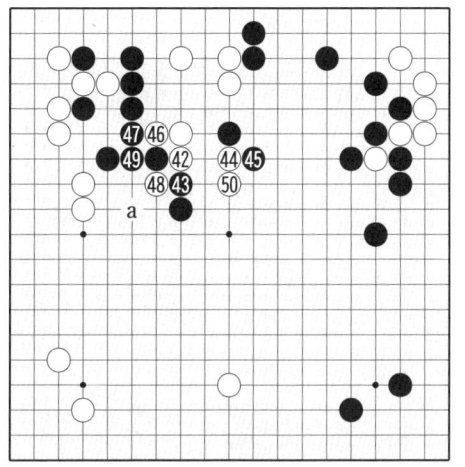

★7보(42~50)

백은 42, 44로 유일한 통로를 개척한다. 그리고 흑45에 46, 48을 얼른 결정하여 a로 봉쇄하는 맛을 남긴 후 50으로 머리를 내민다.

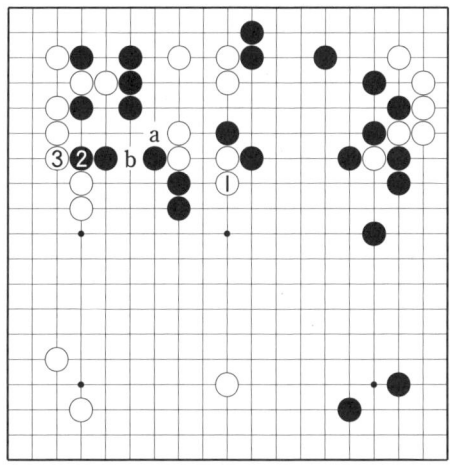

4도(봉쇄 불가)

실전 백46을 미리 결정하지 않고 1로 머리를 내밀면 거꾸로 흑2와 백3을 결정해버린다. 차후 백a면 흑b로 받아 봉쇄하는 맛이 사라진다.

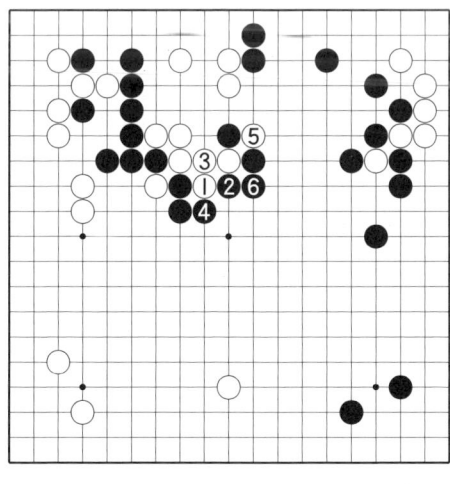

5도(백, 속수)

실전 백50으로 1의 호구는 속수. 흑은 2, 4로 봉쇄하고 본다. 백5의 끊음에는 흑6의 이음. 백모양이 꽉 막혀 일단 좋지 않다.

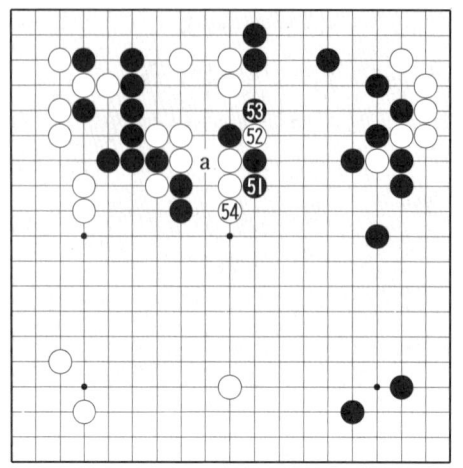

★8보(51~54)

흑은 a쪽 끊음을 노리며 일단 51로 공격한다. 이때 백52로 하나 끊어둔 것은 맥점. 그런 후 흑53에 54로 진출한다.

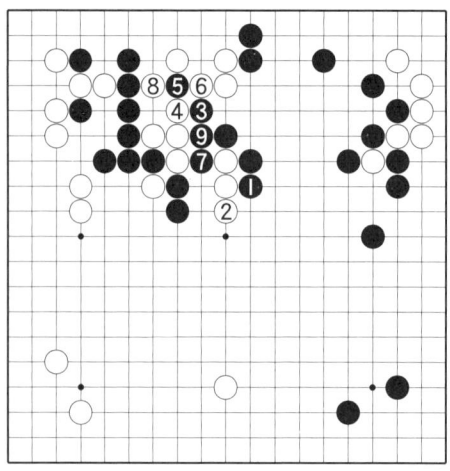

6도(백, 곤란)

흑1에 그냥 백2면 흑3, 5의 공격이 급소다. 백6에 흑7의 끼움이 맥점. 백은 자충 모양이라 8로 따낼 수밖에 없는데, 흑9로 이으면 중앙이 알기 쉽게 차단되어 백이 곤란하다.

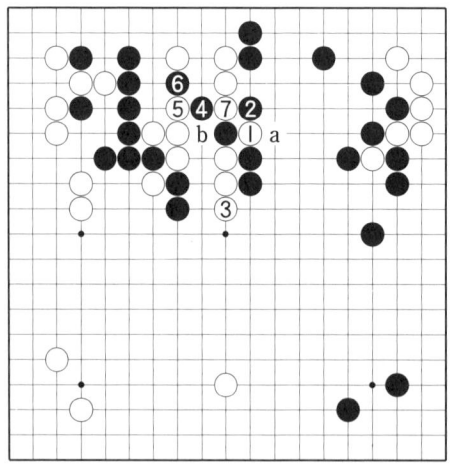

7도(백, 만사 해결)

실전처럼 백1, 3에도 흑4, 6으로 공격하면 백7로 끊어 만사가 해결된다. 다음 흑a에는 백b.

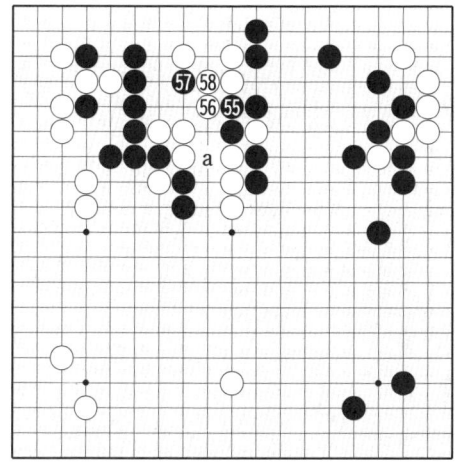

★9보(55~58)

흑55는 공격의 급소. 이때 백
a로 잇는 것은 흑57로 상변과
중앙 백이 차단된다. 그래서
백56으로 버틴다. 흑57도 공
격의 급소. 백58의 이음. 사활
이 걸린 팽팽한 줄다리기가 이
어진다.

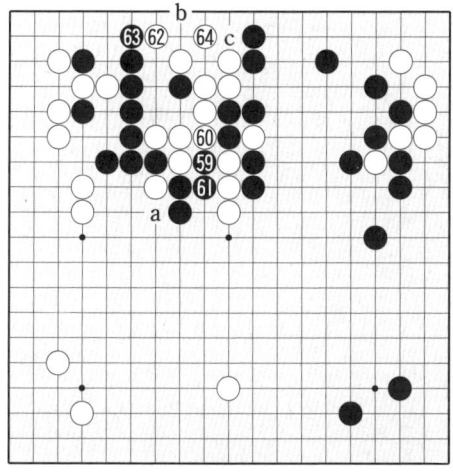

★10보(59~64)

드디어 흑59의 차단. 차단이
지만 백도 이런 타이트한 차
단이 버티기에 낫다. 이제 상
변 사활이 승부다. 백은 60을
선수해 두고 62, 64로 일단 안
형 모양을 갖춘다. 자, 백 대
마의 사활은 어떻게 될까. 좌
상 흑도 백a가 선수라 거의 봉
쇄된 형태. 상변 백을 그냥 살
려주면 망한다. 우선 b와 c가
모양상 사활의 급소.

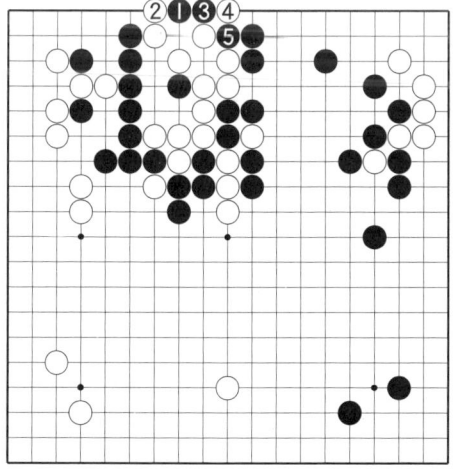

8도(백, 죽음)

흑1의 치중은 통째로 잡겠다
는 뜻이다. 백2의 차단은 당
연하다. 흑3으로 나갈 때가 중
요하다. 백4로 덥석 잡으면 흑
5로 끊어 위가 옥집. 백의 죽
음이다.

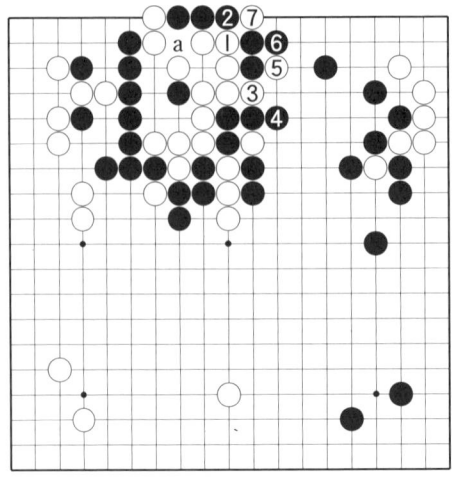

9도(백, 삶)

앞 그림 흑3에 백1이 맥점. 흑
2에 백3의 단수가 들으니 5, 7
로 먹여쳐 석점이 잡힌다. 백
5는 a쪽 단수로도 그만.

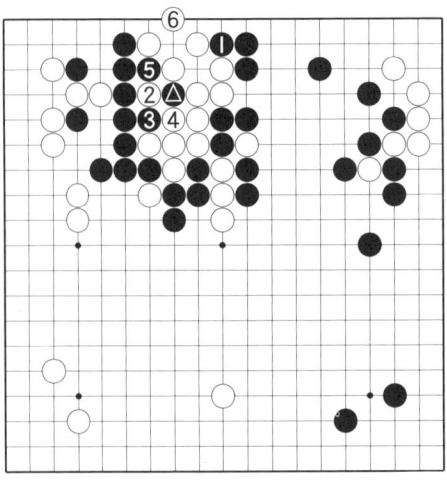

10도(패)

정해는 흑1. 다만 그냥은 잡지
못하고 6까지 패모양이다. 다
음 흑은 ▲를 먼저 따내는 패.

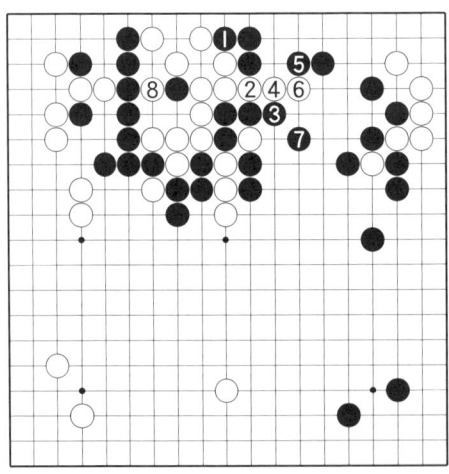

11도(중반 예고)

중반 실전도 역시 흑1로 꼬부
린다. 다만 백은 2~6으로 흑
모양의 약점을 추궁한 후 8로
패모양에 들어간다. 상변을 침
식하며 나온 패싸움이라 일단
백이 좋은 흐름이다. 물론 백
이 망하는 패감이 없다는 전
제다.

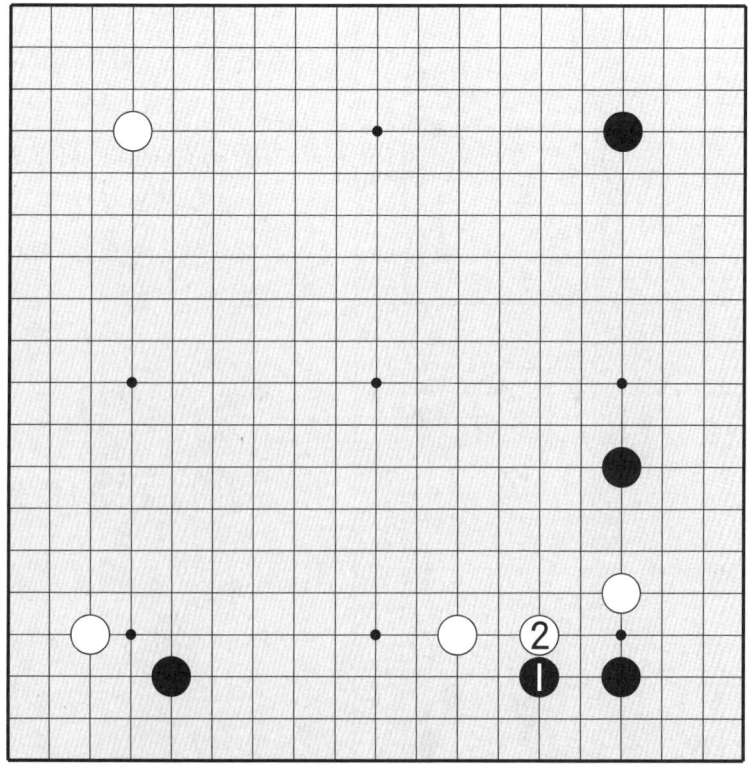

17회 삼성화재배 결승3국(이세돌 : 구리) 2012. 12. 13

흑은 평행형 화점·소목, 백은 개방형 화점·소목 포석이다. 흑은 소목에 날일자 걸침, 백은 한칸 걸침이다. 우하귀흑의 두칸 높은 협공에 백의 큰눈목자 씌움. 신형이 나타날 조짐이다. 흑1에 백2의 붙임. 연구된 수법으로 보인다. 그럼 이를 배경으로 한 초반이 어떻게 진행되는지 살펴보기로 한다.

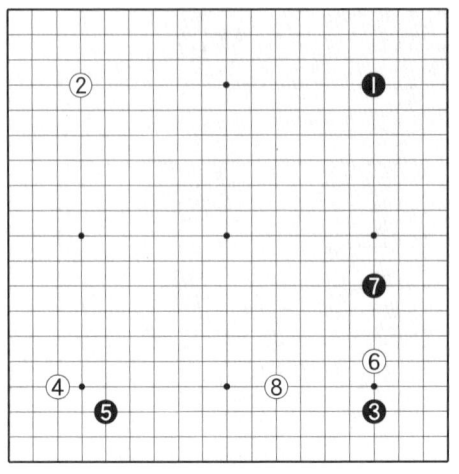

★1보(1~8)

흑1, 3의 화점과 평행형 소목. 여기에 같은 소목이라도 백4의 개방형이면 흑은 5쪽으로 우선 걸치고 싶다. 백6의 한칸 걸침에 흑7의 두칸 높은 협공. 자못 공격적이다. 이에 백8의 큰눈목자 씌움. 유연한 싸움을 유도하는 신형으로 평가하고 싶다.

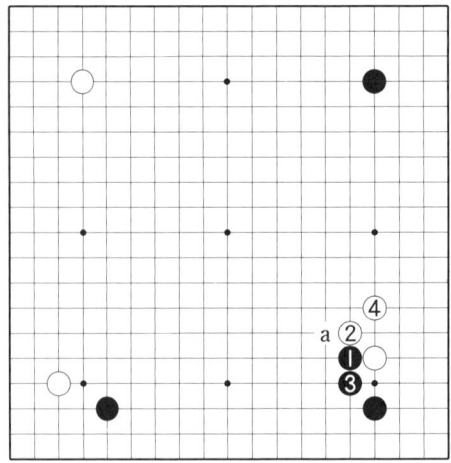

1도(흑, 하변 중시)

실전 백6의 걸침에 흑이 하변을 살리고 싶다면 1의 붙임을 생각할 수 있다. 만일 백2, 4로 받으면 흑a로 계속 하변 모양을 키워갈 수 있다.

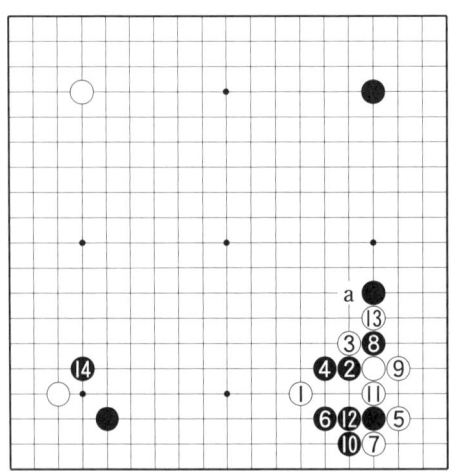

2도(백, 눈목자 씌움)

실전 흑7의 협공에 보통은 백1의 눈목자 씌움이다. 그러면 흑2, 4는 예정된 수순. 만일 백5~13으로 많이 쓰는 정석이면 흑a까지가 정석인데, 흑은 여길 두지 않고 14쪽으로 씌워갈지도 모른다. 아무튼 호방한 작전이다.

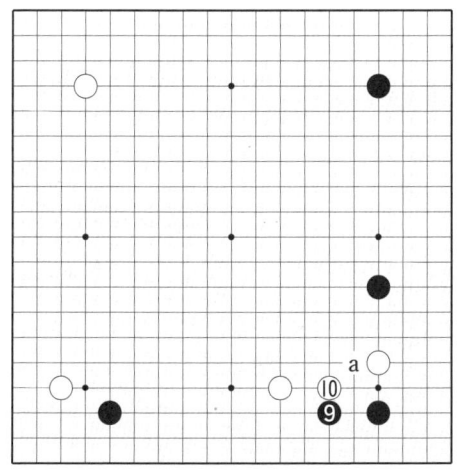

★2보(9~10)

흑9의 한칸 행마. 이 수로 a로 붙여 나가는 것은 이번에는 백이 큰눈목자로 떨어져 있는 만큼 강하지 못하다는 생각이다. 여기서 백은 기다렸다는 듯이 10으로 강하게 붙인다.

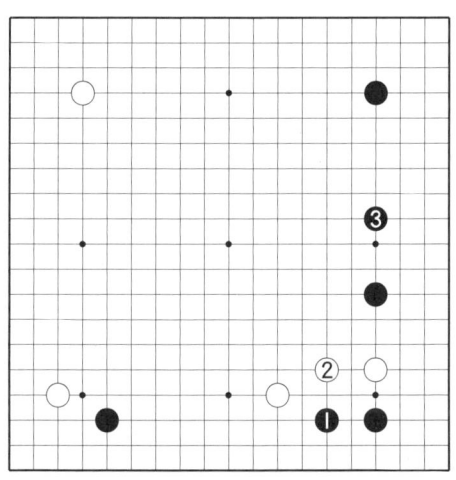

3도(백, 느슨)

흑1에 백2로 받는 것이 무난해 보이지만 여기서는 느슨한 면이 있다. 흑은 발빠르게 3으로 우변을 지켜 충분하다.

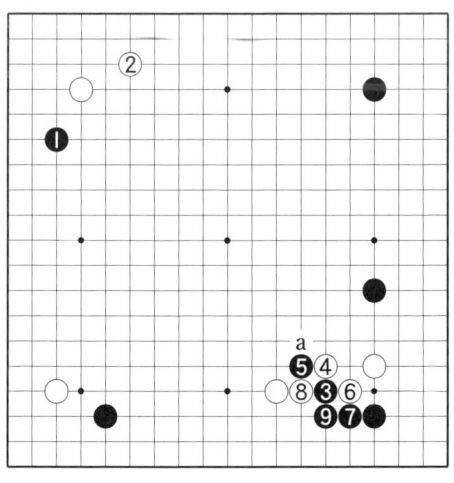

4도(흑, 강수)

흑은 미리 1로 하나 걸친 후 백2로 받으면 3, 5로 젖혀나오는 강수도 생각할 수 있다. 그러면 백은 6, 8 다음 a의 축이 안 되므로 별로 재미없다.

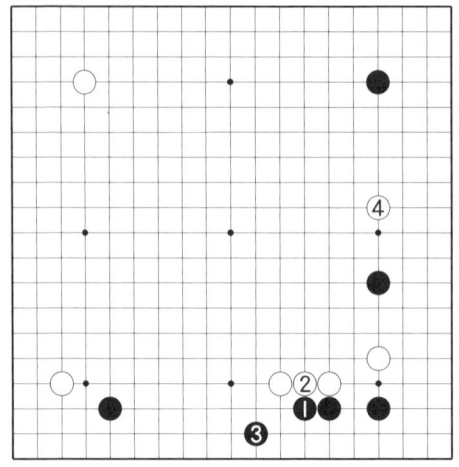

5도(백, 두터움)

실전 백10의 붙임에 흑1로 느는 것은 백2로 막아 매우 두터워진다. 흑3 정도인데 백4의 협공. 두터움을 살린 백이 좋은 흐름이다. 백의 의도.

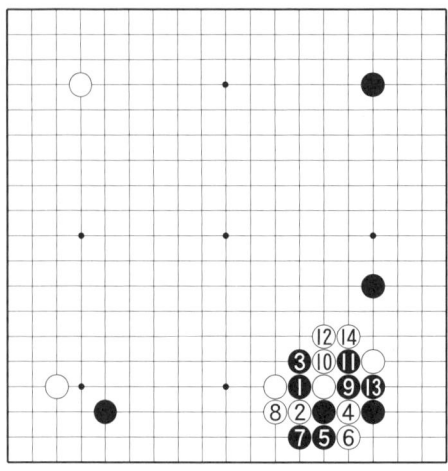

6도(난전)

둔다면 흑1로 끼워두는 기세가 필요하다. 백2~6은 부분 접촉전의 행마법이다. 흑은 7~11로 몬 후 13의 이음. 다음 백14로 막아 서로 어려운 싸움이다.

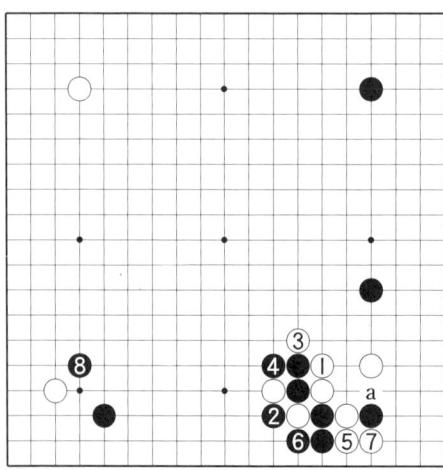

7도(흑, 두터움)

앞 그림 백6으로 위쪽 1에 밀면 흑2의 끊음. 백은 3~7로 귀는 차지하지만 8로 씌워가는 흑의 두터움이 돋보인다. 수순 중 백7은 a도 가능하다.

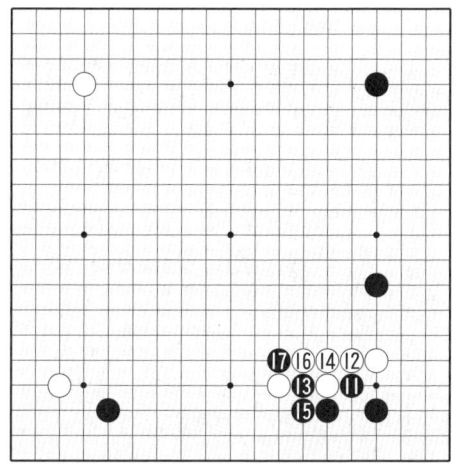

★3보(11~17)

흑은 알기 쉽게 11쪽으로 두고 백12에 13, 15로 흠집을 낸 후 백16으로 막을 때 17의 끊음이다. 흑15로 16에 나가는 것은 백15로 끊겨 곤란하다. 이제 흑17로 끊은 다음의 행마가 중요하다.

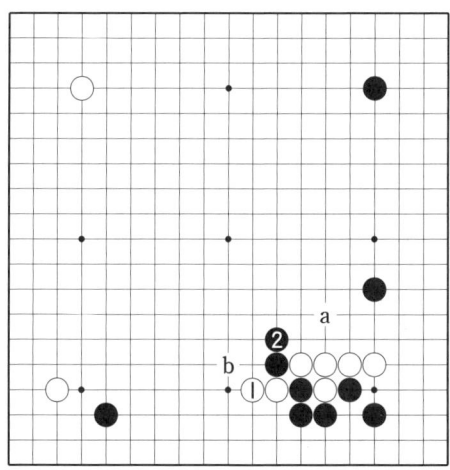

8도(백, 그냥 늘면 곤란)

실전 다음 아무 생각 없이 백1로 늘면 흑2로 같이 늘 때 a와 b가 양쪽 요소가 되어 백이 급해진다.

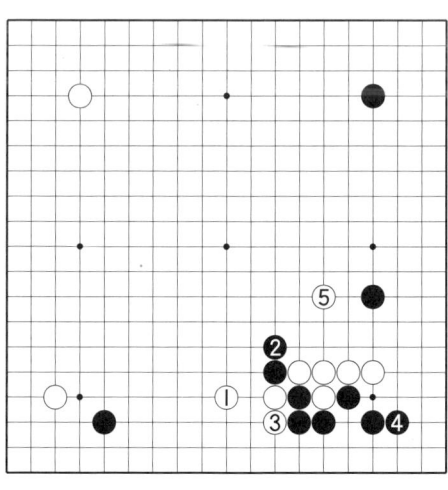

9도(백, 가벼운 뜀)

백이 하변을 둔다면 1의 가벼운 뜀이 요령이다. 흑2로 늘 때 백3의 막음이다. 다음 흑4로 단단히 귀를 지키면 백5로 진출한다.

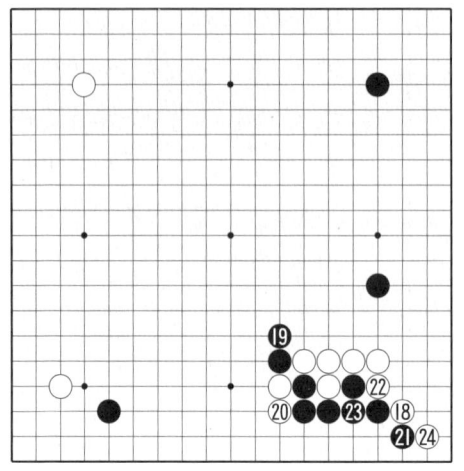

★4보(18~24)

실전은 백18로 붙여 귀부터 처리한다. 흑19는 기세. 선수 의미도 있다. 백20에 흑21로 귀에 돌아온다. 백22, 24의 이단젖힘은 귀의 상용 처리법이다.

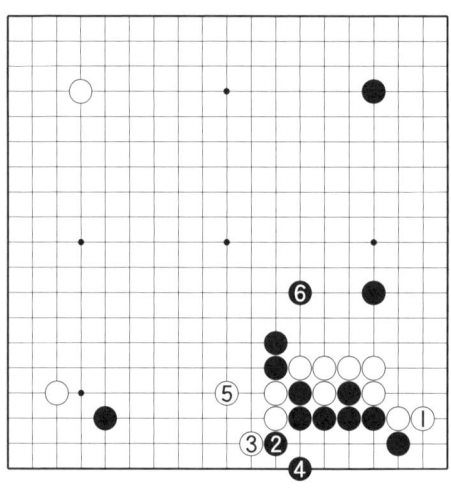

10도(백, 느슨)

실전 백24로 1에 느는 것은 느슨하다. 흑2, 4로 산 후 백5로 지킬 때 흑6 정도로 포위하면 백이 안에서 산들 대세에 뒤진다.

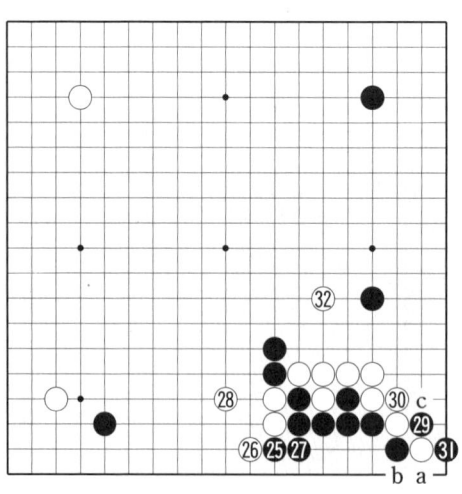

★5보(25~32)

흑은 25, 27로 젖혀이은 후 백28의 지킴을 기다려 29, 31로 한점을 잡는 것이 수순이다. 백32의 진출은 필연이다. 귀는 백이 a로 키우고 흑b에 백c의 선수 활용이 권리이다.

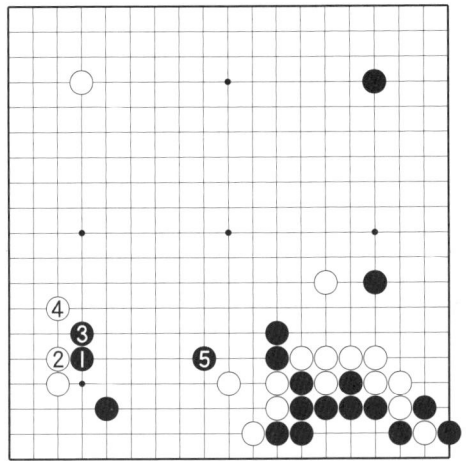

11도(흑, 하변 씌움)

실전 다음 흑이 하변을 두고
싶다면 1, 3으로 씌워 선수한
후 5로 크게 씌우는 강력한 수
단도 생각할 수 있다. 그 다음
은 서로 어려운 싸움이다.

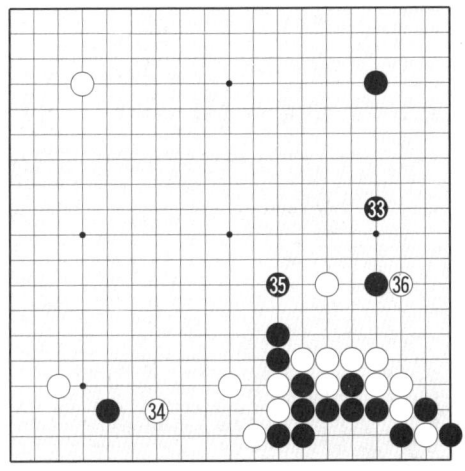

★6보(33~36)

실전은 흑33으로 우변부터 지
키면서 백의 약점을 노린다.
그러면 백34의 지킴 겸 협공
이 크다. 그리고 흑35의 공격
에 백36으로 붙여 수습에 들
어간다.

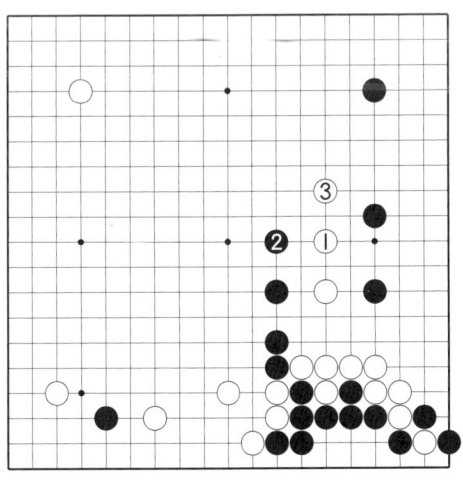

12도(백, 무거움)

실전 흑35에 백1, 3으로 중앙
으로 직접 나가는 것은 무겁
다고 보았는지도 모른다. 흑이
또 우변을 지켜 실리에 앞서
나갈 염려도 생각했을 것이다.

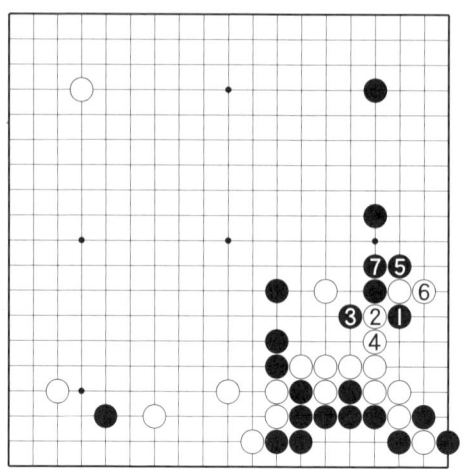

13도(흑, 안쪽 젖힘)

실전 다음 만일 흑1의 안쪽 젖힘이면 백2의 끊음이 보통은 맥점이지만, 여기서는 어떨까. 우선 흑3, 5의 단수 후 7의 이음까지는 이렇게 될 곳이다.

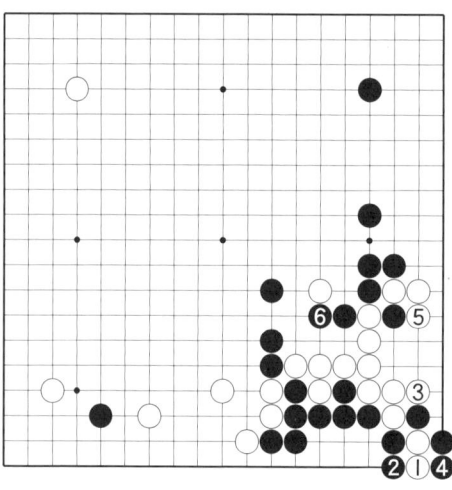

14도(흑, 두터움)

계속해서 백1, 3으로 귀를 정리한 후 5의 단수로 살지만, 흑이 6으로 차단하면 두터운 흐름이다.

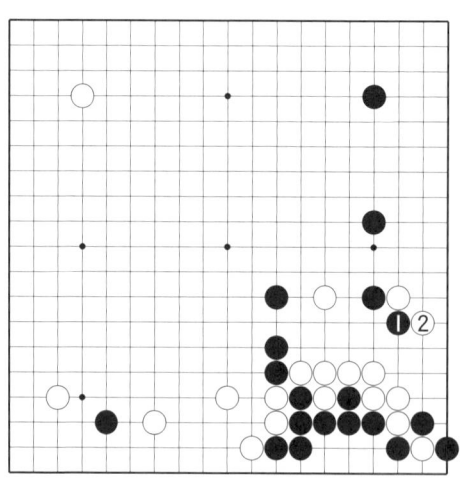

15도(백, 2선 응수)

흑1의 젖힘에 백은 차라리 2로 밑에서 받는 것이 이 경우에는 나을 것이다. 그러면 흑이 우변도 지키면서 중앙 차단이 쉽지 않다.

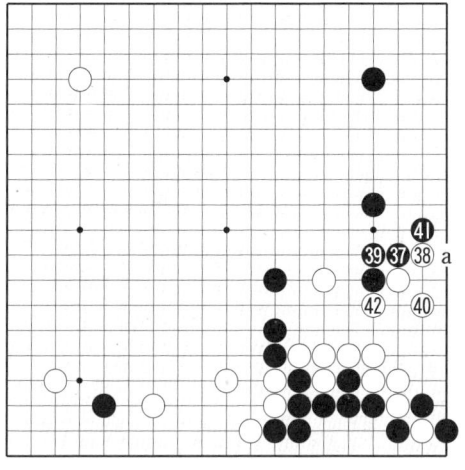

★7보(37~42)

실전은 흑이 37쪽으로 젖힌다. 여기서도 백38의 2선 젖힘이 맥점이다. 흑39의 이음. 어디든 단수 활용은 상대를 도와준다는 생각이다. 그런 맥락으로 42까지 서로 타협한다. 흑은 차라리 a의 단수를 남기는 것이 낫다는 생각이다.

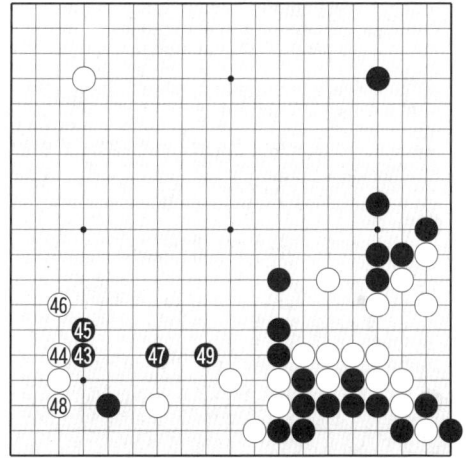

★8보(43~49)

흑이 우변에서 손을 돌려 43, 45로 압박한 후 47로 씌워 하변을 공격할 때, 백48은 부분적으로 귀의 수비법이지만 실리를 밝힌 완착이다. 흑이 49로 중앙을 봉쇄하니 백이 갑갑한 모양새다.

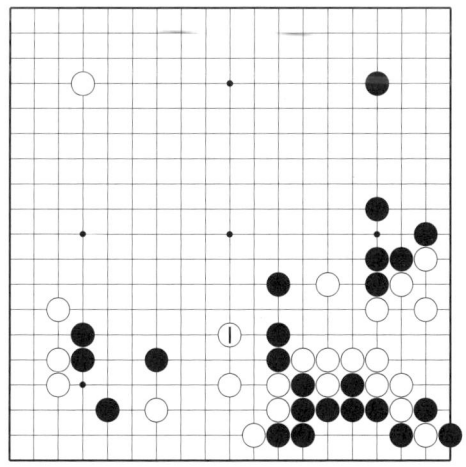

16도(백, 중앙 진출이 우선)

실전 백48보는 1에 뛰어 중앙 진출이 우선일 것이다. 그래야 좌우 흑 일단과도 경쟁하며 바둑을 폭넓게 풀어갈 수 있다.

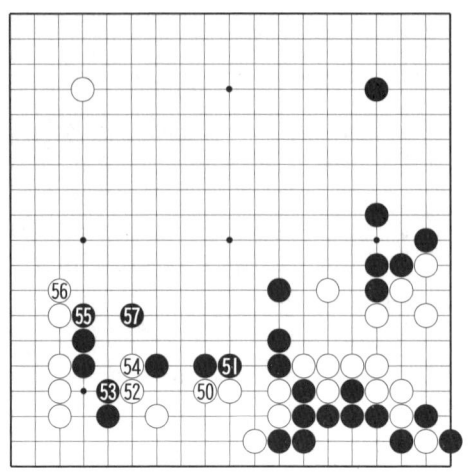

★9보(50~57)

백은 할 수 없이 50으로 지키고, 흑51은 기분 좋은 막음이다. 백52, 54로 약점을 노리지만 흑55, 57이 두터운 봉쇄 수법이다.

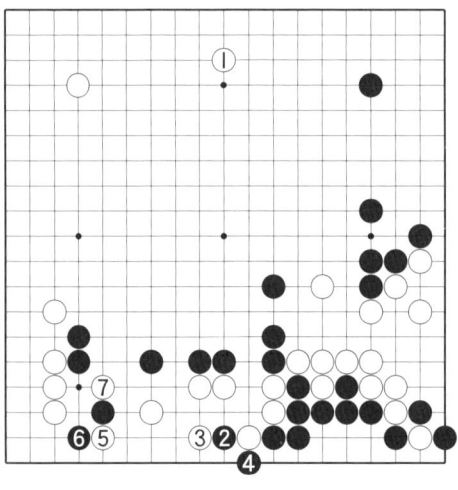

17도(백, 상변 벌림)

실전 흑51 때 백은 하변이 무사하다면 1 방면의 벌림이 크다. 흑2 이하로 공격해 오면 백3~7까지 견딜 수 있다. 다만 하변 자체가 엷고 많이 당할 염려가 있어 선택하기 쉽지 않다.

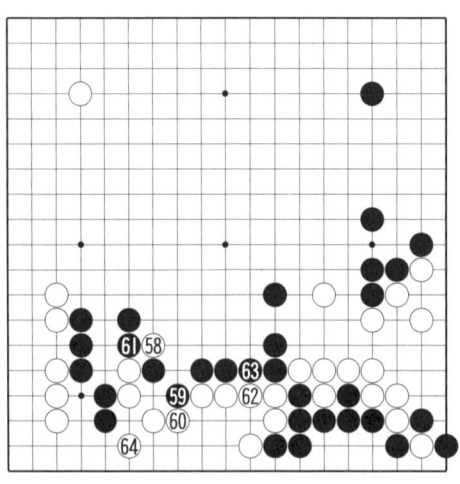

★10보(58~64)

백은 58의 젖힘으로 흑59, 61을 유도하여 하변을 정리해 간다. 그리고 62, 64로 후수지만 집을 최대한 키우며 지킨 장면이다.

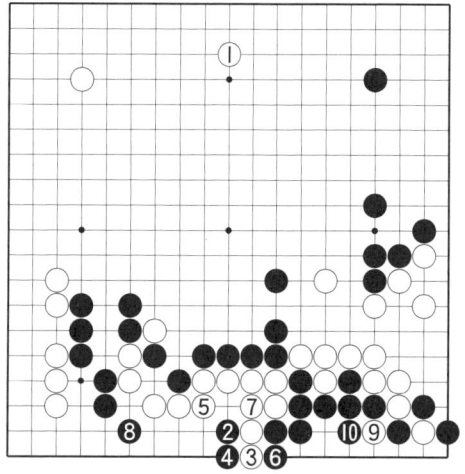

18도(백, 하변 위험)

실전 백64를 생략하고 1의 큰 곳에 벌리면 하변이 무사하지 않다. 흑2의 붙임이 공격의 맥점. 백3에 흑4~8로 안형이 부족하다. 백9의 끊음이 있지만 흑10으로 귀의 석점을 버리고 두면 된다.

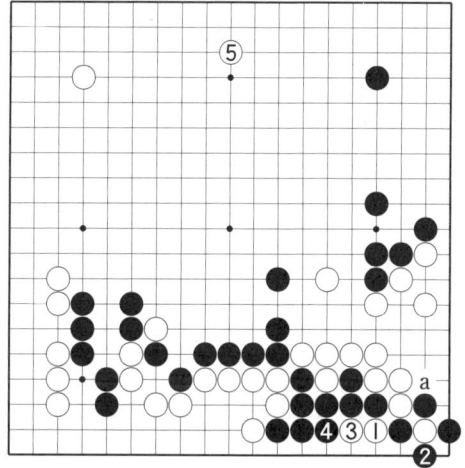

19도(백, 우변에 나쁜 영향)

역으로 백1, 3을 선수해 두고 5로 벌리면 이번에는 하변이 무사하다. 다만 a의 선수 권리가 없어지므로 우하변 백에 나쁜 영향을 끼친다.

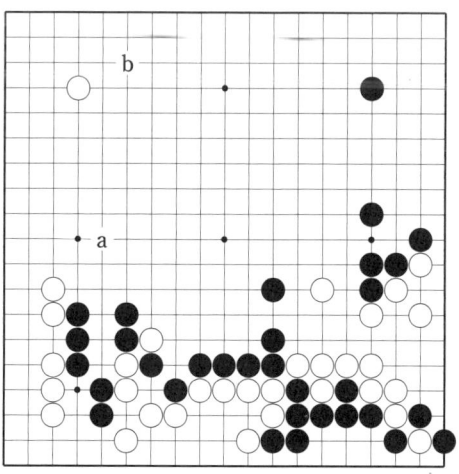

20도(중반 예고)

이제 흑은 누터움을 배경으로 흐름을 이어가야 할 텐데, 단순한 a의 모양 확대보다 b의 걸침이 폭넓은 작전이다. 중반은 역시 b의 걸침부터 실전 라운드가 펼쳐진다.

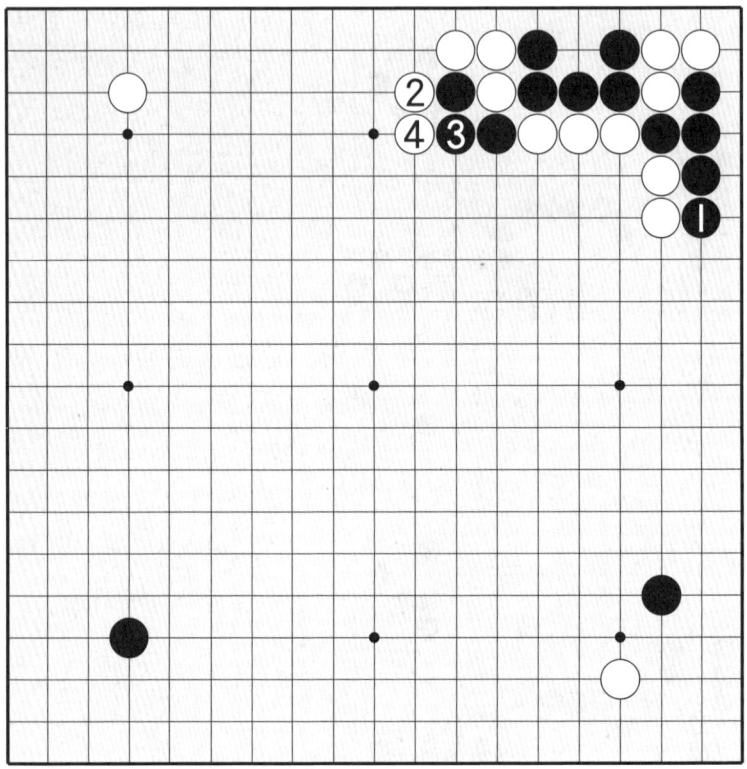

14회 맥심커피배 결승2국(박정환 : 이세돌) 2013. 3. 27

장면은 대각선 포석이다. 아무래도 초장부터 전투가 벌어
질 공산이 크다. 그걸 반영이라도 하듯 우상귀는 복잡한
눈사태 정석으로 흘러간다. 흑1은 타협을 거부하는 수단.
백도 2, 4로 강하게 두고 있다. 역시 서로 어려운 싸움을
피할 수 없다. 그럼 이를 배경으로 한 초반이 어떻게 진행
되는지 살펴보기로 한다

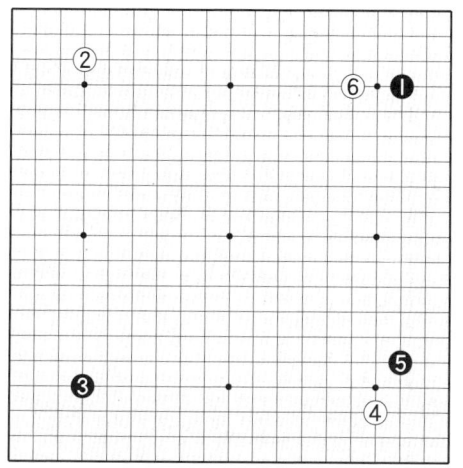

★1보(1~6)

흑1, 3과 백2, 4의 대각선 포석이다. 애초 백2쪽을 두면서 대각선을 허용해도 좋다는 생각이다. 이렇게 되면 서로 이른 시기에 싸울 공산이 크다. 이를 반영하듯 흑5에 백6, 서로 적극적인 걸침이다.

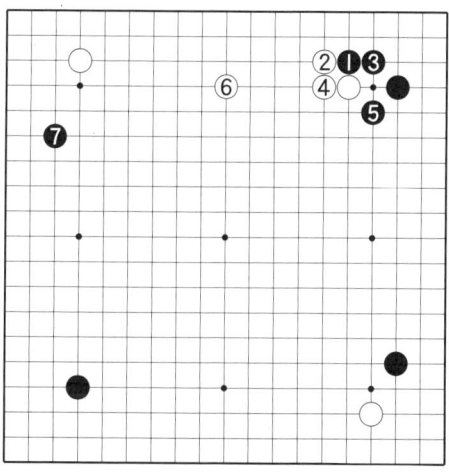

1도(알기 쉬운 변화)

실전 다음 알기 쉽게 두자면 흑1로 붙인 후 6까지의 정석을 생각할 수 있다. 그러면 흑은 백모양을 살짝 견제하는 7의 눈목자 걸침이 보통이다.

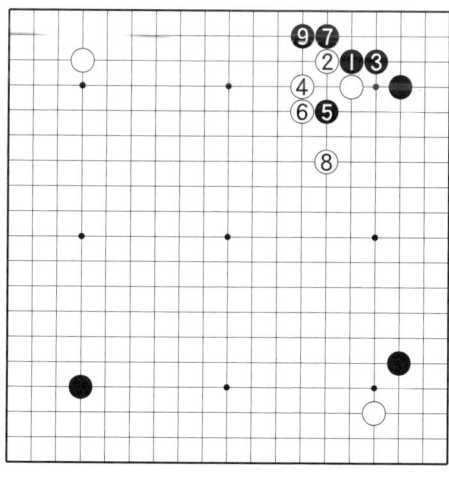

2도(흑, 활용 이후)

흑1, 3에 백4의 탄력적 호구 이음이라면, 흑5의 활용도 생각할 수 있다. 이때 백6으로 반발하면 9까지의 변화도 많이 나온다.

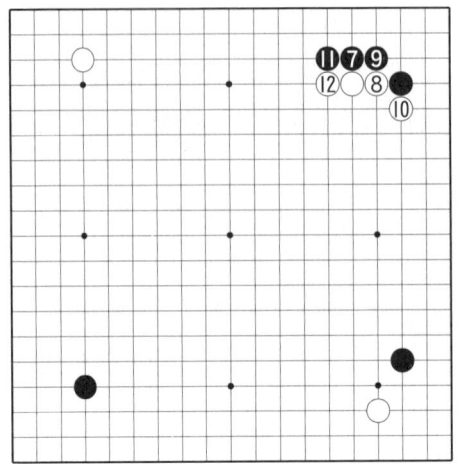

★2보(7~12)

실전은 흑7에 백8, 10으로 밀어붙이는 쪽으로 간다. 흑11에도 백12로 알기 쉬운 변화는 거부한다. 역시 어려운 싸움을 마다하지 않으려는 자세이다.

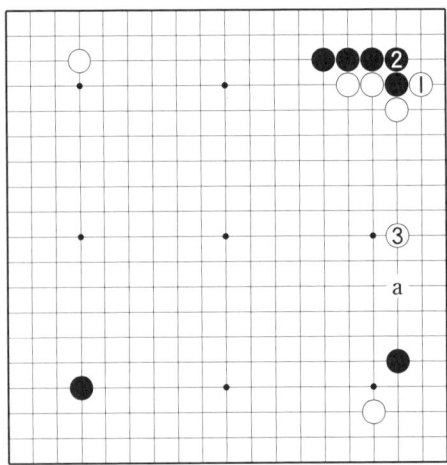

3도(백, 느슨)

실전 흑11에 알기 쉬운 변화라면 백1, 3으로 우변 쪽으로의 변신을 생각할 수 있다. 다만 흑a로 벌릴 여지가 있어 느슨하다는 것. 그렇다고 a쪽으로 한발 더 다가가자니 우변이 엷다.

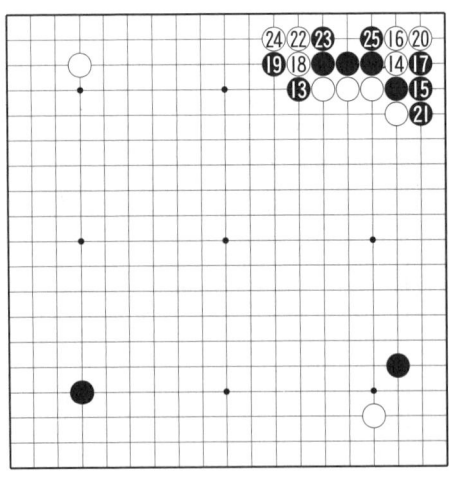

★3보(13~25)

결국 흑13으로 젖히면서 눈사태 정석으로 흘러간다. 백14, 16에 흑17의 안쪽 꼬부림이면 25까지는 거의 필연이다. 수순 중 흑19의 단수에 백20을 결정한 후 22로 나가는 것이 포인트.

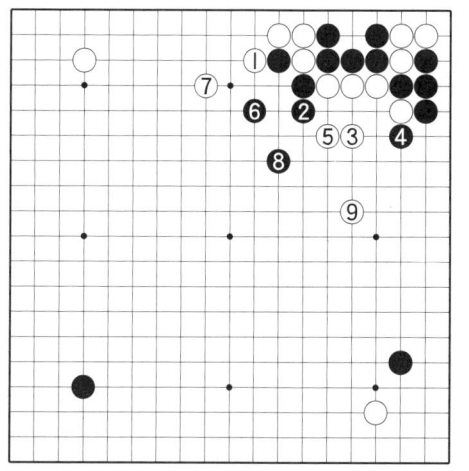

4도(복고 정석)

실전 다음 백1쪽의 단수를 먼저 두면 흑2, 4를 선수한 후 9까지 복고 정석으로 갈 공산이 크다.

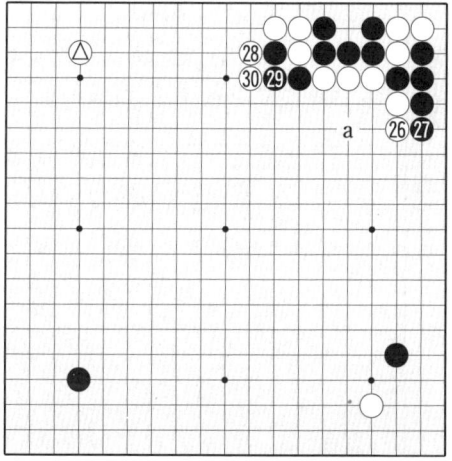

★4보(26~30)

실전 백26으로 먼저 늘어두는 것이 현대적 감각이다. 이때 흑27로 귀를 보호하면 백28은 당연하다. 흑29에 백은 a로 지키는 것이 보통인데, ⓐ의 원군을 배경으로 30으로 밀어올린다.

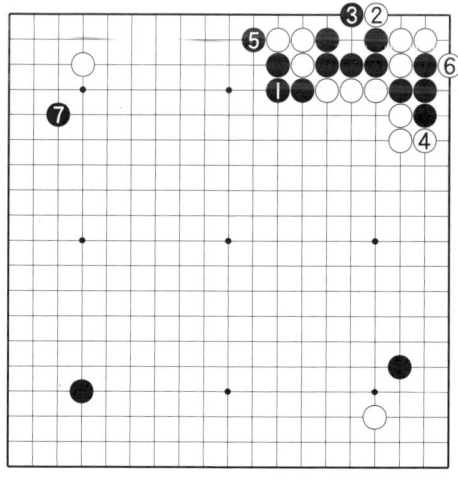

5도(대표 정석)

실전 백26에 흑1로 먼저 잇고 두는 수도 있다. 이때 백2, 4의 수순이 포인트. 흑5와 백6으로 서로 잡아 타협하는 것이 대표적인 정석이다. 다음 흑7의 걸침이 예상된다.

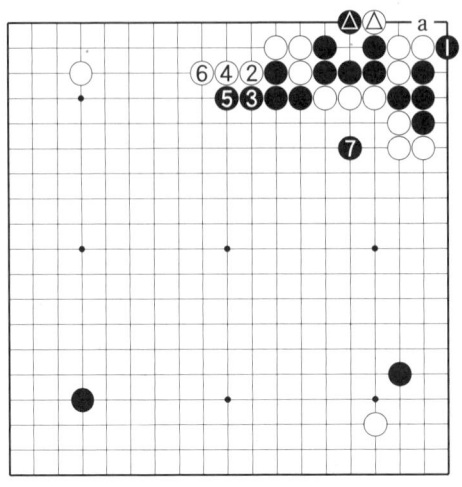

6도(패가 남음)

앞 그림 백4 때 물론 흑1로 눈 앞의 이익을 생각할 것이다. 그러면 백2의 젖힘. 흑3, 5로 밀어둔 후 7의 급소 공격이 예상되지만, a의 패가 남은 만큼 백도 충분히 싸울 수 있다. △와 ▲를 교환한 효과이다.

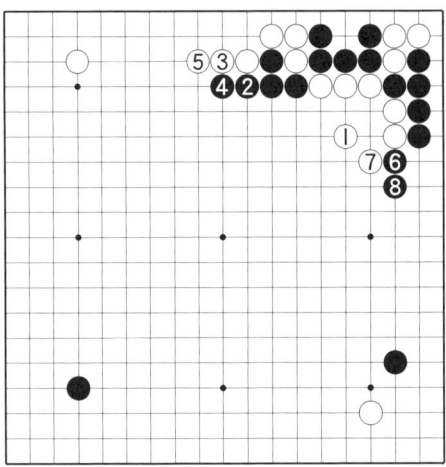

7도(백, 중앙 지킴)

실전 백30으로 중앙 쪽 1로 지키는 변화가 일반적이다. 그러면 흑2, 4로 밀어둔 후 6, 8로 우변 지킴까지 예상된다. 백은 좌상귀 소목의 위치상, 상변에서 눌리는 기분이 싫었을 것이다.

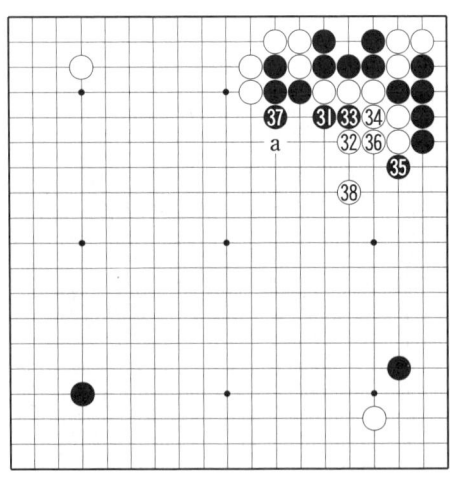

★5보(31~38)

흑은 31~35로 백을 공격한 후 37의 빈삼각으로 우직하지만 견실하게 지킨다. 백도 38의 지킴이 필요하다. 수순 중 백 32로는 34의 이음도 생각할 수 있다. 또 흑37로는 a의 지킴도 있을 것이다.

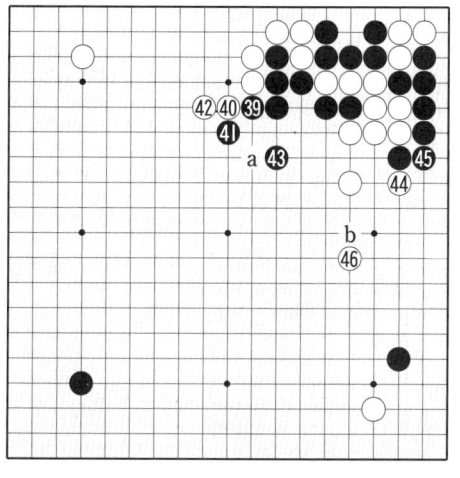

★6보(39~46)

흑39의 두터운 꼬부림은 놓칠 수 없는 곳이다. 백40의 젖힘도 기세. 좌상귀 원군이 있어 가능하다. 흑41의 선수 다음 a가 아닌 43의 지킴은 우변 압박도 겸한다. 백은 44를 선수한 후 46의 두칸 지킴이 다소 엷지만 경쾌하다. 이 수로 b의 지킴이면 견실하다.

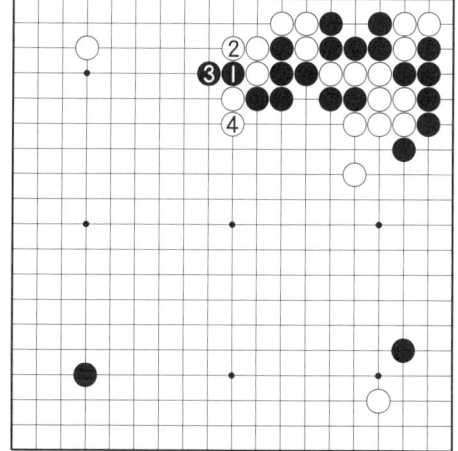

8도(흑, 고난)

실전 백40에 흑1로 끊고 싶지만 백2, 4로 두기만 해도 흑이 양분되어 골치 아프다. 흑은 이렇게 고난을 자처할 이유가 없다.

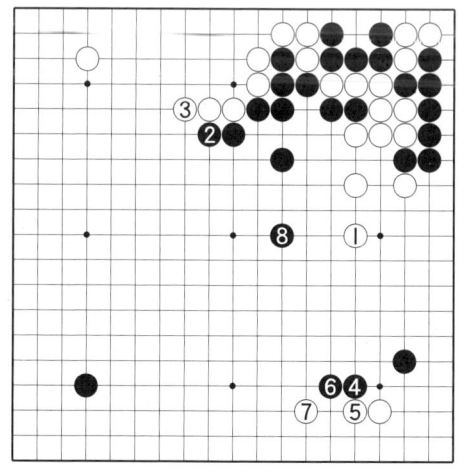

9도(흑, 중앙 공격)

실전 백46으로 1의 견실한 지킴일 경우. 흑은 2~6으로 위 아래 중앙을 강화한 후 8로 크게 공격하는 수단도 생각해 볼 수 있다.

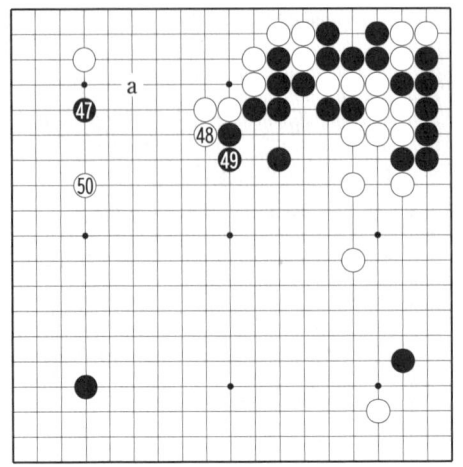

★7보(47~50)

중앙은 이 정도로 놔두고 흑 47의 걸침, 일단 큰 곳이다. 이 때 백이 알기 쉽게 두자면 a로 받는 정도. 그건 약하다고 보고 48을 결정한 후 50으로 협공해 간 장면이다.

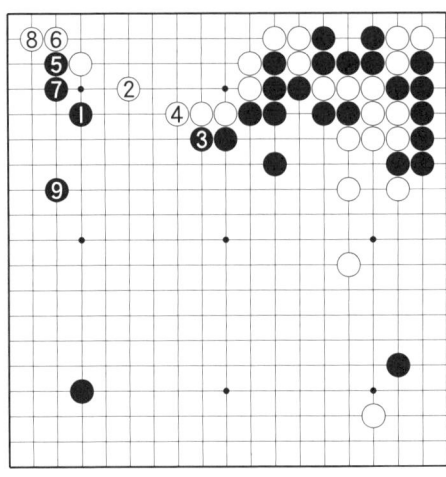

10도(무난)

흑1에 백2로 받으면 무난하기는 하다. 흑은 3을 선수한 후 좌변 9까지 예상되는 변화이다. 다만 백은 상변에 치우쳐 이를 피하고 싶었을 것이다.

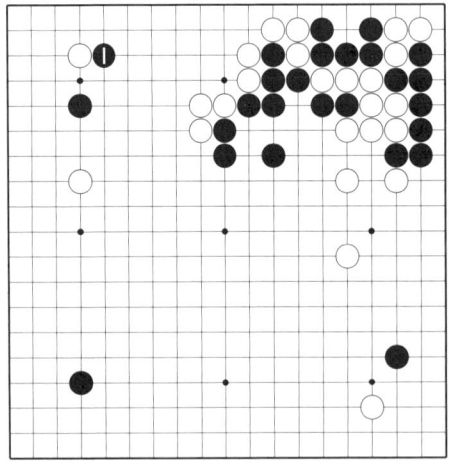

11도(중반 예고)

실전을 다시 제시하지만, 이 바둑은 흑의 두터움과 백의 속도 대결이다. 이를 반영하듯 좌상귀 흑의 걸침에 백이 발빠르게 협공한 장면이다. 앞으로 여기서 2라운드 싸움이 벌어질 조짐이다. 중반 실전은 흑1의 강력한 붙임으로부터 그 싸움이 시작된다.

실전에 연관된 현대판
창의적 수법

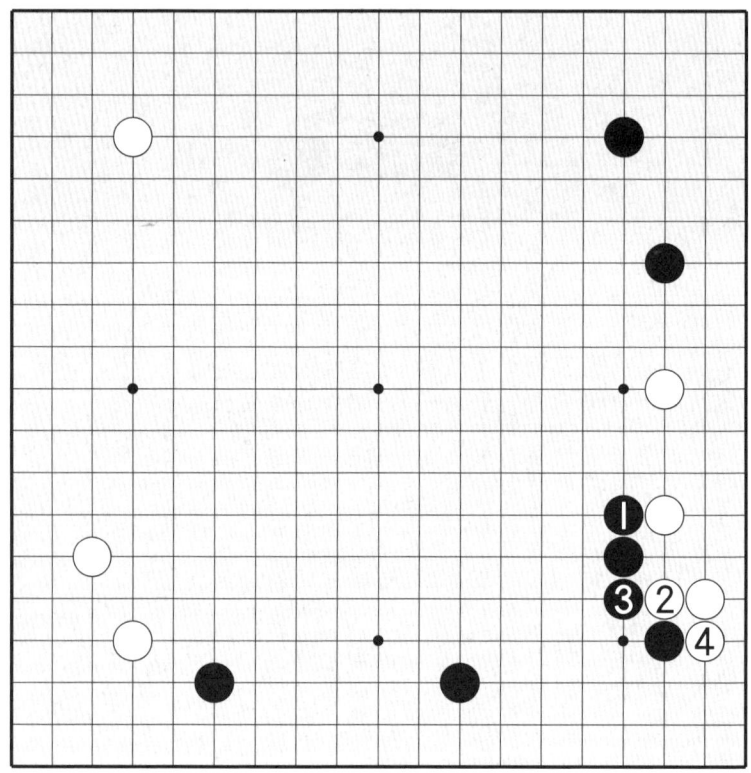

기본형

하변은 흑의 변형 미니중국식 포석이다. 우변은 백이 갈라
쳐서 나온 모양으로, 우하귀에서 흑이 씌울 때 백이 날일
자로 달린다. 여기서 흑1로 누를 때 백은 순순히 늘지 않
고 2, 4로 귀에 파고든 장면이다. 백이 귀의 실리를 중시
한 수단이다. 그럼 이후의 변화를 살펴보기로 한다.

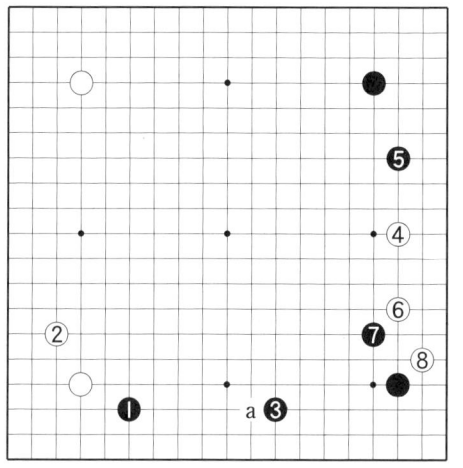

1도(변형 미니중국식의 상용 수단)
우선 기본형의 수순을 따라가
본다. 흑1의 걸침 후 a가 아닌
3이라면 변형 미니중국식 포
석. 귀에 좀 더 비중을 둔 수
단이다. 그러거나 말거나 백4
의 갈라침 이하 8까지는 상용
수단이다.

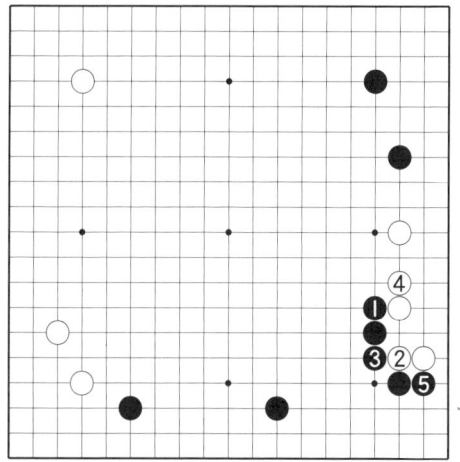

2도(귀의 막음)
계속해서 흑1에 밀 때 보통이
라면 백2, 4의 지킴이다. 다만
변형 미니중국식에서는 흑5의
막음이 성립하여 귀가 두텁다.

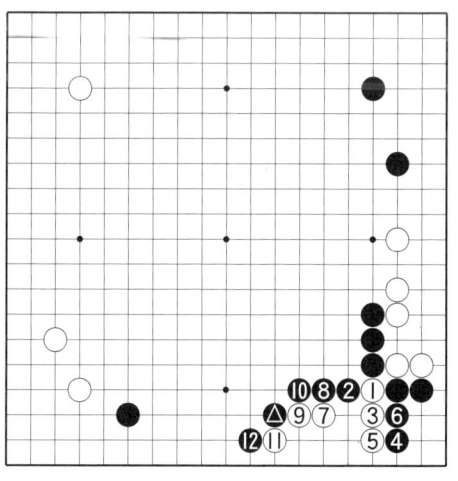

3도(흑, 이단젖힘)
만일 백1로 늦어오면 흑2, 4
로 몰아가는 것이 요령이다.
백이 5 이하로 움직이면 흑10
으로 막는 자세가 강력하고 백
11에 흑12의 이단젖힘으로 백
이 곤란하다. 이때 흑△의 역
할이 작용을 한다.

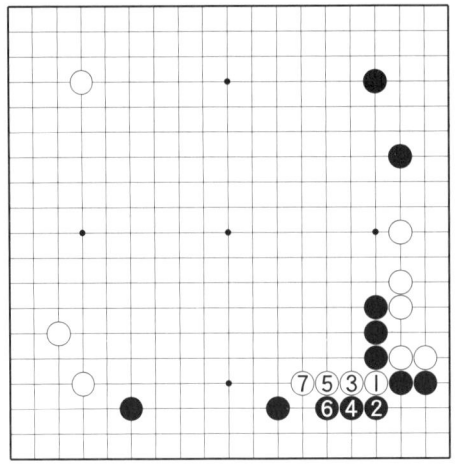

4도(흑, 저위)

물론 백1에 흑2로 밑에서 모는 것은 방향 착오이다. 7까지 흑이 저위로 몰리면서 중앙도 곤마로 바뀐다.

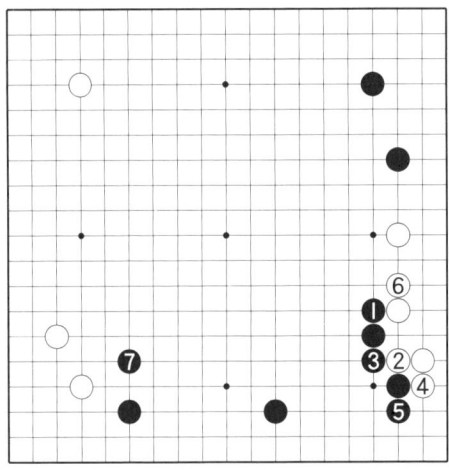

5도(백의 의도)

이제 흑1에 먼저 백2, 4로 귀를 둔 의도가 드러난다. 기본형의 수순이기도 하다. 흑5로 받으면 백6으로 지키겠다는 뜻. 귀를 활용한 만큼 나쁘지 않다는 생각이다. 다만 백이 후수이므로 흑도 7로 변에서 모양을 키우면 거의 호각이다.

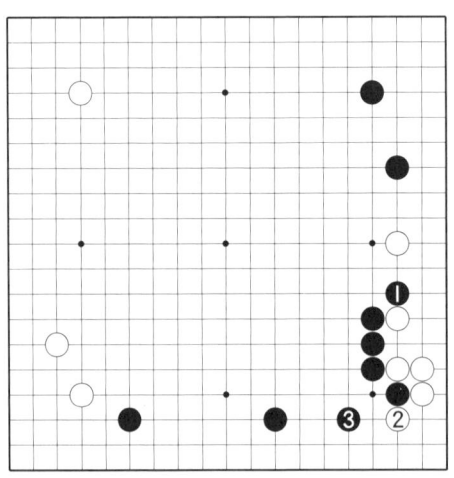

6도(바꿔치기)

그런데 이번 주제가 여기서 끝나면 싱겁기 그지없다. 앞 그림의 백4에 우변에서 흑1의 반발이 있는 것. 그러면 백도 귀에서 2의 단수가 기세이고 흑3까지 일단락이다. 백이 귀를 차지한 대신 흑은 변이 두텁다. 일종의 바꿔치기.

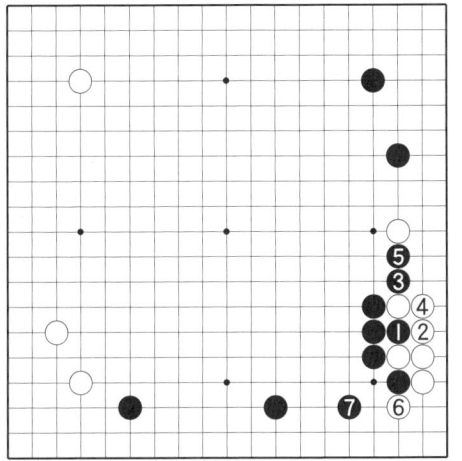

7도(흑, 우변 단속)

5도 백4에 흑1쪽으로 두는 경우도 있다. 백2로 받으면 흑3, 5로 우변을 확실히 단속하려는 의도가 있다. 백6에는 역시 흑7.

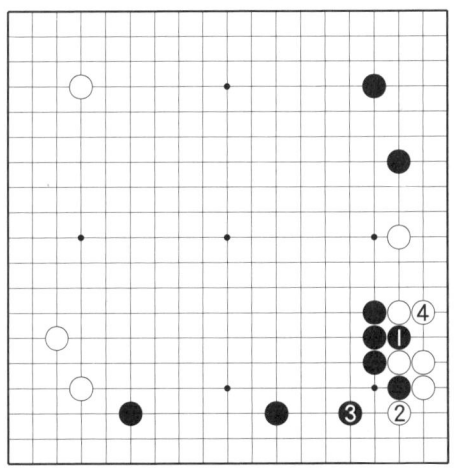

8도(백, 만족)

그런 의도를 피해 흑1에도 백2로 일단 단수하는 것이 보통이다. 이때도 흑3이면 이번에는 백4로 우변까지 전체가 연결되어 만족이다.

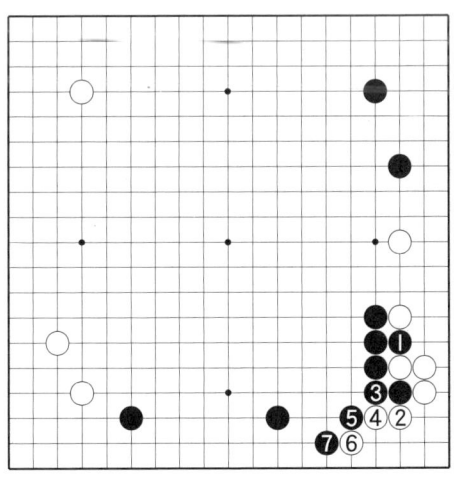

9도(요령)

흑1로 둔 이상 백2의 단수에는 흑3으로 잇고 백4에 흑5, 7로 이단젖혀 타이트하게 두는 것이 이런 경우의 요령이라면 요령이다.

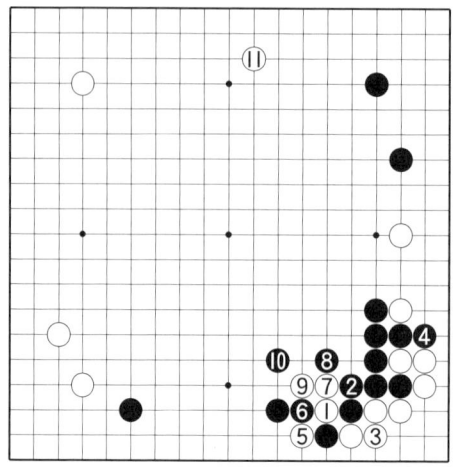

10도(타협)

계속해서 실전의 예이지만 백 1, 3으로 이어야 할 때 흑4로 우변을 뚫고 백5로 한점을 잡자 흑6 이하 10으로 그물을 쳐 중앙을 두텁게 봉쇄한다. 백11의 벌림까지 아무튼 균형을 맞추며 서로 타협해 간다.

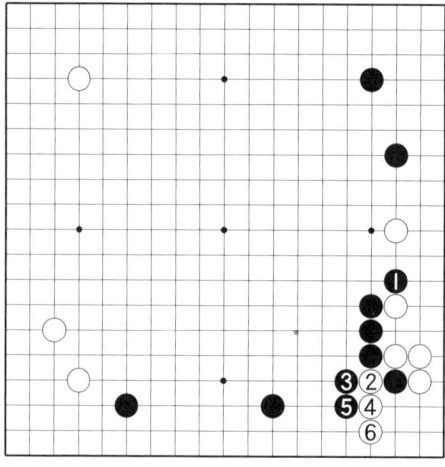

11도(간명)

거슬러 올라가 흑1의 젖힘에 백2의 단수도 생각할 수 있다. 흑3으로 되몰아서 6까지 되면 간명하다. 6도와 비교해 백은 귀가 더 크지만 후수이므로 일장일단이 있다.

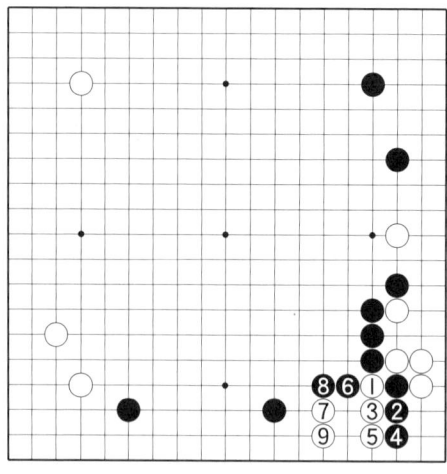

12도(행마법)

백1에 흑이 어렵게 두자면 2로 나가는 수도 있다. 백3, 5 다음 흑6에 백7, 9가 행마법으로 기억해 둘 모양 정비 수단이다.

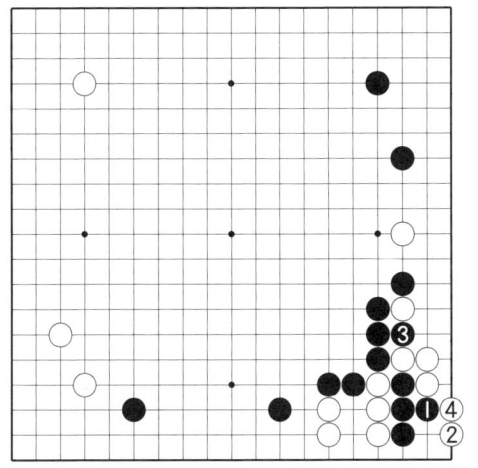

13도(실리 대 두터움)

계속해서 흑1에 백2의 급소 공격. 그 사이 흑은 3을 선수하여 백4까지 일단락이다. 흑은 실리를 내준 대신 외곽을 두텁게 정비할 수 있다.

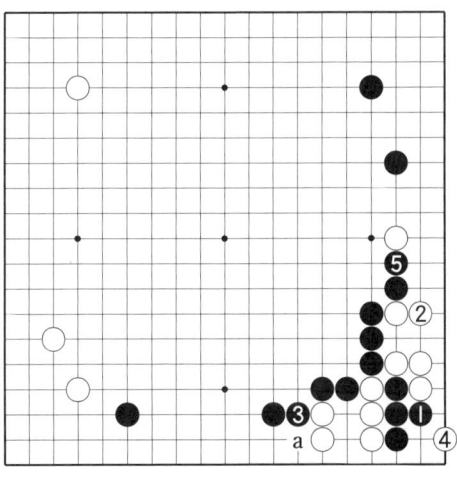

14도(흑, 만족)

흑1에 백2로 두는 것은 흑3의 두터운 막음이 귀에 선수로 듣고 5로 우변도 확실히 정비하여 백이 좋을 게 없다. a까지 선수라는 점도 흑의 자랑.

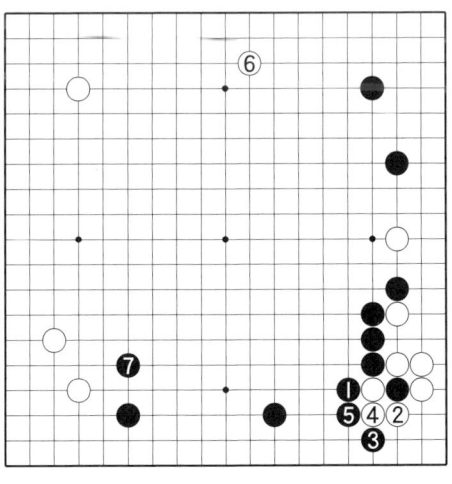

15도(백, 따냄)

실전에도 나왔지만 흑1에 백2의 따냄도 있을 것이다. 다만 흑3이 강력한 수단이다. 백4에 흑5. 선수는 백이지만 귀가 엷어진 것이 다소 불만이다. 아무튼 백6의 벌림에 흑7의 뜀. 서로 큰 곳을 두며 균형을 찾아 간다.

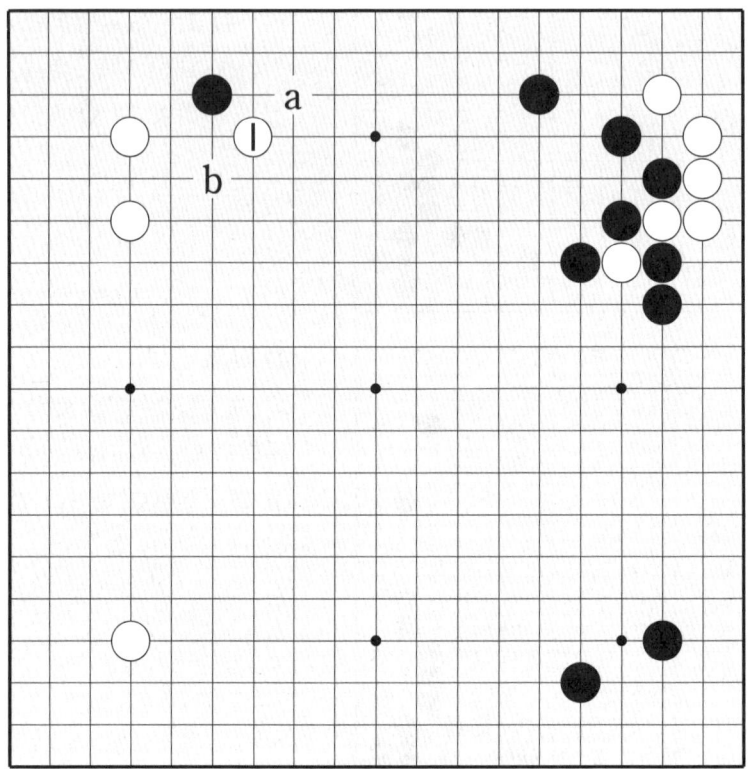

기본형

우변은 흑의 견실한 화점 · 소목 굳힘 포석이다. 우상귀는
백이 화점에 걸치고 귀에 달릴 때 흑이 뒤에서 협공하여
나온 정석 모양이다. 그 전에 흑이 좌상귀 화점에 걸치고
있지만 이는 상변을 중시한 발빠른 작전이다. 여기서 백은
화점에서 한칸 받은 후 1로 어깨짚은 장면이다. 흑 한점을
위에서부터 눌러 상변을 견제하겠다는 뜻이다. 이 수로 a의
협공도 있지만 흑b로 뛰어나가면 백이 고립될지도 모른다
는 우려도 숨어 있다. 그럼 이후의 변화를 살펴보기로 한다.

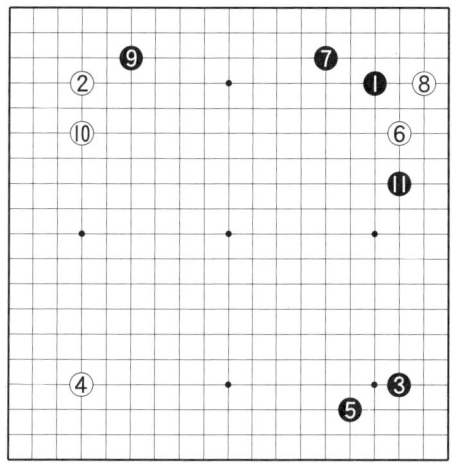

1도(과정)

기본형의 수순을 따라가 보자. 흑11의 한칸 협공은 유행 수법이다. 그 과정에서 흑9의 걸침, 백10의 한칸 받음은 의미 있는 수순이다.

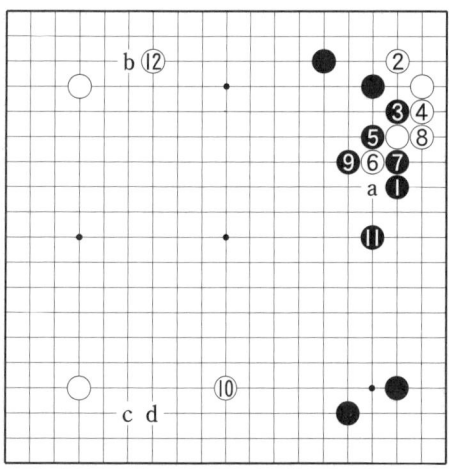

2도(평범)

평범만 수순. 축머리를 겸한 백10의 벌림에 흑은 a의 따냄이 아니라 11의 지킴이 효율적이다. 백12나 b의 지킴은 흑 진의 두터움을 견제하는 구실도 겸하여 기분 좋다. 수순 중 백10으로 c나 d의 지킴도 견실하다.

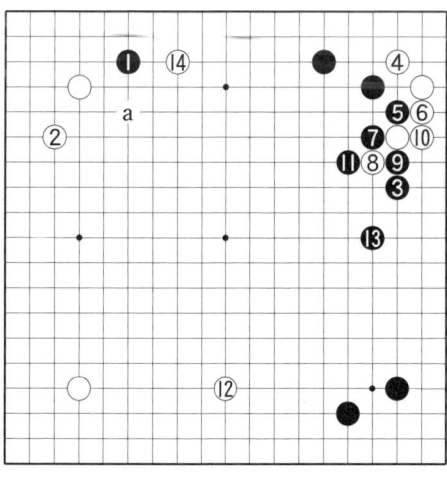

3도(먼저 걸친 의도)

흑1로 먼저 걸친 것은 앞 그림 백의 견실한 지킴을 방해하겠다는 뜻이다. 이때 보통은 백2의 날일자 지킴이고 흑13까지의 상용 수단을 거친 후 백14의 협공이 자연스런 흐름이다. 다만 이후 흑a면 싸움이므로 백도 부담이다.

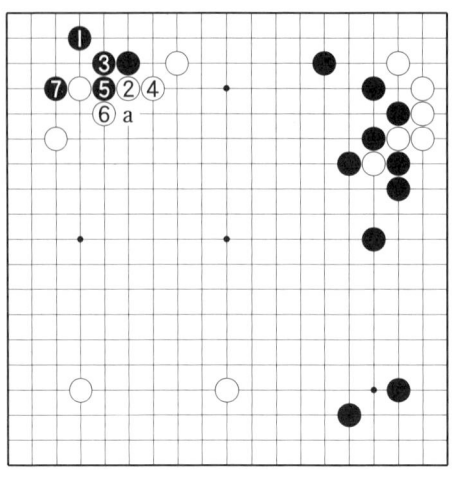

4도(백, 느슨한 세력)

만일 흑1로 귀를 중시하면 백 2로 막아 외곽을 두텁게 할 수 있다. 흑3 이하 7이 귀의 실리를 취하는 한 가지 수단. 대신 백은 세력이지만 a가 약간이나마 부담이다. 약간 느슨한 세력이라 보면 되겠다.

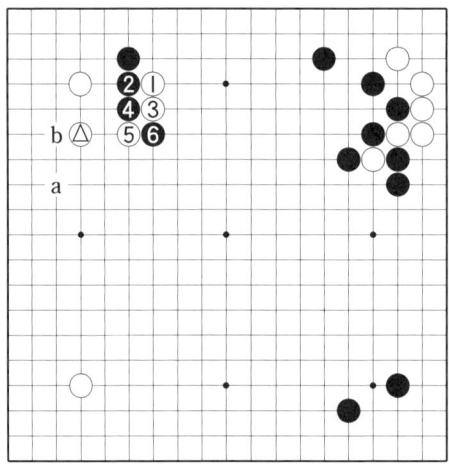

5도(한칸 받음과 어깨짚음의 의미)

기본형에서는 백△의 한칸 받음인데 흑a의 다가섬이 약점으로 남지만, 여기서 이번 주제인 백1의 어깨짚음. 아예 중앙에서 압박하여 경우에 따라 튼튼한 세력을 쌓겠다는 의도이다. 이때 흑2 이하 6으로 나와끊으면 백△가 b에 있는 것보다 도움이 된다는 생각이다. 백△로 한칸 받을 때는 1의 어깨짚음을 두겠다는 생각이 심중에 깔려 있었던 셈.

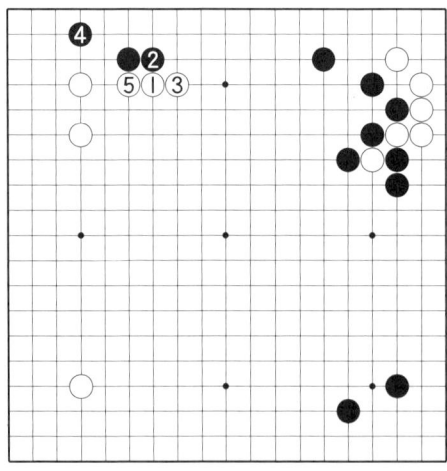

6도(흑, 안정에 집착)

물론 백1에 흑2, 4로 안정에만 집착하면 백5로 틀어막아 너무 두텁다. 백의 노림이 쉽게 통한 모습이다. 4도와 비교하면 두터움의 차이를 쉽게 알 수 있다.

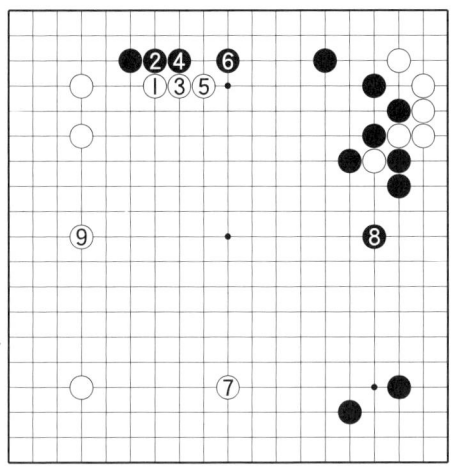

7도(백, 두터운 형세)

백1에 흑2 이하 6으로 상변에 건너가면 백은 7과 9를 차지하여 역시 두터움이 하늘을 찌른다.

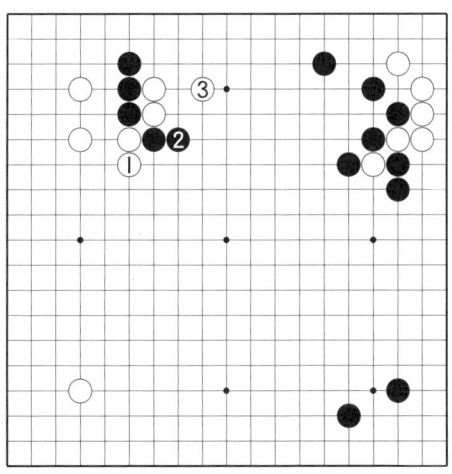

8도(백, 싸울 만하다는 생각)

5도 다음 백은 1, 3으로 충분히 싸울 만하다는 생각이다.

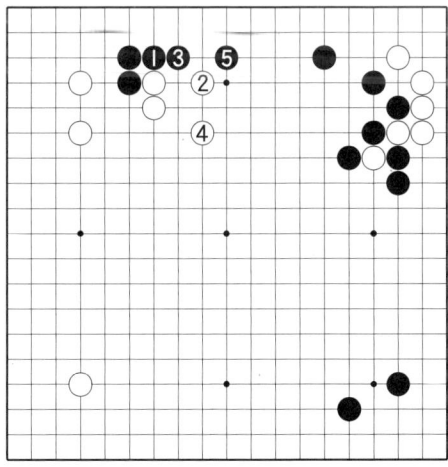

9도(흑, 굴복)

흑이 싸움을 피한나면 5도 백 3 때 1 이하 5 정도이지만 굴복의 느낌을 지울 수 없다.

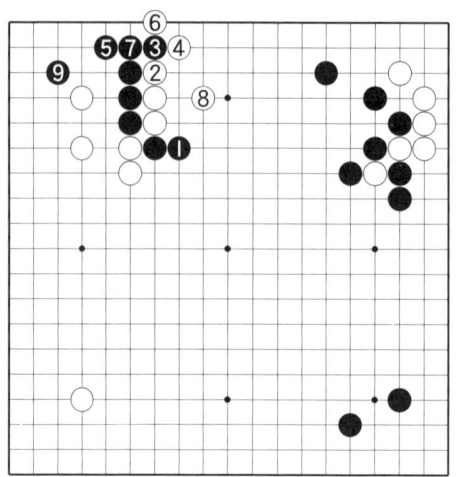

10도(백, 불만)

싸움도 요령이 필요하다. 흑1에 백2로 막는 것은 흑3 이하 9가 거의 필연으로 흑이 귀를 확실히 차지하고 보니, 백이 양쪽으로 갈라져 싸우게 되어 불만이다.

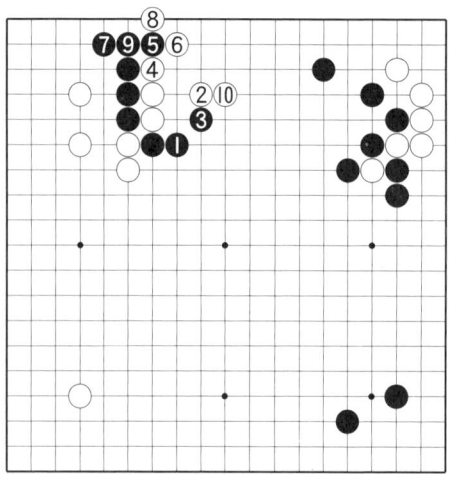

11도(흑, 불리)

따라서 흑1에는 백2로 그냥 뛰는 것이 요소이다. 이때 흑3은 맥점처럼 보이지만 백4 이하 10이면 앞 그림과 비교해 3과 10의 교환만큼 흑이 불리하다.

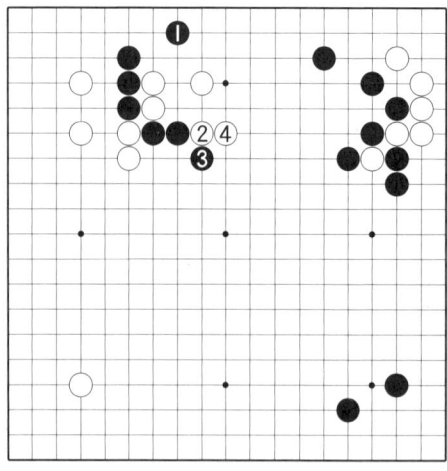

12도(흑, 느슨)

흑1은 행마법이지만 약간 느슨한 감이 있다. 백2, 4로 두텁게 처리하여 충분히 싸울 수 있다. 위아래 엷은 흑을 양쪽 맞보기로 노린다.

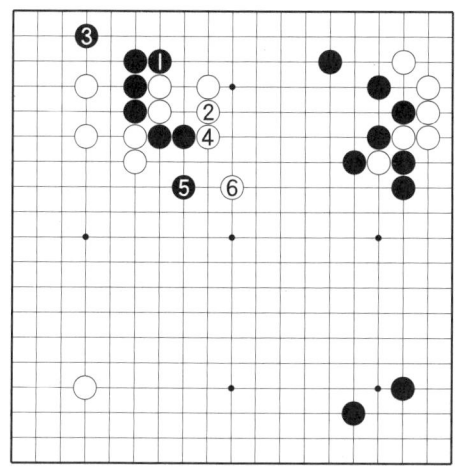

13도(백, 충분)

흑은 1, 3으로 맥을 짚으며 한 쪽을 안정하고 백은 4, 6으로 중앙 흑을 공격하며 나갈 공산이 크다. 아무튼 백의 중앙 진출 자세가 나쁘지 않다.

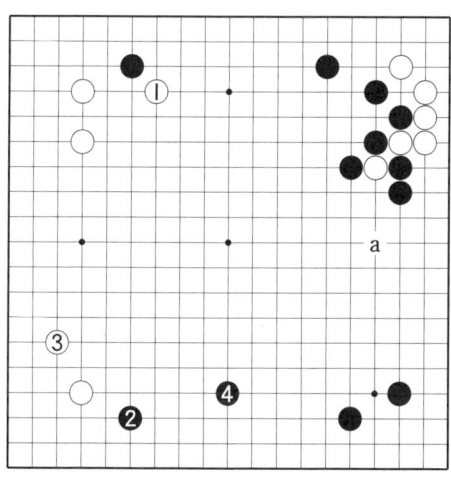

14도(흑, 손을 돌리다)

백1에 직접적인 응수로 불리하다 판단하면 흑2, 4로 큰 곳에 손을 돌리는 경우가 이후의 수법이다. 또는 a로 먼저 지키는 경우도 있다. 굳이 상변에서 어렵게 싸워 불리한 결과를 초래할 필요가 없다는 생각이다.

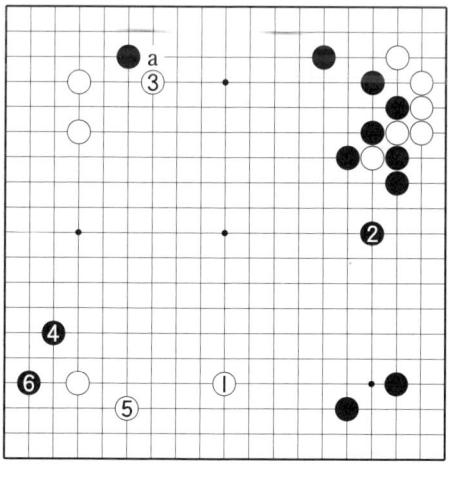

15도(흐름)

같은 맥락으로 백1과 흑2를 교환한 후 백3이면 흑4, 6으로 손을 돌리게 된다. 이럴 경우 백은 적당한 시기에 선수를 잡게 되면 a로 한점을 제압하는 것이 보통이다. 그러면 자연스럽게 상변 방면이 강해지는 흐름이 된다.

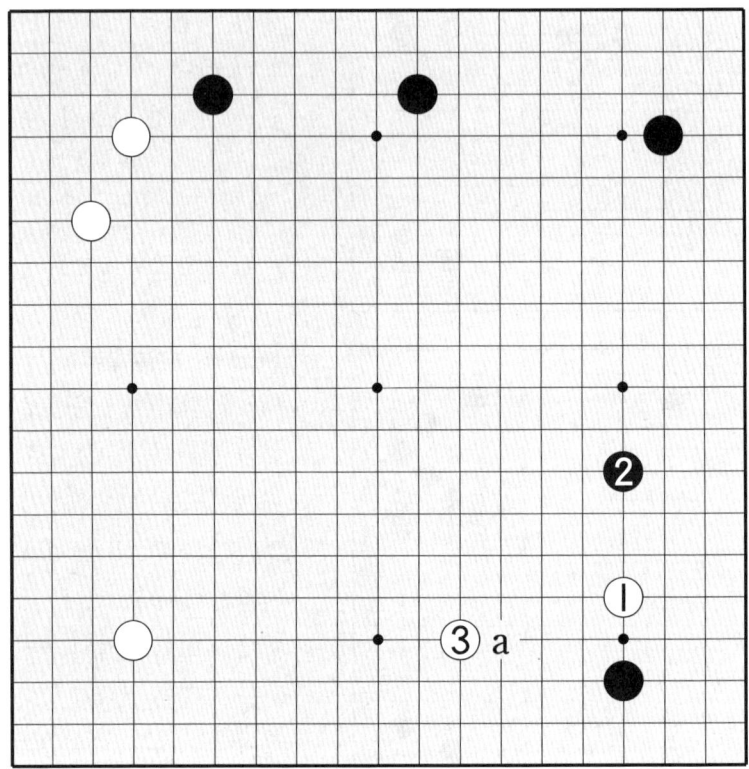

기본형

흑은 양소목에서 상변 미니중국식 포석이다. 우하귀 소목
에 백1의 한칸 걸침. 흑2의 두칸 높은 협공은 주변 배석을
살린 공격적 발상이다. 이에 백3의 대응은 다소 생소하지
만 일명 큰눈목자 씌움이다. 보통은 a의 눈목자 씌움이 무
난하지만, 3으로 한발 더 멀리 씌운 것은 흑의 적극적 태
도에 유연하게 대처하겠다는 뜻이 숨어 있다. 그럼 이후의
변화를 살펴보기로 한다.

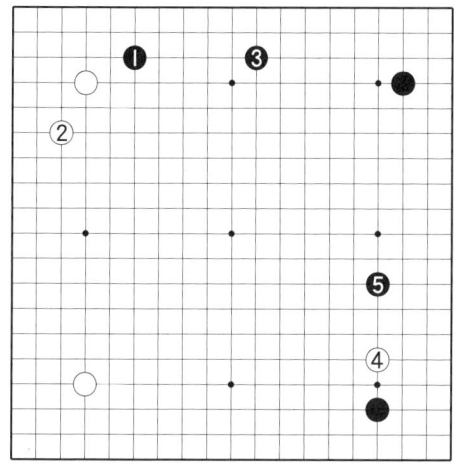

1도(과정)

일단 기본형의 수순을 따라가
보자. 흑의 양소목에서 1, 3의
미니중국식 포석. 많이 나오는
유행형이다. 백4의 한칸 걸침
일 때 흑5의 두칸 높은 협공
은 배후의 모양을 살리는 적
극적인 수단이다.

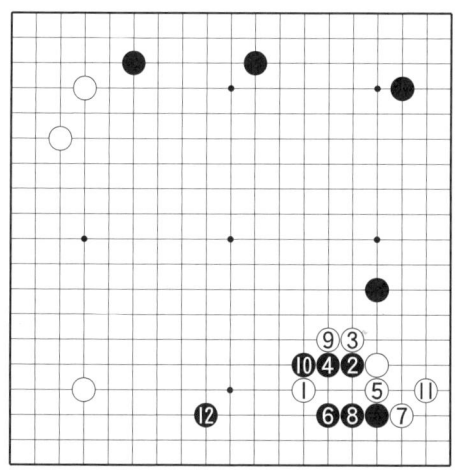

2도(백, 눈목자 씌움)

여기서 백1의 눈목자 씌움이
가장 무난하다. 흑2 이하 12
까지는 이 경우 간명하게 제
시할 수 있는 한 가지 상용 정
석이다.

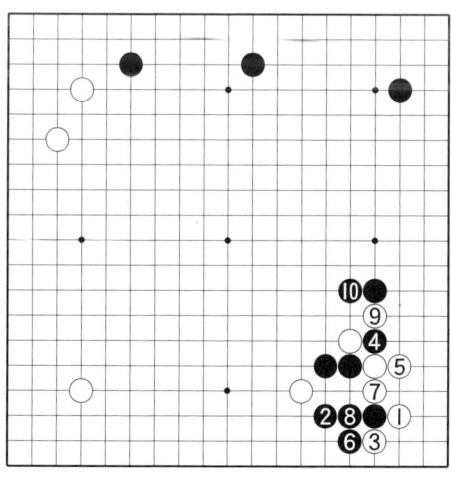

3도(상용 정석)

앞 그림의 흑4에 백1의 붙임
은 나중에 나온 수단이다. 그
러면 흑2 이하 10까지 역시
상용 정석이다.

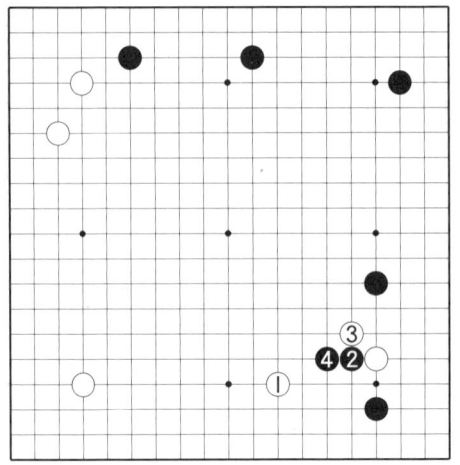

4도(변칙 씌움)

이제 기본형을 설명할 차례다. 백1의 큰눈목자 씌움. 2도와 3도를 상식으로 생각한다면 한눈에 변칙 수단임을 알 수 있다. 눈목자 씌움처럼 일단 흑 2, 4부터 출발해 보자.

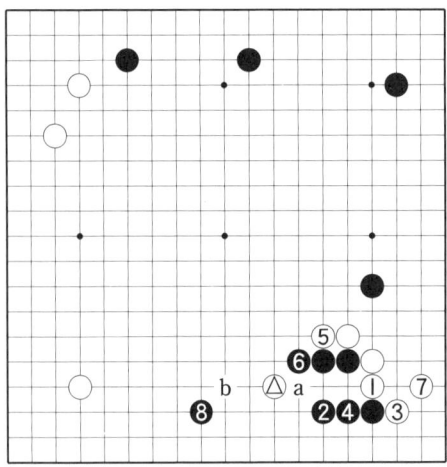

5도(노림)

2도의 정석 진행처럼 백1 이하 7이면 흑8로 벌릴 때 백은 △의 자리가 a에 있는 2도에 비해 훨씬 낫다. 이후 백b로 어깨 짚는 자세를 가정하면 쉽게 이해할 수 있을 것이다. 대눈목자 씌움의 한 가지 노림이다.

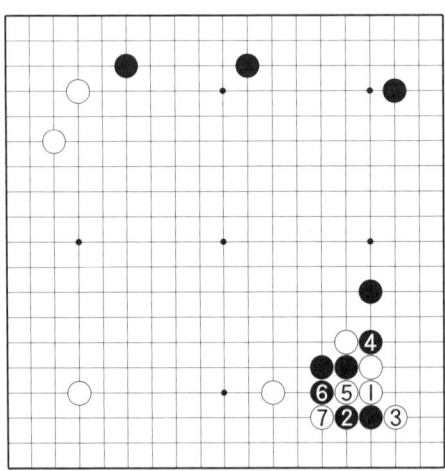

6도(느는 수단)

그렇다면 흑은 다른 수단이 필요한데 우선 백1에 흑2로 느는 변화이다. 백3에는 흑4로 끊을 예정이다. 백도 기세상 5, 7로 끊는다.

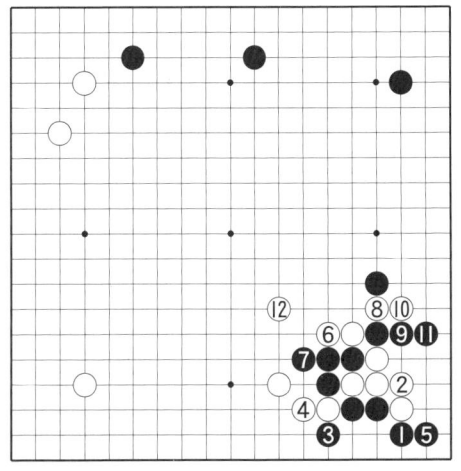

7도(백, 씌움)

계속해서 흑1 이하 5로 귀를 정비하면 백은 6으로 하나 밀고 8, 10으로 뚫은 후 12의 씌움이 멋진 수순이다.

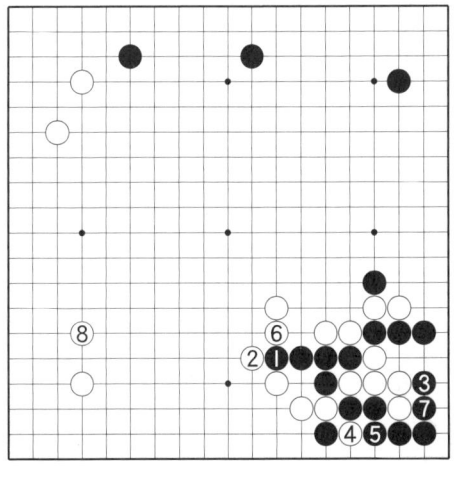

8도(흑, 잡고 망함)

여기서 흑1, 3으로 백 다섯점을 잡을 때 백은 4의 활용 후 6을 선수하고 8로 지키기만 해도 20집이 넘는 흑의 실리와는 비교할 수 없는 세력을 자랑한다. 흑이 망했다 봐도 무방하다.

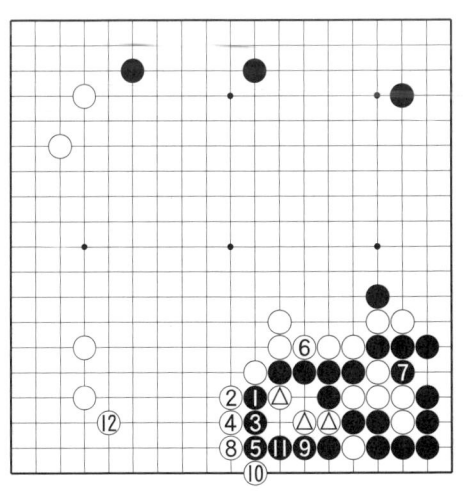

9도(백, 대세 장악)

참고로 여기서 흑1로 끊으면 어떻게 둘까. 답은 백2, 4로 △ 석점을 버리는 것. 흑5에 백6 이하 10을 일사천리로 선수한 후 12로 귀를 확실히 지키면 일거에 대세를 장악한다.

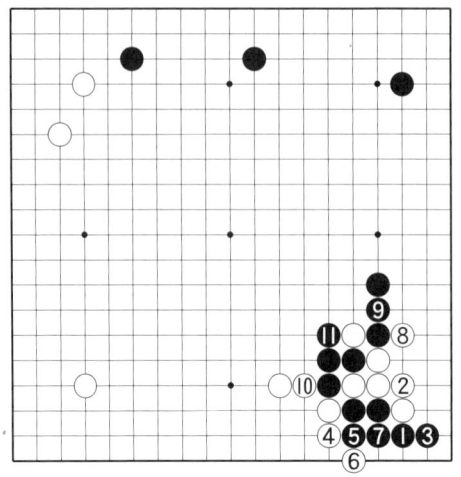

10도(흑의 변화)

4쪽을 손대지 않고 흑1, 3의 변화도 생각할 수 있다. 그러면 백은 4, 6을 선수한 후 8쪽으로 단수하고 10까지 선수해 둔다.

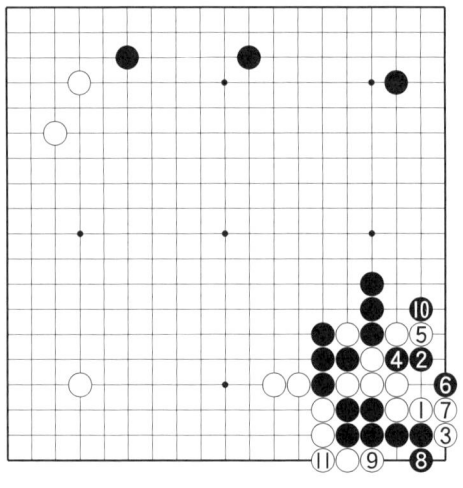

11도(백승)

계속해서 백1로 막으면 흑2의 치중이 급소이지만 여기를 잇지 않고 백3으로 귀의 수를 줄이는 것이 중요하다. 흑4 이하 8로 최선을 다하지만 11까지 수상전은 백승.

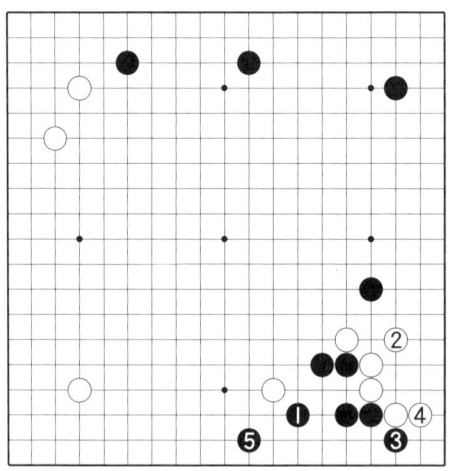

12도(흑, 충분)

거슬러 올라가 6도 흑4의 끊음이 어려움이 발생된 원인이다. 그 수로는 흑1의 한칸 지킴이 정수이다. 이때 백2로 이으면 흑3, 5로 자세를 잡아 괜찮은 결과이다.

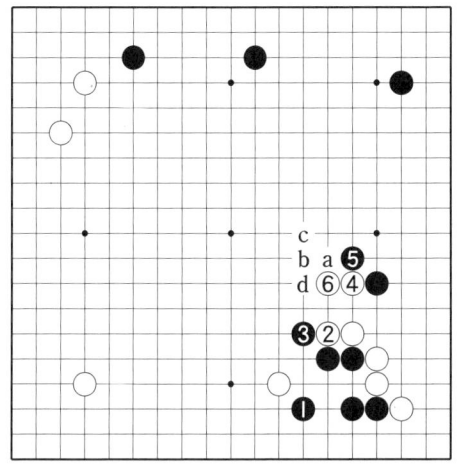

13도(기세)

흑1에는 백2와 흑3이 쌍방 기세이다. 다음 백4, 6이 자연스런 흐름이다. 여기를 더 둔다면 흑a, 백b, 흑c, 백d 정도, 서로 어려운 싸움이 전개된다.

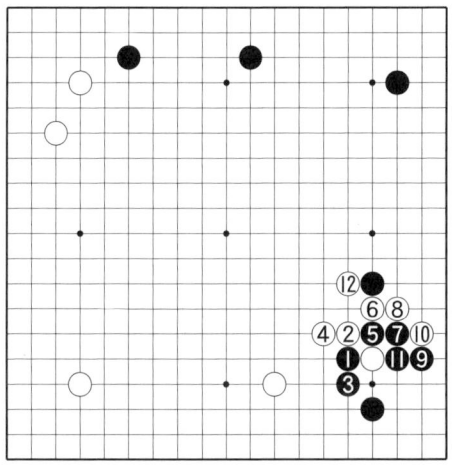

14도(백, 두터움)

애당초 흑1, 3으로 붙여서 끄는 변화도 생각할 수 있지만 백4면 기세상 흑5로 끊어야 하는데 백6 이하 12로 두터움이 돋보인다.

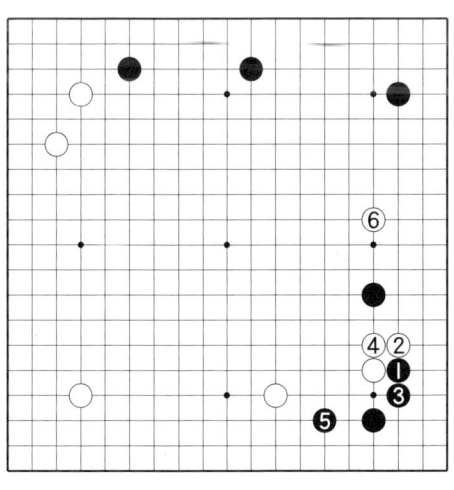

15도(흑, 불만)

또 흑1, 3은 생각할 수 없다. 흑5로 벌리는 자세는 나오지만 백6의 협공 정도로 흑이 몰려서 기분 나쁘다.

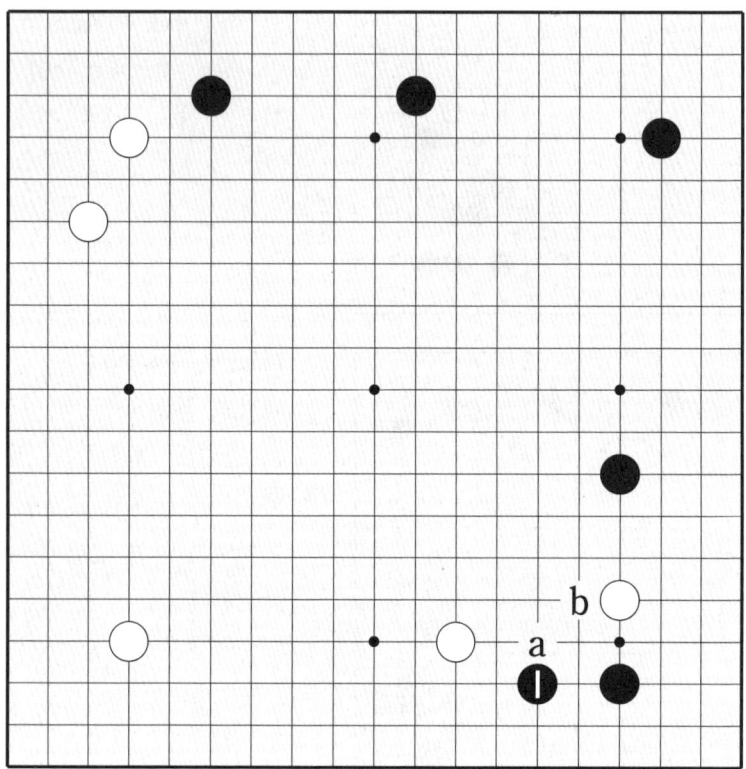

기본형

우하귀 백의 큰눈목자 씌움을 주제로 한 변화 제2라운드. 앞 형과 같은 장면에서 이번에는 흑의 대응으로 1의 한칸이나 a의 날일자 수단을 생각할 수 있다. 앞 형에서 선보였던 b의 붙임에 비해 수비적 태도이지만 응수에 따라서는 복잡한 상황으로 전개될 수도 있다. 그럼 이후의 변화를 살펴보기로 한다.

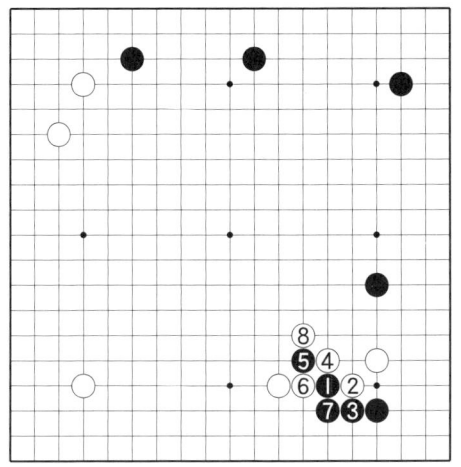

1도(백, 두터움)

흑1에는 약간 속수 같지만 백2의 붙임이 실전적인 수단이다. 흑3이면 백4의 막음. 기세상 흑5로 젖히지만 백6, 8의 축으로 한점을 잡으면 두터움이 돋보인다.

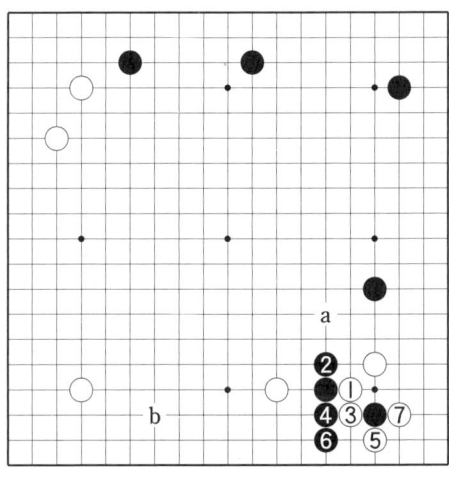

2도(백, 만족)

백1에 흑2로 올라서면 백3 이하 7로 귀를 접수하여 좋다. 내친 김에 흑이 a로 두텁게 중앙을 차단하면 백b로 하변을 견제하여 괜찮은 진행이다.

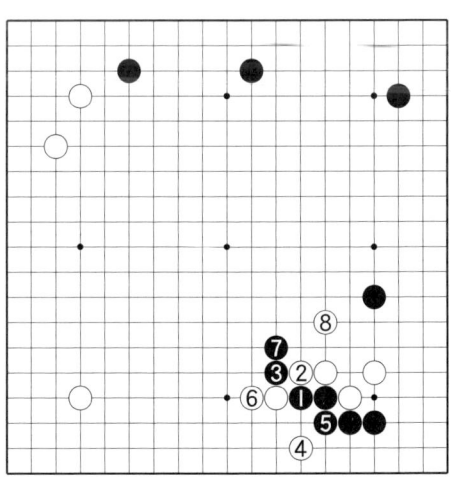

3도(흑, 불만)

1도의 백4에 흑1, 3으로 끊어 싸우려는 것은 일단 백4의 한 방이 기분 좋은 맥점이다. 흑5로 이으면 백6, 8로 진출하여 귀의 자세가 불안정한 흑이 기분 나쁜 흐름이다.

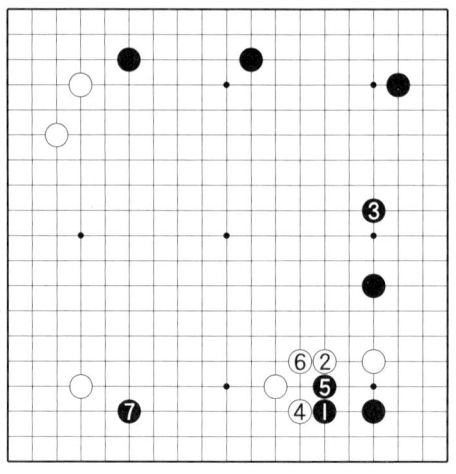

4도(흑, 활발)

이제 마지막 관문. 흑1로 한칸 뛰는 변화이다. 이때 백2로 같이 한칸 뛰면 무난하지만 흑은 3으로 우변을 지킬 수 있다. 다음 백4, 6으로 귀를 압박해 정리해 가면 귀는 아직 죽을 모양이 아니므로 흑은 7로 걸쳐 활발한 국면이다.

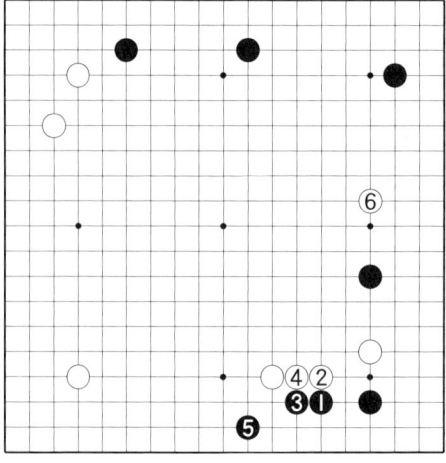

5도(백, 두터움)

흑1에는 백2의 붙임이 두터운 수단이다. 이때 흑3, 5로 물러서서 두면 풍파는 없지만 백6으로 협공하는 자세가 좋다. 백이 두터운 결과이다.

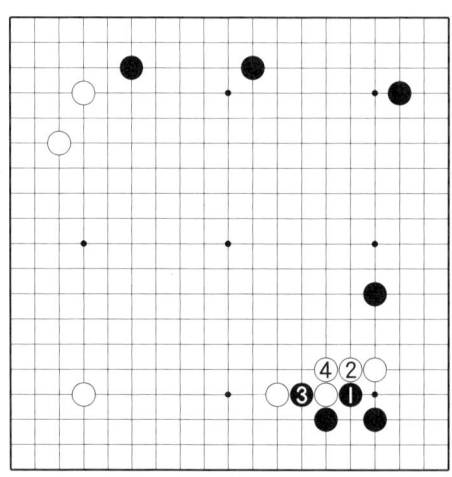

6도(약점 추궁)

앞 그림의 백2 다음 우선 흑은 1, 3으로 백의 약점을 추궁하는 수단을 생각해 볼 수 있다. 백4의 이음에 흑은 다음 선택에 고민하게 된다.

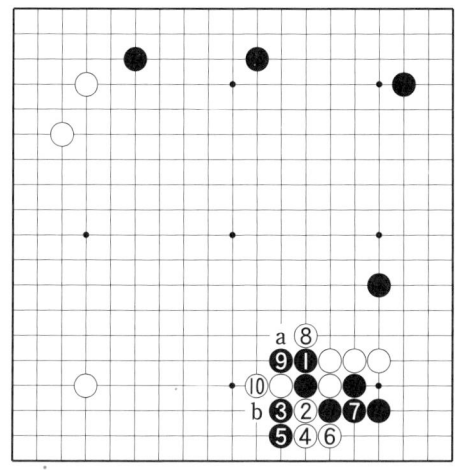

7도(흑, 곤란)

흑1로 뚫고 나가면 백2의 끊음이 있다. 흑3, 5로 몰아가야 하지만 백6 이하 10의 수순이면 a의 축과 b가 맞보기로 흑이 곤란하다.

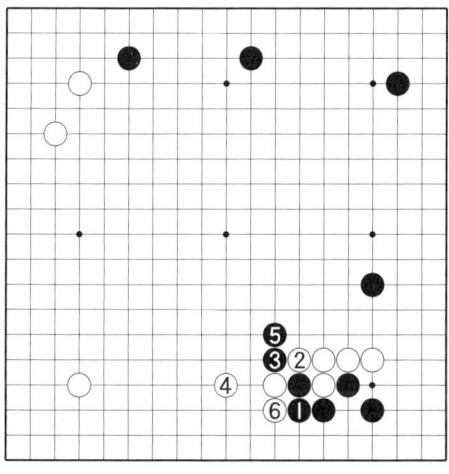

8도(흑, 끊음)

6도 다음 흑1, 3의 끊음을 선택하면 백4가 행마의 요령. 흑5에는 백6으로 일단 정리될 곳이다.

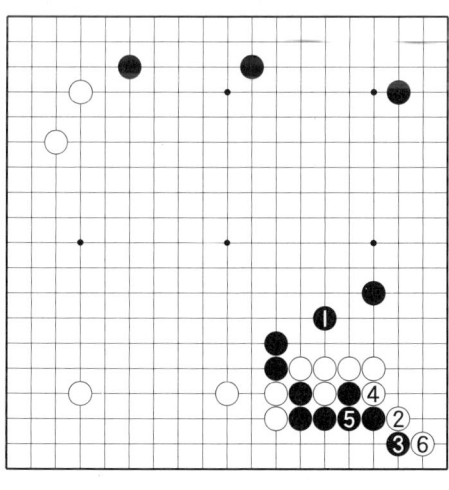

9도(흑, 불만)

계속해서 흑1로 봉쇄하고 싶지만 백2 이하 6으로 이단젖혀 귀를 공격하면 흑이 후수로 겨우 살아 불만이다.

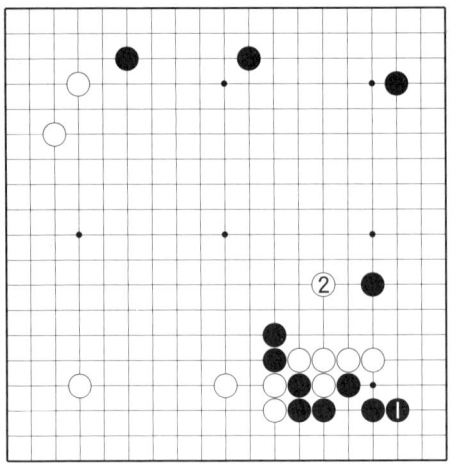

10도(흐름)

8도 다음 여기는 흑1로 귀를 단단히 지켜두고, 백2로 진출하는 흐름으로 전개될 공산이 크다.

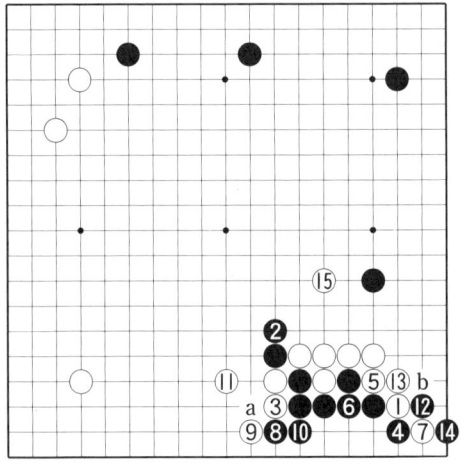

11도(백, 귀의 붙임)

백이 앞 그림 귀의 튼튼한 지킴이 거슬리면 8도 흑3 때 백1로 귀에 먼저 붙여 볼 수 있다. 기세상 흑2면 백3으로 받는다. 흑4의 젖힘에는 백5, 7의 이단젖힘. 흑은 8, 10을 선수한 후 12, 14로 한점을 잡는다. 백은 그 사이 11에 지킨 후 15로 진출하는 흐름이 전개된다. 10도와 비교해 흑은 a의 맛, 백은 b의 맛이 있는 점이 다르다.

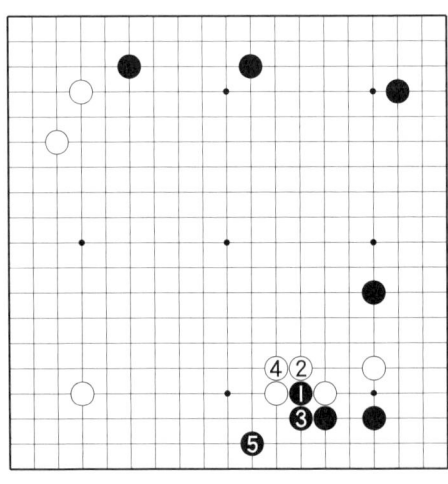

12도(백, 불만)

5도 백2의 붙임에는 흑도 1의 끼움을 효과적인 수단으로 시도해 볼 수 있다. 이때 백2, 4로 틀을 잡으면 흑5로 둔다. 이 결과를 보면 5도와 비교해 백의 두터움에 약점이 남아 불만이다.

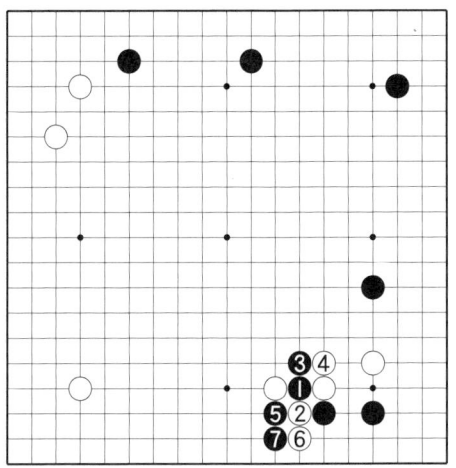

13도(백, 밑단수)

흑1의 끼움에 백은 2로 아래쪽에서 단수할 곳이다. 흑3 다음이 문제인데 일단 백4로 미는 수를 생각해 본다. 그러면 흑5, 7로 몰아 갈 것이다.

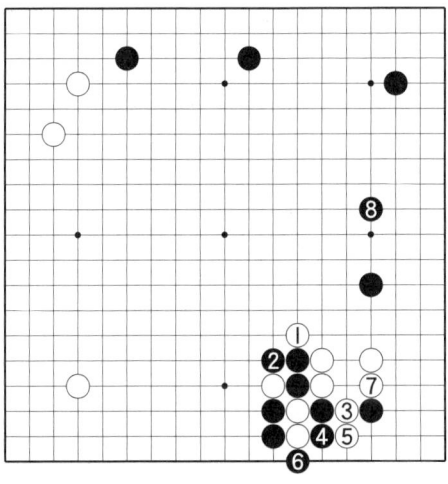

14도(흑, 만족)

여기서 백1 이하 7이면 귀는 접수하지만 8까지 우변도 지키고, 특히 하변의 모양이 너무 두터운 흑이 만족이다.

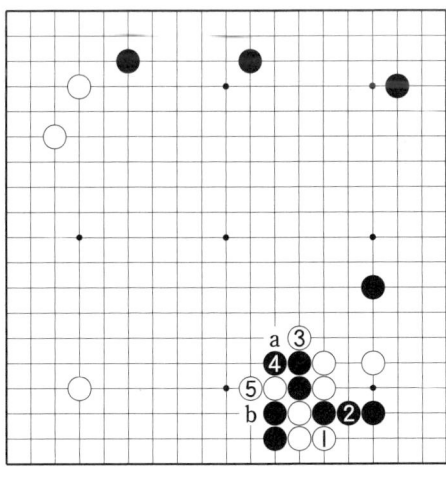

15도(맞보기 강조)

13노 다음 백1을 신수한 후 3, 5로 몰아 a와 b의 맞보기를 강조하면 어떨까. 7도에서는 통한 수순이다.

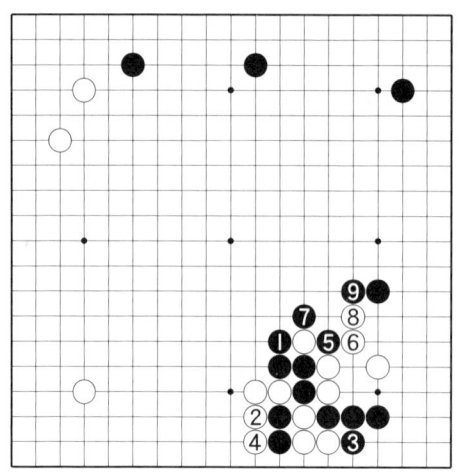

16도(백, 불만)

이번에는 흑1, 3을 선수한 후 5, 7로 끊어잡는 것이 강력하다. 백6, 8에는 흑9로 차단할 수 있다. 백이 봉쇄되어 불만이고, 7도와는 약간 주변 모양에 차이가 있음을 이해할 것.

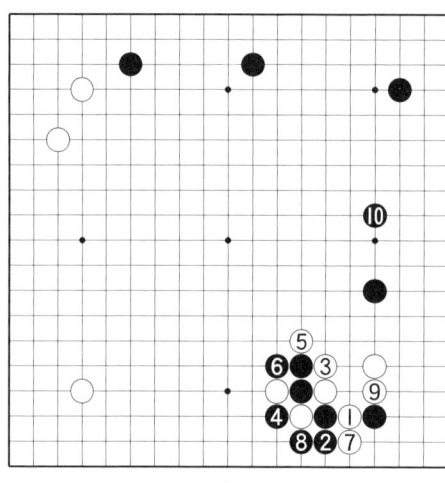

17도(흑, 만족)

13도 흑3에 백1, 3이 상용 행마법이지만 흑4 이하 10이면 하변이 14도보다는 약간 못하지만 역시 흑이 만족이다.

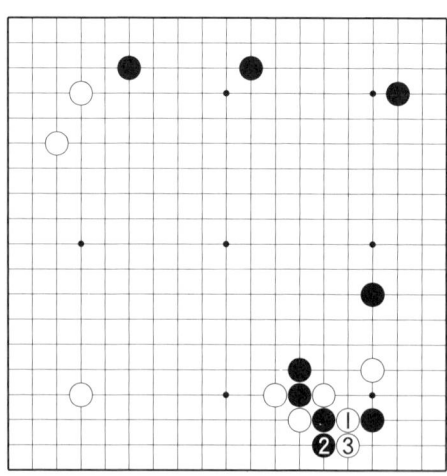

18도(허를 찌르는 수단)

그럼 여기서 백은 좋은 수단이 없을까. 답은 약간 허술하지만 백1, 3이 준비되어 있다. 상대의 허를 찌르는 좋은 수단이다.

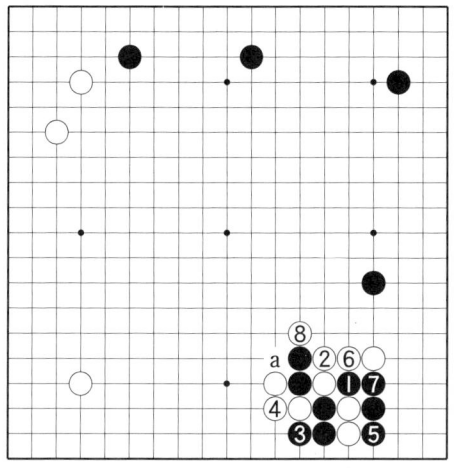

19도(축)

계속해서 흑1, 3의 단수는 당연한데 다음 5로 두점을 그냥 잡는 것은 백6, 8로 보기 좋게 축이다. 흑이 망한 결과이다. 여기서 한 가지 꼭 기억할 일은 8의 축은 백이 좋아야 한다는 것. 만일 흑이 a로 나갈 수 있다면 상황 역전이다.

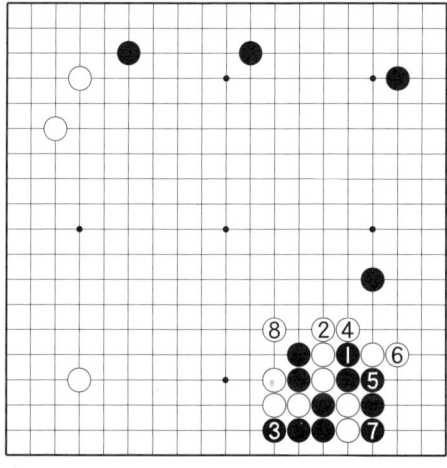

20도(백, 유리)

앞 그림 흑1, 3의 단수 다음 어딘가 나가고는 싶다. 흑1, 3이면 백4, 6이 귀에 선수로 들어 흑7의 지킴에 백8의 장문. 중앙이 두터운 백이 유리한 결과이다.

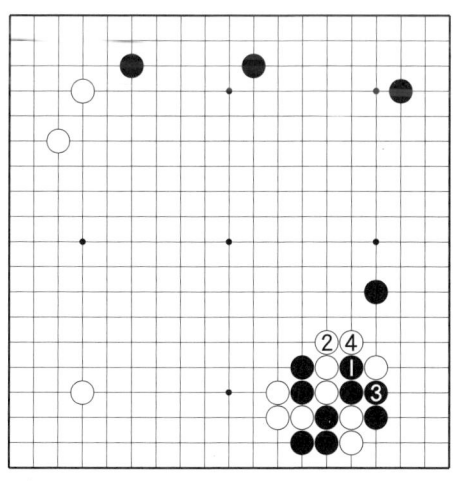

21도(난전)

흑1의 단수 다음 3의 웅크림이 약간 기술적인 수단이다. 백4로 막아 서로 어려운 싸움이다.

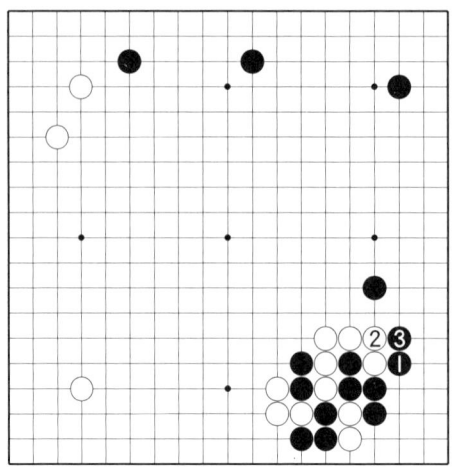

22도(흑, 우변 연결)

앞 그림은 난전이지만, 계속 흑이 1, 3으로 우변에 넘어가려는 것은 생각이 짧은 수단이다.

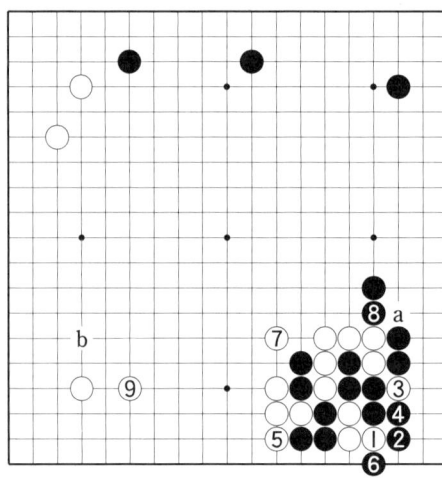

23도(백, 우세)

이때는 백1, 3의 활용이 맥점이다. 그러면 백5, 7로 둔 후 a의 약점이 노출되어 흑8의 보강이 필요하다. 다음 백9나 b로 모양을 지켜 흑의 실리에 비해 백의 세력이 우세하다.

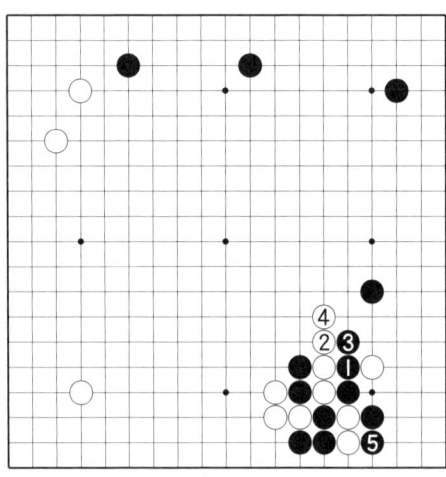

24도(흑, 실리가 크다)

흑은 1, 3으로 뚫고 나가는 수를 생각해 볼 수 있다. 이때 무심코 백4로 늘면 흑5로 두 점을 잡아 귀와 변의 실리가 너무 크다.

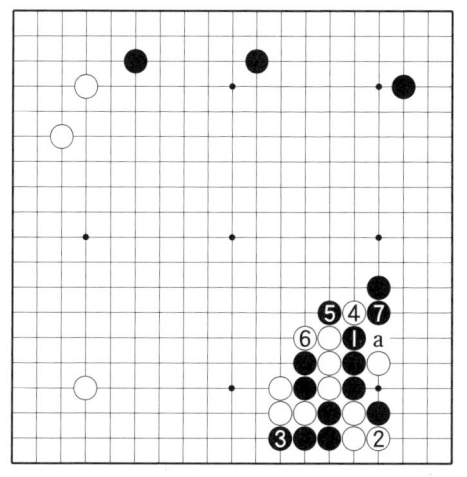

25도(백, 귀의 꼬부림)

흑1에는 백2로 귀에서 꼬부릴
곳이다. 흑3에 백4의 젖힘이
중요하다. a의 단수가 있으므
로 흑5, 7은 필연.

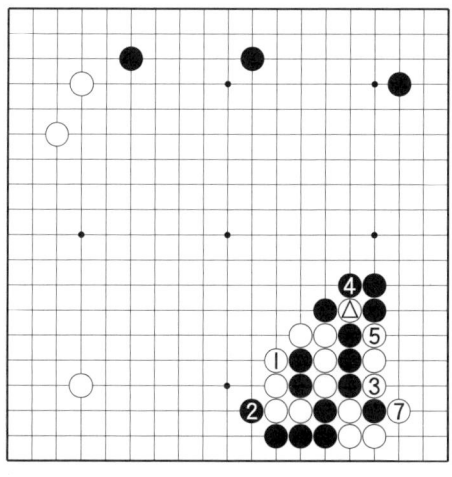

26도(백, 대성공)

계속해서 백1로 따내면 흑2의
지킴은 어쩔 수 없다. 이때 백
3 이하 7로 귀를 도려내면 중
앙의 두터움과 더불어 대성공
이다. (**6**·△)

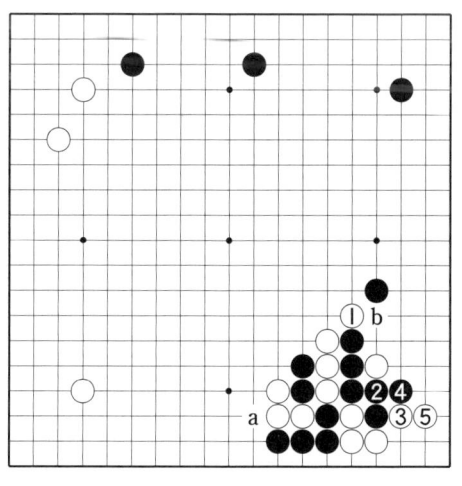

27도(흑, 위험)

그렇다고 백1의 젖힘에 흑2로
이으면 백3, 5로 살아두고 난
후 우변과 하변이 맞보기로 흑
이 위험하다. 가령 흑a면 백
b로 뚫려 곤란하다.

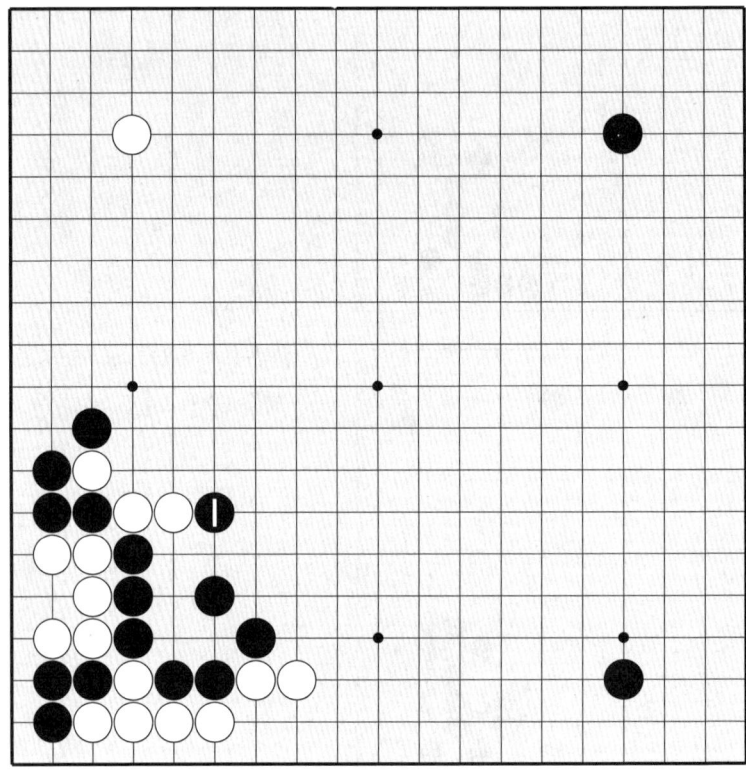

기본형

좌하귀는 백의 소목에 흑이 한칸으로 걸친 후 밀어붙이기 정석에서 나온 모양이다. 이 모양의 시작은 백의 안쪽 꼬부림에 있다. 여기서 흑1로 붙인 장면이지만, 여기까지 변화의 과정에 현대판 유행 정석도 숨어 있다. 그럼 흑1로 붙이기까지 나올 수 있는 핵심 변화 및 흑1로 붙인 이후의 변화에 대해 살펴보기로 한다.

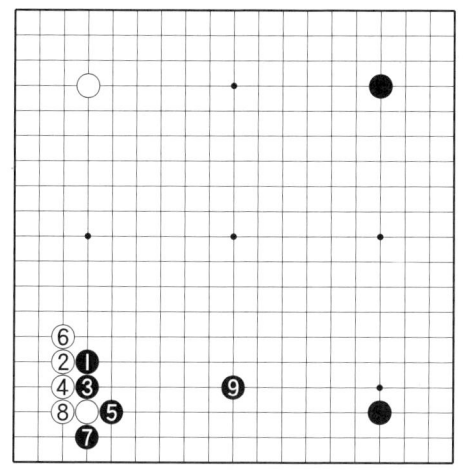

1도(흑, 하변 중시)

우선 기본형의 수순을 따라가 본다. 흑1의 걸침 이하 5가 밀어붙이기 정석의 출발이다. 백6에 흑이 간명하게 두자면 7, 9로 변에 모양을 전개하는 것도 한 방법이다.

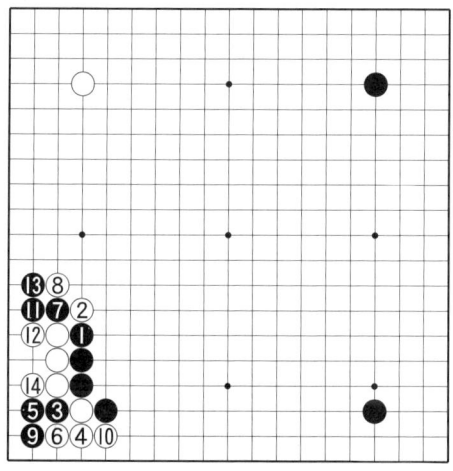

2도(밀어붙이기 상용 수순)

흑1로 밀고 백2로 젖힌 이상 3 이하 14까지는 밀어붙이기 정석에서 가장 많이 나오는 상용 수순이므로 기억하기 바란다. 수순 중 백6이 기본형에서 언급한 안쪽 꼬부림. 또 백8에 흑9, 11의 수순을 잊지 말 것.

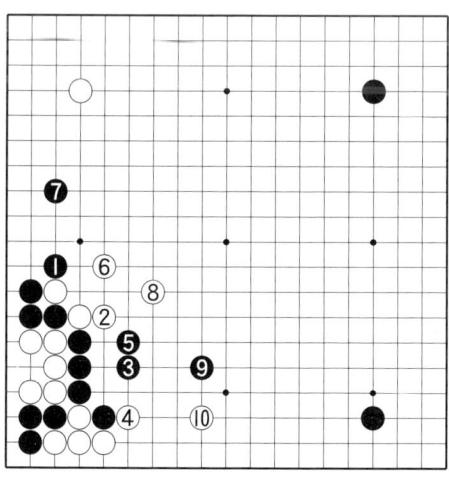

3도(예전 정석)

이제부터 본격적인 작전을 짜게 된다. 흑1의 단수부터 두면 백2 이하 10까지 예전에 많이 두었던 정석이다.

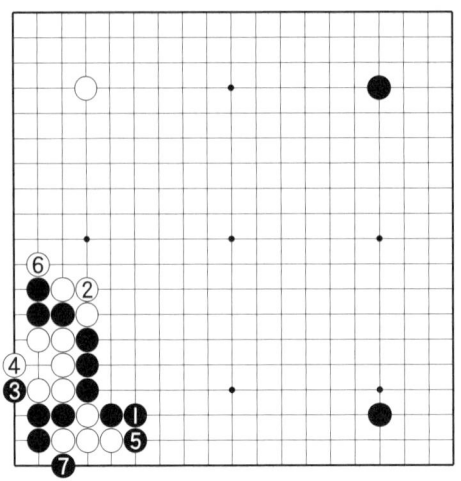

4도(현대판 정석)

2도 다음 흑1로 늘어 하변부터 두면 2 이하 7까지가 현대판 간명한 정석이다. 수순 중 흑3과 백4의 교환은 중요하다.

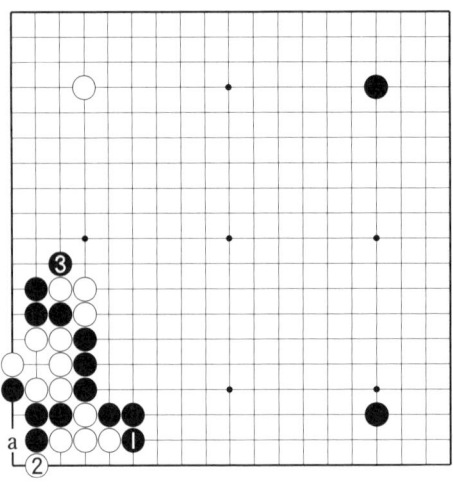

5도(백의 부담)

흑1에 백2로 귀를 두면 흑3으로 좌변을 젖혀 충분한 싸움이다. 차후 흑a에 두면 1수 늘어진 패. 그 패가 성가셔 한 수 보강하면 대세에 뒤진다. 그 만큼 백의 부담이다.

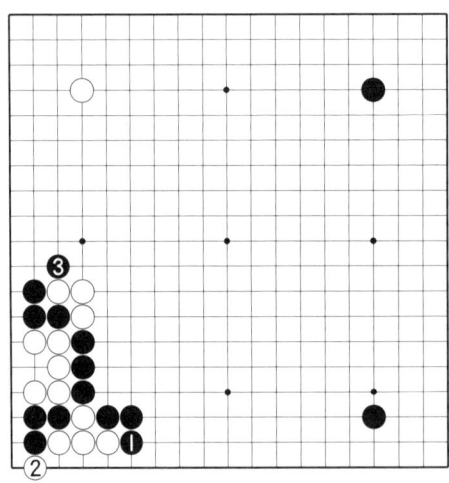

6도(흑, 불만)

4도 흑3과 백4의 교환 없이 흑1이면 백2로 귀를 뒷맛 없이 잡는다. 흑3으로 젖혀 싸우지만 뒷맛이 없는 만큼 여유도 없어 불만이다. 앞 그림과는 큰 차이.

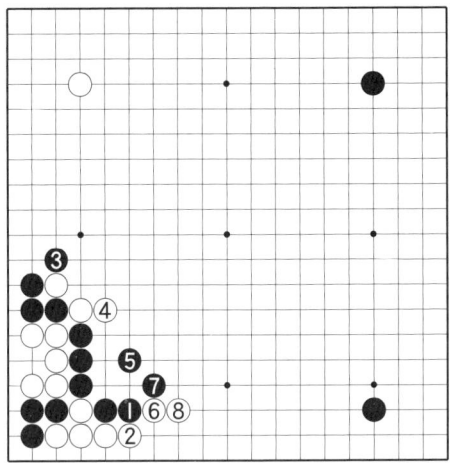

7도(백의 일책)

흑1에 백2로 미는 수도 일책이다. 그러면 3 이하 8까지는 하나의 정형. 여기서가 작전의 기로에 선다.

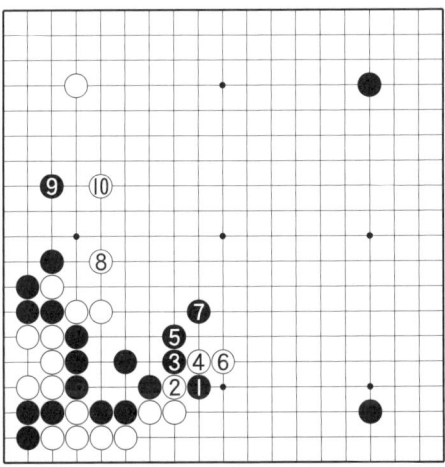

8도(옛 정석)

흑1의 뜀은 백2, 4의 끊음을 유도하여 3 이하 7로 중앙 진출하려는 뜻이다. 다만 하변 백의 실리가 커져 불만이다. 그런 이유로 사라진 옛 정석이다.

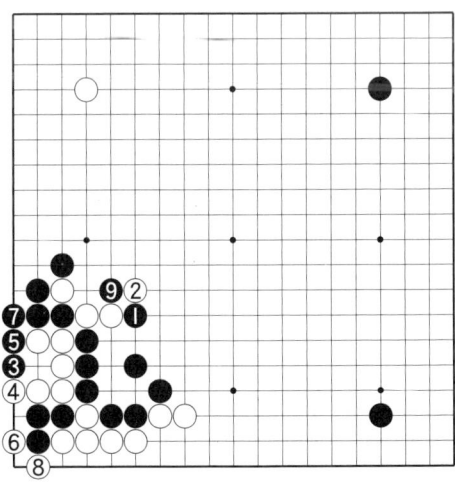

9도(흑, 붙임)

7도 다음 흑1의 붙임. 이제 기본형의 주제이다. 이때 백2로 젖히면 흑은 3 이하 7로 귀를 결정해 놓고 9의 끊음이 맥점이다.

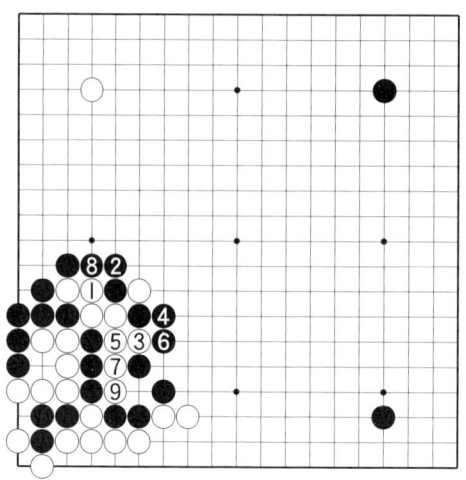

10도(흑, 철벽)

계속해서 백1 이하 9로 석점
은 잡을 수 있지만 그 사이 흑
의 세력은 철벽이다.

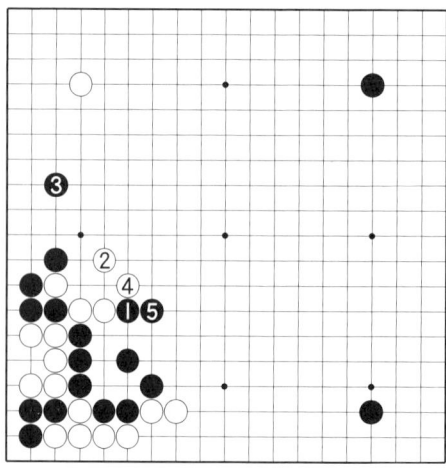

11도(백, 뜀)

흑1에 백2의 뜀을 생각할 수
있다. 그러면 흑3으로 벌릴 때
백4로 호구치는 정도, 흑5의
뻗음은 당연한 수이다.

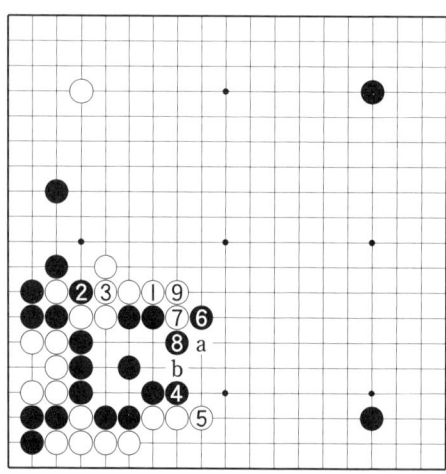

12도(흑, 유리)

계속해서 백1은 기세인데 흑2
의 선수 따냄이 이득이다. 흑
4, 6은 모양을 정돈하는 좋은
수단. 백은 7, 9로 끼워이어 흑
을 추궁하며 중앙을 강화하는
정도이다. 차후 백a에는 흑b로
안형을 갖추는 데는 염려 없
다. 흑이 약간 유리한 결과.

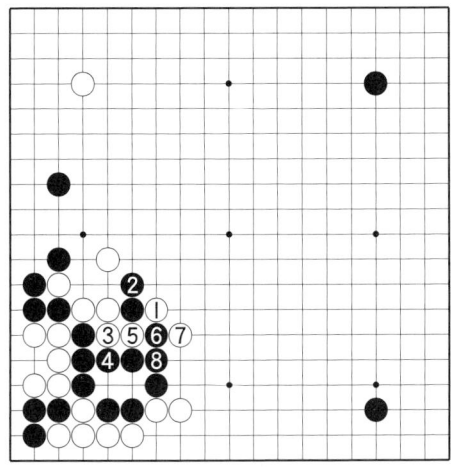

13도(백, 껴붙임)

11도의 흑3에 보통은 백1의 껴붙임이 맥점인데 여기서는 어떨지 생각해 본다. 기세상 흑2로 나갈 때 3 이하 8까지는 필연.

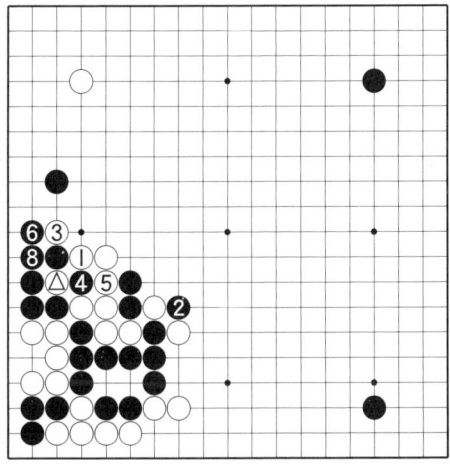

14도(필연)

계속해서 백1로 지킬 때 흑2의 끊음은 절대이다. 일단 백은 3 이하 7을 결정해 둔다. 그러면 흑8의 이음까지. (⑦…△)

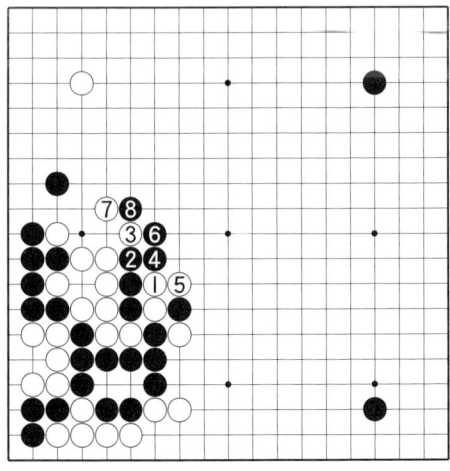

15도(단수 긴요)

여기서 백1로 나가고 흑2 이하 6일 때 백7의 호구로 지키면 즉각적인 흑8의 단수가 긴요하다.

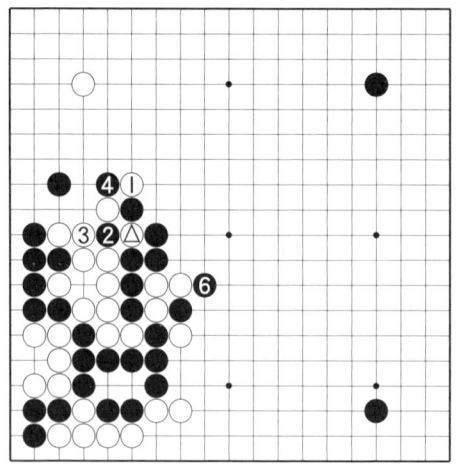

16도(팻감 절묘)

이때 백은 1, 3이 그나마 최선의 수순이다. 흑은 4로 끊어가는 패가 강력하다. 백5로 따내면 흑6의 팻감이 절묘하다. (⑤‥△)

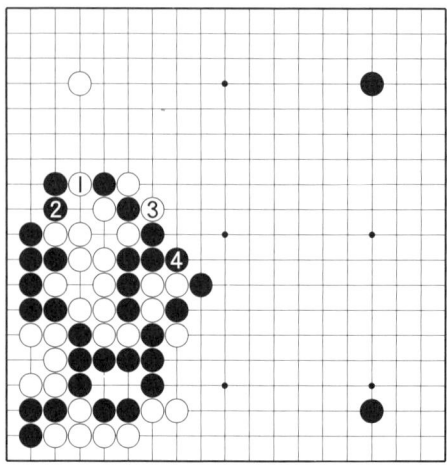

17도(흑, 우세)

계속해서 백은 팻감 부족으로 1을 활용한 후 3으로 따내 패를 해소할 수밖에 없다. 결국 흑4로 석점을 따내면 중앙 두터움에서 흑의 우세는 말할 필요도 없다.

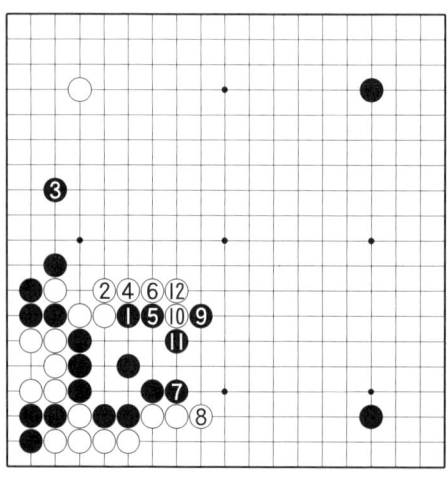

18도(호각)

처음으로 돌아와 흑1에는 속수 같은 백2의 빈삼각 꼬부림이 정수이다. 그러면 3 이하 12까지 12도와 같은 맥락이다. 12도와는 간발의 차이지만 이 그림이 서로 최선으로 호각의 결말이다.

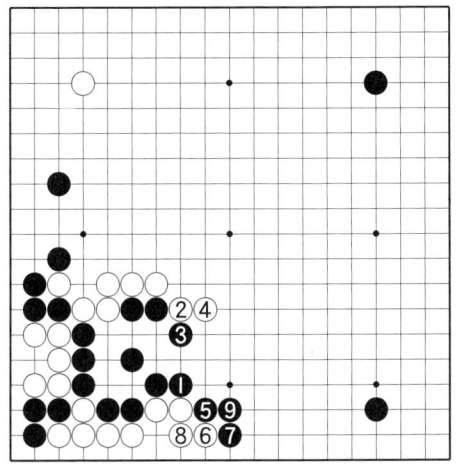

19도(백, 불리)

흑1에 누를 때 백2, 4로 중앙을 압박하면 흑5, 7의 이단젖힘이 강력하다. 그러면 9까지보통은 백이 불리하다.

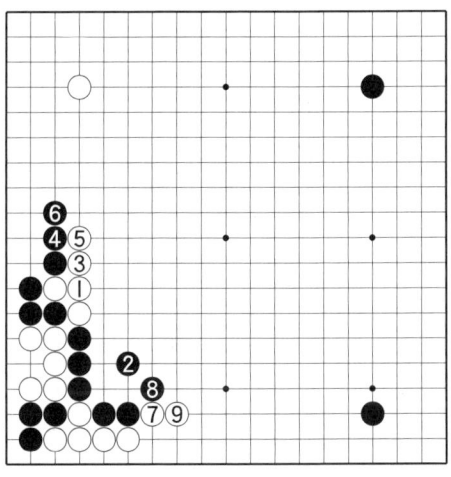

20도(백, 이음)

거슬러 올라가 7도 흑3 때 백1로 잇는 변화도 최근에는 많이 나온다. 그러면 흑2의 지킴이 보통이다. 백은 3, 5로 민후 7, 9로 하변을 젖혀나오는진행이 예상된다.

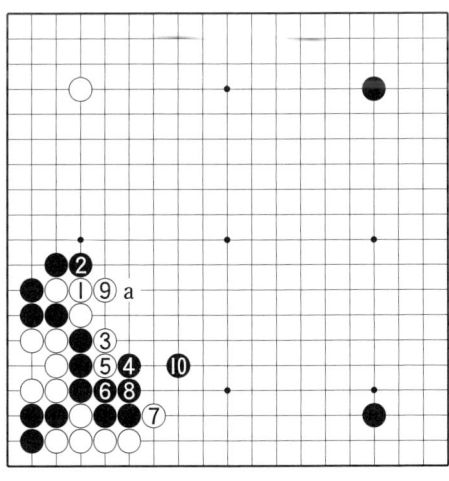

21도(흑, 밀어올림)

주변 귀의 배석은 들리지만, 백1에 흑2로 밀어올리는 수법도 실전에 등장한다. 그러면백3 이하 7로 흑모양을 무너뜨린 후 9나 a로 지킨다. 백10의 보강까지. 흑4로는 6에잇고 버티는 수단도 있다.

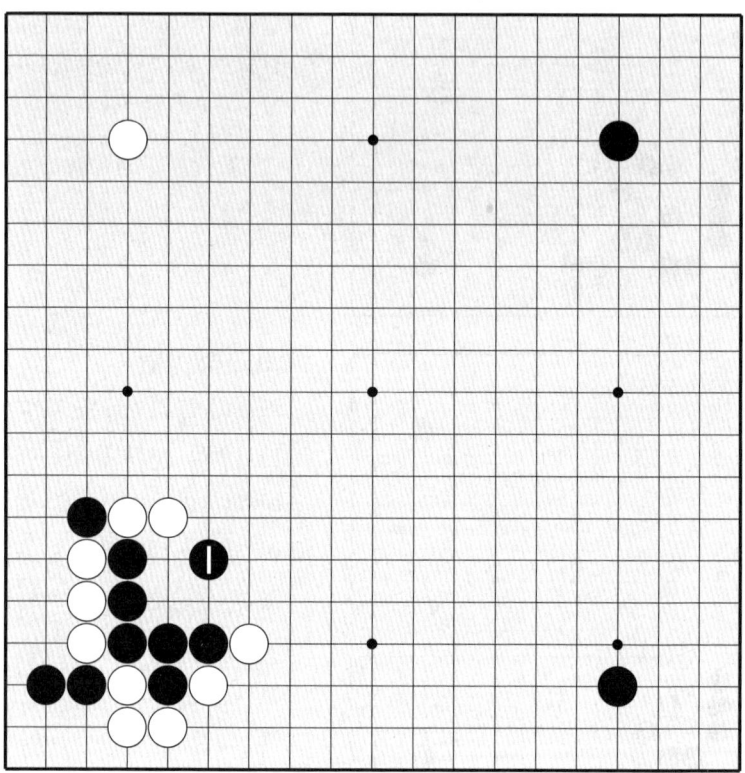

기본형

소목 밀어붙이기 정석을 주제로 한 변화 제2라운드. 역시 좌하귀는 앞 형과 마찬가지로 소목 밀어붙이기 정석에서 나온 모양이다. 이번에는 모양이 앞 형과 비슷하지만 다른 것은 그 발단이 백의 바깥 꼬부림에 있다. 여기서 흑1의 중앙 진출은 새로운 시도다. 그럼 지금까지 많이 두던 수단 및 흑1 이후의 변화에 대해 살펴보기로 한다.

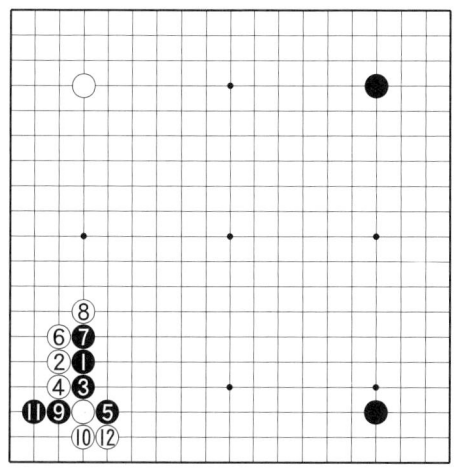

1도(백, 바깥 꼬부림)

우선 기본형의 수순을 추적해 본다. 흑1의 한칸 걸침으로 비롯된 소목 밀어붙이기 정석. 11까지의 수순은 이제 기억하고 있을 것이다. 이때 백12의 바깥 꼬부림. 보통 세력 지향의 수단이다.

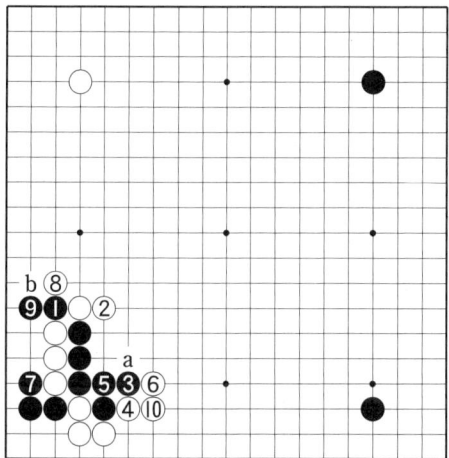

2도(대표 정석)

계속해서 흑1의 끊음에 백2로 뻗은 후 10까지가 대표적인 정석이다. 차후 백은 a나 b의 선수 활용을 선택할 수 있다. 아무튼 흑의 실리와 백의 세력 구도이다.

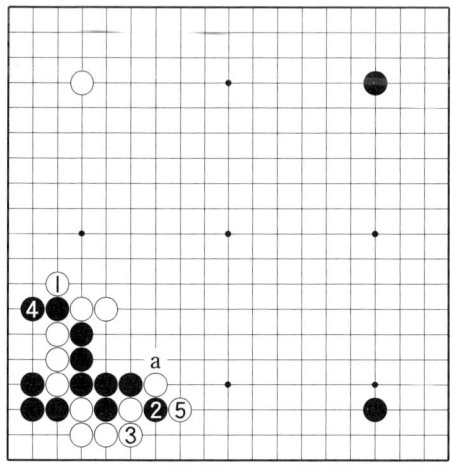

3도(일장일단)

백1의 단수에 흑은 2를 민지 선수해 둘 수도 있다. 그러면 5까지. 백의 하변이 강해진 대신 흑은 중앙 a의 권리가 있다. 앞 그림과는 일장일단.

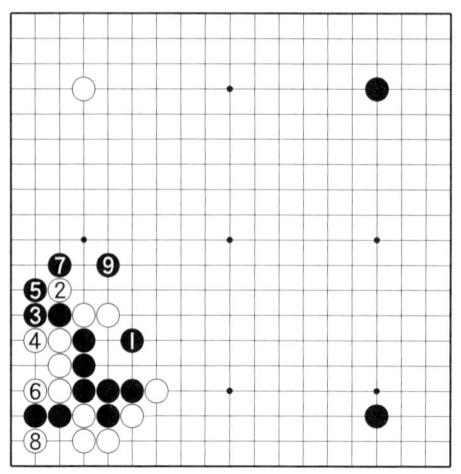

4도(백, 불리)

그런데 2도 백6에 흑1의 중앙 탈출. 기본형의 변칙 수단이다. 이때 백2의 단수 후 4, 6이면 흑7에 백8로 귀는 접수할 수 있지만 흑9를 맞아 하변도 단점이 있는 만큼 백이 불리하다.

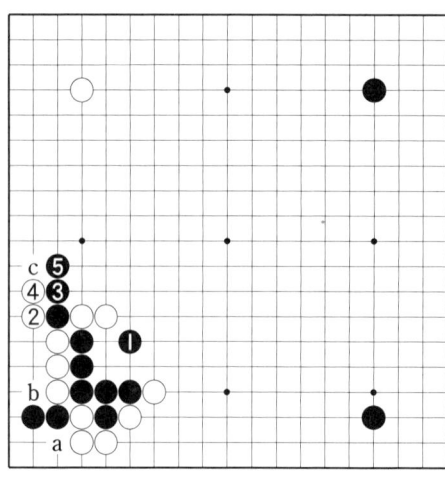

5도(백, 2선 단수)

따라서 흑1에 백은 일단 2, 4로 2선에서 단수쳐 나가는 것이 올바르다. 문제는 흑5 다음이다. 여기서 백은 a~c의 선택을 생각할 수 있다.

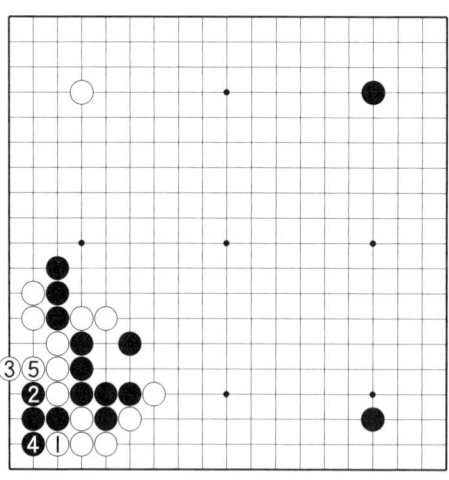

6도(백, 귀에 들어가는 수)

먼저 백1로 귀에 들어가는 수. 흑2에는 백3으로 받고 흑4에 백5로 막는 수순이 좋다.

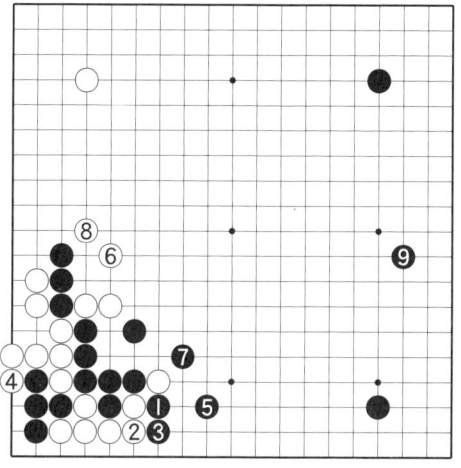

7도(호각)

계속해서 흑은 1, 3을 선수한 후 5로 일단 하변에 자세를 잡는다. 손을 돌려 백6으로 좌변을 압박하면 흑7로 한점을 제압해 두는 것이 간명하고 두텁다. 백8로 석점 포획도 크지만 흑도 9 정도로 큰 곳에 벌려 두터움을 배경으로 활발한 흐름이다. 호각의 갈림. 좌하귀는 차후 놓고 따먹는다는 점도 평가에 포함된다.

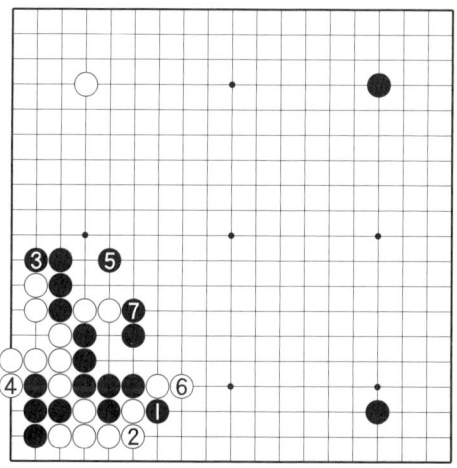

8도(흑, 좌변 중시)

경우에 따라 흑1 하나만 단수한 후 3, 5로 좌변을 중시하는 수단도 있다. 그러면 백은 6으로 하변을 지키고 흑은 7로 중앙 두점을 제압해 둔다.

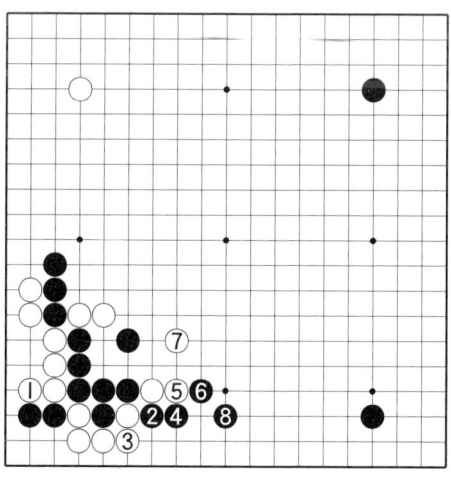

9도(백, 막음)

5도 다음 백1로 막는 변화. 결론은 좋지 않음이다. 일단 흑 2, 4로 늘어둔다. 백5, 7로 움직이면 흑8의 지킴은 절대. 여기서 백의 중앙 처리가 그리 만만치 않다. 그 배경에는 좌하귀에 뒷맛이 있다는 점을 염두에 둘 일.

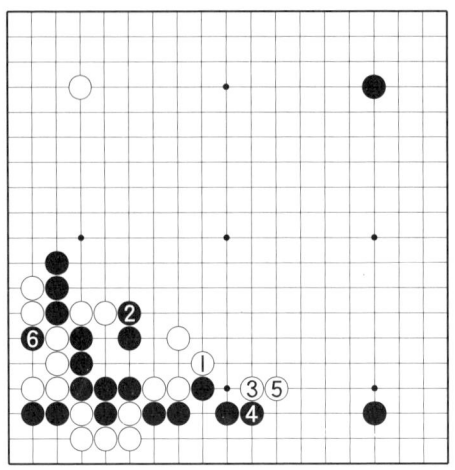

10도(흑, 끊는 맥점)

가령 백1 이하 5로 하변을 압박하면 이 자체로 강력한 수단이지만 귀에는 흑6으로 끊는 맥점이 기다린다.

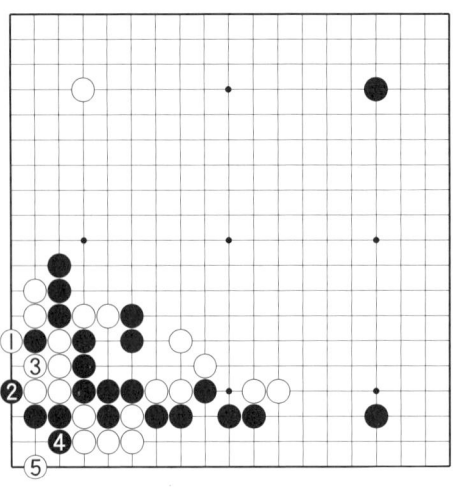

11도(수상전)

계속해서 백1로 한점을 잡을 때 흑2, 4로 막아 하변 백과의 수상전이다. 이때 백5의 치중이 수상전의 급소이긴 하지만…

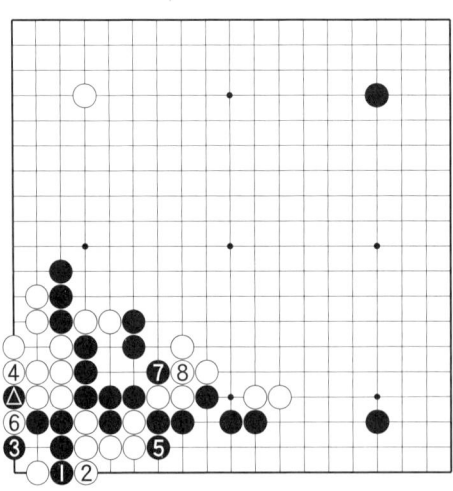

12도(패로 흑승)

흑1, 백2 때 흑3의 마늘모가 패를 유도하는 맥점이다. 그러면 백4, 6으로 먼저 따내는 패이지만 흑7의 팻감이 들어 9의 따냄이다. 결국 흑승. (**9**…**△**)

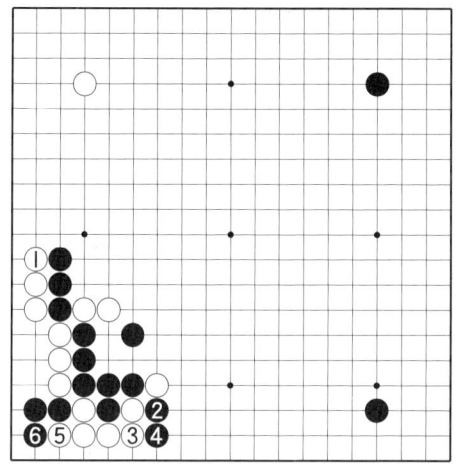

13도(백, 2선 밀어가는 수)

5도 다음 이번에는 백1로 2선에 밀어가는 변화로 가장 어렵다. 일단 흑은 2, 4로 몰아가는 것이 우선이다. 백5에는 흑6. 귀쪽 수상전이 관건이다.

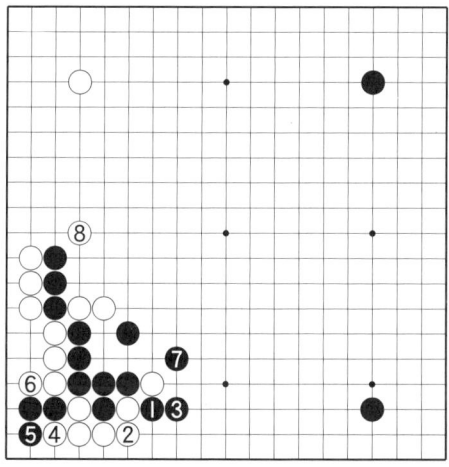

14도(흑, 불리)

여기서 한 가지 공부. 흑1, 3쪽으로 늘면 백4, 6으로 귀를 뒷맛 없이 잡아둔다. 흑7로 손질할 때 백8로 좌변 석점까지 제압하면 흑이 불리하다. 7도와 비교해 볼 것.

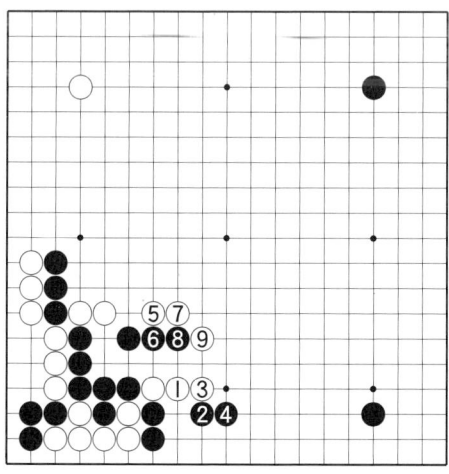

15도(백, 중앙 움직임)

13도 다음으로 돌아가서 백은 좌변에서 기어나간 만큼 중앙쪽 움직임을 생각하게 된다. 알기 쉽게 백1, 3 다음 5의 씌움이면 어떨까. 흑6, 8에는 백9의 막음. 그러나 곧 무리임이 입증된다.

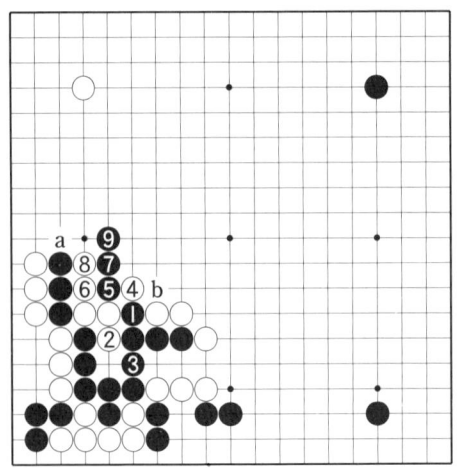

16도(백, 곤란)

흑1로 나가고 백2, 4로 막을 때 흑5로 끊으면 백의 다음 응수가 어렵다. 백6, 8로 나가야 되지만 흑9로 늘고 나면 a로 나가는 수와 b의 축이 맞보기로 백이 곤란하다.

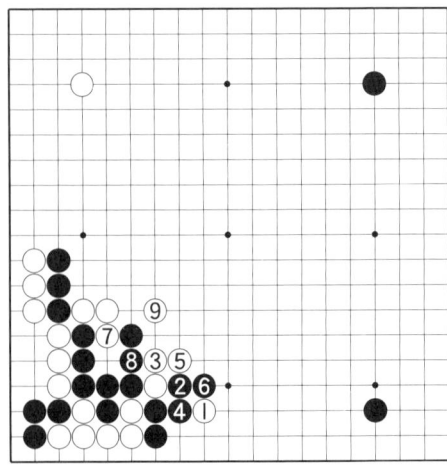

17도(흑, 전멸)

13도 다음 여기는 백1의 씌움이 안성맞춤의 맥점이다. 이때 흑2, 4로 몰고 잇는 것은 안일한 수단이다. 백5를 선수한 후 7, 9로 씌우는 순간 중앙의 흑 일단은 전멸이다.

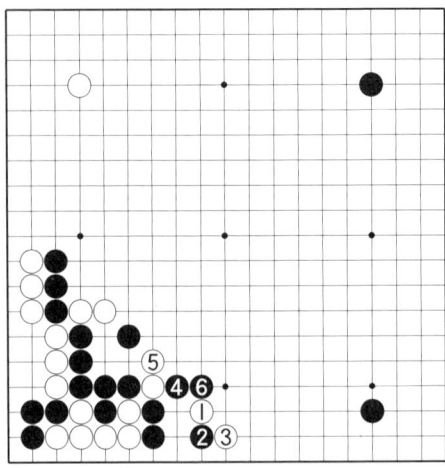

18도(백, 행마 꼬임)

백1에는 그냥 흑2의 붙임이 한 가지 유력 수단이다. 이때 백3으로 막으면 흑4, 6으로 나가는 자세가 좋아 백의 다음 행마가 꼬인다.

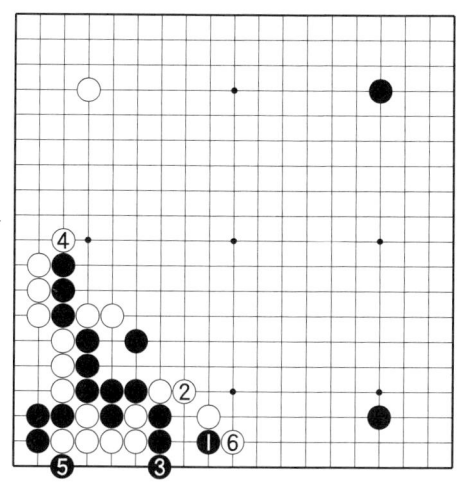

19도(호각)

흑1의 붙임에는 백2가 정수이고 흑3의 내려섬이 최강 수단이다. 이때 백은 4로 손을 돌리는 것이 알기 쉽다. 다음 흑5로 귀를 완전히 제압하면 백6으로 젖혀 변에 터를 잡는다. 이 정도면 거의 호각의 결과.

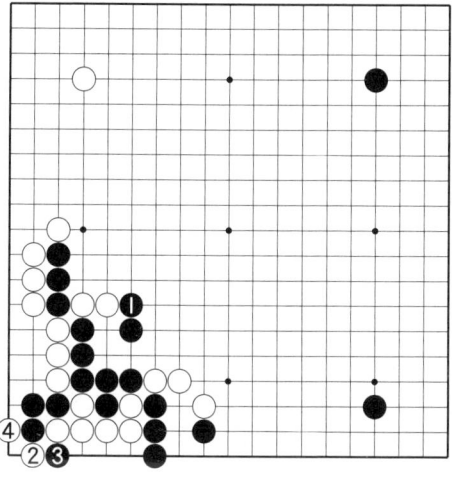

20도(패맛)

앞 그림 흑5의 가일수는 거의 절대. 만일 흑1로 중앙을 움직이면 백2, 4의 교묘한 패맛이 생긴다. 흑의 부담이 큰 패.

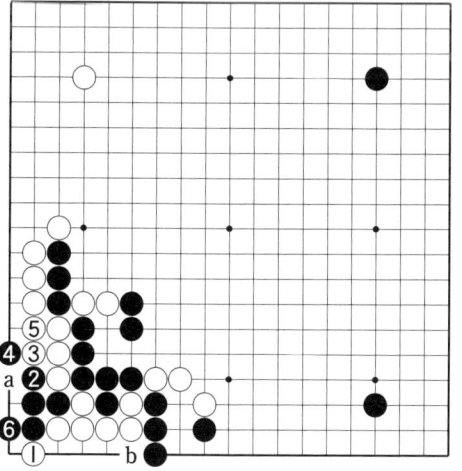

21도(패를 피하는 경우)

귀의 수상전에서 백1에 흑2 이하 6으로 꼬부려 패를 피해 가려 하면 어떻게 될까. 단순히 백a로 수를 줄이면 흑b로 메워 흑승.

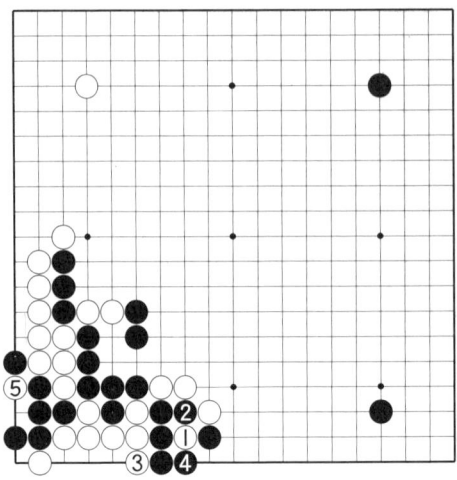

22도(백승)

이때는 백1로 끼워 하변 흑의 틈새를 파고든다. 흑2에 백3을 선수한 후 5로 먹여치면 이번에는 유가무가로 백승이다.

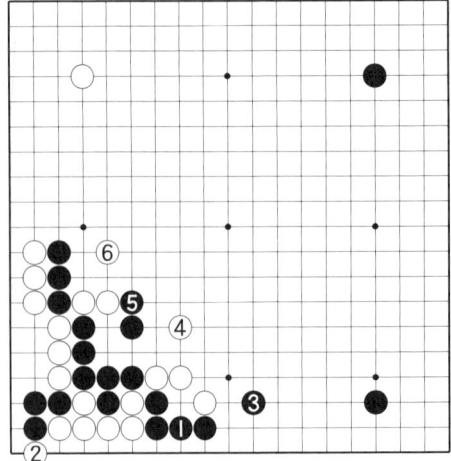

23도(흑, 이음)

19도 백2에 흑1로 이어도 무난하다. 그러면 이번에는 백2로 귀를 먼저 두고 흑은 3으로 일단 변에 정착한다. 다음 백4, 6으로 중앙 싸움은 백이 활발하지만 귀에 흑의 노림이 있는 만큼 백도 부담이다. 서로 어렵지만 어울린 국면이다.

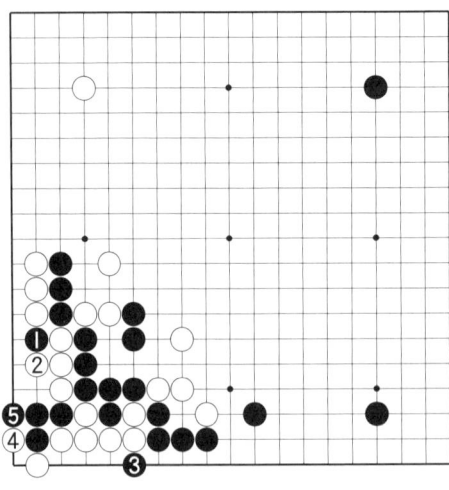

24도(패)

여기서 귀의 뒷맛이란 흑1로 하나 끊어 둔 후 3의 젖힘. 그러면 백4, 흑5로 패가 생기는 모양이다.

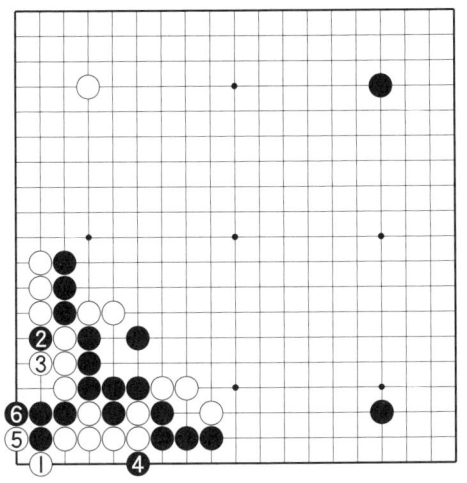

25도(바로 패의 실행)

백1 때 흑이 23도의 흑3을 생략하고 바로 2 이하 6으로 패를 실행하면 어떨까.

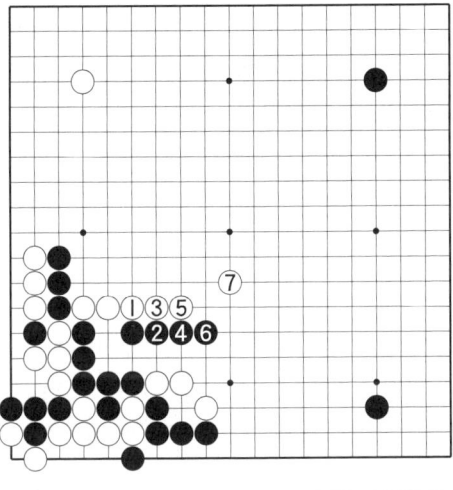

26도(백, 활발)

답은 시기상조. 백은 1 이하 7로 시원스럽게 귀는 버리는 작전으로 나간다. 귀는 아직 미완이라는 점이 백의 자랑이다. 백의 폭넓은 국면.

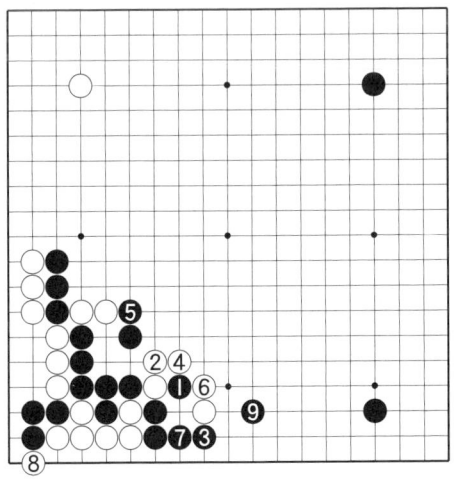

27도(흑, 유력)

백의 하변 씨움에 흑1, 3도 유력한 수단이다. 백4에는 흑5로 밀고 백6에 흑7의 이음. 백8에 흑9까지 23도와 비슷한 결과이다. 물론 귀의 뒷맛은 여전하다.

절대 강자의 초반 열전

새판을 짜라

2013. 11. 1 초 판 1쇄 인쇄
2013. 11. 7 초 판 1쇄 발행

감 수 | 김일환
편 저 | 이하림
펴낸이 | 이종춘
펴낸곳 | **BM** 성안당

주소 | 121–838 서울시 마포구 양화로 127 첨단빌딩 5층(출판기획 R&D 센터)
         413–120 경기도 파주시 문발로 112(제작 및 물류)

전화 | 02)3142–0036
         031)955–0511

팩스 | 031)955–0510
등록 | 1973.2.1 제13–12호
출판사 홈페이지 | www.cyber.co.kr
ISBN | 978–89–315–7681–8 (13690)
정가 | 15,000원

이 책을 만든 사람들

기획 · 진행 | 이하림
책임 | 최옥현
교정 | 명인닷컴
표지디자인 | 박원석
본문디자인 | 명인닷컴
제작 | 김유석